Gabelous et contrebandiers

Collection « Mémoires des Douanes »

L'AHAD (Association pour l'Histoire de l'Administration des Douanes) a pour but, entre autres, de rédiger l'histoire de cette institution et de publier des ouvrages consacrés à son passé.

Déja parus

Livre d'or des Douanes, 2015.
Jacques MORTANE, *Douaniers en mission*, 2014.
Jacques MORTANE, *Au poteau !*, 2014.
Jacques MORTANE, *Un héros : Pierre Godart*, 2014.

Sébastien Evrard

Gabelous et contrebandiers

Histoire des fermiers généraux de Dijon (1760-1780)

Préface de Marc Fradet

L'Harmattan

Du même auteur

Réformer l'administration et réformer l'État. Jalons historiques et juridiques (dir.), Paris, L'Harmattan, coll. « Questions contemporaines », 2015.

Carnets militaires du général Lecourbe (1794-1799). Un chef de guerre sous la Révolution, Paris, L'Harmattan, 2014.

Les Tables de la loi : de l'argile au numérique. La diffusion de la règle de droit à travers les âges, Paris, L'Harmattan, coll. « Logiques juridiques », 2014.

L'Or de Napoléon. Sa stratégie patrimoniale (1806-1814), Paris, L'Harmattan, 2014.

Une troupe de choc dans la Grande guerre : le 20e corps d'armée à travers le témoignage d'un officier d'artillerie, Woippy, Serpenoise, 2011.

Les Campagnes du général Lecourbe (1794-1799), Paris, L'Harmattan, 2011.

L'Intendant de Bourgogne et le contentieux administratif au XVIIIe siècle, Paris, De Boccard, 2005.

5-7, rue de l'Ecole-Polytechnique, 75005 Paris

http://www.harmattan.fr
diffusion.harmattan@wanadoo.fr

ISBN : 978-2-343-06683-7
EAN : 9782343066837

PRÉFACE

L'AHAD – association pour l'histoire de l'administration des douanes – a pour but, entre autres, de rédiger l'histoire de cette institution et de publier ou de soutenir la publication d'ouvrages consacrés à son passé.

Dans cet esprit, la collection « *Mémoires des douanes* » créée chez l'HARMATTAN va s'enrichir d'un nouveau titre « *Gabelous et contrebandiers, histoire des fermiers généraux de Dijon (1760-1780)* » de Sébastien EVRARD.

La ferme générale est l'ancêtre de la douane française.

Et à bien l'observer, on y distingue déjà tout un ensemble de caractéristiques, organisation, méthodes de travail, missions…qu'on trouve encore dans la douane actuelle.

Mais le fonctionnement de toute organisation, de toute structure, est d'abord – et surtout ? – affaire d'hommes et de femmes.

La minutieuse étude qu'a réalisée Sébastien EVRARD nous plonge précisément au cœur de cette « *ressource humaine* » des siècles passés.

Recrutement, avancement, discipline, relations à l'usager, retraite, conditions matérielles et juridiques d'exercice des missions, tout est décrit, à partir d'un registre, tenu par deux directeurs des fermes en Bourgogne, et miraculeusement arrivé jusqu'à nous.

Et là encore, force est de constater combien toutes les problématiques soulevées sont encore d'une brûlante actualité.

L'acceptation de l'impôt, la proportionnalité des sanctions, l'avancement au mérite, l'ascenseur social, la prise en compte des difficultés personnelles…, pour ne citer que ceux-là, sont encore des thèmes majeurs de notre société moderne.

L'ouvrage de Sébastien EVRARD nous fait aussi voyager et donc mieux connaître cette belle région de Bourgogne, et nous restitue l'ambiance de cet ancien régime finissant.

Bienvenue et belle promenade dans la France d'hier, qui préfigure celle d'aujourd'hui.

Marc FRADET
Administrateur général des douanes
Président de l'association pour l'histoire de l'administration des douanes (AHAD)

AVANT-PROPOS

Dans un moment où les réformes de l'administration française s'empilent les unes sur les autres, il n'est pas sans intérêt de jeter un œil sur le passé, et de contempler la manière dont l'administration fiscale fonctionnait. En effet, sur la base d'un document inédit qui a traversé les siècles, nous disposons du témoignage d'un haut fonctionnaire du fisc sur le personnel qui lui est subordonné.

Ce directeur, alors en poste dans l'une des deux directions de l'administration fiscale en Bourgogne, n'a pas laissé de mémoires. Deux directeurs se succèdent : l'un (Demontigny) commence le *Registre* ; l'autre (François Joly) le poursuit jusqu'en 1780. En revanche, le registre qu'il devait rédiger – et mettre continuellement à jour – témoigne de sa mission et du destin qui était celui de ces centaines de serviteurs de l'État[1]. Ils partageaient, tous ensemble, cette lourde et peu populaire nécessité de collecter les impôts afin de faire tourner l'appareil étatique. Quant à lui, juché au sommet de cet édifice peu apprécié, il lui revenait de faire tourner cette administration de laquelle dépendait le destin de centaines d'agents anonymes, dont c'est la seule trace qui subsiste. Mais si l'on se plonge dans les renseignements qu'il nous apporte, on constate une vie intense, vie tournée d'abord vers la collecte des impositions qui sont leur raison d'être, mais aussi nécessité de gagner sa vie et d'échapper, pour beaucoup, aux tracas de la vie rurale.

Dans ce sens, entrer dans la Ferme, c'est s'offrir une seconde chance d'avenir professionnel. De ce point de vue, « *la compagnie* » – comme elle se baptise à plusieurs reprises – se présente comme une grande famille cimentée par des ressorts communs et des grands principes : solidarité, subordination, efficacité, promotion. Cela signifie qu'elle se propose d'accompagner les employés dont elle assure la subsistance et, autant qu'elle le peut, de leur offrir des promotions internes. Si celles-ci sont, en fait, assez limitées (une centaine est inventoriée), il n'en demeure pas moins qu'il existe de très belles réussites sociales et il n'est pas rare de voir des jeunes gens issus de milieux modestes se hisser jusqu'aux fonctions de capitaine-général. Le rêve de promotion fait donc partie de cette légende de la Ferme, à l'instar de ce qu'est l'administration fiscale de nos jours. Ensuite, la Ferme a un rôle éminent en matière de santé : elle doit, en effet, s'assurer que les produits de contrebande qu'on essaie de vendre en fraude ne nuisent pas à la santé publique : or, on sait que les contrebandiers, pour accroître leurs gains, mélangeaient au tabac râpé différents produits peu orthodoxes (poudre de bois de rose, bois pourri, brique pulvérisée, cendre tamisée...[2]).

Néanmoins, il existait des écueils que tout employé se devait d'admettre lorsqu'il entrait dans la compagnie : si l'on cite les traitements plutôt modestes alloués aux employés, il faut également signaler l'importance de la discipline telle que la compagnie l'entend : le modèle du bon employé est un homme actif, zélé, dont l'intelligence se place toute entière au service de la Ferme.

Outre le désaveu de l'opinion publique, qui leur reprochait leurs méthodes soi-disant expéditives[3], ces agents devaient également encourir les foudres des juges des cours supérieures : de droit, il n'existait évidemment pas d'impunité même si des juridictions spéciales extraordinaires avaient été créées dans la seconde moitié du XVIIIe siècle, afin de sanctionner les contrebandiers, de punir les agents des Fermes suspectés et convaincus d'indélicatesse[4]. Toutefois, ces éléments ne regardent pas notre étude et méritent des réflexions ultérieures.

Notes de l'avant-propos.

[1] En 1774, la direction des Fermes de Dijon comprend 159 employés, distribués entre cinq capitaineries-générales.

[2] D'après des jugements prononcés par la Commission spéciale de Paris, les 14 août 1782 et 29 avril 1783 : AN, Y 9.512 et 10.929.

[3] Sur cette critique alors très courante, cf. *Infra* Le recours à la violence envers les fraudeurs.

[4] Ces commissions ont été créées entre 1733 et 1773 ; elles étaient situées à Valence, Saumur, Reims, Paris et Caen. Leur compétence couvrait l'essentiel du royaume ; la Révolution française les supprima, comme toutes les juridictions extraordinaires.

Introduction

Le droit de lever l'impôt sur une population déterminée constitue l'une des marques essentielles d'un État sur les peuples à l'égard desquels s'exerce son autorité. Mais cette prérogative de taxer les biens et les personnes est, en France, de plus en plus imposée par le gouvernement à la faveur du déclin des assemblées d'états qui, traditionnellement, émettaient un consentement à l'impôt. L'émergence de l'absolutisme devait y mettre un terme au XVIIe siècle et concentrer dans les mains du roi le génie fiscal français. Aussi Louis XIV, en édictant son ordonnance de juillet 1681 relative aux Fermes (parfois surnommée le « *Code des fermes* »), dispose-t-il que « *Nul n'est exempt de nos droits*[5] ».

En France, l'État, convaincu de l'impopularité de la collecte de l'impôt, a préféré recourir au système de l'affermage, par lequel la puissance publique met aux enchères l'exploitation économique d'un droit fiscal. Mais cet effort vers un système d'affermage a nécessité près de deux siècles pour être mené à son terme – encore n'était-il pas définitif, comme on le verra avec la résurgence de la régie. En tout cas, les pouvoirs publics s'efforcent de centraliser la totalité des impôts afin d'aboutir à un effet de masse et d'obtenir toujours plus de la part des fermiers qui acceptaient d'avancer des fonds à l'État et de prendre le risque de collecter des impositions inférieures aux fonds qu'ils versaient : c'est le système dit de la Ferme générale dans laquelle étaient agglomérés des impôts anciens avec des taxes nouvelles (enregistrement, capitation, vingtième, papier timbré…). Pour résumer, il existait cinq impositions majeures qui jouaient un rôle prépondérant dans le système fiscal français : gabelles, traites, tabac, octroi de Paris, domaine d'occident (seules les trois premières sont ici concernées). Exception faite de la période 1709-1726, pendant laquelle le système fiscal de la monarchie passa en régie intéressée du fait des graves errements financiers de la monarchie et de la Guerre de Succession d'Espagne (1701-1714), c'est toujours le régime de l'affermage qui prédomina.

Pour faire agir cette machine fondamentale pour la monarchie – faute de moyens, l'administration ne pourrait en effet pas fonctionner -, est mise en place une structure humaine hiérarchisée qui repose sur deux ressorts : d'abord, des bureaux centraux à Paris (environ 700 personnes) chargés des moyens communs comme le contentieux, la correspondance,… et, d'autre part, des bureaux décentralisés en province qui prennent le nom de directions et qui occupent la quasi-totalité du personnel de l'administration fiscale. L'ensemble emploie près de 29 000 personnes[6], en dépit de divergences quant aux effectifs[7], ce qui fait dire au directeur-général Necker, « *que ce n'est pas un ouvrage simple, que de présenter un tableau détaillé de toutes les personnes employées sous différentes dénominations, au recouvrement des revenus du Roi*[8] ».

L'étude que nous consacrons au fisc - envisagé comme le personnel de la Ferme générale et de la régie générale en Bourgogne - concerne plusieurs centaines de personnes. Elle repose sur un volumineux registre de grande taille (il est de format in-folio), intitulé « *Table des Commis & Employés de la Direction de Dijon*[9] ». Commencé dans les années 1770 puis poursuivi avec des mises à jours systématiques jusqu'au début des années 1780, il contient des indications très détaillées sur le personnel alors employé par l'administration fiscale dans une bonne partie du ressort du duché de Bourgogne. Une partie, en effet, n'est pas concernée puisque le duché était alors découpé entre deux départements, de sorte que nous nous intéressons à l'un d'entre eux, celui de Dijon (l'autre étant celui de Chalon-sur-Saône). Jusqu'à présent, il n'existe aucune étude relative à cette période, hormis l'étude déjà ancienne de Pitre consacrée à la Ferme en Bourgogne dans les années 1745-1746 ; la province voisine de Franche-Comté est, elle, mieux connue par l'ouvrage récent que A. Ferrer lui a consacré[10], ainsi que celle de J. Clinquart relative à la direction du Hainaut[11].

Ce registre (tout entier manuscrit) comporte, en tête de chapitre, des indications sur trois colonnes où sont indiqués, depuis la gauche vers la droite, « *les Qualités des employés* », les « *folios du registre* » concernés. En déroulant le fil, le registre évoque les circonstances précises du recrutement de chaque employé, une courte description de son caractère et de son physique – ce n'est toutefois pas systématique ; les conditions d'exercice de l'emploi : cette rubrique révèle une machine humaine qui doit supporter les vicissitudes de la carrière. Nombre de ces employés ne font pas tous carrière dans la Ferme et une bonne part la quitte pour plusieurs motifs (révocation, démission, décès, retraite). La compagnie est donc contrainte de pourvoir aux postes vacants ; aussi le registre nous indique les conditions précises dans lesquelles ces remplacements sont effectués et sur la base de quels critères. Dans ce cadre, il existe un contrôleur-général spécialement affecté à la direction de Dijon (l'un des 79 alors en fonction sur le territoire), et dont la mission consiste à recoller les informations et à proposer des solutions aux problèmes soulevés dans l'exercice des activités de la compagnie.

Cela étant, il ne faudrait pas exagérer la portée de ce registre, puisqu'il ne concerne qu'une des nombreuses parties des activités du fisc en Bourgogne. En effet, la structure juridique même du duché de Bourgogne est le legs de l'histoire de cette province, puisqu'il a connu une grande autonomie au sein du royaume jusqu'à la Révolution : il appartenait alors aux collectivités pourvues d'assemblées d'états. Aussi le fisc est-il divisé entre d'une part des activités fiscales qui reposent sur l'existence d'une compagnie privée, la Ferme générale, qui contracte des baux de 6 ans avec l'État et qui, en échange d'une somme d'argent forfaitaire versée chaque année au trésor de l'État, perçoit certains des impôts et des taxes décidées par les pouvoirs publics. Mais il existe aussi une seconde structure, celle des états de Bourgogne, puissants, qui, eux aussi, s'occupent d'affaires fiscales distinctes de celles dont relève la Ferme et qui s'efforcent de racheter autant que possible des droits fiscaux qui ne sont pas ainsi levés dans le duché[12]. D'ailleurs, ces compétences fiscales dévolues aux états de la province ne cessent de s'accroître au fil du temps, en raison des liens étroits tissés entre eux et le gouvernement monarchique. Il est vrai que lever des impôts n'est pas chose populaire, de sorte que ces états prennent là le risque de voir leur popularité entamée au fur et à mesure que leurs compétences s'étoffent[13].

Ensuite, du point de vue fiscal, si la province du duché de Bourgogne constitue un élément important dans les recettes fiscales de l'État, elle doit compter avec les provinces qui l'entourent et dont le régime fiscal est différent du sien. Dès lors, cette disparité de régime induit des pressions, notamment celles qui pèsent sur les contribuables. En effet, les taxes ne sont pas identiques d'une province à une autre, de sorte que ces différences conduisent à des trafics d'une ampleur plus ou moins forte en fonction de l'offre et de la demande. Ce phénomène dit de contrebande touche, pour l'essentiel, la Franche-Comté qui, depuis son rattachement au royaume en 1678 (paix de Nimègue), fait l'objet d'un traitement dit d'imposition. Or si la province est rattachée au royaume, elle conserve néanmoins un régime fiscal particulier et elle est réputée province étrangère : ses habitants sont certes assujettis à l'impôt, mais ils bénéficient de décharges. Cette position repose sur la notion de privilège fiscal et elle perdure jusqu'en 1789. Dès lors, ce régime fiscal particulier sur certains points justifie l'existence de postes-frontières douaniers entre la Comté et les provinces qui l'entourent.

Aussi la frontière qui sépare les deux provinces doit-elle être contrôlée ; elle fait donc l'objet d'une organisation spéciale afin d'entraver les trafics louches qui altèrent les recettes de la Ferme. Pour cette raison, cette organisation se veut rationnelle : d'abord, elle n'est pas fixe, c'est-à-dire qu'elle peut évoluer et tous les six ans, les implantations des bureaux font l'objet d'une réévaluation qui peut aboutir à la création ou à la suppression d'implantations. Dans cette optique, la nature aide la Ferme : la frontière est proche de fleuves ou de lignes d'eau qui constituent une barrière plus ou moins efficace aux passages interlopes d'une province à une autre[14]. Aussi la Ferme dispose-t-elle de bureaux de surveillance placés ici et là de façon à assurer sa mission avec toute l'efficacité voulue[15]. Ainsi considéré, Bourgogne et Franche-Comté se trouvent dans une situation similaire à celles dans laquelle sont la Picardie et le Hainaut.

Pour mieux comprendre cette implantation du Trésor, à partir de ce registre et d'autres sources manuscrites (notamment celles qui sont abritées aux Archives nationales), nous avons constitué des tableaux et une carte générale, afin de retracer la vie de ces hommes qui faisaient vivre cette machine indispensable au bon fonctionnement de l'Etat[16].

Enfin, à l'instar de toute institution, la direction connait des soubresauts d'ordre institutionnel. En 1769 puis en 1774, ces renouvellements du bail des Fermes s'accompagnent d'une réorganisation et des bureaux et des effectifs : l'État exige davantage de contribution des fermiers – il faut faire plus avec les mêmes moyens[17] –, de sorte que ceux-ci procèdent à une rationalisation de l'activité de la Direction de Dijon ; elle se traduit par la Fermeture pure et simple de postes, ainsi que par la stabilisation de ses effectifs. Dans la même idée, les droits des employés sont remis en cause, notamment la retraite, dont on constate un durcissement évident à partir de 1774.

En tout cas, cela dénote une activité rationnelle dans la gestion des hommes : la Ferme édicte des principes non écrits qui peuvent être, le cas échéant, remis en cause lorsque la situation personnelle de l'employé concerné l'exige. Elle fait ainsi preuve d'un certain pragmatisme, derrière une autorité sans faille qui consiste à demander le maximum d'efficacité de la part de ses subordonnés. En tout cas, une partie des décisions ne relève pas de la compétence des cadres supérieurs de la Direction, mais des bureaux centraux situés à Paris. Dans cet esprit, les décisions que ces bureaux sont amenés à prendre sont adressées – et elles sont fort nombreuses - par la section de la correspondance à la Direction de Dijon, afin d'y être exécutées.

Le registre mentionne la date exacte d'entrée, afin de cerner l'ancienneté précise de chaque employé[18].

Notes de l'introduction.

[5] Ordonnance du 22 juillet 1681, portant *Règlement sur plusieurs droits de ses Fermes, & sur tous en général.* Paris, Cavelier, 1695, Titre commun, art. 2, p. 71.

[6] Y. DURAND, *Les fermiers généraux au XVIIIe siècle.* Paris, 1971, p. 54 et V. AZIMI, *Un modèle administratif de l'Ancien Régime. Les commis de la Ferme générale et de la régie générale des aides.* Paris, 1987, p. 33.

[7] Les dernières recherches évoquent des chiffres compris entre 28.504 (AZIMI, *Un modèle…*, p. 33) et 29.500 (R. MOUSNIER, *Les institutions de la France sous la monarchie absolue.* Paris, t. II, p. 435).

[8] *De l'administration des finances*, t. I, p. 128.

[9] Archives départementales de Côte-d'Or, C 11.418, désormais *Ibidem.*

[10] G. PITRE, *La Ferme générale en Bourgogne et l'inspection de M. de Caze (1745-1746).* Dijon, Thèse droit, 1908 ; A. FERRER, Tabac, sel, indiennes. Douane et contrebande en Franche-Comté au XVIIIe siècle. *Annales littéraires de l'université de Besançon*, 2002, vol. 734.

[11] J. CLINQUART, Les services extérieurs de la Ferme générale à la fin de l'Ancien Régime. L'exemple de la direction des fermes du Hainaut. Paris, 1995. L'auteur s'est appuyé sur une abondante série d'archives, dont l'une repose sur « *des registres des changements et admissions dans les brigades de la direction de Valenciennes* » (p. 167).

[12] Tels les droits sur les huiles, les boissons, les boucheries que les états de Bourgogne ont racheté auprès du gouvernement.

[13] Sur la fiscalité et les états, cf. C. PAPON, *Le système financier bourguignon dans la première moitié du XVIIIe siècle (1710-1752)*. Fondation Varenne, 2007.

[14] Telles que la Saône, la Vingeanne,...

[15] La Ferme comprend exactement 39 bureaux dans la direction de Dijon, à comparer au millier qui jalonne le territoire français avant la Révolution (cf. Azimi, *op. cit.* p. 13).

[16] Certains noms de villes ou de villages ont été modifiés ; nous les indiquons alors en note.

[17] Le passage d'un bail de la Ferme à un autre, en 1774, s'accompagne d'une hausse de 29 millions que les fermiers s'engagent à verser à l'État (soit 158 millions de livres).

[18] Exception faite de quelques employés, pour lesquels cette formalité n'existe pas. Ainsi, pour Froux, dont on ne connait pas la date précise d'entrée en fonction, *ibidem*, fol. 151. Mais elle nous est donnée plus loin, *ibidem*, fol. 251 (entrée en fonction en 1770).

Partie I
Le Trésor en Bourgogne

Du fait de l'existence des États de Bourgogne, chargés d'une partie de la collecte des impositions, la Ferme générale est compétente pour la portion des taxes qui ne dépend pas de cette organisation politique : observons dans un premier temps les impositions concernées.

En effet, il avait été décidé que les États, qui contractaient directement avec l'autorité royale pour certains des impôts levés sur les contribuables bourguignons, étaient seuls compétents pour une liste limitée de droits fiscaux. Cette politique avait été décidée au XVe siècle, lorsque la Bourgogne est rattachée au domaine royal après la mort de son duc, Charles le Téméraire (1477). La Bourgogne conservait certains privilèges, notamment fiscaux mais aussi judiciaires. Régulièrement (c'est-à-dire tous les trois ans), États et Gouvernement négociaient les montants et les durées concernées. Cette négociation, au XVIIIe siècle, se déroulait à Paris ou à Versailles, sous la houlette bienveillante du prince de Condé, gouverneur de Bourgogne[19].

Chapitre 1
Les impositions concernées

Pour résumer, la direction des Fermes de Dijon repose sur le contrôle et sur la perception de trois droits spécifiques, puisque l'administration des états de Bourgogne est compétente pour les impositions directes et quelques impositions indirectes. Par voie de conséquence, la direction des fermes que nous étudions s'intéresse à la gabelle, aux traites et au tabac, trois taxes qui occupent un rôle primordial en matière d'imposition, et que nous évoquerons successivement en commençant par les gabelles[20].

Les gabelles

Elle constitue l'une des premières sources de recettes fiscales de l'État royal et frappe le sel destiné à la consommation[21]. Elle apparaît en 1346, lorsque le roi Philippe VI, par une ordonnance royale, crée la taxe de la gabelle ; celle-ci introduit un droit fiscal sur le sel vendu et consommé par les particuliers du royaume de France. Elle est destinée à rehausser les ressources fiscales de l'État monarchique, dans un moment où le conflit armé avec l'Angleterre précipite le pays dans la Guerre de Cent Ans. Ailleurs, notamment dans le duché de Lorraine, le sel constitue une sorte d'or blanc ; il est l'un des fondements majeurs de la richesse de l'État féodal et abonde ses recettes fiscales. Or, dans la société occidentale, le sel joue une importance fondamentale dans la vie des hommes et des animaux ; le taxer, c'est peser sur un élément essentiel de la société[22].

Cependant, sa taxation est difficile, car il existe non pas une zone fiscale unique, mais plusieurs (on oppose les zones de grande gabelle à celles dites de petite gabelle[23]), de sorte que cette disparité de tarif contribue à alimenter la contrebande et le faux-saunage. En effet, là où le sel est peu cher, il fait l'objet d'exportations frauduleuses vers les provinces dans lesquelles la fiscalité sur le sel est plus lourde ; les contrebandiers jouent ainsi sur les différences parfois très sensibles de prix d'une province à une autre. Ainsi, pour ce qui regarde la Bourgogne, le sel est vendu jusqu'à cinq fois plus cher dans le duché qu'il ne l'est dans le comté de Bourgogne[24]. Dès lors, la direction des Fermes de Dijon contribue à entraver les trafics de l'un à l'autre, en choisissant avec un soin particulier l'implantation de ses brigades. Cela étant, son attention est surtout tournée vers la répression du tabac ; elle a fort à faire avec le laxisme de certains juges bien connus, tels ceux de la justice des gabelles de Louhans. Accessoirement, la Comté étant devenue dans la première moitié du XVIIIe siècle une province productrice de tabac, elle tend à en exporter une partie vers les provinces voisines de Champagne et de Bourgogne, plus sévèrement taxées.

Le problème est accru par l'aire de production : si le duché ne produit guère de sel, en revanche, l'Alsace et la Franche-Comté sont deux grandes zones productrices (par les salines qui parsèment ces territoires) qui bénéficient de privilèges fiscaux. En effet, depuis leur rattachement à la France, le gouvernement monarchique s'est bien gardé de remettre en cause des privilèges, en s'attachant les populations par des impositions réduites – sans exclusive d'autres droits. Les Comtois profitent donc d'un système de privilège qui leur est très avantageux ; d'ailleurs une partie de leur sel est exporté en Suisse à un prix encore plus avantageux, en raison des traités d'alliance qui la lie avec la France.

Aussi ces privilèges, nationaux et internationaux, sont la source d'un trafic européen bien organisé, qui concerne également d'autres marchandises (livres, chevaux,...). En 1772, un comtois, habitant des villages voisins du duché de Bourgogne pouvait espérer réaliser un bénéfice de vingt-cinq sols (deux livres, soit l'équivalent alors d'une à deux journées de travail) par pain de sel de trois livres de poids. Or, les privilèges maintenus en Comté autorisaient ses habitants à acheter davantage de sel qu'ils n'en consommaient, le surplus faisant alors l'objet d'une revente illégale. Néanmoins, les sels consommés par les particuliers de part et d'autre de la frontière douanière n'étaient pas les mêmes : dans le Comté, c'était du sel gemme blanc vendu en pain de trois livres, tandis qu'en Bourgogne et en Champagne, était vendu du sel marin gris et en grains. Cette différence d'apparence permettait de repérer les contrebandiers ou ceux qui avaient acquis du sel en fraude.

En outre, l'État avait introduit des *Règlements* relatifs aux gabelles (tel celui de 1703). Ainsi, en Comté, l'achat et le transport du sel dans les trois lieues limitrophes de la frontière du duché de Bourgogne répondaient à des dispositions très strictes destinées à limiter la contrebande ; la même prohibition est introduite pour le tabac en 1720, par le biais d'une déclaration du roi. C'est d'ailleurs ce qui avait été appliqué dans l'Artois fraîchement conquis sur l'Espagne, en 1681, parce que cette province constituait alors une terre de contrebande et de fraude très importante avec la Picardie voisine.

Pour A. Ferrer, la contrebande est certes maintenue mais elle est surtout le fruit d'une nuée de petits fraudeurs après 1765, au détriment des grandes bandes bien organisées qui avaient défrayé la chronique dans les années 1720-1765. Menacé dans ses ressources fiscales, l'État monarchique avait promptement réagi. Ces petits fraudeurs s'organisent souvent de la même façon : ils cachent de grandes quantités de sel à proximité de la frontière et, une fois que le stock est suffisant, les fraudeurs sont approvisionnés. Parmi ces artisans actifs, la Ferme a vite repéré, arrêté et jugé un couple de Poligny en Comté (aujourd'hui dép. Jura), Benoît. Ils disposent de complices qui sont également identifiés : Simon, servante d'un chanoine de Poligny ; Gallemard, aubergiste de la même cité dont l'établissement est connu pour être un repère notoire de contrebandiers et de faux sauniers. Quant aux fraudeurs qui cherchent le sel pour le passer de l'autre côté de la frontière douanière, ils sont souvent issus de la Bresse bourguignonne. Pour ces vendeurs, les Bressans sont reconnaissables « *à leur langage et à leur habillement* ». Soit ils agissent en bandes, soit de façon isolée ; les femmes se servent de bourriques, sortes de galettes de maïs qui constitue la base de l'alimentation et qu'elles portent sur leur tête dans des paniers[25].

À l'échelle du royaume, la consommation de sel vendu par la Ferme varie de manière considérable au XVIIIe siècle : elle varie en effet du simple au triple (de 4 mille muids à treize mille) : durant ce laps de temps, certains responsables ne firent pas tout ce qui était possible pour lutter contre la fraude et pour accroître les ventes de sel de l'État[26].

Une fois mentionné l'importance occupée par le tabac, quelques mots s'imposent pour évoquer les douanes intérieures, appelées les traites.

Les traites

Ce sont les droits de douane perçus dans les frontières intérieures et qui frappent les marchandises issues d'autres provinces douanières. Apparues au Moyen Âge, ces taxes permettent à la monarchie de financer l'émergence de l'État moderne. Cependant, il existe un obstacle, constitué des privilèges propres à chaque province et aux villes du royaume. Aussi Henri II s'efforce-t-il, en 1550, de les étendre là où elles n'existaient pas, notamment en Bourgogne. Mais les récriminations des États de Bourgogne obligent le souverain à faire machine arrière (1555). En 1583, les traites sont de nouveau rétablies ; cette fois-ci elles seront perçues jusqu'à la fin de l'Ancien Régime.

Les traites appartiennent au dispositif érigé en politique économique à l'époque de Colbert (1661-1683), pour lequel il s'agissait d'encourager la production nationale en frappant de droits plus ou moins élevés les produits issus des états étrangers. Non seulement les droits de traites apportaient des recettes importantes au budget de l'État, mais en plus ils permettaient de stimuler la production nationale en dissuadant les importations étrangères.

Les traites frappent les produits soit à l'entrée, soit à la sortie du territoire. Dans chaque généralité (circonscription administrative) du royaume, il existait des lieux dévolus à ce droit, les « *postes des traites* », dont 27 bureaux étaient disséminés dans la direction de Dijon à cette fin[27]. Ils étaient signalés au public par une enseigne particulière pour éviter que les marchands ou usagers malintentionnés feignent d'ignorer où ils se trouvent. Les horaires d'ouverture étaient soumis à une réglementation spécifique, d'abord pour ouvrir largement les locaux au public, ensuite pour enrayer l'absentéisme des employés (dans le Hainaut, c'était d'octobre à mars depuis 6 heures du matin à midi, et deux heures de l'après-midi à six heures du soir ; au printemps et en été, de quatre heures du matin à midi, et de deux heures à huit heures du soir[28]).

L'implantation des bureaux n'est, à l'instar de ce qui existe pour les brigades, jamais tracée dans le marbre ; elle épouse les routes commerciales et peut donc fluctuer au gré des déplacements des flux commerciaux comme des trafics de contrebande. C'est notamment le cas au XVIIIe siècle, lorsque la Ferme accroît son efficacité en Franche-Comté ; la contrebande s'efforce d'échapper au dispositif de plus en plus serré par lequel le fisc maille le territoire comtois avec une redoutable efficacité. Dès ce moment, la direction de Dijon est en seconde ligne ; elle récolte ainsi les fruits de la politique d'expansion chez sa voisine de Besançon.

Chaque employé devait porter la « *bandoulière aux armes du roi* » ainsi que sa commission, deux attributs essentiels de la fonction. La bandoulière est un signe ostensible de la fonction : il s'agit d'une bande d'étoffe que l'on passe d'une épaule au côté opposé du corps ; pour bien montrer l'autorité de celui qui la porte, elle est ornée de trois fleurs de lys et de l'inscription « *Fermes du Roy* ». Son absence lors d'un procès-verbal entraîne la nullité de celui-ci.

Toute marchandise qui entre dans la direction de Dijon depuis l'est doit être muni de titres déclaratifs de droits ou d'acquits de paiement (dans lequel figurent les indications de l'itinéraire, la destination finale de la marchandise, la qualité et quantité de celle-ci). Les bureaux des traites situés à proximité de la frontière douanière jouent donc un rôle essentiel. Parmi ceux-ci, celui de Laperrière, siège d'une brigade ambulante, est la garde avancée des douanes, permet de surveiller les habitants du village qui jouissent d'un privilège « *sur tous les bestiaux, marchandises, denrées et autres choses venant de leur cru* », ce qui pourrait encourager la fraude[29]. D'après le fermier général Caze, l'idée d'installer ce poste sur la rive gauche de la Saône, consistait avant tout à « *gêner les habitants de ces lieux dans l'abus qu'ils pourraient faire de leurs privilèges* ».

Afin d'éviter toute tentative d'être détaché de ses fonctions, le commis faisait l'objet d'une étroite surveillance.

La carte suivante (issue des collections de la Bibliothèque nationale de France, cotée), illustre l'hétérogénéité des traites en France. Cette diversité repose su rtrois régimes qui sont :

- les cinq grosses fermes,

- les provinces réputées étrangères (Flandres, Bretagne, partie méridionale de la France),

- l'étranger effectif (l'est du territoire : Lorraine et Trois-Évêchés, Alsace).

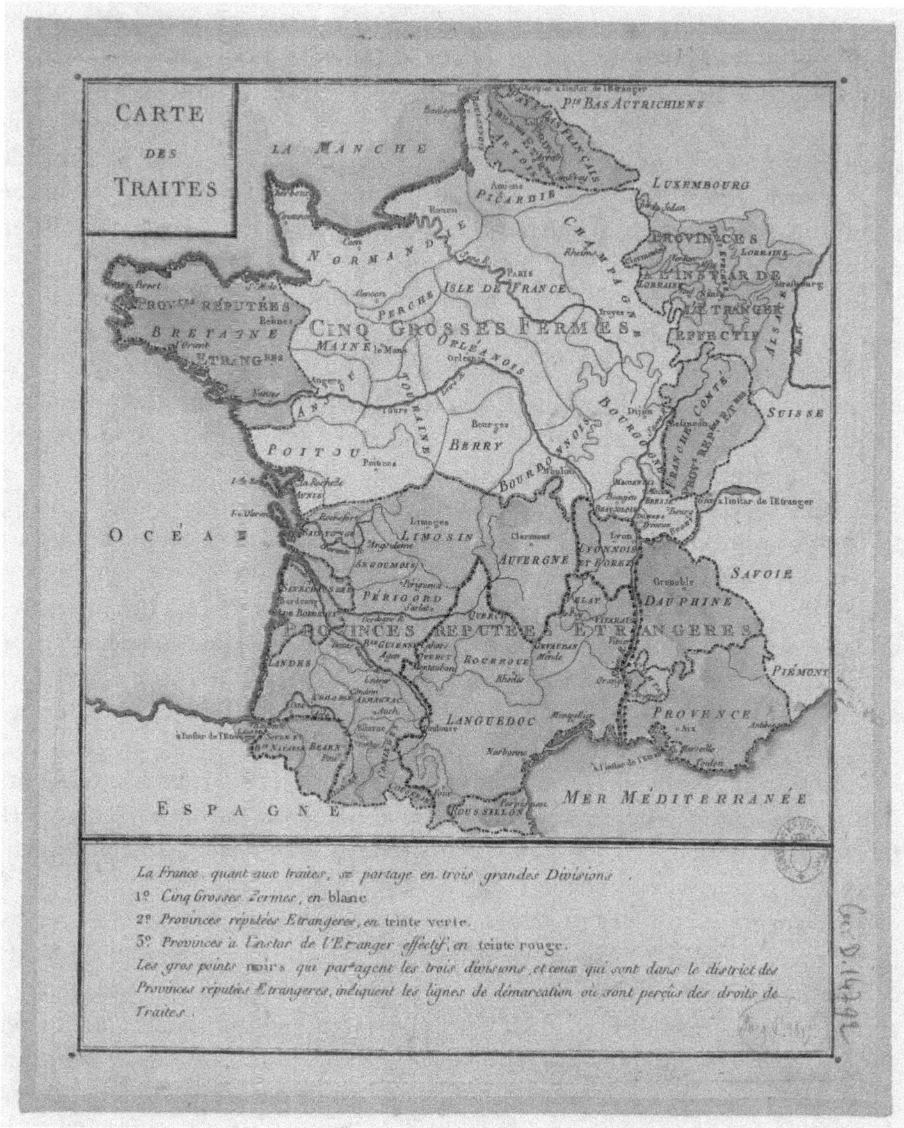

Carte 1 Les traites dans l'ancienne France (BNF)

Après les traites, on trouve une source de recettes fiscales, incarnée par un produit appelé à connaître un immense succès populaire, le tabac.

Le tabac

C'est une denrée d'origine tropicale qui a été importée au XVIe siècle en Europe par les Espagnols, où elle est alors introduite puis cultivée dans quelques provinces, avec l'autorisation des pouvoirs publics (à la cour de la reine Catherine de Médicis, vers 1559)[30]. Son usage repose sur un préconçu favorable en matière de médecine ; elle contiendrait, en effet, des vertus médicinales favorables à la santé. D'abord très à la mode dans les couches supérieures de la société européenne – noblesse, puis bourgeoisie -, l'usage du tabac se démocratise ensuite au sein de la population (soit on le fume, soit on le mâche). Dès lors, cet usage très répandu incite les pouvoirs publics à le taxer et à le transformer en monopole d'état ; pour ce faire, est créée une administration fiscale des tabacs, ainsi qu'une législation qui en limite la diffusion et en règlemente strictement la production.

Sous Louis XIII (1629), est instaurée une taxe sur l'importation de tabac étranger ; la mesure est destinée à encourager la production nationale, qu'elle soit faite en métropole ou dans les Antilles[31]. Mais elle ne rencontre qu'un succès mineur : d'abord, l'État est trop faible pour imposer la collecte fiscale ; ensuite, les consommateurs s'habituent à leurs circuits traditionnels de distribution.

Il faudra deux générations pour que les pouvoirs publics s'y reprennent avec plus de succès. En 1674, apparaît ainsi un dispositif fiscal plus élaboré : la vente devient du ressort exclusif du roi – c'est le début du monopole de la vente – ; les importations sont placées sous le contrôle des autorités douanières : seuls quelques ports peuvent recevoir ces importations ; enfin, toute la production de tabac réalisée sur l'étendue du territoire doit être achetée par la Ferme à un prix fixe. En 1681, le tabac est rattaché aux Fermes générales, afin d'en accroître le prix payé à l'État par les fermiers généraux. En outre, toute nouvelle production sur le sol français est interdite ailleurs que dans les endroits déterminés par le gouvernement ; seuls quelques espaces territoriaux nouveaux disposent de dérogations, d'ailleurs chichement accordées (Alsace, Franche-Comté).

Pour approvisionner ce marché du tabac en plein essor, la Ferme a créé dix manufactures qui le fournissent ; la consommation repose sur des objectifs de ventes annuelles chiffrés et vérifiés. Ces chiffres de débit sont étroitement contrôlés, afin de détecter aussi vite que possible l'apparition de filières illégales de distribution qui viendraient concurrencer le monopole de la Ferme à moindre prix. Ces filières sont constituées, soit de particuliers qui disposent de petits stocks à domicile, soit encore de débitants infidèles qui vivent de deux filières, l'une légale, l'autre illégale. Aussi, pour mieux fidéliser les débitants, la Ferme a nettement tendance à attribuer des débits de tabac ou de sel à d'anciens employés méritants, ces débits leur tenant lieu de retraite sous la forme d'une rémunération sur le chiffre des ventes[32]. En Bourgogne, comme dans le Hainaut, cette nouvelle pratique devient une règle générale à partir de 1768 ; *de jure*, elle repose sur une délibération du 13 février 1768 adoptée par la Ferme, relative « *aux retraites des employés* ».

Pour améliorer la collecte des taxes qui frappent ce produit, les pouvoirs publics modifient le régime juridique des sanctions : compétence judiciaire est offerte aux élections ou aux commissaires départis ; en appel, ce sont les cours des aides qui sont compétentes. Quant aux peines, ce sont celles applicables à la contrebande ; elles apparaissent extrêmement rigoureuses car il s'agit de protéger quelques uns des principales recettes de l'État. En d'autres termes, le droit protège le fisc et les fraudeurs comme les contrebandiers encourent des sanctions criminelles qui, dans des circonstances graves, peuvent aller jusqu'à la peine capitale.

En contrepartie, l'État édicte un texte central : l'ordonnance du 22 juillet 1681 contient des droits et des devoirs, tant à la charge des fermiers qu'à la charge des particuliers ; c'est une sorte de « *charte du contribuable*[33] ». Ainsi conçu, les droits issus de la vente du tabac s'élèvent régulièrement : d'abord de l'ordre de 520.000 livres annuelles en 1675, ils passent à 1.500.000 livres en 1697.

Lors de l'épisode de Law[34], les pouvoirs publics changent le statut fiscal de la taxe : le monopole est abrogé et c'est une société privée, la Compagnie de Indes, qui exploite la vente du tabac (1718). Mais ce changement conduit à une explosion de la fraude, qui prend alors des proportions dangereuses pour les finances publiques. En conséquence, le gouvernement revient au régime antérieur et, en 1721, est réinstauré le monopole de la production et de la vente du tabac. Si la Compagnie des Indes est chargée de ce monopole, elle le confie, en 1730, à la Ferme générale. C'est donc à cette compagnie qu'il revient de faire valoir ce droit indirect en faisant connaître le double intérêt du privilège : d'abord, il garantit une qualité optimale pour le consommateur, ensuite, il assure des recettes régulières aux pouvoirs publics.

Pour ce faire, la société met en place une administration cohérente qui repose sur deux éléments l'efficacité commerciale, puisque les agents sont chargés de remplir les objectifs de recettes fixés par les bureaux centraux et par l'établissement de dépôts disposés de façon à répondre aux besoins des populations ; ensuite, assurer la bonne surveillance des réseaux commerciaux en entravant la vente des réseaux de distribution parallèles et en frappant les contrebandiers de sanctions sévères. À cet effet, un réseau officiel de distribution est placé de façon à couvrir la population ; les débits de tabacs qui existent sont réservés aux anciens employés méritants, qui y trouvent ainsi un moyen sûr d'améliorer leur maigre retraite. Quant à la Ferme, elle est convaincue que ces débitants lui seront fidèles et qu'ils n'altèreront pas la qualité du tabac vendu en le mélangeant avec des produits contrefaits ou mauvais.

Cependant, deux écueils se placent sur la route du fisc : d'une part, sont maintenues des dérogations liées à la fiscalité du tabac : certaines provinces, en effet, conservent le droit de produire du tabac et ignorent toute taxe sur son commerce[35] ; ensuite, l'augmentation permanente des droits indirects sur ce produit encourage la fraude (la vente d'un tabac de qualité inférieure ou de produits présentés comme tels) ou la contrebande. Ainsi, lorsque les fermiers généraux réclament et obtiennent une augmentation du prix de vente du tabac (deux sols par livre) en octobre 1781, destinée à financer l'accroissement du nombre de brigades des fermes, la réaction est immédiate : elle se traduit par une augmentation soudaine de la fraude. Dès lors, tout effort pour lutter contre la fraude est annihilé par des considérations fiscales. Ainsi la vente de tabac sous le manteau est largement pratiquée moyennant trois livres tournois par poids d'une livre. Dans la Franche-Comté voisine, le trafic de tabac vers la Bourgogne est la source d'un juteux et important commerce interlope. À plusieurs reprises, les directions du département de Bourgogne mèneront de véritables expéditions dans la Comté voisine, telle celle du 19 mars 1725, au cours de laquelle 150 employés entrent dans Gray afin de fouiller les boutiques de marchands à la recherche de tabac de contrebande. Le lendemain, ils entrent dans Dole, autre cité comtoise qui abrite un important trafic du même genre[36]. En général, les saisies réalisées par les employés de la Ferme en Comté concernent le tabac (4/5e d'entre elles) : cette marchandise était la plus rentable pour la Ferme, donc elle s'attaquait en priorité à la menace la plus vive qui pesait sur ses recettes[37].

Ainsi considérée, cette taxe, si vitale, est menacée par un système de taxation pas toujours très rationnel[38]. En effet, fixé à un prix de vente uniforme de 58 sols par livre, le tabac était disponible dans les provinces privilégiées à 12 sols : la fraude était évidemment facilitée par ce différentiel énorme, d'autant que l'Alsace constituait un centre de production qui exportait dans les provinces voisines, exportations qui devenaient à coup sûr un moyen d'alimenter la contrebande frontalière (le quart de la production alsacienne se dirigeait vers la Comté en 1736, d'après le rapport d'un fermier-général[39]). Encore ce chiffre va-t-il chuter, à la suite des importations de tabac en provenance des colonies anglaises d'Amérique (celles de Maryland et de Virginie) : en 1775, la Ferme s'y procure du tabac de qualité supérieure à deux sols la livre… vendu 58 sols sur le sol du royaume. Pareil système, évidemment, suscitait la fraude.

Or, pour ce qui nous intéresse, on perçoit combien le trafic entre la Comté – sans taxation, du fait des capitulations accordées en 1674 et en 1678 lors de son rattachement à la France – et la Bourgogne était lucratif pour ses organisateurs, pourvu que ces derniers prennent les risques nécessaires. Les chefs de trafic proposaient couramment 6 livres par voyage aux porteurs pour convoyer un ballot de tabac d'un endroit à un autre, ainsi que les frais de bouche. Mais si le trajet était plus dangereux (charge plus lourde), la rémunération est plus forte ; elle peut atteindre jusqu'à trois livres par jour. Si le transport est assuré par des femmes ou par des enfants, le salaire est minoré de plus de moitié. En proportion des risques encourus, le salaire est très faible, car tout fraudeur encourt des peines très sévères : d'abord, on l'a dit, l'amende forfaitaire et, à défaut de paiement, c'est la peine des galères assurée. La Ferme peut d'ailleurs incarcérer préventivement le fraudeur s'il est récidiviste, afin d'être assuré qu'il s'acquittera de l'amende.

En face, les agents du fisc devaient lutter contre une fraude avec leurs propres moyens : certes armés, ils l'étaient toutefois d'armes portatives légères ; néanmoins, ils étaient rarement montés comme pouvaient l'être les contrebandiers. Aussi l'État est-il intervenu sous deux angles : dans le premier, consigne était donnée aux forces armées d'intervenir pour assister les agents de la Ferme (un haut responsable du fisc sollicitait alors leur concours). Dans le second angle, la maréchaussée reçoit l'ordre formel de lui prêter son soutien : mais celle-ci était numériquement de faible effectif (trois mille cavaliers seulement pour l'ensemble du royaume en 1750 et pas toujours motivés pour seconder les efforts du fisc).

Bien renseignée, la Ferme connait fort bien les quantités et les différences de prix d'une zone douanière à l'autre. Elle évalue ainsi à 4 livres la livre de tabac et ses recettes sont alors, dans la direction de Dijon, de 230.000 livres (pour un prix de vente de 52 sols/livre) ; quant à la quantité produite en Comté et rachetée par la Ferme pour être revendue, elle s'élève à 2.549 quintaux (1787)[40].

Ainsi, l'interdiction édictée au début du XVIIIe siècle de cultiver et de commercialiser du tabac, dans les trois lieues limitrophes de la frontière Comté-Bourgogne, est impuissante à juguler le trafic qui s'opère de part et d'autre de la frontière (1720).

En outre, ce n'est pas la direction de Dijon mais plutôt celle de Chalon qui est alors en première ligne : dans le rapport qu'il avait rédigé lors de son inspection de 1745-1746, le fermier général Caze avait relevé que la majeure partie du trafic interlope s'opérait par la Bresse bourguignonne (Louhans), en raison des bois et de l'intense trafic commercial licite des deux côtés de la ligne douanière. Rien n'était donc plus facile, que de se cacher dans les bois ou de dissimuler de petites quantités de tabac destinées, officiellement, à la consommation locale.

Quant aux contrebandiers et fraudeurs, ils effectuaient leur voyage à pied, à cheval, voire avec des chiens spécialement dressés à cet effet comme cela se faisait dans le Hainaut. Les plus dangereux pour le fisc étaient ceux qui voyageaient en groupes autour de chevaux ou de mulets (certaines bandes comptaient jusqu'à quatre-vingt participants, souvent armés et composés pour partie d'anciens militaires) ; les quantités transportées étaient en effet sans commune mesure avec le trafic artisanal auquel s'adonnaient les populations frontalières. D'ailleurs, la répression de ces atteintes est plus aisée : condamnation à l'amende voire transaction avec la Ferme permet d'éteindre l'infraction plus rapidement et avec moins de publicité. En tout état de cause, les saisies réalisées restent minces ; elles sont évaluées en Comté, en 1736, à moins de 2% du trafic illicite global du tabac[41].

Pour combattre la fraude, la Ferme dépendait de l'activité et du bon positionnement de ses brigades. Or, réaliser des économies sur le nombre des brigades et contrôler la zone de chalandise étaient deux objectifs difficilement conciliables. En octobre 1787, une délibération de la Ferme constate qu'il existe une zone dans laquelle la Ferme ne dispose pas de relais suffisant pour surveiller les consommateurs : en effet, la ligne qui surveille la Comté absorbe l'énergie des brigades existantes, aussi tout ce qui se trouve derrière cette ligne n'est pas assez surveillé. C'est reconnaître le défaut de maillage du territoire et considérer que la densité en employés est vitale pour les recettes en tabac. Par conséquent, c'est essentiellement la «*peur du douanier*» qui assure les recettes de tabac[42].

Traits communs de ces trois impositions : la forme de la levée

En confiant à une entreprise privée le soin de lever une partie des droits fiscaux, la monarchie se défaussait d'une prérogative très impopulaire et jugée difficile à exercer. Ce système n'était en réalité pas nouveau ; la Rome de l'Antiquité l'utilisait déjà pour la levée de l'impôt dans les provinces conquises. Par voie de contrat, l'État affermait pour quelques années (généralement six) des droits à une société privée appelée de publicains. Le système, en France, apparaît par étapes successives dont la première consiste dans l'émergence d'une ferme locale au XVIe siècle. Mais le système était défaillant : d'abord en raison de la fraude ; ensuite en raison de l'éclatement des régimes fiscaux dans le royaume : l'hétérogénéité des droits fiscaux en vigueur était telle qu'elle compliquait sérieusement la tâche du fisc.

Consciente de ces insuffisances, la monarchie réagit et regroupe, au fil du temps, les différentes fermes pour simplifier la levée de l'impôt. Le système atteint son point culminant avec Colbert (1664-1683) : quatre droits (traites, aides, gabelles, domaines) sont regroupés et confiés à la même entreprise pour six ans. Plus tard leur sera adjoint le droit du tabac.

Tous les six ans, le bail est renégocié en fonction des circonstances. Lorsqu'il est confié à la ferme, un particulier est considéré comme étant l'adjudicataire de ces droits ; son nom est désormais cité dans les procédures qui engagent la ferme et les particuliers. En 1768, c'est Alaterre. Pour éviter des distorsions de perception dans le royaume, c'est l'État qui légifère dans ce domaine : pour le cadre général, deux grandes ordonnances décident des droits et des devoirs des employés et des contribuables. Ainsi, l'ordonnance de juillet 1681, complétée par celle de février 1687, mettent en place un véritable statut du fisc pour la majeure partie des droits indirects. Le second de ces textes, médiatisé par le commis Magnien, est très organisé : il égrène en effet les rapports de droit autour de 14 titres et 162 articles[43]. Chacun de ces titres contient un domaine particulier :

Ordonnance de juillet 1687
Titre I Des droits de sortie et d'entrée et des droits d'acquit de paiement
Titre II De l'entrée et sortie des marchandises…
Titre III Entrée des drogueries, épiceries et ouvrages de fil…
Titre IV Marque des toiles et autres étoffes
Titre V Paiement des droits sur les marchandises sauvées d'un naufrage
Titre VI Acquits à caution
Titre VII Transports des vins et eaux-de-vie
Titre VIII Contrebande et prohibition
Titre IX Magasin et entrepôts
Titre X Le bureau de Paris
Titre XI Saisies des marchandises
Titre XII Juridictions des juges des traites
Titre XIII Amendes et confiscations
Titre XIV Police générale

Au sein de la Ferme, il existait une réunion d'associés qui devaient s'engager (les fermiers généraux) à cautionner l'activité de la société et, le cas échéant, à garantir à l'État le versement de recettes aux échéances convenues. Ce système était considéré comme une garantie sérieuse contre l'éventuelle faillite de la société ; les fermiers généraux jouaient donc le rôle de garants solidaires. Au nombre de quarante (élevé un temps à 60, entre 1756 et 1780), ils devaient prouver l'existence d'une surface patrimoniale suffisante et chacun occupait une fonction précise dans la société. En effet, la ferme fonctionnait sur un double schéma centralisé et hiérarchique, dans lequel les fermiers généraux agissaient au sein de comités spécialisés : des services centraux situés à Paris géraient des fonctions de direction et exerçaient des contrôles sur les directions de province. Depuis 1726, les services centraux (soit près de sept cents personnes[44]) étaient regroupés non plus chez des fermiers généraux, mais dans des bâtiments destinés spécialement à cette fin. Pour s'en tenir à l'essentiel, trois bâtisses les abritaient : dans l'hôtel des fermes (situé aujourd'hui à la poste du Louvre), dans l'hôtel de Longueville (coincé entre le Louvre et les Tuileries), dans l'hôtel de Bretonvilliers[45]. Ce dernier est ainsi présenté par Louis-Sébastien Mercier dans son *Tableau de Paris* :

> « on ne saurait passer devant cet hôtel sans un petit frissonnement, car c'est là que les fermiers généraux ont placé leur antre. Là, ils étudient l'art de donner au pressoir du sang du peuple une force plus comprimante. Là, tous les projets qui peuvent charger les peuples sont bien accueillis[46] ».

Ces services centraux étaient alors divisés entre bureaux et comités ; une véritable bureaucratie du fisc existait donc. Au sommet, le contrôleur-général des finances exerçait une autorité pointilleuse, mais sans se soucier de la gestion quotidienne. Régulièrement, l'organigramme de ces services était actualisé, afin de tenir compte des impératifs de tel ou tel droit. Pour faire vivre cette machine complexe, les fermiers étaient répartis entre les différents comités (du personnel, contentieux, des pensions,...) et devaient y siéger ; les décisions y étaient prises de façon collégiale. Ils pouvaient aussi siéger dans plusieurs d'entre eux. Pour les récompenser, ils recevaient des primes spécifiques.

Parmi ces comités, celui chargé de la correspondance était crucial : il était l'interface entre les comités parisiens de la ferme – là où étaient adoptées les grandes décisions – et les directions des traites de province (il en existait 42). Toute lettre écrite depuis Paris devait être signée de plusieurs fermiers généraux. Pour éviter que tout le travail soit concentré entre quelques mains, il est décidé dès 1726, de partager la correspondance avec les directions entre plusieurs départements (quatre). Pour s'en tenir à notre sujet, la direction des fermes de Dijon dépendait de la seconde division du premier département ; deux fermiers généraux étaient attribués spécifiquement au travail de chaque département[47]. Pour Dijon, les fermiers responsables, en 1781, étaient de La Borde et de Lahaye fils[48].

Les litiges entre la ferme et les contribuables relevaient du comité du contentieux ; là, des juristes siégeaient et débattaient des mesures à prendre. Avocats au parlement, avocats au Conseil, procureurs et commis (soit une vingtaine de personnes) défendaient les intérêts judiciaires de la société. Parmi les plus importants, le comité du personnel était responsable des milliers d'employés que la société employait : il devait surveiller les recrutements, contrôler le personnel en activité et éviter tout écueil dans sa gestion. Après tout, tous les six ans, au moment de la renégociation du bail, l'Etat exigeait que les frais de régie du personnel soient justifiés ; la Ferme devait donc se justifier quant au maintien des structures et des effectifs.

En contrepartie de leur rôle, ces fermiers étaient rémunérés par une égale répartition des profits dégagés par la société. L'opinion publique pouvait penser que les bénéfices dégagés étaient excessifs au regard du risque encouru, et que l'État se défaussait de cette mission sur des entrepreneurs. Du fait de leur train de vie médiatique, ces associés étaient mal considérés du public et des littérateurs (qui souvent les entretenaient) : ainsi Voltaire faisait d'eux des satrapes vivant sur le dos du contribuable. Il écrit :

> « il y avait dans Persépolis, quarante rois plébéiens qui tenaient à bail l'empire de Perse et qui en rendaient quelque chose au monarque[49] ».

La fraude

Fléau très répandu de l'Ancien Régime, la fraude à la perception des droits indirects répondait à un système de privilèges qui reposait sur une inégalité de taxation : un bien vendu ici à bas prix ne l'était pas chez le voisin, d'où des rancunes, des convoitises et l'existence d'une contrebande qui permettait à des centaines de milliers de petites gens de survivre.

Pour améliorer autant que possible le système de perception et combattre la fraude, la ferme envoyait régulièrement des fermiers généraux en mission d'inspection. Ces inspecteurs temporaires devaient contrôler les structures en place et le personnel, comprendre le fonctionnement de la fraude et suggérer des solutions à adopter pour la combattre. En 1745-1746, le fermier Caze de La Bove est envoyé en Bourgogne et en Champagne, d'où il rédige un rapport à l'issue de sa mission.

Quoique vivement dénoncé par le directeur-général Necker en 1781[50], ce système perdure en raison des besoins financiers de la monarchie, qui se débat dans un conflit armé avec l'Angleterre et soutient la volonté d'indépendance des colonies anglaises d'Amérique. Après tout, ces taxes restaient relativement indolores.

Voici, en résumé, le produit global de ces trois impositions pour le fisc (de gauche à droite : 1754 et 1774, ce dernier étant le bail de Laurent David)[51]. Pour la seule direction de Dijon du duché de Bourgogne, la recette du tabac s'élève à 158.550 livres[52]. Rapportée à la population totale du duché, ces recettes fiscales sont bien faibles ; elles s'expliquent par la présence d'une active zone de contrebande dans laquelle, répétons-le, le tabac est d'accès plus aisé. Quant au sel, il rapporte 641.000 livres. Ici aussi, la faiblesse des recettes se justifie par les sels produits en Comté et vendus bien moins chers : la Ferme s'efforce donc vainement de maintenir des ventes de produits dont la cherté est connue. Le maintien d'une présence du fisc dans le duché de Bourgogne a comme inconvénient un déficit entre la somme des recettes fiscales indirectes et le coût du personnel des Fermes.

Tableau 1 Les revenus de ces trois taxes

gabelles		**traites**		**Tabac**	
26	44,4	?	15,7	8	23,5[53]
1754	1774	1754	1774	1754	1774

Ces taxes représentent la majorité des recettes fiscales perçues par la Ferme générale : elles représentent alors 84 des 130 millions du bail de six ans signé avec le gouvernement. Mais, au regard de l'ensemble des recettes fiscales (550 millions), le bail de la Ferme ne représente donc qu'une partie. Le solde est, quant à, lui, matérialisé par la taille et les autres impôts directs (taillon, vingtièmes,…).

Les frais de régie

Ce sont des frais de personnel que l'État accepte de prendre à sa charge lors de la négociation du bail des fermes.

Pour sa part, la Ferme imputait les frais de régie sur les sommes collectées ; pour éviter tout abus de ce côté, ces frais étaient discutés (documents détaillés à l'appui) avec les agents du trésor royal, afin de se mettre d'accord sur les charges et sur les recettes globales du bail à venir. Ces résultats étaient ensuite consignés dans un texte écrit notarié qui faisait foi entre les parties (la Ferme d'un côté, l'État monarchique de l'autre). La ferme ne peut pas « *charger la barque* » en trompant les agents du trésor royal : ceux-ci connaissent bien la situation et, au besoin, exigent des économies de personnel si cela est nécessaire.

En 1775, les frais de régie sont évalués à un total de dépenses de 23,5 millions pour solder les employés dépendant de la Ferme. Dans ce chiffre, ne sont pas comprises les sommes affectés aux retraites d'anciens employés et dont le montant est évalué à la faible somme de 250.000 livres. Pour résumer, elle suffisait à entretenir mille ex-employés, ce qui paraît très faible au regard des besoins et de la pyramide des âges de la Ferme. Cette somme insuffisante obligeait alors la compagnie à trouver des palliatifs, comme on le verra *infra* pour la retraite[54].

Avant de plonger dans les évaluations du personnel de la direction des Fermes de Dijon, rappelons que ce système d'affermage, quoique très critiqué, était amené à évoluer en douceur. Un fermier général, Lavoisier, évoquait cependant l'hypothèse d'une suppression des frontières douanières intérieures du royaume ; il y voyait l'avantage de diminuer les frais de personnel de quatre millions de livres[55]. En tout cas, le poids des frais de personnel posait problème et remettait en cause la collecte fiscale ; dans les départements frontaliers de l'Est que sont la Comté et la Bourgogne, les frais de régie s'élèvent à presque 50% des recettes fiscales[56]. Le système de collecte est donc à peine rentable, étant donné l'ampleur de la fraude et des moyens nécessaires pour la limiter.

Après plus d'un siècle de lutte, si la collecte avait été sans cesse rationalisée afin d'être plus efficace, force était de constater que la contrebande comme la fraude avaient, eux aussi, gagné en puissance. C'est pourquoi les pouvoirs publics avaient, au XVIIIe siècle, instauré des cours douanières spéciales chargées de réprimer la contrebande lorsqu'elle était commise en bande organisée. Quatre d'entre elles avaient été placées aux quatre coins du royaume, et chacune était chargée d'une partie du territoire (Valence, Saumur, Reims, Caen, Paris) ; elles avaient été créées en retirant la compétence aux juges ordinaires dans les matières fiscales (élections en première instance, cour des aides en appel). Reste à savoir si ce traitement judiciaire de choc a suffi à ramener les contrebandiers à la raison ; en tout cas, ces juridictions ne sont pas sans rappeler les JIRS récentes.

Après avoir évoqué les taxes qui intéressent les Hommes du Trésor, on s'intéressera à présent à la structure administrative mise en place (ch. 2).

Notes du chapitre 1.

19 C. DUGAS DE LA BOISSONNY, « Les voyages d'honneur des États de Bourgogne de 1682 à 1785 », *Annales de l'Est*, 1986, p. 251-308 ; S. PANNEKOUCKE, *Des princes en Bourgogne. Les Condé gouverneurs au XVIIIe siècle*, Paris, Éditions du CTHS, 2010.

20 Sur ces trois impositions, cf. M. Marion, *Dictionnaire des institutions de la France aux XVIIe et XVIIIe siècles*. Paris, Picard, 1922, p. 232-235, 524-525, 538-540 (v° Ferme générale, Tabac, Traites).

21 Il existe alors deux sortes de sel : l'un est le sel marin, issu des productions de l'ouest du pays ; quant à l'autre, le sel gemme, il est produit dans les salines dont la Franche-Comté est peuplée (la plus célèbre étant elle de Salins, celle d'Arc-et-Senans étant plus tardive).

22 M. MOLLAT (dir.), *Le rôle du sel dans l'histoire*. Paris, 1968.

23 . La carte en page 20 illustre bien la diversité douanière du territoire français.

24 La même situation d'inégalité fiscale se retrouve entre le Hainaut (Valenciennes), non taxé, et la province voisine de Picardie, surtaxée : CLINQUART, *Les services extérieurs…*, *op. cit.* p. 18.

25 FERRER, *Tabac, sel*, p. 191.

26 LAVOISIER, *Œuvres…* t. VI, p. 134.

27 C'était les bureaux de Dijon, Beaune, Champagne-sur-Vingeanne, Chatillon, Fraignot, Is-sur-Tille, Mirebeau, Renève, Saint-Seine-sur-Vingeanne, Selongey, Tréchâteau, Chalon, Louhans, Savigny, Pont-de-l'Estalet, Cuiseaux, Bellevesre, Verdun-sur-le-Doubs, Fretterans, Digoin, Auxonne, Saint-Jean-de-Losne, Seurre, Maxilly, Pontailler, Chaussin.

28 CLINQUART, *Les services*, p. 149.

29 Les habitants bénéficient de l'exemption de droits sur les produits fabriqués sur place et exportés dans les provinces douanières voisines.

30 M. VIGIÉ, *L'herbe à Nicot*. Paris, Fayard, 1989. La plante prend plusieurs appellations successives : « *médicée* », « *petun* », « *herbe à la reine* », « *nicotiane* ». Le terme de tabac s'impose définitivement au XVIIe siècle.

31 Déclaration du 17 novembre 1629 : ISAMBERT, *Recueil général des anciennes lois françaises*. Paris, t. XVI, p. 347. Ce texte impose une taxe de 30 sols par livre de tabac importé. Sur la fiscalité, cf. R. PUISIEUX, *L'impôt du tabac sous l'Ancien Régime*. Paris, 1906.

32 Cf. *infra* La retraite. Toutefois, les employés doivent remplir les conditions posées par la compagnie pour bénéficier d'une retraite.

33 GUYOT, *Répertoire universel…* t. XVI, p. 635 et s.

34 Célèbre financier d'origine écossaise, qui lance une banque privée chargée d'émettre de la monnaie-papier, et qui devient contrôleur-général des finances. Mais les essais économiques et financiers vont entraîner une gigantesque spéculation, qui conduira à la chute de la Banque de Law en 1721 et à la chute de ce personnage.

35 Ces provinces situées dans le Nord et l'Est du royaume sont parvenues à conserver ces privilèges : la Flandre, l'Artois, le Hainaut, la Franche-Comté, le pays de Gex, Bayonne, l'Alsace : cf. NECKER, *De l'administration des finances de la France*, t. II, p. 100. C'est la

déclaration du roi de 1721 qui énumère les provinces concernées : ISAMBERT, *Recueil général…*, t. XXI, p. 194.

36 FERRER, *Tabac, sel*, p. 98.

37 FERRER, *Tabac, sel*, p. 151.

38 Sur le tabac, cf. R. PUISSIEUX, *L'impôt du tabac sous l'Ancien Régime*. Paris, Th. droit, 1906 ; J. BONNEAU, *Les législations françaises sur les tabacs sous l'Ancien Régime*. Paris, Th. droit, 1910 ; E. GANDOLF, *Le tabac sous l'ancienne monarchie*. Vesoul, 1914 ; E. HEPP, *La contrebande du tabac au XVIII*ᵉ *siècle*. Paris, PUF, 1969 ; A. FERRER, *Tabac, sel, indiennes. Douane et contrebande en Franche-Comté au XVIII*ᵉ *siècle*. Presses universitaires franc-comtoises, 2002.

39 AD Doubs, 1 C 1324 F; cité par FERRER, *Tabac, sel*, p. 137. D'après ce même rapport, l'Alsace exporterait 2 des 8 millions de livres de tabac produites chaque année vers la Comté. Or, sur cette quantité, la majeure partie alimente la fraude frontalière Bourgogne/Champagne, soit 1,6 millions de livres. La même quantité est illégalement exportée vers la France sans transiter par la Comté.

40 AN, G^1 73.

41 FERRER, *Tabac, sel*, p. 138.

42 Délibération des fermiers généraux, 28 août 1787 : AN, G^1 73 n. 18.

43 V. MAGNIEN, *Ordonnance de 1687*. Lyon, 1786, 4 vol.

44 Pour Yves Durand, ils étaient exactement 685 : *Finance et mécénat : les fermiers généraux au XVIII*ᵉ *siècle*. Paris Hachette, 1976, p. 19.

45 V. AZIMI, Un modèle administratif *de l'Ancien Régime : les commis de la Ferme Générale et de la Régie générale des aides*, Paris, 1987.

46 *Tableau de Paris*, p. 54.

47 Ce département comprenait les directions situées dans les provinces de Picardie, Normandie, Comté, Champagne, Touraine, Bourbonnais, Bourgogne, Anjou.

48 AN, G^1 63.

49 *Le Monde comme il va. Vision de Babouc*. Paris, 1966, p. 100.

50 « *C'est assez d'avoir vécu sous des lois de finance véritablement ineptes et barbares ; c'est assez d'avoir exposé des milliers d'hommes aux attraits continuels de la captivité ; c'est assez d'avoir rempli les prisons et les galères de malheureux qui ne sont souvent instruits de leurs fautes que par les punitions qu'on leur inflige ; c'est assez d'avoir mis en guerre une partie de la société contre l'autre* » : *De l'administration des finances de la France*. Paris, 1784.

51 Tirées de Lavoisier, *Œuvres*, t. VI, p. 135 et 145. Ce chiffre ne comprend pas la Ferme de Lorraine, dont le statut de dernière province rattachée au royaume nécessite un traitement à part.

52 AN, G^1 73 n. 18.

53 Encore le tabac est-il sous évalué, car les recettes en sont estimées à 25,8 millions.

54 Cf. *infra* La retraite. Ce chiffre vient de Lavoisier, *Œuvres*, t. VI, p. 152.

55 *Œuvres*, t. VI, p. 161.

56 AN, G^1 54, ventes et états des frais de régie des directions de Besançon, Chalon, Dijon et Langres (1774-1784).

Chapitre 2
La structure administrative globale des Fermes : la recherche de l'efficacité

La Ferme constitue une société privée reconnue par l'État, et dont la mission, on l'a vu, porte sur la collecte de l'impôt et de taxes au nom du gouvernement. Régulièrement, elle postule pour les baux des impôts et taxes déterminés par les pouvoirs publics ; le mieux disant l'emporte après une concurrence parfois sévère et la Ferme se voit renouveler son bail, selon les conditions portées dans le cahier des charges. Par conséquent, cette société doit s'organiser de telle sorte qu'elle soit retenue comme étant la plus efficace et la moins coûteuse aux pouvoirs publics ; elle doit donc offrir un « *plus* » en terme de résultats, d'où une culture particulière de l'efficacité et des éléments spécifiques qui annoncent la bureaucratie moderne : hiérarchie et centralisation.

Du point de vue des structures, elles se divisent en trois strates organisées de façon pyramidale : au sommet, les cadres supérieurs ; ensuite, les cadres intermédiaires ; enfin, les employés des brigades[57]. Il existe aussi trois hommes de loi qui sont spécifiquement en charge des affaires judiciaires de la Ferme : un avocat, à savoir Adrien (de Dijon), ainsi qu'un agent, Durande ; enfin un procureur, Guiard. Ils sont chargés des contentieux judicaires que la Ferme doit soutenir à l'encontre des particuliers ; le premier est âgé de 41 ans ; quant au second, Durande, recruté en 1733, le registre ne précise pas son âge (mais il doit tourner autour de 68 ans). Le troisième est âgé de 46 ans en 1775. Tous trois sont originaires de Bourgogne. Ils sont des anciens au regard du renouvellement accéléré des effectifs qui frappe les agents intermédiaires ou subalternes.

Pour apprécier cette organisation, la Ferme générale oblige tout fermier général à effectuer une tournée dans une direction particulière, afin de vérifier l'efficacité du dispositif et des agents en place. En 1769, on sait que la tournée a été faite par « *Demesjean fermier général* », mais le registre qu'il a forcément laissé a disparu ; quant à celle de 1759, œuvre de Darnay, elle aussi n'a pas été retrouvé[58].

Signe de leur impopularité dans l'opinion, les alliances de ces éminents personnels conduisent souvent à des démissions, lorsqu'ils épousent des personnes issues de la haute société française. Ainsi, quand Helvétius, auteur célèbre *De l'esprit* où il clamait son athéisme se marie avec mademoiselle de Ligneville, issue d'une célèbre famille lorraine, la rumeur révèle qu'il démissionne de la Ferme « *craignant de souiller son alliance par un titre aussi sordide*[59] ».

Avant de pénétrer dans le détail des structures administratives de la ferme générale, il faut rappeler combien cette organisation était organisée selon un modèle hiérarchique ; elle repose sur 42 directeurs, 79 contrôleurs généraux,

85 receveurs généraux (55 du tabac, 30 pour les aides et gabelles), 387 receveurs des gabelles, 997 receveurs des traites, 565 contrôleurs ou visiteurs, 9 inspecteurs et 14 contrôleurs des manufactures (que nous n'évoquerons pas ici), 20 élèves (idem), 453 entreposeurs, enfin 21.188 employés, avec 352 capitaines généraux.

La strate supérieure de la Ferme dans la direction de Dijon

Elle comprend quatre catégories de cadres : les directeurs, les contrôleurs généraux, les capitaines-généraux et les receveurs généraux, que nous évoquerons l'un après l'autre.

Le directeur

Chef des services de la ferme dans une direction particulière, il doit assumer des responsabilités locales étendues tout en rendant constamment des comptes aux services centraux. Le système repose donc sur une délégation de pouvoirs temporaire.

Le directeur se trouve au sommet d'une direction particulière, il existe plusieurs classes (quatre) depuis une délibération de 1774, et le classement dont est affublé le directeur détermine son traitement fixe : 8.000 livres annuelles pour un directeur de première classe, quand un de 4e classe se contente de 5.000 livres. S'y ajoutent des gratifications en fonction des recettes encaissées.

Le choix du directeur fait l'objet d'une attention toute particulière ; il existe un ordre d'avancement en fonction de la catégorie du directeur considéré. Parmi ceux qui peuvent prétendre aux fonctions de directeur, on trouve les contrôleurs généraux ou ambulants. Quand un poste est vacant, les cadres intéressés candidatent alors auprès des services centraux et ils sont mis en concurrence les uns avec les autres. En principe, la ferme retient trois des candidats et elle ne retient que « *le plus digne et le plus capable*[60] ». Encore faut-il que le candidat retenu soit solvable ; il doit, en effet, déposer une caution en espèces pour garantir la Ferme d'éventuels détournements ou erreurs de gestion de sa part. Tel était le sens d'une décision du conseil d'État, qui exigeait désormais non plus une caution en immeubles, mais en espèces pour des raisons de garantie[61]. Or, cette caution était élevée : ainsi, le directeur des fermes de Besançon, Boutien de Diencourt, avait-il versé à la compagnie une caution de 30.000 livres en espèces.

Cependant, toute direction reste précaire, puisque la Ferme reste maîtresse de changer ou le lieu ou les limites de chaque direction dans l'optique d'une meilleure efficacité. En outre, si le directeur est le supérieur hiérarchique dans sa direction, il reste étroitement soumis à sa propre hiérarchie et notamment aux fermiers généraux. Chaque semaine, le directeur tient en effet une correspondance sur trois aspects distincts mais liés par le tout à son service : en premier lieu, on trouve l'aspect comptable (entrées et sorties, c'est-à-dire recettes et dépenses encaissés dans l'étendue de la direction dans les domaines fiscaux qui relèvent de sa compétence : traites, tabac, sel). Le directeur est responsable des livres comptables dans son ressort ; il lui revient d'exercer un contrôle attentif des receveurs, receveurs dont la Ferme se méfiait.

En second lieu, on trouve l'aspect social avec la gestion des hommes qui dépendent de son autorité : sont concernés tant les recrutements que les mouvements habituels qui rythment l'activité des brigades, tels que promotions, démissions, sanctions, décès, retraites. Pour tous ces éléments, le directeur propose des décisions mais la Ferme a toujours le dernier mot. Enfin, le troisième aspect relève du contentieux. Si le directeur concentre de grandes responsabilités, il n'en demeure pas moins qu'il s'insère dans une grande machine bureaucratique et centralisée dont il est un des multiples rouages. D'ailleurs, le directeur ne dispose pas de l'autorité budgétaire ; il ne peut donc, sans ordre conforme des bureaux parisiens, engager des dépenses au-delà d'une certaine somme : aussi le paiement des ordres de gratification ou de pension repose-t-il sur des lettres numérotées valant ordre, qui permettent ensuite d'ordonner au comptable d'engager la dépense.

Le directeur est installé dans ses fonctions par un acte notarié délivré par les bureaux centraux de la Ferme ; cet acte est une délégation de pouvoir qui permet à l'impétrant d'avoir la capacité juridique et qui fixe l'étendue de ses pouvoirs. Avant d'entrer dans ses nouvelles fonctions, le directeur doit se faire reconnaître en tant que tel et l'acte est donc déposé et enregistré auprès des tribunaux locaux (le Bureau des finances en Franche-Comté).

Dans la direction de Dijon, on trouve au sommet le directeur des Fermes qui réside dans cette ville (ils sont deux en Bourgogne, la seconde direction étant fixée à Chalon-sur-Saône)[62]. La fonction de directeur est la plus élevée dans les directions de province (79 en 1780) ; le directeur entretient une correspondance directe avec une division spéciale de la Ferme à Paris ; il est en contact étroit avec les fermiers généraux. Parmi ces derniers, certains noms reviennent de façon incidente, notamment celui de « *M. Deverdun, fermier général*[63] » « *de correspondance*[64] ». En résumé, il était rattaché à l'assemblée des Fermes chargée de la correspondance entre les services centraux de Paris et les directions provinciales. Son rôle était donc fondamental : il devait être vigilant sur les droits de la Ferme, surveiller les cadres comme les employés et prendre promptement les décisions qui s'imposaient en matière individuelle : recrutements, révocations,... La proposition qu'il formulait devait, en raison de son importance (elle engageait les finances de la société), être consignée par six autres fermiers généraux.

Jean-Jacques-Marie de Verdun de Monchiroux[65], né en 1739 et mort en 1822, était le fils d'un bourgeois de Lyon ; il s'établit à Colombes, aux portes de Paris, et fait de son château le centre d'une vie culturelle intense ; très apprécié des habitants pour sa générosité, cette proximité le sauva sous la Révolution lorsqu'il était menacé, les anciens fermiers généraux étant alors sujets à la vindicte des autorités républicaines[66]. Il était réputé proche du comte d'Artois, second frère de Louis XVI, dont il était le sous-intendant des finances (1781-1788)[67] ; il succède dans cette fonction à Radix de Sainte-Foy, sulfureux affairiste qui plongea l'apanage d'Artois dans un scandale monumental (il était grevé d'une vingtaine de millions de livres de dettes). Sa fille naturelle, qui fréquentait le salon de madame Vigée-Lebrun, épousera un futur constituant, Billaud-Varenne. Quant à son épouse (1777), Anne-Catherine Le Prudhomme de Chatenoy, elle se fit portraiturer par la célèbre peintre.

Quant à ses missions, elles consistent, d'abord, à appliquer de manière rigoureuse dans une direction déterminée les décisions prises par la Ferme (sous forme de délibérations…). Pour ce faire, le directeur répond de la bonne application des directives et en vérifie la bonne interprétation par ses subordonnés. Aussi doit-il parcourir incessamment l'étendue de sa direction et s'assurer que toutes les parties sont liées entre elles et qu'elles coordonnent leur action. Ainsi encore, il doit vérifier la capacité des hommes à remplir leur mission et, dans la négative, doit prendre les mesures les plus promptes pour ne pas altérer les capacités de collecte et de contrôle de ses employés. Dans cette optique, il nomme aux emplois vacants et peut justement décider qu'un poste est devenu vacant ; il peut donc soit muter d'office un employé d'un endroit à un autre, soit le proposer pour la retraite ou, en cas de faute grave, demander sa révocation auprès des bureaux parisiens en évoquant les motifs qui militent pour de telles demandes.

D'autre part, le directeur possède un rôle contentieux qui est loin d'être négligeable. Pour ce faire, il représente la Ferme dans les affaires judiciaires et participe donc au réquisitoire, en réclamant un dédommagement ou une amende à l'encontre des fraudeurs. Mais encore, il peut, le cas échéant, transiger et éviter ainsi un procès. Dans cette perspective, le fraudeur admet sa faute et paie une somme d'argent déterminée, ce qui lui évite et l'amende et une peine personnelle lourde, telle que celle des galères ou celle du bannissement.

Si l'affaire est peu claire – parce que la Ferme ne dispose pas d'éléments de preuve tangibles –, il peut en référer à la Ferme et discuter directement avec les fermiers généraux compétents dans le domaine contentieux. Dans son action, le directeur est assisté d'une part par l'avocat qui concourt au travail de la direction dijonnaise (il s'appelle Adam), d'autre part il existe un agent de la Ferme qui intervient dans les procès pour la représenter et agir en son nom ; enfin, le directeur peut aussi compter sur le bureau du contentieux siégeant à Paris. Dans l'hypothèse où le tribunal saisi s'est prononcé dans un sens défavorable aux intérêts de la compagnie, le directeur nourrit les arguments possibles pour interjeter appel de cette décision. Tous les dix jours, le directeur doit adresser aux services centraux un *État* des saisies opérées et des affaires en instance devant les tribunaux.

Hors de toute décision contentieuse, le directeur doit aussi défendre les intérêts de la Ferme lorsque des privilèges locaux sont excipés par des populations dans le but de se soustraire à l'impôt. Le plus souvent, c'est le commissaire départi qui est l'interlocuteur privilégié des directeurs car en droit, il est le « *tuteur-né* » des communautés d'habitants. S'ensuivent des doléances plus ou moins admises par le Conseil du roi.

Enfin, son rôle est également comptable : au début de chaque exercice comptable, le directeur doit collecter l'ensemble des informations comptables de sa direction (recettes, dépenses), les vérifier et les certifier sincères avant de les envoyer aux bureaux parisiens. Il doit, en particulier, indiquer les postes budgétaires occupés et ceux qui seraient vacants ; il doit donc tenir à jour de manière constante la liste des effectifs et en répondre devant le comité du personnel qui siège à Paris. D'où l'utilité d'un registre global dans lequel les emplois sont indiqués selon un ordre clair : d'abord les cadres, ensuite, les subalternes. D'un seul coup d'œil, le directeur connaît les entrées et les sorties, ainsi que les dates exactes des mutations. Le registre est donc à la fois important pour sa comptabilité, comme pour l'efficacité de la direction. Concrètement, ce n'est pas le directeur lui-même qui annote le registre, mais l'un de ses commis. Deux raisons rendent cette supposition certaine : d'une part, les notes sont rédigées dans des écritures différentes ; d'autre part, le directeur reçoit chaque année des frais de bureau de la Ferme ; ceux-ci lui servent à s'entourer de commis qui le soulagent de la rédaction de certains actes.

Ces frais de bureau ne sont pas connus avec précision pour le directeur de Dijon ; toutefois, on sait que celui de Langres percevait 3.800 livres par an[68]. Ces frais étaient aussi destinés à défrayer le directeur de ses frais postaux : or, en réalité, les directeurs s'efforçaient d'user de la franchise qui s'appliquait aux hauts administrateurs, comme les intendants ; ils pouvaient ainsi économiser des centaines de livres chaque année. Mais l'apprenant, le Gouvernement réagit et rappelle, par voie de circulaire, que la franchise postale est réservée à une poignée de hauts fonctionnaires en lien avec le service public[69].

Là, ses comptes sont examinés et vérifiés par une assemblée de fermiers généraux spécialement affectés à cette mission. Comme on peut l'imaginer, ces missions sont si prenantes que le directeur a, d'après Lavoisier, de la peine à les remplir exactement[70]. En résumé, le directeur du département de Dijon est responsable de la gestion de 159 employés, répartis entre 25 brigades (avant la réforme d'octobre 1774).

Si l'on résume, le directeur est donc la personnalité qui contrôle et anime la communauté des employés : à lui de veiller à ce qu'il y règne concorde, efficacité, bon esprit d'équipe, toutes choses qui sont, on le verra, loin d'être assurées.

En dessous du directeur, se trouvent plusieurs contrôleurs généraux.

Le contrôleur-général

Les contrôleurs généraux qui sont des inspecteurs de la Ferme : ils sont les yeux et les oreilles du directeur, au contact direct du personnel. Selon Buterne dans son *Dictionnaire de législation*,

> « Les contrôleurs généraux dans les départements ont pour fonctions de surveiller les receveurs, examiner et arrêter leurs registres, constater l'état de leurs recettes et en empêcher le divertissement. C'est pourquoi ils doivent faire plusieurs tournées dans leurs départements, où ils sont en droit de donner des ordres aux employés subalternes pour le service, les saisies, les visites et toutes les opérations qui peuvent aller au bien de la régie, sous les ordres des directeurs qui ont sur eux la supériorité étant préposés pour être leur œil et leur main, et suppléer à ce qu'ils ne peuvent faire eux-mêmes[71] ».

Cette vision que nous donne la doctrine est confirmée par un rapport présenté à la compagnie en 1772, où les attributions du contrôleur-général sont rappelées[72]. Le contrôleur-général doit surveiller l'ensemble des employés et, le cas échéant, préconiser des solutions parfois brutales pour remédier aux problèmes soulevés.

Ensuite, le contrôleur-général se voit confier un rôle d'enquête générale sur l'étendue d'une direction ou de directions. Sa mission est de deux ordres : d'abord administratif, il exerce également une attribution financière. Dans cet ordre d'idée, il supplée le directeur, vérifie les parties comptables de la régie et s'assure que chacun des employés fait son devoir ou, s'il ne le peut pas ou plus, s'attache à lui trouver une autre fonction, au besoin en le mutant dans une autre affectation (les exemples de cette attribution sont nombreux)[73].

À cette fin, il effectue des tournées à l'improviste plusieurs fois par an, afin de vérifier et le rôle de chaque employé, et sa participation à l'effort commun de collecte de l'impôt et de lutte contre la fraude. Par conséquent, il doit s'assurer que les gardes stationnés aux portes veillent et vérifient comme ils devraient le faire en fonction des apparences. Leur activité (qualifiée de « *zèle* ») est donc une exigence de service que la compagnie prend très au sérieux ; dans le cas contraire, elle peut infliger des sanctions plus ou moins sévères. Cette exigence repose d'une part sur la nécessité d'obéir aux objectifs de résultats fixés par les bureaux parisiens (ventes, saisies,...). D'autre part, les fruits des saisies effectuées profitent à la Ferme et aux employés : il existe un intéressement individuel qui repose sur les prises réalisées (prime sur les contrebandiers capturés, répartition en parts des saisies réalisées,...)[74]. Ce travail étant collectif, tout employé qui n'a pas le zèle nécessaire se voit logiquement sanctionné[75].

C'est dans ces tournées que le contrôleur-général rédige des courriers et des rapports qu'il adresse au directeur et dont il donne copie aux bureaux parisiens : ils supposent des décisions à prendre (promotions, déplacements, révocations)[76]. Nombre de rapports auxquels le registre fait référence sont écrits entre août et novembre de chaque année ; il existait donc une tournée annuelle au moins, complétée par des tournées spéciales « *coups de poing* ». À l'instar du directeur, le contrôleur-général reçoit des frais de bureau ; il peut lui aussi se soulager d'une partie des actes en recrutant un commis. Selon A. Ferrer, il percevait 300 livres annuellement à ce titre, somme largement suffisante pour rémunérer un commis.

C'est le sieur François Joly qui exerce cette fonction dans la direction de Dijon (puis il succède au directeur Demontigny) ; il est cité à des dizaines et des dizaines de reprises dans le registre. Puis, après 1774, il est remplacé par Thierrial, un ancien commis des bureaux parisiens de la compagnie, très au fait de son fonctionnement, parce qu'il avait occupé un emploi « *au Bureau de la correspondance du 4e département*[77] ». Pour ce faire, il est appuyé par un premier commis (sorte de directeur de ministère) du contrôle-général des finances, Leclerc. En second lieu, ce haut cadre de la direction de Dijon, célibataire, présente une garantie solide : l'espérance d'une fortune personnelle conséquente[78].

François Joly, sous la Révolution, est inquiété comme ancien membre de la Ferme générale ; il est décrété d'arrestation, jugé et condamné à mort ; il est exécuté en mai 1794 à Paris[79]. Il avait acheté en 1772 le fief de Saint François, hameau de la petite ville de Saint-Seine-en-Bâche (dép. Côte d'Or), revendu en 1782[80].

Il existe aussi deux contrôleurs généraux surnuméraires (Tardy[81] et Chicotet de Corbigny[82]) : si leurs fonctions sont bénévoles, ces stagiaires sont censés apprendre le métier en se frottant aux nombreux dossiers du terrain. Or, ils étaient très contestés, car considérés comme jeunes et immatures au regard des responsabilités qu'ils étaient amenés à prendre. Aussi mettait-on en doute leur légitimité. De fait, Chichotet est sans conteste d'un âge moyen (26 ans), tandis que son collègue, Tardy, est âgé de seulement 19 ans.

Quant à l'inspecteur général, il est placé à mi-chemin entre le contrôleur général et le contrôleur particulier ; c'est pourquoi Lavoisier critique le fait qu'il ferait double emploi[83]. Nous en parlerons peu, car son action n'apparaît pas dans le registre.

Dans la direction voisine de Besançon, le contrôleur-général Mauvaizet, quoique révoqué plusieurs fois, parvient à se rétablir et à rentrer dans le personnel de la Ferme. Ce parcours erratique s'explique par les puissants appuis dont il disposait au sein de la ferme ; l'un des secrétaires d'un fermier général lui offrait en effet sa protection.

Le capitaine-général

En dessous du directeur et du contrôleur-général se trouve le capitaine-général, qui joue un rôle essentiel dans l'activité des brigades. La Ferme exige de lui plusieurs qualités, à savoir « *la prudence, du zèle, de l'intelligence et de la fermeté* » (délibération de 1743[84]). Pendant longtemps, la nomination de tels employés dépendait du favoritisme, ce qui eut pour effet de mettre à cette place des incapables qui étaient inaptes à diriger une masse plus ou moins importante d'employés. Par conséquent, la Ferme met en place de nouvelles dispositions : toute nomination à cette place devait désormais dépendre de plusieurs conditions : d'abord, prouver une ancienneté d'au moins trois ans comme « *commandants de brigades* » (c'est ce que nous appelons le « *cursus honorum* ») ; ensuite, avoir donné en cette qualité des marques objectives « *d'intelligence, de bonne conduite et de leur fermeté* ». Quant à sa mission, elle est rappelée dans la délibération citée plus haut qui, en raison de son importance, mérite d'être reproduite :

> « Bien connaître l'étendue de leur département, sa situation par rapport aux lieux où la fraude prend sa source, les routes, les passages, les faux-fuyants et les retraites les plus ordinaires des contrebandiers. Pratiquer des affidés capables de donner de bons avis… Visiter journellement les postes et les brigades de leur inspection… faire faire aux employés… les mouvements les plus convenables et se mettre à leur tête dans toutes les occasions intéressantes ».

Le capitaine-général est en contact permanent avec le directeur ; il doit l'informer des faits significatifs survenus dans sa penthière[85] (saisies, mouvements du personnel,…) et lui fournir un état mensuel du travail au jour le jour. Cet état (que nous n'avons pas retrouvé pour la direction de Dijon), permet au directeur de jeter un œil rapide tant sur le travail effectué que sur ses résultats. Dans le Hainaut, Clinquart rapporte que, parmi les capitaines-généraux en place, certains se sont avéré des incapables notoires (tel le receveur Coquelet, qui permuta avec un capitaine-général qui souhaitait prendre du champ avec sa fonction)[86].

Dans l'étendue de la direction de Dijon, il existe jusqu'en 1773 cinq capitaineries générales, toutes placées à des endroits stratégiques sur la frontière qui sépare le duché de Bourgogne de la Comté et de la Lorraine (trois de nature ambulante : Champagne-sur-Vingeanne, Auxonne, Montbard ; deux sédentaires : Dijon, Auxerre[87]). Mais les effectifs sont très disproportionnés : seulement 7 personnes pour le capitaine-général d'Auxerre (un sous-brigadier assisté de six gardes), une soixantaine pour chaque capitainerie ambulante.

Leur nombre a presque doublé en l'espace d'une génération, puisqu'ils sont passés de trois (en 1745) à cinq, vingt-neuf ans plus tard. Puis leur nombre repasse à quatre après 1774. Cela révèle l'accroissement de l'activité du fisc et l'émergence d'une culture de l'efficacité contre la fraude et pour la meilleure perception des taxes. Ainsi qu'un meilleur contrôle du personnel, dont on réclame sans cesse plus d'activité et plus d'efficacité[88]. Après tout, rien n'est jamais acquis pour la Ferme et tous les six ans, elle doit démontrer que l'affermage constitue le meilleur moyen pour l'Etat de collecter les taxes auprès des administrés. Aussi l'État s'attend à ce que la Ferme augmente sans cesse le montant des fermages que cette dernière lui versera.

Et, à l'instar des poupées russes, dans chacune de ces capitaineries, il existe un certain nombre d'administrations des Fermes qui, au gré des besoins, peuvent être créées, transférées ou supprimées par simple décision des bureaux parisiens[89]. Elles sont souvent qualifiées de « *poste* » ou de « *brigade* ». L'ensemble est donc géré avec souplesse, afin que les structures de la Ferme s'adaptent sans cesse aux exigences de la collecte de l'impôt et de la lutte contre la contrebande.

Le tableau ci-joint montre l'évolution des effectifs dans la direction de Dijon depuis 1745.

Tableau 2 Les capitaineries-générales de la direction des fermes de Dijon

Cap.-générale	**1745**	**1773**	**1775**
Auxonne	64 employés, 11 brigades	61 employés, 9 brigades	61 employés, 9 brigades
Champagne	55 employés, 12 brigades	61 employés, 8 brigades	73 employés, 10 brigades
Noyers/Auxerre[90]	30 employés, 5 brigades	8 employés, 1 brigade	8 employés, 1 brigade
Dijon	Sans existence	19 employés, 1 brigade	19 employés, 1 brigade
Montbard	Sans existence	41 employés, 6 brigades	supprimée
Total	149 employés, 28 brigades	190 employés, 25 brigades	161 employés, 21 brigades[91]

Comme on le voit, les effectifs ont tendance, sur la durée, à rester stable, tandis que le nombre de brigades est réduit afin d'augmenter l'effectif moyen des brigades. Dès lors, lutter contre l'éparpillement traduit la volonté de la compagnie de réaliser des économies de structure, afin d'alimenter la hausse formidable des effectifs dans le comté de Bourgogne voisin. Surtout, cela dénote des contraintes budgétaires qui obligent la compagnie à un tour de passe-passe : elle doit allouer les effectifs des postes disparus dans les postes qui sont maintenus, ce qui tourne parfois au casse-tête.

Ainsi, dans la capitainerie-générale de Champagne-sur-Vingeanne, village sur la frontière situé face à la ville de Gray, plusieurs bureaux (huit) relèvent du capitaine-général ; une troupe de soixante personnes est placée sous ses ordres (nombre en-deçà de la composition habituelle des capitaineries-générales[92]). Celui-ci, Mennetrieu, est l'archétype de la promotion sociale telle que la Ferme l'entend : après 16 ans de service, c'est lui qui est placé à la tête de cette capitainerie, qu'il connait bien pour y avoir rempli plusieurs affectations au fil du temps[93].

En 1787, les chiffres des effectifs ont de nouveau changé : pour 29 postes budgétaires, on compte alors 201 employés[94]. Si l'on écarte les brigades ambulantes, il demeure la brigade sédentaire de Dijon (8 gardes), le détachement pour l'unité de dessalement d'Auxerre (2 gardes), ainsi que la garde d'une fontaine salée (2 gardes), il y a 189 employés divisés entre 26 postes ambulants. L'ensemble représente un coût budgétaire de 67 300 livres.

Par exemple, la capitainerrie de Champagne-sur-Vingeanne comprend 60 agents disséminés dans huit postes : 6 brigadiers, 8 sous-brigadiers, 46 gardes (avant 1774).

Dans une autre capitainerie-générale importante, celle d'Auxonne, les effectifs sont encore moins nombreux, mais leur rôle est tout aussi stratégique que dans la penthière précédente : 58 agents répartis entre 8 brigadiers, 8 sous-brigadiers, 42 gardes (1773). Cet effectif équivaut à celui de la capitainerie-générale de Montbard qui, en 1773, comprenait encore 40 agents. Mais par le changement de bail qui survient en septembre 1774, celle-ci est supprimée et quatre de ses six brigades disparaissent purement et simplement ; quant aux deux qui subsistent encore, le nombre d'employés chute, passant de 16 à 8[95]. 29 postes budgétaires sont ainsi supprimés (1 de capitaine-général, 4 de brigadiers, 4 de sous-brigadiers, 20 de gardes). Ces deux brigades rescapées disparaîtront à leur tour, avant de ressusciter quelques années plus tard.

Ainsi qu'on l'a dit, cette structure peut varier ; en 1774, à la suite du changement de bail, le nouveau bailleur modifie les structures et change – à la marge – les implantations administratives de la société. Pour suivre notre exemple de la capitainerie-générale de Champagne, elle subsiste mais son personnel est réduit de deux gardes[96]. Si deux emplois sont supprimés, leurs titulaires ne se retrouvent pas sans affectation ; leur est alors proposé d'occuper des postes vacants ailleurs que dans cette capitainerie. Mais parfois – comme dans la brigade de Semur-en-Auxois, la réduction des effectifs est telle (quatre emplois sont ainsi supprimés sur les dix que contenait la brigade) qu'il faut envisager des révocations provisoires d'employés : l'un d'eux perd momentanément son emploi (il en retrouve un autre, trois mois après). La logique, d'ailleurs, viendra s'attaquer à l'existence même de cette brigade (1780). En 1787, elle est alors recréée avec deux postes seulement.

Quant à elle, la capitainerie d'Auxonne perd un poste, mais deux autres sont créés[97], ce qui compense la suppression d'emploi : c'est plus d'un réaménagement des effectifs que d'une véritable réduction de postes (la balance est ici positive de deux emplois, soit 3% de hausse globale).

Quant à celle de Montbard, elle connait un véritable bouleversement : la brigade est supprimée et son personnel est alors affecté à celles dont les postes sont vacants, soit par retraite, démission, ou révocation. Le garde Chaudron trouve ainsi un emploi équivalent dans la brigade de Saint-Seine-en-Bâche.

Le receveur général

Officier important, le receveur général doit, d'une part, centraliser les recettes en tabac et en sel qui sont perçues dans la direction de Dijon par les receveurs particuliers ; ces derniers sont donc placés sous son autorité. Il doit, d'autre part, ventiler les fonds qu'il reçoit entre les usages propres à la direction (défraiement de certains actes, pensions...) qui lui sont imputés sur décision de la Ferme générale. Il est aussi chargé de verser les émoluments du personnel (traitements fixes, primes et gratifications,...) et les diverses dépenses, notamment celles de loyer (pour les bâtiments occupés par le personnel) ou de régie (après 1776). Le cas échéant, c'est lui qui est responsable de la vente des marchandises saisies sur les contrebandiers (si elles sont jugées de qualité). Enfin, les fonds en surplus dans la caisse du receveur général doivent être envoyés sur Paris, soit par l'intermédiaire de lettres de change pour éviter le maniement d'espèces, soit encore les expédier sur la capitale par les moyens les plus sûrs.

Pour tous ces éléments, le receveur-général (c'est Pierre-Denis Hébert, originaire d'une famille de robe de la Brie, 1723-1788, qui habite alors rue du grand Potet, aujourd'hui la rue Buffon[98]) tient une comptabilité régulière qu'il doit présenter aux fermiers de tournée. Il est constamment sous le contrôle du directeur.

Cependant, cette position hiérarchique subordonnée n'est pas un signe de solidité comptable : en 1763, le receveur général de la direction de Besançon, Boyer, prend la fuite en Suisse ; il échappe ainsi aux poursuites dont il faisait l'objet pour une comptabilité mal en point : des dizaines de milliers de livres de sa caisse auraient disparu, non par sa malhonnêteté, mais plutôt par son inconséquence budgétaire. Cela démontre la nécessité d'une caution forte et d'un contrôle étroit de la fonction.

En raison de leur position éminente, les receveurs généraux sont pris parmi les receveurs bien notés des aides ou des gabelles : cela exige que les candidats fassent leurs preuves et qu'ils aient acquis une certaine notoriété favorable.

Pour faciliter sa mission, le receveur général reçoit des frais de bureau qui doivent lui suffire à recruter un commis aux écritures (120 livres annuelles pour celui de Besançon).

Une fois cette strate supérieure achevée, c'est à présent la strate intermédiaire qui nous intéresse.

La strate intermédiaire

Elle repose sur l'action de trois corps distincts que sont les contrôleurs particuliers, les receveurs particuliers et les commis supérieurs (mais ces derniers étant surtout nombreux dans le siège parisien, nous n'en parlerons pas).

Le premier de ces corps, celui des contrôleurs particuliers, repose sur l'action d'agents qui sont soit sédentaires, soit ambulants. Ici encore, on sépare les agents chargés d'un bureau déterminé de ceux qui parcourent le pays à la recherche de biens et produits non déclarés ou mal déclarés. Dans les deux cas, ils répondent de l'action de la Ferme dans un bureau déterminé et en rendent compte au directeur. Ici, ces contrôleurs sont attachés à deux impositions précises : les uns à celle des traites, les autres à celle des gabelles. Dans les deux cas, leur obligation consiste dans la bonne tenue d'un registre de contrôle distinct de celui de la recette. Et, lorsque le montant de la recette d'un bureau dépasse une certaine somme (le plus souvent, cinq à six mille livres annuelles), on crée une place de contrôleur afin d'éviter toute erreur sur la comptabilité. D'ailleurs, une telle création n'obère pas les dépenses de la compagnie, puisque le contrôleur est correctement rétribué, sans plus[99].

Quant au second de ces corps, les receveurs particuliers sont spécialisés dans l'encaissement d'une taxe déterminée. Pour ce faire, ils doivent présenter une garantie solide : tout agent comptable qui manipule les fonds de la Ferme doit en effet présenter au Directeur du cautionnement une immobilisation, d'abord sous forme de capitaux, ensuite sous forme de fonds de terre pour garantir la régularité de sa caisse[100]. Cette garantie (qui n'est pas un luxe, tant les faillites de receveurs sont parfois retentissantes[101]) est financièrement très importante, car elle est fixée en fonction des recettes annuelles encaissées (le quart si la garantie est versée en immeubles, le huitième si elle l'est en numéraire). En contrepartie, la compagnie verse, chaque année, une rémunération sous forme d'intérêts des fonds qu'ils ont placés dans la Ferme (un Tableau, en dernier chapitre, précise au lecteur les cautionnements versés par chacun des receveurs). Aussi l'alliance matrimoniale constitue-t-elle un moyen facile de s'acquitter du cautionnement nécessaire ; c'est le moyen utilisé par Dubard pour succéder à son beau-père[102]. Quant aux qualités dont ils doivent faire état, il y a l'exactitude et la probité ; l'intelligence, elle, apparaît comme assez secondaire[103].

Notre registre évoque deux catégories d'entre eux, à savoir ceux des traites et des gabelles, car les autres taxes, parce qu'elles ont été rachetées par les états de Bourgogne, n'existent pas en tant que telles dans l'étendue du duché et des pays adjacents.

Le receveur des gabelles est chargé de plusieurs fonctions, aussi bien commerciales qu'administratives : d'abord, il constate la décharge des sels dans son propre grenier et en dresse procès-verbal ; ensuite, il fait le commerce du sel, c'est-à-dire qu'il s'occupe de vendre et de diffuser ce produit de première nécessité. Mais astreint à des chiffres minimaux - tant dans la vente que dans la diffusion -, il répond de leurs insuffisances et, le cas échant, perd son emploi s'il n'atteint pas les objectifs qui lui ont été fixés.

En troisième lieu, il est responsable de la bonne tenue du registre des contribuables dans lequel les ventes sont obligatoirement attribuées à des particuliers nommément désignés. Cela permet de mieux cerner les clients et de vérifier s'ils sont fidèles. Mais ses missions ne s'arrêtent pas là : le receveur doit, en effet, décerner des contraintes envers les clients qui n'auraient pas réglés leurs achats, et suivre la procédure intentée contre ces derniers.

La Ferme exige également qu'ils tiennent leur comptabilité à jour : chaque mois, chaque receveur doit adresser au receveur-général dont il dépend un état précis des recettes et des dépenses de leur recette. Enfin, le receveur doit aussi surveiller ses commis et en répondre le cas échéant.

Le receveur des traites a une fonction similaire à celui des gabelles. On y place, souvent sans que cela soit systématique, d'anciens employés méritants. Ainsi Jobard qui est placé dans la recette de Saint-Seine, après avoir été lieutenant et avoir été blessé lors d'une escarmouche avec des contrebandiers (1764).

Après cette strate intermédiaire se trouve la plus nombreuse et non moins essentielle, celle des employés des brigades.

La strate de base

Elle concerne les 21.000 employés que comprennent l'ensemble des brigades réparties sur le territoire français. En Bourgogne, ils sont évidemment moins nombreux, d'abord pour des raisons de coût mais aussi parce que la direction de Besançon, voisine, est appelée à connaître un formidable essor (ses effectifs passent d'une cinquantaine de postes à près d'un millier en trois générations). Ensuite, la fraude est atténuée par l'entrée progressive de la Lorraine dans le système fiscal français. Dès ce moment, en effet, les lignes de douanes reculent progressivement et l'organisation de la Ferme étend son maillage sans cesse plus à l'est. Enfin, les bandes mobiles de contrebandiers, qui étaient apparues dans les années 1725 et qui avaient connu leur apogée vers 1760, disparaissent du paysage fiscal.

Pour être recruté, tout employé reçoit une lettre de commission et doit se présenter auprès des autorités fiscales d'un poste déterminé, afin d'être officiellement installé dans ses fonctions. C'est le moment où, voyant la réalité des fonctions qu'ils sont chargés d'assurer, certains regrettent leur candidature et s'en vont en restituant leur commission[104].

Ils se divisent entre ceux qui travaillent dans les bureaux et les autres – plus nombreux – qui, sur le terrain, constituent le fer de lance de l'activité des Fermes et relaient l'action des premiers dans des brigades. Ainsi, les commis constatent et perçoivent les taxes qui frappent les biens et marchandises en vertu d'un tarif déterminé, tarif qui doit être affiché *de visu* et porté à la connaissance du public. De ce point de vue, l'employé ne dispose pas d'une liberté tarifaire, de sorte que les contribuables sont donc protégés de toute taxation arbitraire par son assiette et par son taux. En cas de différend, c'est le directeur ou l'administration centrale de la Ferme qui tranche la question. Au sein des greniers à sel, les commis tiennent un registre des ventes et peuvent effectuer des visites domiciliaires et chercher le sel de contrebande. S'ils en trouvent, ils le confisquent au profit de la Ferme[105].

Quant aux membres des brigades, ils sont, on l'a dit, une sorte d'armée privée de la Ferme. En effet, ils ont le droit de porter les armes (au choix fusils, sabres-briquets, pistolets, qu'ils acquièrent à leurs frais) et portent un symbole distinctif de leur emploi (la bandoulière avec une fleur de lys), à défaut d'uniforme (plusieurs projets sont bien envisagés, mais ils sont tous différés). En 1745, le fermier général Caze estime qu'il vaut mieux les maintenir sans uniforme (le bleu était projeté) ; il s'en explique :

> « il serait nuisible au bien du service ; car il est intéressant que les brigades couvrent leurs marches et dérobent la connaissance de leurs ambulances, ce qui ne sera guère possible avec un habit qui les distinguera du reste des habitants du pays ; il est vrai que cette couleur pourra en imposer à la populace, soit dans les émeutes soit dans les visites domiciliaires, mais les avantages qu'on en tirera dans ces circonstances ne pourront jamais compenser les inconvénients qui en résulteraient quand il sera question de s'opposer à l'introduction de la fraude[106] ».

D'ailleurs, les employés sont mal rétribués, de sorte que suivant Caze, leur vêtement « *se borne le plus souvent à un mauvais habit* ».

L'ordonnance du 22 juillet 1681 autorise aux employés le port d'armes « *nécessaires à leur défense et capables d'en imposer aux rébellionnaires*[107] ». Néanmoins, les conditions du port d'armes sont strictes et limitées ; tout employé surpris à user de son arme de service en dehors de ce dernier peut être lourdement sanctionné. Il faut encadrer ce droit en protégeant les populations ; plusieurs décisions de sanctions se rapportent à ce droit. Quant à l'usage des armes dans le cadre du service, il est licite à la condition qu'il s'agisse de se défendre et de répliquer s'il existe un danger. Si un employé est blessé à la suite d'une opération, les frais médicaux mis en œuvre sont à la charge de la compagnie.

La brigade constitue l'unité de base de la Ferme ; elle comprend un nombre variable d'agents (de quatre à vingt dans la direction de Dijon) et est dirigé soit par un brigadier, soit par un sous-brigadier. Elle ne dispose pas toujours d'un local spécifique, tant du fait des pénuries volontaires de moyens que parce que les affectations ne sont jamais fixes. En d'autres termes, il n'est pas utile d'investir dans l'achat et dans l'entretien de bâtiments si l'on n'est pas certain d'y rester. En l'absence d'un local propre, la brigade se réunit au domicile du brigadier ; c'est à cet endroit que les employés se présentent le matin avant de prendre leur service.

Les supérieurs hiérarchiques sont dotés de plusieurs missions : outre l'exécution des ordres venus du capitaine-général, brigadiers et sous-brigadiers doivent aussi encadrer leurs subordonnés et éclairer la hiérarchie sur leurs qualités ou leurs défauts. En outre, la compagnie attend d'eux qu'ils soient des aides sincères en cas de besoin ; ainsi, pour ce garde veuf et dont la vie privée dérape, la Ferme donne pour consigne à ses futurs supérieurs « *on espere qu'il sera mieux contenu* ». Pour ce faire, « *il sera recommandé aux chefs* [de brigade] » (1778)[108]. *Idem* pour ce sous-brigadier surpris à se quereller avec des commis aux aides ; soupçonné par ailleurs de chasser, le directeur lui laisse sa chance en le déplaçant mais en le plaçant sous les yeux d'une hiérarchie vigilante[109].

A contrario, cette mission d'encadrement ne saurait reposer sur l'emploi de tous les moyens ; ainsi, un sous-brigadier qui emmènerait ses subordonnés dans un cabaret pour créer une sorte de « *lien social* » entre eux se trouverait commettre une faute : l'alcool et la hiérarchie font mauvais ménage[110].

La brigade de base est soit sédentaire soit ambulante mais toujours à pied ; dans notre étude, les brigades sont très majoritairement ambulantes ; elles doivent constamment être en mesure de se déplacer pour mieux « *coller* » aux trafics par route et faire des battues sur les itinéraires qu'empruntent les contrebandiers. Ailleurs (notamment dans la direction voisine de Besançon), il existe des brigades ambulantes à cheval afin de traquer avec célérité les bandes de contrebandiers qui circulent à cheval. Mais en raison de leur coût important, il n'en existe pas dans la direction de Dijon. Quant aux brigades sédentaires, elles sont confinées dans des villes d'une certaine importance qui disposent de portes ; celles-ci permettent d'établir une sorte de filtre des trafics routier et fluvial afin de vérifier les marchandises transportées (Auxonne, Dijon).

Au besoin, des dénonciations ou des renseignements offrent à la Ferme des indices suffisants pour agir en conséquence et faire cesser des trafics (cf. *infra* Ses méthodes de travail). À cet effet, les brigades dites ambulantes sont pourvues en chevaux, de façon à pouvoir se porter rapidement d'un point à l'autre et de prêter assistance à une brigade qui seraient en danger.

Un ensemble de brigades dépend hiérarchiquement du capitaine-général ; le nombre d'employés varie, on l'a vu, en fonction des besoins et de la position stratégique ou non de la capitainerie-générale.

Mais ces gardes ne sont pas tous chargés de missions homogènes : les uns doivent visiter les marchandises qui sont présentées dans un bureau des traites ; il leur faut vérifier l'acquit à caution et s'assurer que la mesure déclarée en douane n'a pas été altérée.

Notes du chapitre 2.

[57] On mettra à l'écart l'entreposeur du tabac, personnage qui déroge au *cursus honorum*, dont l'emploi était réservé « *aux enfants de la protection et de la fortune* [qui] *obtiennent d'emblée [ces] places singulièrement faciles* », Azimi, *op. cit.* p. 50. Dans notre étude, il existe un seul employé de ce type, Poirot.

[58] Ibidem, fol. 204, « *1759… M. Darnay fermier général de tournée* ».

[59] L. de Bachaumont, *Mémoires secrets*, 1762-1787. Textes rassemblés par J. Sgard. Paris, Tallandier, 2011, p. 131.

[60] AN, G^1 73 dossier 31 et G^2 4^1 : délibération du 23 février 1779.

[61] Arrêt du Conseil, 30 avril 1758.

[62] Habituellement, il n'y a qu'un directeur provincial par généralité fiscale ; la Bourgogne déroge donc à ce principe en raison de sa proximité avec la frontière douanière des « *cinq grosses Fermes* ». Le directeur en poste à Dijon semble être « *la direction pour M. Demontigny* » (*ibidem*, fol. 177).

[63] Ainsi dans une décision de sanction prise à l'encontre d'un garde, en 1770 : *ibidem*, fol. 129.

[64] *Ibidem*, fol. 133, ainsi que fol. 173, « *fermier général de correspondance pour les gabelles et le tabac* ».

[65] T. CLAES, *Institutions financières en France au XVIIIe siècle*. Paris, SPM, 2011, t. I, p. 663 et t. II, p. 434.

[66] M. POLETTI, *Colombes historique (faits, documents, images et personnages) : des origines à la fin de la Seconde Guerre Mondiale*. 1984, p. 67, 78, 242.

[67] S. BULA, L'apanage du comte d'Artois (1773-1790), *Positions des thèses de l'Ecole des chartes*, Paris, 1989, p. 55-64.

[68] FERRER, *La contrebande…*, ch. 3, p. 10.

[69] Un arrêt du Conseil, rendu le 2 août 1787, réitère ce principe : FERRER, *La contrebande..*, ch. 3, p. 12.

[70] Azimi, *op. cit.* p. 44 et 45.

[71] BUTERNE, *Dictionnaire de législation, de jurisprudence, et de finances sur les gabelles de France*. Avignon, Louis Chambeau, 1764, p. 45.

[72] Dans AN, G^1 18.

[73] En général, cette catégorie de cadre est fort décriée ; on lui reproche son caractère autoritaire et aussi le fait qu'ils sont nommés trop jeunes à cette mission, sans en connaitre tout le détail et aussi sans avoir parcouru l'ensemble des fonctions. Donc, ce serait une dérogation au *cursus honorum* auquel la Ferme est très attachée. Mais d'après ce registre, le contrôleur-général Joly ne semble pas subir ce genre de reproches.

[74] Cf. *Infra* Partie II, Chapitre 4, Le traitement.

[75] Exemple du garde Simon Boirin, qui, affecté à Châtillon, est critiqué en 1759 par le fermier général Darnay pour ne donner « *aucun mouvement à la découverte de la fraude* » (*ibidem*, fol. 204).

[76] Comme l'indique le directeur, en faisant référence à la tournée faite en octobre 1770 par Joly dans l'étendue de sa zone de contrôle : « *rendant compte à la compagnie d'une tournée qu'il venoit de faire dans l'inspection de Montbard* » (*ibidem*, fol.202). Une autre référence mentionne l'existence d'un *« Carton 1er des lettres particulières* » (fol. 204).

[77] *Ibidem*, fol. 1.

[78] « *ses esperances du côté de madame sa mere peuvent etre de 30,000* [livres] ».

[79] « *Joly, 56 ans, directeur des Fermes de la ci devant Bourgogne* » : R. AUBERT, *Journal d un bourgeois de Paris sous la Révolution*. Paris, France Empire, 1974, 25 mai 1794, p. 379. Une autre source indique « *JOLY François, inspecteur général des rôles au département de la Côte-d'Or, âgé de 56 ans, né à Pontarlier-sur-Saône, domicilié à Dijon, département de la Côte-d'Or, condamné à mort, le 6 prairial an 2, par le tribunal révolutionnaire de Paris, comme conspirateur* ».

[80] Pour la somme de 40 000 livres.

[81] Jean-Baptiste Tardy est surnuméraire à Dijon. Célibataire, il est né en 1761 dans la capitale du duché.

[82] Félicité-Pierre Chicotet de Corbigny est né à Troyes en 1754 ; il est issu d'une famille qui a donné un haut cadre à la Ferme : son père était en effet receveur général des Fermes à Troyes.

[83] En effet, ses attributions sont voisines de celles des contrôleurs-généraux : vérifier le bon fonctionnement général de la compagnie, surveiller les employés et la bonne tenue des recettes

[84] AN, G[1] 13, délibération de la Ferme du 1er février 1743.

[85] La penthière est un secteur territorial attribué à un service des douanes, dans lequel ce dernier doit effectuer sa mission de contrôle.

[86] CLINQUART, *Les services*, p. 166. Coquelet fut démis de ses fonctions et retrouva celles de receveur.

[87] *Ibidem*, non fol. La capitainerie de Montbard disparaît en octobre 1774, pour économiser sur les frais de régie.

[88] Dans la capitainerie d'Auxonne, le capitaine-général de Villepot est remplacé par David (1746).

[89] Ainsi pour le rattachement de la brigade de Mussy-l'Évêque (Mussy/Seine) à la direction de Dijon (6 employés, dont un brigadier, un sous-brigadier et quatre gardes), après avoir été détachée de celle de Langres en 1769. Cinq ans plus tard, cette brigade est supprimée.

[90] Cette capitainerie-générale est ultérieurement transférée à Auxerre.

[91] FERRER, *Tabac, sel*, p.45, indique le chiffre de 201 hommes et 29 brigades en 1787.

[92] Azimi évoque, pour l'effectif d'une capitainerie-générale, 80 à 150 hommes (*op. cit.* p. 49).

[93] Cf. *infra* Les promotions.

[94] AN, G[1] 73 n. 18.

[95] *Ibidem*, fol. 192 : la direction aura fort à faire pour distribuer les membres en surplus des brigades supprimées vers les affectations disponibles.

[96] Les brigades de Champagne et de Renève perdent chacune un garde.

[97] Le poste de Vielverge est supprimé, tandis que deux demi-brigades sont créées : l'une à Saint-Symphorien, l'autre à Saint-Seine-en-Bâche.

[98] Il existe, aux Archives départementales de Seine-et-Marne, des pièces sur Hébert (195 J 14). Le receveur général était le fils d'un valet de chambre du roi, Pierre-Nicolas Hébert (1691-1766). Hébert avait conservé des liens avec sa famille briarde ; il avait ainsi reçu son neveu, Antoine Huvier à Dijon : « *Je lui ai les plus grandes obligations pour l'amitié qu'il m'a toujours témoignée, ayant passé le temps de mes études chez lui à Dijon depuis 1769 jusqu'en 1774* » : AD Seine-et-Marne, 198 J 18.

[99] Les traitements fixes annuels, dans la direction de Dijon, varient de 300 à 1.200 livres.

[100] Lorsque la Ferme générale disparut, elle avait constitué une réserve de 27 millions de livres alimentée par les cautionnements (AN, G[1] 64, dossier 6, arrêt du Conseil du 9 octobre 1791).

[101] A. FERRER, *Tabac, sel*, p. 61, évoque celle de Christophe Boyer, receveur-général à Besançon qui fuit en Suisse en 1763, et qui craignait son incarcération. Il était victime de son inconséquence financière.

[102] « *Sa fortune consiste en la valeur de son cautionnement dot de sa femme* », *ibidem*, fol. 6. Dans le Hainaut, les garanties versées étaient les suivantes : 60 000 livres pour le directeur, 54 000 pour le receveur général, 10 000 pour le contrôleur-général, de 5 à 25 000 pour les receveurs principaux (CLINQUART, *Les receveurs*, p. 190).

[103] Exemple pour Portier, qui succède en 1771 à Clopin à la recette des traites de Champagne ; le registre dit de lui qu'il « *a plus de zèle que d'intelligence relativement a son état mais il y suplée par la plus grande exactitude a demander a tems les éclaircissements dont il a besoin, il est très assidu à son Bureau et bon comptable* », ibidem, fol. 14.

[104] Dans ce sens, cf. le garde Paul qui, « *après avoir vu quelles étoient les fonctions des employés et les avoient trouvées trop fatigantes, ne s'etoit pas fait installer dans sa commission* », ibidem, fol. 129. Il avait servi un an dans la recette des aides de Langres.

[105] GUYOT, *op. cit.* p. 93-94.

[106] Inspection par Caze du département de Bourgogne, AN G^1 20.

[107] Titre commun, Art. XI : « *Permettons aux... Commis... de porter Épées & autres Armes* ». En cas de perte par un employé de ses armes portatives, la Ferme peut l'indemniser.

[108] *Ibidem*, fol. 260. Le garde concerné est Hudelot.

[109] Il s'agit d'Ormancey, sous-brigadier à Tréchâteau ; déplacé à Renève en 1770, le directeur motive sa décision pour « *le rapprocher du capitaine-général et le mettre sous les yeux d'un brigadier qui veille à sa conduite* » : *ibidem*, fol. 36.

[110] C'est ce que fait Trouillard, sous-brigadier à Saint-Seine-en-Bâche (1780). Pour cette raison, il est déplacé à Labergement (*ibidem*, fol. 255).

Chapitre 3
Ses méthodes de travail : entre raison et efficacité

Organisation éclairée, la Ferme générale fonctionne sur des fondements de raison et d'efficacité ; ces deux éléments sont indispensables pour que la société puisse continuer son activité : après tout, elle est sans cesse menacée par une transformation en régie, comme Necker le fera d'ailleurs pour une partie des droits fiscaux. Elle doit remplir deux objectifs concomitants : rémunérer les apporteurs de capitaux qui lui permettent de payer les fermages durant six ans, quelle que soit la situation économique – il s'agit donc de prendre un énorme risque financier, puisque la Ferme peut être excédentaire comme déficitaire [111] ; offrir la meilleure condition tarifaire à l'État en échange de l'affermage de droits fiscaux dont la collecte n'est pas toujours prévisible.

Pour ce faire, des méthodes de travail très modernes guident son action et forgent un modèle autant juridique qu'économique.

L'organisation de tournées

C'est au capitaine-général que revient le soin d'organiser un agenda de travail des employés placés sous sa subordination. Il rédige un État mensuel de travail, dans lequel il indique les consignes qui ont été données, le programme que chaque employé doit suivre et les effets tangibles de ces décisions. Ce programme comprend aussi bien des marches de nuit, décidées au dernier moment pour conserver tout l'intérêt de ces opérations, que des opérations diurnes : celles-ci consistent à surveiller les routes, les ponts, généralement les points de passages supposés des contrebandiers, voire à effectuer des perquisitions domiciliaires. Celles-ci sont souvent perçues comme des agressions et feront beaucoup pour soutenir l'image négative de la Ferme.

À l'échelon de commandement inférieur, celui des brigades, le brigadier devait également tenir – conformément à l'ordre de travail décidé en novembre 1758 – un registre de travail « *sur lequel serait fait mention chaque jour du service particulier de chacun des employés*[112] ».

Les opérations étaient qualifiées de « *rebat* » : elles étaient précédées du relevé précis des traces laissées par les contrebandiers et leurs montures, soit sur les routes, soit sur des parcours parfois très accidentés. En théorie, chaque brigade était tenue de faire deux patrouilles par vingt-quatre heures, l'une de jour, l'autre de nuit, à la discrétion du capitaine-général. D'après A. Ferrer, la méthode est la suivante :

> « le rebat de jour consistait à faire parcourir la penthière en partant des deux extrémités. Un détachement de deux hommes se porte vers le centre de la capitainerie ; lorsqu'il arrive au poste voisin, il est relayé par deux employés de cette brigade et ainsi de suite jusqu'au centre… les employés emportent avec eux la feuille de rebat qui doit ainsi passer d'un bout à l'autre

de la ligne et être signée par chaque poste pour revenir ensuite au capitaine-général… avant de revenir à son poste, le détachement attend le retour de ceux à qui il a remis la feuille de rebat, ils rapportent alors les nouveaux ordres [du capitaine-général]. Ainsi, au cours de ce rebat, la totalité de la ligne est parcourue deux fois par les employés. Si un détachement prend plus d'une heure de retard, en particulier du fait de quelques découvertes, le brigadier du poste suivant doit comme prévu faire partir son propre détachement pour ne pas interrompre le rebat mais il doit aussi envoyer un autre détachement à la rencontre des retardataires[113] ».

Ensuite, il était décidé des marches diurnes ou nocturnes pour barrer la route à des fraudeurs supposés. Il s'agissait donc de fixer des lieux d'embuscades, en les changeant pour chaque opération. Plus rarement, quand la Ferme était informée par un renseignement sûr d'un passage d'un groupe d'individus suspects, était organisé un dispositif qui mêlait plusieurs brigades : une opération d'envergure se préparaît alors. Dans ce cas, il fallait mettre au point un dispositif complexe et inciter les employés à fournir de vifs efforts (marches, contremarches,…) sur deux ou trois jours. Pour les employés, participer à une opération de saisie, c'était un moment unique pour se distinguer et pour améliorer l'ordinaire : sachant qu'ils étaient personnellement intéressés aux résultats des saisies, celles-ci offraient de très larges avantages pécuniaires aux employés (tant pour les marchandises que pour les fraudeurs capturés). Parfois, ces derniers pouvaient, par une grosse saisie, recevoir des intéressements valant plusieurs années de traitement ![114]

Aussi les recrues doivent-elles être physiquement et mentalement capables de marcher de nuit, quand l'ordre en est donné : c'est ce qui est appelé l'« *ambulance* ». Cette exigence explique la révocation rapide de Gagé, ancien huissier affecté à la brigade de Lamarche, et dont la Ferme apprend très vite qu'il est frappé de « *poltronerie* » : en effet, « *n'osant pas marcher de nuit* » et contractant des dettes (1775).

La dangerosité des opérations de rebat

Chaque dizaine, le capitaine-général envoie à ses brigadiers les feuilles des rebats qui se préparent ; ces envois, par discrétion, s'effectuent par plis cachetés. Leurs destinataires ne peuvent les ouvrir qu'à des dates déterminées ; chaque employé doit, une fois le pli ouvert, les signer pour attester de sa présence. Ces signatures individuelles permettent, d'un coup d'œil, de vérifier l'absentéisme ou le sérieux des employés de chacune des brigades concernées. En outre, ces plis contiennent également des indications confidentielles : mot de passe, composition des détachements, heure du rebat ; ces éléments sont uniquement connus des brigadiers au moment du départ[115].

C'est dans l'exécution de ces tournées que le danger existe : les contrebandiers, s'ils sont nombreux et armés, n'ont rien à perdre s'ils sont en état de récidive. En effet, d'après le droit criminel, le récidiviste repris encourt de droit la peine des galères. Néanmoins, rares sont les employés de la direction de Dijon à avoir été estropiés dans de tels affrontements. Toutefois, Jobard, alors brigadier pendant 8 ans, conserve sur son visage les marques de « *deux coups de feu* » qu'il a reçus lors d'une tournée. Il se retire pour vivre de ses biens, puis la compagnie lui offre d'abord un poste de contrôleur des traites, ensuite la fonction plus élevée de receveur des traites, dont les revenus sont plus élevés que ceux d'un brigadier (1764)[116]. Un autre cadre, Frerot, a reçu un coup « *dans une rixe avec des contrebandiers* » ; il part à 42 ans, après 22 ans de services (dont 12 l'étaient dans la direction des Fermes de Langres, de laquelle il venait)[117]. Enfin, après les émeutes frumentaires qui frappent la ville de Dijon en avril 1775 (la forte hausse du prix des céréales conduit à des émeutes populaires : l'importance du pain dans la consommation des ménages, la peur de la spéculation sur le blé y sont pour quelque chose), certains employés sont « *exfiltrés* », c'est-à-dire déplacés dans des postes plus sûres, après avoir reçu des menaces. En mai 1775, Pierre Renevey, marié et issu de la direction de Langres, est ainsi déplacé par sûreté au poste d'Auxonne : alors garde ambulant à Dijon, il a eu un différent peu avant avec deux frères plâtriers (Nogaret), qu'il avait verbalisés « *pour refus de visite* ». Pour justifier ce déplacement, la direction évoque le prétexte « *d'éviter audit Renevey quelques affaires* ». Des menaces auraient-elles été proférées à l'encontre du garde ? Le *Registre* n'en dit pas plus. En tout cas, cet exemple n'est pas le seul dont le *Registre* fait mention ; Barthélémy Colas rencontre une pareille situation : en novembre 1769, le capitaine-général Devaux souhaite l'écarter du poste de Mussy, « *où il était exposé par rapport à une rébellion qu'il y avait précédemment eu et pour laquelle on lui cherchoit journellement dispute* ». En conséquence de quoi ce garde passe à Chaumont et permute ainsi avec Aubert-Babelin qui, lui, cherchait à passer à Mussy.

Les indicateurs de la Ferme- ses espions

La collecte de l'information est une nécessité vitale pour une telle organisation qu'est la Ferme ; elle permet, en effet, de saisir les moindres indices pour traquer la fraude et démanteler des trafics qui nuisent à l'efficacité du fisc.

Ces indicateurs - au besoin rémunérés[118] et parfois même recrutés dans la Ferme par une promesse d'embauche – pour permettre de se préparer à l'action et de préparer des services d'accueil adéquats[119]. Ils permettent d'opérer à moindre coût sur la base d'informations privilégiées, en conservant l'effet de surprise et de mettre en place des grands moyens destinés à briser un réseau bien organisé. Néanmoins, ces personnes prennent un grand risque : si elles sont découvertes par les contrebandiers, elles font alors l'objet de violentes sanctions. En janvier 1734, deux mendiants, supposés être des espions de la compagnie, sont ainsi jetés dans la Saône par des fraudeurs.

Quand Mandrin lance ses expéditions (1753-1755), plusieurs assassinats sont commis, par ses sicaires, sur des personnes dont le principal défaut était d'être des agents supposés de la Ferme.

Ce recours aux indicateurs suscita, en 1775, l'ire de la Cour des Aides. Présidée par Malesherbes, la compagnie s'érigeait en protectrice des contribuables contre les excès supposés du fisc. Aussi la Cour dénonçait-elle « *le code de la Ferme générale est immense... C'est une science occulte que personne, excepté les financiers n'a étudiée ni pu étudier*[120] » Cette dénonciation était secondée par des anciens commis, tel Darigrand qui, dans *L'Antifinancier*, stipendiait « *le prix de l'espionnage, de la délation et du faux témoignage*[121] ».

Ces mêmes indicateurs – parfois qualifiés d'espions – sont aussi soudoyés par des cadres de la Ferme pour tester la probité des membres d'une direction soupçonnés d'être influencés par l'argent. Ainsi, en 1725, le capitaine-général de Chalon avait envoyé un espion qui avait confirmé la corruption de plusieurs receveurs de la Comté ; ceux-ci délivraient aux marchands, moyennant finance, des papiers favorisant l'entrée en franchise de biens normalement taxés dans les traites. Cet usage d'indicateurs n'est d'ailleurs pas du ressort exclusif de la Ferme : l'intendant de Franche-Comté, de Vanolles, est ainsi félicité par le contrôleur-général des finances « *du succès de ses espions qui ont fait arrester des contrebandiers*[122] » (1735). Dans la direction de Dijon, cet emploi d'indicateurs est également fréquent ; il est vrai que les informations privilégiées pouvaient apporter un gain parfois énorme à ceux qui travaillaient avec la Ferme (le tiers du montant de la saisie réalisée). Ainsi, une saisie opérée à Auxonne, le 10 janvier 1770, est-elle due aux informations fournies par Joseph Perret : elle a pour effet la saisie de 110 livres de tabac (près de 54 kg de tabac). Cette belle prise conduit la Ferme à recruter cet ancien militaire comme garde à Auxonne où il reste quelques mois, avant d'être prudemment affecté dans un autre poste où sa sécurité est mieux assurée, celui de Coulmier-le-Sec[123]. Toutefois, deux ans plus tard, il est révoqué pour ivrognerie.

En 1770, on sait ainsi que des brigades ont été rassemblées près d'un point précis de la ligne, afin de défendre un point de passage obligé, de manière à prévenir un réseau de contrebandiers qui a été dénoncé aux autorités fiscales. Très certainement, ils devaient être chargés de tabac comtois et devaient se rendre en Bourgogne. Mais ces indicateurs, tout précieux qu'ils soient, ne parlent qu'à des employés dignes de confiance ; c'est pourquoi quand un cadre de la Ferme ne leur inspire pas confiance, il est déplacé de façon à ramener la bonne entente entre le fisc et eux (1770)[124]. Ainsi pour le jeune Jean Carré (28 ans), cordeur de profession et que la Ferme recrute. Pour appuyer ce recrutement, le registre indique qu'il est intelligent et qu'il a « *fait faire des saisies à la Brigade de Saulieu* » (1771)[125]. Autre occurrence d'un indicateur, celle d'un ancien garde de bois (Gerbet) ; il intéresse la compagnie qui le qualifie de « *rusé* » et le fait changer de poste quand celui-ci « *promet de se procurer de sures indications* » (avril 1775)[126]. Quant à Pierre Patouillet, le *Registre* précise les services qu'il a rendus à la Ferme au moment de son embauche (1775) : « *il a déjà fait des découvertes qu'il a communiqués aux brigades, étant domestique à Saint-Symphorien* ».

En définitive, le *Registre* nous dévoile le nom d'au moins quatre indicateurs.

Parmi les dangers qui menacent ce réseau d'informations occulte, il y a certes les menées parlementaires, mais aussi les indiscrétions. En effet, les cadres de la Ferme connaissent en partie les noms des indicateurs : ils peuvent ainsi organiser leurs tournées en conséquence. Mais la situation dévie en 1775, quand la Ferme sait qu'un sous-brigadier de Saint-Jean-de-Losne (Bresson) a commis une grave indiscrétion : il a en effet révélé à son épouse « *qui étaient les indicateurs de la Brigade* » : la sanction est celle d'un déplacement à Lamarche.

Ces espions issus de milieux modestes témoignent du recrutement qui est fait dans les rangs de contrebandiers ; en Comté, la Ferme s'appuyait sur un maquignon du Bourbonnais (Pierre Dery), qui permet l'arrestation de nombreux contrebandiers opérant entre la Comté et la Bourgogne, ainsi que la saisie de leurs moyens d'action (1735)[127].

Autre obstacle qui se dresse devant l'activité de la Ferme, la ville d'Auxonne. Celle-ci, ville de garnison importante, est aussi la place avancée devant la Comté, terre de contrebande : Dole n'est située qu'à quelques kilomètres seulement. Aussi le danger est double : d'une part, les marchands, tentés par la fraude pour arrondir ses fins de mois ; en second lieu, la garnison. Or, tant la qualité physique des soldats que leur esprit de corps très prononcé constituent une réelle menace que la Ferme prend très au sérieux : il convient de placer des employés de belle apparence (haute taille, belle figure), capables d'imposer leur autorité aux soldats, soumis comme les autres à l'impôt[128]. Ces deux raisons militent pour un recrutement particulier sur la ville d'Auxonne et explique, d'ailleurs, le turn-over très important dont souffre la brigade de cette ville. *A contrario*, les employés peureux sont exclus ou rapidement évincés de cette brigade[129].

La création/suppression de postes

Etant une compagnie privée qui afferme une part des impositions royales pour un laps de temps déterminé, la Ferme est tributaire des changements de fiscalité qui affectent l'État. Elle est, en quelque sorte, la variable d'ajustement des politiques publiques en matière d'impôt. Par conséquent ; le gouvernement n'a aucun état d'âme pour modifier, parfois de manière substantielle, les conditions d'exercice de la compagnie. Tous les six ans, les baux des Fermes royales sont renégociés : il s'agit d'une discussion parfois très houleuse dans laquelle chacun cherche à obtenir le maximum de conditions favorables.

Pour le gouvernement, la Ferme doit dégager de nouveaux gains de productivité et donner plus avec autant de salariés ; aussi les frais de régie qui sont acceptés en déduction du prix du bail sont-ils sévèrement jugulés : la Ferme doit donc consentir à donner plus avec les mêmes moyens humains. Pour les agents de la direction de Dijon, ces renégociations sont clairement des éléments avec lesquels il faut compter : en 1774 par exemple, le registre mentionne de façon évidente les effets très négatifs de la renégociation : le nouveau bail ordonne des sacrifices en termes de postes et d'emplois ; les uns sont purement supprimés quand les autres sont limités au strict nécessaire. La Ferme doit gérer les effectifs en surnombre qui apparaissent.

Comme on le pressent, les agents sont des variables d'ajustement d'un choix gouvernemental : la Ferme doit donc employer le nombre exact d'agents fixés par le bail, pour chaque grade et pas un de plus que ce que la raison commande. D'ailleurs, elle use des termes particulièrement éclairants « *d'arrangement forcé* » ou « *d'arrangements de brigades* » (ces termes reviennent à plusieurs reprises) pour qualifier cette obligation venue d'en haut, à laquelle elle ne peut échapper. La contrainte est donc d'ordre financier.

L'objet de cette mesure consiste à redéployer des effectifs en fonction des recettes fiscales, des droits encaissés et des trafics de marchandises qu'il importe de surveiller. Bien évidemment, ces éléments doivent être actualisés, et les baux de six ans permettent de prendre du recul par rapport aux choses qui bougent d'un bail à l'autre. En particulier, les chemins des contrebandiers, la nature des trafics, les villes qui font l'objet de ces trafics, tous éléments que le gouvernement et la Ferme prennent en considération lors des renégociations. La Ferme se base sur la rareté des saisies importantes après les années 1770 ; c'est un bon argument pour redéployer les effectifs disponibles ailleurs. On comprend donc bien que ses implantations en France s'en trouvent retouchées, sinon bouleversées. La direction de Dijon est au cœur de ces refontes réclamées au plus haut niveau, refontes auxquelles il n'est pas possible d'échapper puisqu'il s'agit de consignes édictées au sommet de la société. Néanmoins, en 1755, la réforme avait été moins sévère : ainsi, quelques postes de gardes sédentaires avaient été supprimés et ceux qui les occupaient étaient devenus ambulants (tel François, en poste à Renève).

Si l'on compare l'organisation des brigades entre 1746 et celle qui prévaut en 1775, force est de constater des changements majeurs. Les postes de Vielverge, Coulmier-le-Sec, Saulieu, Montbard, Perrigny et Flammerans, Mussy-l'Évêque (autrefois du ressort de la direction de Langres, aujourd'hui Mussy-sur-Seine, dép. de l'Aube) sont supprimés en octobre 1774 ; est alors créée la sous-brigade de Saint-Symphorien. Quant au poste de Perrigny (qui avait été créé à la suite de la disparition du poste de Clezy en 1769), il est déplacé sur Jancigny. Tous ces changements sont décidés par un *État des frais de régie* adopté le 27 septembre 1774 et dont l'application est fixée au 1er octobre suivant. Comme on peut le voir, le délai d'adaptation est réduit à rien.

Toutefois, ce système est peu satisfaisant : d'abord, les structures de postes sont remises en cause à chaque renégociation ; ensuite, tout employé dont la brigade est supprimée ou déplacée doit en subir personnellement les effets ; enfin, la fraude tend à se transformer : on sait que les contrebandiers s'adaptent très vite aux changements institutionnels. Ce jeu du « *chat et de la souris* » entre le fraudeur et le fisc est sans fin. Ainsi, en 1787, au moment de la renégociation avec les pouvoirs publics, la Ferme propose de revenir sur quelques-unes des suppressions décidées en 1774 : elle s'est aperçue que la fraude repart à l'intérieur des lignes de la Ferme depuis la Franche-Comté ; aussi suggère-t-elle que trois brigades soient créées (Semur-en-Auxois, Noyers, Auxerre) pour entraver ce trafic qui nuit à la collecte des droits[130].

Revenons à Saint-Symphorien, affectation nouvelle qui doit permettre de mieux guetter la frontière comtoise ainsi que les routes de passage supposées de la contrebande. Les employés dont les postes sont supprimés sont, en partie, replacés dans cette dernière. Cependant, Pagnel, jusque-là garde à Saulieu, est révoqué pour cause de suppression de poste (« *poste supprimé* ») ; or, son dossier mentionne qu'il était honnête dans son travail (« *de bonne constitution, sait bien écrire* »). À 35 ans et célibataire, il n'avait certainement pas l'ancienneté suffisante (deux ans seulement) ni les charges de famille (il est qualifié de « *garçon* », c'est-à-dire célibataire) pour espérer conserver son emploi. L'on voit bien que les indications contenues dans le registre servent de base à des décisions personnelles prises à l'encontre des subordonnés : lorsque des sacrifices sont nécessaires, ces indications permettent de déterminer les individus qui seront frappés avant les autres. Ainsi, le critère retenu, en pareil cas de sureffectif, consiste à se séparer des subordonnés en poste dans des affectations supprimées ou dans lesquelles les effectifs sont condamnés à diminuer ; ensuite, à prendre en considération celui qui « *n'étoit que depuis peu dans l'employ*[131] ». En d'autres termes, les derniers arrivés sont les premiers sortis et c'est sur ce fondement qu'une vingtaine d'agents perd sa situation dans ce jeu de « *chaises musicales* ». La situation la plus délicate concerne les agents admis en retraite, mais dont les droits sont brutalement révoqués *a posteriori* par une décision de la compagnie (ex. pour le garde Simon, chargé d'une nombreuse famille et arguant de 21 ans de services : il cède sa place à Seuguenot, garde dont l'affectation de Mussy a toute entière été supprimée)[132].

D'autres agents sont moins sévèrement touchés parce qu'ils conservent leur emploi tout en étant rétrogradés d'un (Rouget), parfois de deux grades inférieurs (Prieur passe de brigadier à simple garde, puis repasse sous-brigadier quelques mois plus tard, lors de la vacance d'un tel emploi). Dans le sens inverse, un employé recruté en avril 1775 (Patouillet) est brutalement congédié le mois suivant, sous le prétexte qu'il faut réadmettre au service un très ancien subordonné qui avait été provisoirement privé d'emploi après avoir été admis à la pension de retraite, mais cette dernière mesure avait été révoquée par souci d'économie (Claude François dit Neuville)[133]. Dans tous les cas, la compagnie décide en dernier lieu, puisque ce sont ses lettres - portant décisions individuelles - qui forgent l'avenir de chaque employé[134].

La solidarité de la compagnie est donc très partielle et ne joue que lorsque cela est possible. D'ailleurs, l'important, semble-t-il, consiste à conserver le salarié et les droits qu'il a acquis. Pour mieux faire admettre cette situation comme nécessaire, la compagnie indique bien qu'elle considère comme prioritaires les ex-subordonnés pour être réadmis en son sein, dès que la situation le permettra[135], ce qui est d'ailleurs exact, comme le montrent plusieurs exemples[136]. Et le contrôleur-général Joly écrit plusieurs lettres pour solliciter du directeur de la direction de Langres qu'il reprenne dans son arrondissement des employés privés d'emploi dans le champ de la direction de Dijon (ainsi pour Ravier[137]).

Quand à l'avenir, le bail de Mager (qui commence en 1786) s'accompagne de plusieurs surprises : certains postes supprimés quelques années plus tôt réapparaissent : la Ferme s'est en effet aperçue que les ventes de tabac diminuaient dans les lieux trop éloignés des postes actifs : de façon très nette, la fraude a gagné du terrain là où les employés de la Ferme sont trop peu nombreux ou trop éloignés pour faire peur à tous ceux qui sont attirés par le tabac de contrebande.

Les évaluations individuelles

Le parfait employé est celui, d'une part, qui exerce avec honnêteté ses fonctions ; d'autre part, qui concourt à l'union et à un bon esprit de travail, même si on peut lui reprocher certaines insuffisances. Tel est le cas de Trullier, receveur des gabelles à Noyers ; le directeur le note comme « *bon comptable mais pas d'aptitude pour les affaires au surplus il est... de très bonne conduite et zélé ; ce n'est pas un mauvais receveur* » (1774).

Mais on peut être à proximité de la retraite et ne pas espérer de perspectives d'avancement. Telle est la situation d'Arnolles qui, entré tardivement dans la compagnie en 1759, déjà âgé (44 ans), est bien noté. En effet, il est dit de lui qu'il a de « *l'intelligence* et [qu'il] *remplit bien ses fonctions* ». Ultérieurement, une fiche complémentaire de la précédente confirme cette assertion ; Arnolles est présenté comme « *actif et intelligent pour son zèle... il est assidu dans ses fonctions* ».

Recommandé par son grand-père, receveur durant 34 ans, le jeune Convers dispose des qualités professionnelles requises mais sa santé l'oblige à prendre un peu de champ avec sa fonction et à déléguer une partie de ses attributions à un subordonné[138]. Pour cette raison, la Ferme vérifie s'il peut continuer ses fonctions sans altérer la qualité du service rendu et continuer à mériter la confiance de la compagnie. Après une discrète enquête, ses supérieurs approuvent sa démarche.

Pour un ancien boucher, être de « *bonne constitution* » va sans doute de soi (A. Chavant). Mais il est couard - quoique « *très fort et vigoureux* » ; ce défaut rédhibitoire sera préjudiciable lorsqu'il est placé à Auxonne, parce qu'il sera incapable d'en imposer aux soldats de la garnison.

Quant à cet ancien domestique comtois, Lavrue, la fonction de garde emballeur semble satisfaire et son caractère et son peu d'ambition ; la Ferme insiste sur ses qualités : « *il est fort exact à son R^eur^... il s'acquitte à merveille des fonctions qui lui sont confiées et les fait avec zèle et exactitude* ».

Les postes difficiles : le placement adéquat du personnel

Forte d'une expérience des Hommes plus que centenaire, la Ferme dispose d'un savoir-faire inégalé dans la gestion du personnel ; elle connait donc les ressorts et possède, par le recul qui est le sien, les réactions de ses employés devant les affectations qui leur sont proposées. Ainsi, chaque employé doit être placé de la façon la plus adéquate possible au regard de ses capacités. Tantôt à la ville, tantôt à la campagne en fonction du potentiel physique et intellectuel : on disposera dans la campagne des employés jeunes, résistants et solides, tandis que les plus intelligents et les plus élégants seront placés de préférence à la ville, à la condition qu'ils supportent les épreuves d'une place plus statique[139]. Toujours est-il que la pénurie de talents est telle que la Ferme recrute des individus dont l'intelligence est, d'évidence, très limitée[140].

L'affectation du poste de Champagne est synonyme de fatigue et d'épreuve physique ; sa réputation est en effet telle que le contrôleur-général y affecte un jeune brigadier qui monte (Cyprien Boirin, il finira capitaine-général), en précisant qu'il « *seroit plus en état de soutenir la fatigue du poste dud. Champagne étant jeune et vigoureux* » (janvier 1772). Un autre collègue est également déplacé quand il apparaît qu'il ne peut plus consentir aux épreuves qu'exige ce poste très avancé face à la Comté.

Même attitude pour placer des agents sur Auxonne : ce poste est considéré comme stratégique et actif ; c'est une sorte « *d'école de perfectionnement de la compagnie*[141] ». C'est en effet un important centre administratif, une ville qui fait le lien entre le duché et le comté de Bourgogne (tant par la route que par le fleuve, siège d'un important trafic fluvial) et le siège d'une importante garnison. Sachant que les militaires sont souvent perçus comme des contrebandiers en puissance, on imagine bien les difficultés d'être affecté dans cette cité. Par conséquent, on n'y place pas de gardes imbéciles, car incapables de vérifier rigoureusement les marchandises qui entrent dans la ville (Filiolé[142]), ni ceux qui auraient vilaine figure : tout employé doit bien présenter et ne pas rebuter les futurs clients de la compagnie (Gayot)[143] ; ni encore ceux qui sont dans l'incapacité de résister aux moqueries des soldats ou à la tentation corruptrice des marchands (Chavant). Encore que le défaut d'avoir vilaine allure n'est pas réservée à Auxonne ; le garde Louvet, affecté à Mussy, en fait lui aussi l'expérience en novembre 1769. Outre « *sa figure désagréable* », la Ferme lui reproche aussi et surtout « *son peu de capacité et d'intelligence* ».

D'ailleurs, il faut une certaine résistance pour être en faction et veiller aux différents passages depuis la « *porte ouvrante jusqu'à la fermante* ». Il faut, en effet, être très vigilant pour surveiller la quantité impressionnante de marchandises qui passent par la cité : bois et fers venus de Franche-Comté pour entrer dans les cinq grosses fermes, chevaux et fromages venus de Suisse comme d'Alsace, ... À l'inverse, sortent du duché par cette voie eaux de vie, vins, huile, toiles et draperies.

En outre, la difficulté du contrôle est accrue par les privilèges propres à la ville d'Auxonne : ses habitants ont en effet le droit de circuler ou d'exporter en franchise les produits issus de leur fabrication ; il pouvait être tentant de faire passer des produits étrangers comme des produits locaux pour se protéger des droits fiscaux. Il existe aussi un autre privilège, celui de réexporter des produits qui ont séjourné un certain laps de temps dans la cité. Ces éléments coïncident pour faire de la cité une zone commerciale très active et un repère de fraudeurs patentés. D'ailleurs, le caractère bon enfant connu du receveur particulier des traites de Saint-Jean-de-Losne, Lambert, ajoute encore à l'incitation pour frauder.

Lorsque la compagnie y affecte le sous-brigadier Colotte, c'est pour ses éminentes qualités physiques : « *ayant servi le Roy* [dans ses armées] *et étant fort et vigoureux il convient mieux que bien d'autres à Auxonne* » (juin 1777)[144]. En 1778, en y déplaçant Jean-Baptiste Garnier afin qu'il soit plus en activité, le directeur s'explique :

> « il sera bien a raison... dans ce poste ou le travail est plus soutenu que dans ceux de la cap[ie[capitainerie]] de Champagne... il aura plus d'occasion de s'instruire et se former au verbal ».

Pour cette raison, ces déplacements ne sont pas rangés dans la catégorie des sanctions. *A contrario*, la Ferme affecte à Auxonne le garde Boucher, évoquant « *un sujet de probité et sur lequel on peut compter* » (1780).

Plus au nord, à Châtillon-sur-Seine, la mésentente règne parmi les employés ; la Ferme tente de reprendre les choses en main en évinçant les agents qui créent des difficultés, et en y affectant d'autres réputés « *sans soucis* » et calmes (1775)[145].

Notes du chapitre 3.

111 À cet égard, Lavoisier (*Œuvres*. t. VI) évalue la rémunération des fermiers généraux : chacun d'eux perçoit en moyenne 52.000 livres annuelles de son activité, pour le bail commencé en 1774.

112 AN, G^1 88, dossier 7. FERRER, *Tabac, sel*, p. 37, cite plusieurs exemples.

113 FERRER, *Tabac, sel*, p. 37.

114 Les règlements de la Ferme étaient très précis et bien connus : chaque saisie était divisée en parts ; celles-ci revenaient aux employés en fonction d'un partage fixe. Le tiers

en revenait à l'indicateur qui avait fourni un renseignement suffisamment précis et fiable. Cf. aussi *infra* Les traitements.

115 Sur tous ces renseignements, cf. FERRER, *Tabac, sel*, p. 37.

116 Comme receveur des traites à Saint-Seine, Jobard perçoit 460 livres annuelles (ainsi que des frais de bureau pour 100 livres), contre 400 lorsqu'il était brigadier : *ibidem*, fol. 16.

117 Il reçoit un regrat et un débit de tabac, ainsi qu'une gratification (1769) : *ibidem*, fol. 173.

118 La Ferme donnait à son Comité des saisies, sur proposition des directeurs de province, le pouvoir de défrayer « *les avances ou les sacrifices* » qui devaient être offerts aux indicateurs « *pour parvenir aux saisies* » : AN, G[1] 18.

119 En échange de leurs bons offices, ces « *affidés* » étaient intéressés aux résultats des saisies et, en pratique, percevaient jusqu'à un tiers de la valeur marchande des marchandises saisies par les Fermes. Cet intéressement devait, on s'en doute, inciter bien des fraudeurs à dénoncer leurs confrères.

120 DIONIS DU SEJOUR, *Mémoires pour servir à l'histoire du droit public en France en matière d'impôts*.., p. 632 et 638.

121 *L'Antifinancier*. Paris, Lambert, 1764, p. 11.

122 AD Doubs, 1 C 1305, lettre du 11 avril 1735 ; cité par FERRER, *Tabac, sel*, p. 136.

123 Ibidem, fol. 138 : « *a servi pendant plusieurs mois d'indicateur à la brigade d'Auxonne à laquelle il a fait faire différentes saisies* ».

124 *Ibidem*, fol. 119, « étant parent des pêchers de Poncey et Lamarche accusés de passer les portes à col, ce qui empêche les indicateurs de s'adresser à luy ».

125 *Ibidem*, fol. 210. Il est recruté dans la brigade de Coulmier-le-Sec. Puis révoqué en janvier 1772, pour avoir glissé du tabac de fraude chez un revendeur officiel après avoir prévenu son supérieur (fol. 230).

126 *Ibidem*, fol. 162. Gerbet passe de la brigade de Saint-Jean-de-Losne à celle de Fontenelle. Dans le Hainaut, CLINQUART (*Les services*, p. 173) évoque également l'existence de contrebandiers qui sont des indicateurs et qui rejoignent, à l'occasion, les rangs de la Ferme.

127 FERRER, *Tabac, sel*, p. 136.

128 Ainsi pour le déplacement du garde Jean-Claude Boudot de Saint-Jean-de-Losne à Auxonne, justifié par ce que « *étant bien de figure et de corps, il convenoit mieux dans une Brigade telle qu'Auxonne que par tout ailleurs* » (juin 1776), *ibidem*, fol. 159 v°. Second motif, celui qui consiste à mieux l'encadrer afin qu'il puisse parfaire son instruction.

129 Tel Antoine Chavant, évincé en avril 1778 pour sa couardise : « *cet employé n'avoit pas la bravoure convenable pour estre vis-à-vis du soldat aussy habituellement que s'y trouvaient les employés de ce poste et qu'il avoit même été battu par de jeunes gens de recrues, ce qui le faisait mépriser de la garnison*», *ibidem*, fol. 132 v°.

130 AN, G[1] 63 : « *tournées et correspondances pour la deuxième année du bail de Nicolas Salzard* ».

131 L'agent concerné est Pietreson, recruté en qualité de garde à Champagne, et entré dans la compagnie le 1er mai 1774 : *Ibidem*, fol. 66.

132 Cf. le développement consacré à la retraite, *infra* Partie II, ch. 3.

[133] *Ibidem*, fol. 66 et 75. François est réadmis comme garde, après avoir été écarté 7 mois de tout emploi. Il était alors âgé de 56 ans et servait sans interruption la compagnie depuis 1744.

[134] Chacune de ces lettres est pourvue d'un numéro précis et d'une date, afin de les retrouver facilement. Le carton qui les contenait a certainement disparu ; nous ne l'avons pas retrouvé dans les archives départementales de Côte-d'Or.

[135] « *avec promesse néanmoins qu'il continuera dans la brigade lorsque les circonstances le permettront* » : fol. 66.

[136] Tel celui de Jean Simon ; un temps révoqué, il est réintégré dans l'affectation de Fontenelle en mai 1775 : *ibidem*, fol. 44. Ou celui d'Aimé, révoqué pour cette raison le 20 mai 1775 de la brigade d'Auxonne, et réadmis dans celle de Tréchâteau le 10 juin suivant (fol 135). Mais Philippe Bruchard attend plus, pourtant fils d'employé : révoqué d'Auxonne en octobre 1774 et réadmis à Dijon en janvier 1775 (fol. 135).

[137] « *12. 9*[bre] [novembre] *1774 J'ay écrit à M. Daubenton* [receveur des gabelles à Montbard] *pour qu'il envoye led. Jacques Ravier à M. Duval Directeur à Langres qui le réadmettra dans les brigades de sa direction en lui représentant ma lettre dud. jour* » : *ibidem*, fol. 209.

[138] « *Il a la meilleure volonté et en donne des preuves par la grande exactitude à suivre les affaires. Sa santé délicate l'a forcé de prendre un commis qu'il a promis de surveiller en s'occupant lui-même de sa comptabilité qui jusqu'à présent est très régulière* », *ibidem*, fol. 9.

[139] Dans ce sens, cf. L'appréciation du directeur sur le jeune Trouillard, déplacé de Dijon vers Tréchâteau, « *il est d'un age à bien soutenir le travail a la campagne* » : *ibidem*, fol. 185 v°. Idem pour le garde Druotton, placé à Dijon puis déplacé vers Pontallier, au motif que « *l'assiduité aux portes est contraire à sa santé et qu'il convenoit mieux à la campagne en raison de son activité et de sa bonne conduite* » (fol. 185 v°). Quand à Guyard, déplacé de Dijon vers la campagne, parce que « *le travail de la campagne... exige moins de finesse que celuy des portes* » (fol. 190).

[140] Comme ce Jean Barbier, garde à Auxerre. Lorsque la Ferme le recrute, il a 30 ans et vit alors chez son père ; il est décrit comme « *actif mais pas intelligent* ». Peu après, ses supérieurs demandent et obtiennent son renvoi, pour inaptitude manifeste ; il est alors indiqué, confirmant la première impression : « *cet employé avoit perdu la tête et etoit absolument hors d'état de faire aucune espèce de service* » (fol. 246).

[141] Par exemple, lorsque la Ferme y affecte un garde prometteur, Claude Poupon, qu'elle juge en état de verbaliser (1769). Pour apprécier et confirmer ses qualités, il « *pourroit se perfectionner à Auxonne sous les yeux du capitaine général* » (*ibidem*, fol. 169). Mais Poupon, l'année suivante, manquera à son devoir.

[142] Ibidem, fol. 128 : « *Filiolé ne pouvoit apprendre à verbaliser et qu'il n'avoit aucune espèce d'intelligence pour les visites à faire aux portes d'Auxonne* ». Pour cette raison, il est déplacé sur Labergement (1771). Dans le même sens, plusieurs de ses successeurs sont également sanctionnés pour les mêmes raisons, ainsi Bossu en 1777 : « *n'étant nullement capable de faire le service des portes, en raison de ce qu'il n'a ni le zèle ni l'intelligence convenables* » (*ibidem*, fol. 128).

[143] Gayot, garde à Auxonne, est déplacé car outre son peu d'intelligence, il a aussi l'inconvénient par « *sa figure* » de ne pas convenir au service des portes, *Ibidem*, fol. 128.

[144] *Ibidem*, fol. 240. Mais un autre motif est avancé : sa connivence avec son collègue Moussard.

[145] Le registre évoque « *la mauvaise conduite des sujets qui l'ont composé depuis quelque tems* », *Ibidem*, fol. 176.

Partie II
Les Hommes de la Ferme en Bourgogne

Vaste machine qui fonctionne pour l'État monarchique, la Ferme générale doit cependant disposer des moyens humains nécessaires à son fonctionnement. Pour ce faire, apparaissent des critères de choix relatifs au recrutement (ch. 1), aux fonctions (ch. 2), à la fin de ces fonctions (ch. 3), les revenus de ces hommes du trésor (ch. 4).

Chapitre 4
Les critères du recrutement

Ils sont posés par le législateur, afin de fixer par un texte protecteur les conditions que doivent respecter les employés, mais aussi pour contraindre la Ferme à ne pas recruter n'importe qui pour exercer des fonctions liées aux droits régaliens de l'Etat. On ne saurait admettre, en effet, que des gens sans capacité ni vertu soient embauchés à vil prix. Par conséquent, la procédure de recrutement s'appuie sur un cadre légal qu'il convient de préciser.

La procédure de recrutement

La loi a contraint l'organisation du fisc à procéder selon des formes très rigides, de façon à fixer avec précision l'étendue des règles du jeu. La Ferme générale ne dispose pas d'une grande latitude pour recruter à sa guise et selon des formes qu'elle aurait elle-même choisies. Aussi doit-elle, d'abord, recevoir la candidature d'un individu et cette candidature doit être appuyée par la recommandation d'un notable ou d'un individu. Cette recommandation doit aussi évoquer les liens du candidat avec des employés dans la Ferme ou bien dans le duché de Bourgogne. Il s'agit, en quelque sorte, d'une caution morale qui garantit que l'individu est appuyé par des connaissances elles-mêmes dignes de confiance. En l'absence de casier judiciaire, cette procédure apparaît normale (faute de mieux).

Dans un second temps, la Ferme procède à une analyse rapide des diverses qualités du candidat : apparence, taille, âge, déclaration de la formation ou du métier qu'exerce le candidat, statut matrimonial, écriture (un test est réalisé à partir d'un procès-verbal et le candidat doit en faire la copie dans un laps de temps limité).

Dans un troisième temps, les bureaux de la compagnie vérifient si le candidat respecte les qualités théoriques énumérées par l'ordonnance des Fermes de 1685, constamment réactualisée.

Ensuite, une fois que ces différentes conditions sont remplies, la Ferme délivre une commission en papier qui constitue le contrat de travail et la délégation de pouvoir de tout employé. C'est donc le titre de son autorité. Le nouveau venu doit la conserver jusqu'à ce qu'il soit en état de quitter la compagnie (par démission, révocation, décès ou retraite). Si nous n'avons pas trouvé trace de commissions dans la direction de Dijon, celle du Hainaut (Valenciennes) en a conservé plusieurs exemplaires. En échange de quoi l'impétrant doit alors prêter serment devant un cadre de la compagnie et un juge spécialisé dans les droits du fisc (élection, Cour des aides, etc.) de respecter les droits et devoirs de tout employé[146]. Si le *Registre* ne fournit pas une telle indication, en revanche, celles du fisc aux Archives nationales évoquent le serment prêté par Etienne Lambert en 1770 : « *reçu en justice à Chalon sur Saône devant le juge des traites foraines le 3 8bre* [octobre] *1770*[147] ».

Le changement de lieu de l'emploi (à la suite d'un déplacement d'affectation) n'entraîne pas la nécessité d'un second serment. Les serments sont conservés dans les archives judiciaires pour faire foi lors des procédures. Le parlement de Bourgogne avait décidé d'annuler un procès-verbal en juillet 1743, au motif que les commissions des commis n'avaient pas été enregistrées au greffe des juridictions : mais le Conseil du roi avait aussitôt réagi en invalidant cette décision[148].

L'agent reçoit, enfin, une bandoulière qui sera le symbole de son autorité et dont la valeur est fixée à 12 livres mais qui, lorsqu'elle est restituée, peut évidemment valoir en-deçà de cette somme[149]. L'employé qui ne la porte pas ostensiblement lors de la rédaction d'un procès-verbal rend nul ce dernier.

Rares sont les recrutements qui sont annulés du fait de l'intervention de l'autorité parentale[150].

L'ampleur des recrutements réalisés

Entre 1760 et 1780, les effectifs de la direction des Fermes de Dijon représentent, sur un total de 21.500 cadres et employés existant à ce moment dans la Ferme en France, un effectif compris entre 159 et 190. Cela paraît peu, mais les effectifs de l'Administration étaient, au XVIIIe siècle, bien plus réduits qu'ils ne seront plus tard. Aussi faut-il alimenter les effectifs théoriques, afin de compenser au plus vite les vides permanents creusés par les trois catégories de départs :

- volontaires (démissions),
- négociés (retraites),
- forcés (révocations).

Le *Registre* délivre des informations fiables mais étalées sur 260 folios. D'où un travail long et difficile de collecte des données sur la mobilité professionnelle de 363 agents, tant cadres qu'employés.

Un graphique permet de comprendre l'ampleur des recrutements à effectuer pour maintenir des effectifs constants à tout instant. Il reflète les engagements acceptés par la direction de Dijon et ne concerne que les gardes ambulants ou sédentaires. Pour le rendre plus clair, les recrutements globaux sont indiqués pour chaque année par un premier bâton vertical ; un second bâton évoque les recrutements des militaires. En moyenne, la direction de Dijon recrute cinq personnes chaque année entre 1740 et 1780, soit 201 en quarante années. Mais un saut apparaît nettement après 1760, avec 178 recrutements jusqu'en 1780 (soit 9 embauches par an). Si on compare ce chiffre aux effectifs que comporte la direction, du brigadier jusqu'au garde (entre 159 et 193), cela montre le renouvellement permanent des effectifs dans cette direction. Autrement dit, les sorties sont si fortes que la Ferme doit nécessairement compenser ces départs par des entrées dans la même proportion sans pouvoir les envisager à l'avance.

Quant aux militaires, le graphique montre leur importance dans ce recrutement social : ils constituent de manière constante presque la moitié des recrutements, exception faite de l'après 1778, où l'intervention de la France dans la Guerre d'Indépendance américaine donne des opportunités de carrière aux militaires. Il n'est alors pas question de se retirer de l'armée, mais bien d'y faire carrière. *A contrario*, la fin de la Guerre de Sept Ans (1763) est marquée par une forte hausse des entrées de soldats dans la Ferme de Bourgogne : pour lutter contre le déficit, l'État français diminue les effectifs des forces armées en dissolvant nombre de régiments et en renvoyant dans leurs foyers les dizaines de milliers de soldats en surnombre : pour ces derniers, la Ferme est alors un débouché professionnel naturel quand l'armée n'en est plus un. Et l'armée n'est plus le gisement d'emploi d'autrefois, les relations internationales s'étant appaisées[151].

Graphique 1 Les recrutements effectués par années (1760-1780)

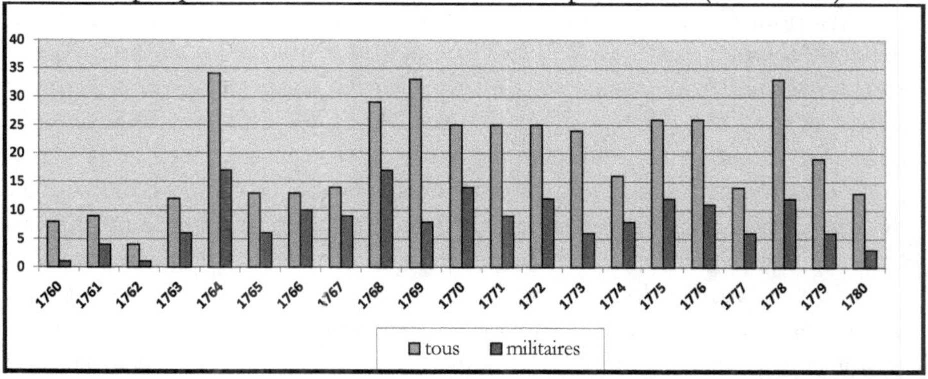

Les qualités théoriques requises

Entrer dans la Ferme n'est pas chose aisée, car en théorie, c'est un texte légal – la fondamentale ordonnance sur les Fermes de juillet 1681 – qui encadre de manière formelle les conditions légales pour y être recruté. Aussi ce texte permet-il d'offrir des garanties quant au recrutement, en donnant des garanties aux contribuables que les membres du fisc seraient sélectionnés en fonction de critères rationnels et qu'ils seraient recrutés en raison de leurs capacités. Cela, en soi, limite le rôle de la faveur ou de l'intrigue dans le recrutement des employés.

Ces critères sont de trois ordres : tout employé doit être âgé de plus de 18 ans – ce qui est le cas parmi tous ceux que nous avons étudiés[152] ; il doit être baptisé ; doit savoir lire et écrire. Sur tous ces points, seul celui de l'état baptistaire n'est jamais complété. Quant aux deux autres, comme on va le voir, ils sont plus ou moins complets (les informations contenues dans ce registre ne sont pas systématiques). Aussi sont-ils alors complétés par des renseignements glanés ici et là par les recruteurs. Cela va sans dire, ces derniers sont souvent de piètre qualité car les qualités avancées sont rarement réunies.

On se propose d'aborder l'âge et le critère de l'alphabétisation.

L'âge

La limite d'âge au recrutement existe, mais elle est plus ou moins rigoureuse selon l'époque considérée. Surtout, elle pénalise les anciens militaires qui y ont contracté deux, voire trois engagements successifs (de 8 ans chacun). Dès lors, la barrière des 35 ans est la règle d'airain qui bloque l'entrée d'anciens militaires. Toutefois, des dérogations y sont apportées lorsqu'un candidat présente des qualités évidentes et qu'il pourrait parfaitement convenir à l'emploi, ou bien lorsque le directeur émet des représentations auprès des bureaux centraux[153]. Près de 14% des embauches se font après 36 ans, ce qui n'est pas négligeable. Dans l'autre sens, Boullier est recruté alors qu'il n'a pas encore 18 ans révolus[154].

Ainsi pour Copin qui sort des troupes et qui, selon l'aveu du contrôleur-général Joly, outre qu'il sache « *bien écrire* », « *est très en état de faire un bon service qu'il paroit être intelligent et que s'il s'adonne a son état ce sera un sujet de distinction et bientôt en état d'être avancé* » (1773)[155]. Autre exemple emblématique de cette souplesse d'embauche : Hudelot. Ce garde marié, qui était sorti de la Ferme pour « *devenir garde des bois* », y retourne quelques années plus tard alors qu'il a 36 ans. Le registre évoque les raisons de ce retour en grâce et le motif pour lequel la compagnie l'a embauché en dépit de son âge tardif : « *comme on avoit été content de son service dans les brigades, il est rentré dans les brigades en qualité de garde à St Jean* » (1768)[156]. Par conséquent, les supérieurs hiérarchiques avaient, au moment de son départ inopiné, regretté ce dernier parce qu'il avait laissé le sentiment d'un employé honnête et dévoué. D'où la décision de s'affranchir des règles habituelles pour faire une exception, ainsi pour Daniel Mugnier dont le registre indique que l'âge du candidat a bien posé problème, mais la compagnie s'est résolue à le recruter tant en raison de ses qualités prometteuses que de sa belle allure[157].

Le troisième employé concerné par cette limite d'âge est Pidard ; cet ancien domestique du procureur général du parlement s'est ensuite reconverti comme garçon chapelier ; mais ni l'un ni l'autre de ces métiers ne lui ont plu. Marié, il est père de cinq enfants, d'où peut-être sa recherche d'un emploi stable. Aussi candidate-t-il en novembre 1776 dans la Ferme… En définitive, en note, il est marqué que l'âge a, un moment, arrêté la Ferme de l'embaucher mais qu'une discussion interne à la société, durant dix jours, a finalement admis de lui laisser sa chance, sur l'intervention décisive du directeur en sa faveur. Le *Registre* mentionne, en effet, cette intervention du directeur auprès des services centraux : « *d'après ma représentation* »[158]. Ici encore, les candidatures tardives sont acceptées si le candidat présente certaines qualités.

Toutefois, la Ferme doit aussi songer à l'avenir : que faire si l'embauché peine à supporter les contraintes physiques du métier ?

Dans le sens inverse, un employé qui aurait laissé de bien mauvais souvenirs est, en quelque sorte, marqué d'une trace rouge, et la compagnie indique alors qu'il ne faudra jamais le reprendre (Grignon)[159].

Si l'on doit se fier aux dates de naissance indiquées dans le registre – faute de pouvoir les vérifier –, force est de constater que certaines d'entre elles sont manifestement erronées (Renaud, Druoton)[160]. Certes, il était exigé un extrait baptistaire de tout embauché, mais il semble que les actes qui ont été remis n'aient pas tous été exacts.

De manière accessoire, l'état de santé, s'il est mentionné, comprend de façon presque systématique la complexion avec la nature de celle-ci. Cela étant, très rarement, le registre mentionne la mauvaise santé de l'employé (dans ce sens, Bigot, ancien boucher, dont il est mentionné qu'il « *n'est pas en état de supporter la fatigue* » : était-il faible du cœur ? et, de fait, son état physique entraîne sa mise à la retraite (cf. *infra* La retraite).

Enfin, dernière chose, l'apparence compte également dans l'idée d'accepter un recrutement particulier : la Ferme cherche des personnes avenantes : collecter l'impôt doit se faire avec le sourire – en tout cas avec une certaine distinction. Si ce critère n'est en rien systématique et apparaît dans de rares cas, il semble que la compagnie apprécie de compter dans ses rangs, dans chacune de ses brigades, un personnage présentant une belle apparence. Il est vrai que cela rehaussait la réputation du personnel qui, à défaut de compter des lettrés dans ses rangs, pouvait au mois prétendre être rigoureux sur l'apparence de ses troupes (Delpire)[161].

L'alphabétisation

Elle constitue l'une des clefs de la réussite professionnelle ; on ne peut donc imaginer un bel avenir professionnel sans la capacité de rédiger correctement. D'emblée, comment admettre qu'un agent du fisc puisse rédiger des procès-verbaux lourds de conséquences sans comprendre ce qu'il écrit ? Comment accepter que des agents aux portes des villes puissent lire des lettres de voiture et des acquits à caution, sans comprendre ce qu'ils signifient ? Pour ces raisons, l'ordonnance de juillet 1681 érige en principe l'obligation d'alphabétisation pour les employés qui ont le droit de rédiger des procès-verbaux. D'ailleurs, les plus hautes juridictions, telle que la Cour des aides de Paris, critiquent régulièrement l'incapacité de nombre d'agents du fisc à lire et à écrire : pour cette dernière cour, le fisc serait constitué d'une immense machine d'abrutis incultes. Un siècle plus tard, des lettres patentes édictées sous Louis XVI confirment la possibilité d'admettre dans la compagnie des agents incapables de lire et écrire correctement, à la condition qu'ils ne soient pas en contact direct avec le public (17 septembre 1778[162]). D'un autre côté, la Ferme s'efforce d'améliorer le rapport de ses agents avec l'écrit. Elle cherche, surtout, à forger une sorte de modèle de l'agent idéal, moule dans lequel entrerait l'intégralité des emplois. Ceux qui ne pourraient ou ne voudraient y entrer, seraient alors sanctionnés.

En effet, « *la Bible* » de la compagne s'intitule le *Guide des employés ou instruction pour apprendre à verbaliser sur différentes matières concernant les fermes générales unies du Roi, traites, gabelles et tabac*[163]. L'auteur y donne des conseils de bon sens aux employés : en premier lieu, que chaque employé soit « *toujours muni de quatre feuilles au moins de papier timbré* » sur lesquelles il pourrait rédiger un procès-verbal qui soit valable devant les tribunaux. En second lieu, l'auteur du procès-verbal doit se limiter à énumérer les faits en respectant leur exactitude :

« se contenter de dire le fait au naturel et de rapporter seulement les allégations et circonstances qui peuvent tendre à la charge ou à la décharge des prévenus ».

Ce guide fut, pour des raisons pédagogiques évidentes, abondamment distribué aux employés sous la forme de petits livrets in-quarto, déjà sur l'instruction spéciale du fermier de La Motte (1751)[164]. Ceux-ci évoquaient pêle-mêle les multiples questions de dédouanement, de contrebande, de procédure.

Néanmoins, pour pouvoir le comprendre, encore fallait-il posséder les rudiments nécessaires de la compréhension : savoir lire. Or, rien n'est moins sûr, tant le nombre d'employés en état de le faire est restreint. En effet, d'après l'inventaire que nous avons confectionné de 463 employés de tout rang ayant servi dans la direction des Fermes de Dijon entre 1765 et 1785, on en dénombre 7/10e qui sont en mesure de rédiger et d'écrire. Les 3 /10e restants n'ont pas les qualités suffisantes pour écrire.

Dans la capitainerie d'Auxonne, on critique « *le plus grand nombre ignorant jusqu'à savoir à peine signer leur nom* » ; en général, le fermier de tournée en 1745, de Caze, fustige « *ce mal* [qui] *est général dans tout le département* ». Dès lors, faute de trouver du personnel alphabétisé en nombre suffisant, les lettres patentes royales de 1778 autorisent la Ferme à recruter officiellement des employés sachant seulement signer leur nom[165]. D'ailleurs, en Franche-Comté, des employés ne savent même pas signer leur propre nom... D'où la présence d'un certain nombre de recteurs d'école dans notre base d'employés : ceux-ci perçoivent, en entrant dans la ferme, un traitement identique à celui qu'ils percevaient antérieurement ; leur entrée s'explique certainement par l'espoir d'une promotion, par la perspective d'une retraite et d'émoluments extraordinaires intéressants : leur rapport à l'écrit serait mieux employé dans la Ferme qu'il ne le serait dans un petit village pauvre. Restent, évidemment, les épreuves physiques qu'ils doivent supporter, la hiérarchie parfois pesante, l'ambiance plus ou équilibrée qui règne dans certaines brigades…

S'il n'existe pas à, proprement parler d'école professionnelle, la Ferme s'efforce – mais c'est surtout un effort consenti par le directeur, semble-t-il – d'encourager la promotion par l'alphabétisation en considérant qu'il existait une grave pénurie de personnes motivées et sachant bien écrire[166]. Si un candidat fraichement recruté sait écrire et qu'il est motivé, ces deux éléments sont fondamentaux pour que la compagnie puisse le faire évoluer. Ainsi, en 1773, quand un fils de manœuvrier est recruté à 23 ans, le directeur relève « *si son émulation répond à son intelligence, il pourra obtenir son avancement* ». Pour ce faire, s'instaure une école pratique dans laquelle l'impétrant est confié à la pédagogie de son supérieur hiérarchique qui doit parfaire son instruction[167] ; lorsqu'il promet de s'appliquer – mais de tels engagements sont rares –, la tâche est évidemment plus aisée (Simon Petit-Jean)[168]. Cela étant, cette pénurie de cadres alphabétisés pose de graves problèmes, de sorte que lorsque la compagnie en révoque quelques-uns, elle est contrainte de les réembaucher quelque temps plus tard (tel Pavillon[169]). La contrainte est donc réelle et permanente. Pour évaluer le niveau individuel des candidats, la Ferme leur fait passer un test d'écriture sous la dictée d'un cadre. Elle est donc parfaitement informée des capacités de chacun et certains candidats se situent clairement entre deux niveaux d'écriture (Bornel, Contenel)[170].

La théorie est difficile à admettre, dans la mesure où l'alphabétisation des populations reste en partie inachevée ; la France est en effet divisée avec des zones plus éduquées au nord de la Loire. Mais, dans la partie, septentrionale du royaume, les masses rurales peinent à acquérir les rudiments de base lorsque l'accès à l'éducation est payant et lorsque les professions sont bornées à la ruralité. Souvent, les ruraux hésitent à recruter un recteur d'école, car cela signifie des frais qu'ils doivent supporter pour le rémunérer. Aussi assiste-t-on à une pénurie de candidats motivés et qualifiés, sur lesquels la Ferme peut s'appuyer pour alimenter son *cursus honorum*. Tel est le cas de Désiré Bornel (l'un de ses frères, François Bornel, imite son exemple et entre dans la Ferme en 1770), originaire de la Bresse : d'assez haute taille (1,68 cm) et de « *bonne constitution* », il semble la personne idéale pour étoffer le corps des brigadiers. Mais il existe un problème, celui de l'écriture. Ancien procureur d'office, il « *sçait écrire mais pas assés pour pouvoir sous la dictée faire la copie d'un procès verbal* ». C'est sans doute ce qui le pousse, étant garde à Dijon, à démissionner après seulement deux ans de service (il a alors 31 ans, 1771).

Dès lors, la Ferme n'hésite pas à recruter des candidats qui déclarent « *savoir à peine signer* », ce qui dénote un savoir très limité et borne leur avancement et, pire encore, suscite la suspicion des assujettis à l'égard des procès-verbaux qui attestent d'un manquement au devoir fiscal. Cela dénote aussi les effets limités des efforts que mène la Ferme pour élever, un tant soi peu, le niveau d'alphabétisation de ses agents. Pour Bertot, ce recrutement se justifiait par le fait qu'il ait été – c'est le seul à être signalé ainsi – le « *dénonciateur dans la brigade de Pontallier* »[171]. Pour celui-ci, deux qualités lui sont reconnues comme étant supérieures à son analphabétisme, à savoir « *de l'intelligence et des ruses* ». En tout cas, on comprend mal comment un employé ait été, dans sa première vie, « *marchand* », alors qu'il ne « *sçait que signer* » (Franchot, né en 1727)[172].

A contrario, un employé avec un bon niveau de lecture est rapidement choisi pour une promotion ou pour occuper un rôle à forte responsabilité, comme encadrer les collègues, stationner à un endroit stratégique, ainsi pour Perrot, ancien négociant, « *étant en état de tenir Registre à une porte et d'y faire un bon service* », il est déplacé à Auxonne (1772)[173].

Mais rien n'est perdu ; la Ferme s'efforce de déterminer l'hypothèse où l'employé saura se mettre à la rédaction et réussir à progresser dans la hiérarchie. Ainsi, quand Massey est recruté et qu'il ne « *scait que signer* », le registre précise qu'il possède « *un commencement d'écriture et peut facilement apprendre* » (1779)[174].

Si l'on en juge par les peu nombreuses monographies qui ont été consacrées à d'autres directions des Fermes, les résultats en termes d'alphabétisation diffèrent quelque peu. Ainsi, dans le Hainaut (Valenciennes), si 44% des gardes savent signer, seuls 34% maîtrisent l'écriture. Dans la direction de Dijon, en revanche, ils sont 16% dans le premier cas et 68% dans le second. Aucune comparaison, en revanche, n'est possible dans la direction de Besançon du fait de l'absence de registres individuels.

Le recrutement serait-il différent dans ces deux directions, ce qui expliquerait cet écart ? La présence de la frontière des Pays-Bas autrichiens serait-elle plus forte que la volonté de servir l'administration fiscale ? De privilégier la contrebande à l'effort mal rémunéré et mal considéré ?

Tableau 3 L'alphabétisation des employés : comparaison entre directions

Catégorie de l'employé	Bourgogne 1774-1780	Lille 1777	Hainaut 1780
Gardes sachant verbaliser	13%	26%	
Gardes sachant écrire	56%	56% }	34%
Gardes sachant un peu écrire	16%	4% }	
Gardes sachant seulement signer	16%	14%	22%

Sources : ADCO C 11.418 et BOY, *L'administration des Fermes*, p. 103 ; CLINQUART, *Les services extérieurs*, p. 169.

Tableau 4 : Alphabétisation du personnel de la direction des fermes de Dijon

sachant verbaliser	sachant écrire	sachant un peu écrire	sachant seulement signer
55 (13%)	**228 (56%)**	**66 (16%)**	**67 (16%)**

En matière de nom, l'usage du surnom reste très rare ; si la mode appartient au domaine militaire, le monde civil semble y prêter moins d'importance. Hormis un Comtois nommé François et « *dit Neuville*[175] », aucun autre employé n'est ainsi connu pour posséder un surnom. Cependant, le nom est parfois orthodoxe ; le registre indique que pour Bataille, « *de son aveu il est un enfant naturel* » (1775).

L'origine géographique

À l'instar de tout corps, la Ferme générale est enserrée dans un ensemble de contraintes auxquelles tout employé doit se conformer. Parmi celles-ci, figure notamment l'obligation de travailler dans un endroit extérieur aux relations dont dispose l'employé ; ce dispositif de protection doit, en effet, permettre à l'individu de travailler dans un environnement neutre, dans lequel il ne peut être reconnu, où il peut agir sans craindre de représailles ou éviter d'entrer dans des circuits de connivence. Il s'agit d'un principe fort qui est rappelé à plusieurs reprises, sans être toutefois systématiquement observé[176]. Par conséquent, cette règle de bon sens n'est pas systématiquement respectée en Bourgogne, car des dérogations sont souvent possibles, ainsi pour un particulier recruté (Etienne Coquelibus) et dont il est bien indiqué qu'il est temporairement affecté sur son lieu de naissance (Pontallier) mais qu'il sera affecté ailleurs dès qu'une vacance interviendra[177]. Si la dérogation joue, c'est parce qu'il est lui-même fils d'employé. Mais ailleurs, ces dérogations donnent rarement de bons résultats, car le naturel revient toujours et les employés sont donc constamment soumis à des influences locales. Aussi ces dérogations finissent, au pire, par le renvoi pur et simple de l'employé[178].

Le registre, en effet, mentionne de façon systématique la commune de naissance et nous avons, au besoin cherché à savoir avec précision où elle se trouvait pour construire le tableau relatif à l'origine géographique des agents[179]. Or, ces dérogations donnent lieu à des abus, ce qui tend à démontrer que les principes légaux reposent sur des considérations bien justifiées.

Le registre nous éclaire pour déterminer si ces règles sont bien respectées et si les employés, comme l'exigent les règlements, n'exercent pas sur des lieux qui leur sont connus. Il indique la commune de naissance et, pour nous aider, lorsque son nom est très répandu, il complète la courte fiche signalétique en indiquant le diocèse compétent (ex « *St Loup diocèse de Besançon* » pour Bouvier, recruté en 1776[180]). Cela étant, en classant les employés selon leur lieu de naissance, il existe des réserves pour déterminer le lieu exact considéré (ex pour Cornesse, recruté en 1764, dont le registre indique qu'il est né à Fay-les-Rentrey : s'agit-il en fait de Fay-la-Montagne dans le Jura ? On l'a classé, sous cette réserve, parmi les Comtois, parce que c'est Mennetrieu, le capitaine-général qui patronne plusieurs Comtois comme lui, qui le présente à la compagnie).

Cette règle de l'âge limite peut, cependant, être écartée lorsque l'employé fait état de recommandations puissantes. Tel est le cas de François Arnolles qui passe du monde de l'échoppe à celui de la Ferme à 44 ans. Ce changement dans sa vie professionnelle est appuyé par la haute recommandation du commandant en chef en Bourgogne, Tavannes. Cela explique pourquoi Arnolles est nommé contrôleur des traites à Pontallier, sa ville natale[181]. Or, par sa profession de négociant, il disposait de connaissances étendues dans le milieu du commerce, ce qui aurait entraîné un risque de connivence – sinon de complaisance – avec ses anciens confrères. Mais Tavannes étant son protecteur, la Ferme considère que les avantages sont plus puissants que les obstacles à son entrée dans la compagnie. D'ailleurs, il est qualifié d'intelligent et de zélé.

Autre dérogation de taille, celle qui permet à Daubenton d'être receveur des gabelles dans sa ville natale de Montbard ; son dossier mentionne la protection d'un puissant fonctionnaire des finances, de Boullongne (contrôleur général des finances sous Louis XV). D'ailleurs, le registre ne tarit pas d'éloges sur ses compétences professionnelles[182]. Sans être aussi bien protégé, Trullier exerce lui aussi, dans la ville où il est né, encore pour la fonction de receveur des gabelles. Autre dossier similaire, celui de Pierre Marquet, entreposeur du tabac, dont la mission consiste à surveiller les entrées et sorties des tabacs vendus par la Ferme. Cette fonction importante, ouverte aux femmes[183], qui s'apparente à celle d'un grossiste, ne doit pas être confiée à n'importe qui. D'abord présenté comme « *valet de chambre du marquis de Courbouzon* », puis comme « *régisseur des affaires* », Marquet fait son entrée dans la Ferme à 36 ans, recommandé par de Courteilles, intendant des finances (1763).

Quant aux étrangers au royaume de France, ils sont peu nombreux ; ils ne représentent en effet que 2% des effectifs globaux. Ce sont, dans l'ordre, deux ressortissants du Palatinat, un de Savoie, un de Liège (Beneck), un autre du duché de Bouillon et un des Pays-Bas autrichiens. On remarquera que si des hommes sont bien originaires des provinces frontières de la Bourgogne, seuls quelques uns sont issus des duchés de Lorraine (trois). Précisons, enfin, que les provinces de naissance sont rattachées au diocèse concerné : ainsi de Langres, dépendant de la Champagne. Les individus originaires des provinces éloignées sont peu nombreux : un normand, un languedocien et un provençal. Le normand est originaire de Pont-Audemer (orthographié « *Ponteau de mer* »). Leur présence en Bourgogne s'explique par leurs attaches matrimoniales.

Quant à Prost, il bénéficie de deux dérogations : d'abord celle de l'âge puisqu'il est recruté en qualité de garde à Auxonne à 56 ans. En effet, il a connu deux vies professionnelles : en premier lieu en tant que soldat dans l'armée (7 ans), ensuite comme cavalier de maréchaussée durant 23 ans. Il s'agit donc d'une troisième vie qui commence : celle-ci s'explique par le fait qu'il est marié avec des enfants, ensuite parce qu'il est retraité de force du corps dans lequel il servait. Ses charges de famille, la modicité de sa retraite, l'obligent donc à continuer de servir.

Seconde dérogation, ensuite qui lui est accordée, celle du lieu d'affectation puisque Prost était natif d'Auxonne et qu'il avait ensuite servi dans la brigade de maréchaussée en résidence dans cette ville. De puissantes recommandations interviennent pour garantir que ce recrutement est à propos, que Prost était physiquement en état de faire le service et qu'il ne réclamerait pas de retraite (1779)[184]. Prost possédait un bel atout : il savait écrire et était parfaitement en état de verbaliser.

Si l'on veut résumer, les employés recrutés dans la direction de Dijon sont, pour une large majorité d'entre eux, issus du duché de Bourgogne. Si l'on ajoute aux Bourguignons les Comtois, alors ce sont huit employés sur dix qui sont originaires de la vieille Bourgogne. Cette proportion est similaire à celle qu'on observe dans les directions de Besançon (85% de recrutement comtois[185]) et du Hainaut, dans laquelle 90% des employés sont issus des provinces de Hainaut et de Flandre[186].

Graphique 2 Origine géographique des employés

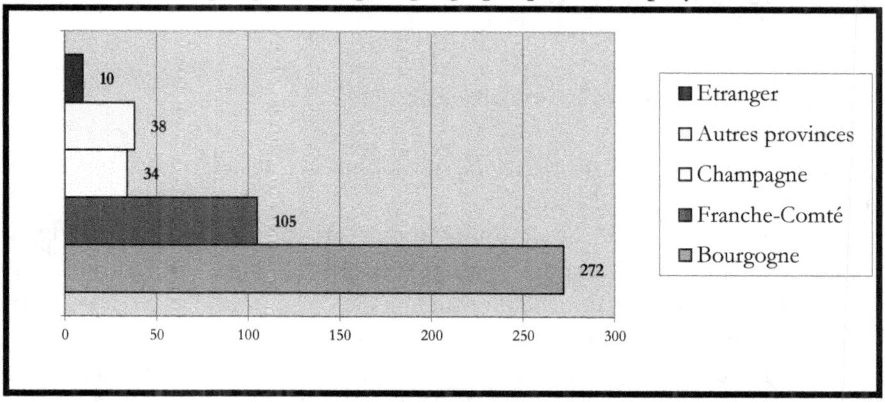

Source : ADCO C 11.418

L'origine professionnelle

On entre rarement dans la Ferme par vocation, plutôt attiré par la perspective d'un emploi stable et par des conditions d'exercice plutôt favorables (traitement fixe et gratification parfois élevées, progression de carrière possible, possibilité de retraite, privilèges). Si l'on respecte les règles édictées par la Ferme, avec sérieux, alors on peut espérer s'y maintenir jusqu'à l'époque de la « *retraite* ».

Avant tout, il faut relever que lorsqu'un employé quitte la compagnie, il peut espérer y revenir, pourvu qu'il ait laissé bonne impression, qu'il ne soit pas trop âgé et qu'il soit recommandé par une notabilité ; l'expérience d'un employé fidèle constitue un acquis[187].

En général, les enquêtes relatives à la Ferme ne disposent pas toujours de documents très précis sur les origines professionnelles des agents du fisc. Or, le *Registre*, conservé aux Archives de Côte-d'Or, dont on s'est servi nous offre des informations déterminantes pour la connaissance du parcours professionnel des cadres et employés de la direction de Dijon. En effet, pour chaque employé, le directeur annote des informations parmi lesquelles on trouve la dernière profession embrassée par le recruté. Parfois même, le directeur dévoile les deux ou trois dernières professions exercées. Pour un militaire, il note qu'il était, avant de « *servir dans les troupes* » (terme usité), vigneron. Nous ne retenons que la dernière profession exercée pour classer professionnellement un agent des Fermes.

En tout cas, les origines professionnelles sont fort diverses : on y trouve aussi bien des ci-devant travailleurs de l'agriculture que d'autres issus du commerce, de la basoche, de l'armée (mention « *servoit ci devant dans les troupes* »)… Pour éviter une trop grande dispersion des statistiques, nous avons choisi de classer l'ensemble des recrutés, soit 454, entrés entre 1722 – pour le premier cité par le *Registre* – et 1780 pour les derniers qui sont embauchés entre cinq origines professionnelles qui sont les suivantes :

- militaire ;
- paysan ;
- artisan ;
- basoche et autres professions intellectuelles ;
- domestique.

On retrouvera plus tard, parmi les recrutements, les éléments relatifs aux embauches en fonction des années.

Quant à la répartition des employés en fonction de leur formation, les résultats sont très nets : comme cela a été constaté ailleurs – notamment dans le Hainaut –, une forte minorité d'entre eux est composée d'anciens militaires (armée, milice,…)[188]. Autre minorité remarquable, celle qui est composée des parents d'anciens employés ; cette monogamie est l'un des traits caractéristiques de l'administration des douanes ; elle le restera jusqu'au milieu du XXe siècle. Enfin, l'origine rurale de la majeure partie d'entre eux n'est pas à démontrer ; c'est une similarité des Bourguignons et des Comtois[189].

Par commodité, on présentera l'origine professionnelle des employés en quatre catégories successives : l'endogamie, les professions militaires, manuelles, intellectuelles.

L'endogamie

De manière classique, l'endogamie est-elle importante au sein de l'institution ? En d'autres termes, les fils suivent-ils l'exemple de leurs pères ? La Ferme accorde-t-elle une importance quelconque à l'endogamie d'un candidat ? Sur ce dernier point, il apparaît qu'appartenir à une lignée d'agents de la Ferme constitue un atout dans le recrutement, comme dans l'exercice de la carrière. Ainsi, lorsque Belot fils se présente à 20 ans, le registre mentionne que son père travaille déjà dans la compagnie ; il est alors ajouté « *il est fils de Louis Belot qui est du 1er janvier 1765 dans les brigades, ce qui a décidé à l'y admettre garde* » (1779). Même référence pour Vaulthier fils, à l'égard duquel le directeur note que « *ce qui a déterminé à l'admettre dans les Brigades, c'est qu'il est fils de Jacques Vaulthier garde à Renève* » (1778).

Quant aux Limonnot, deux frères (François et Jean) servent dans la direction de Dijon en suivant ainsi l'exemple de leur père. Mais la similitude s'arrête là : en effet, François démissionne de la compagnie peu après avoir épousé une veuve qui tient un rebat ; tandis que l'autre (Jean) est révoqué pour avoir cumulé des activités jugées inappropriées par la Ferme : ivresse, jeu, dissipation, chasse,... (1775) Pareille situation concerne les trois frères Boirin, fils d'employé modèle (qui avait déclaré cinq enfants), dont l'un décède à l'hôpital. L'un d'eux parvient jusqu'au rang de capitaine-général. Chez les Coquelibus, c'est aussi une affaire de famille : outre le père Jean, deux de ses fils (Etienne et Jean-Baptiste) servent dans la direction de Dijon.

Cette pratique endogamique reste marginale – même si elle existe. Ainsi, des familles emblématiques (telle que les Mugnier) sont représentées par plusieurs générations successives (avec des réussites diverses). Chaudron s'engage dans la Ferme et imite son père, « *ancien brigadier admis à la retraite* ». Autre exemple d'endogamie, celle de Convers qui succède à son grand-père Lambert au poste de receveur des gabelles de Saint-Jean-de-Losne[190]. Cependant, il était en principe prohibé d'exercer dans sa ville de naissance ; or Convers y était né mais avait effectué des études de droit et avait ensuite travaillé dans les bureaux de la compagnie à Paris. Il y était aidé par un désir de servir, d'autant que son grand-père était réputé pour ses éminentes qualités professionnelles[191].

Le troisième exemple est celui de Legrand ; celui-ci est le neveu d'un capitaine-général de la Ferme ; après quelques courtes années de présence dans les brigades, il passe au contrôle des traites, plus lucratif et moins épuisant (1761).

Fils d'un employé, Souverain est présenté par son père au recrutement (1757)[192], père qu'il perd peu après. Mais lui et son petit-fils perpétuent cette tradition du service. Pour le directeur, cette tradition oblige la compagnie à accorder la priorité quant au recrutement[193]. Quant à Dominique Clerc, fils d'un employé de brigade, il est présenté à 23 ans et cette endogamie sera, elle aussi, utile lorsqu'il sera critiqué pour ses « *habitudes* ».

Quant à Champy, ses liens de famille avec deux employés de la Ferme constituent une bonne protection efficace[194]. Cette double affiliation lui sera plus tard utile lorsqu'il sera menacé de sanctions (cf. *infra* La sanction).

Pour Wersax, ce fils d'un ancien employé qui sert encore dans la compagnie est destiné à un bel avenir : ayant de la famille dans la Ferme « *où il a toujours rempli ses fonctions à la satisfaction de ses supérieurs* », il sait aussi bien écrire, est jeune (il est né en 1747) et est zélé. En définitive, il prendra sa retraite prématurément, en 1780 et se mariera, sans avoir grimpé dans aucun grade.

Chez les Mariotte, la Ferme constitue une affaire de famille : lorsque Jean-François y fait son entrée, en 1776, le registre mentionne qu'il est parent de

l'ex. capitaine-général Mennetrier – qui le présente – et cousin du garde du même nom[195].
En revanche, Bresillet, présenté par son père, est encore un peu jeune pour exercer des fonctions d'autorité (1764), mais il parviendra ensuite aux fonctions de sous-brigadier.

À présent, il convient de présenter la formation des futurs employés des Fermes, même si certains n'ont pas à proprement parler de formation autre qu'intellectuelle, tel Clopin, symbole de ces particuliers vivant de leurs biens et qui obtient une recette des traites[196].

Les professions militaires

La proportion d'anciens militaires est conséquente : ces derniers étaient réputés pour leur expérience, leur endurcissement, leur connaissance des armes et leur acculturation à la discipline, toutes choses qui étaient très utiles à la Ferme. On espérait ainsi accroître la cohérence du commandement, rendre possible une efficace défense des employés face à des contrebandiers armés ou à des populations civiles excédés des contrôles, ainsi que la bonne exécution des consignes données lors des tournées. Mais il faut noter qu'une faible portion de ces militaires servait dans la Ferme avant de contracter un engagement. Dans ce cas de figure, l'employé peut espérer être réadmis mais rien ne lui garantit qu'il puisse récupérer son ancien grade s'il était cadre[197].

Dans leur grande majorité, les candidats ont été recrutés dans l'armée de ligne, rarement dans l'artillerie, exceptionnellement dans la milice (trois cas[198]) ou dans les unités provinciales (un cas[199]). Le service effectué est le plus souvent de deux engagements, parfois plus, comme cet ancien soldat qui s'engage dans la Ferme après avoir servi 25 ans (1765)[200].

Quant aux indications des unités dans lesquelles les employés ont servi, le registre contient une amélioration grandissante des informations. En effet, pour les recrutements antérieurs à 1773, l'unité de l'armée est rarement indiquée ; de toute évidence, il existait des consignes afin que le cadre de la Ferme chargé du recrutement ne soit pas trop indiscret sur le temps de service dans l'armée ni la manière dont le service s'était achevé. Mais ensuite, les conditions changent ; désormais, les informations sont plus précises et surtout, le registre mentionne les conditions détaillées dans lesquelles l'employé a fini son temps de service. Néanmoins, rien n'est indiqué sur le grade dont l'impétrant était revêtu, sauf pour Bresson, « *sergent* ».

Reste l'état de santé de ces anciens soldats : si certains font état d'une très belle vigueur physique, d'autres, en revanche, ont quitté le service blessés ou malades. L'un d'eux est invalide et perçoit, à ce titre, une pension des pouvoirs publics. Il est recruté comme garde à Auxerre mais y reste peu de temps avant de donner sa démission (1770)[201].

Tous les employés ont servi dans les unités, exceptions faites de Dautel et de Guilliet, qui ont déserté : Dautel, après deux ans seulement et qui a ensuite servi en Espagne (1767-1775). Muni de passeports et bénéficiaire des textes qui gracient les déserteurs, il est alors rentré en France. Sa demande de recrutement au sein de la Ferme est appuyée... par le domestique du directeur, Saint-Jean[202]. Quant à Guilliet, il déserte après quatre ans et sert ensuite dans différents pays d'Europe orientale : Prusse, Bohême, Saxe. Lorsqu'il se décide à retourner en France, le major de la place de Landau lui a rédigé un passeport (1776). Traits communs, ces deux déserteurs sont recrutés presque l'un après l'autre dans la brigade d'Auxerre et la même année (1776).

Dernier exemple, celui fourni par Thibaut qui déclare avoir servi 16 ans dans les Gardes suisses. Or, pour entrer dans cette troupe au service de la France depuis le XVIe siècle, il fallait avoir des attaches (et être de haute taille, ce qu'il est puisqu'il déclare mesurer 5 pieds 7 pouces) : né à Versailles, Thibaut était-il le fils d'un Suisse qui servait déjà la France ? Rien ne l'indique dans son dossier.

En résumé, sur un panel de 64 employés ayant servi dans les forces armées, les 7/10e ont servi huit ans et plus, ce qui en fait des soldats éprouvés : leur riche expérience en fait des employés recherchés. À l'inverse, les soldats ayant rompu leur service prématurément sont en nette minorité : seulement un employé sur cinq ayant fait les troupes a fait moins que son temps de service.

Tableau 5 Les temps de service dans les forces armées des anciens militaires

1-4ans	5-7 ans	8 ans	9-20 ans	Non connu
10 (16%)	**4** (6%)	**29** (44%)	**16** (26%)	**5** (9%)

Ensuite, quelle est l'arme qui mène à la Ferme ? Sur une soixantaine de profils dont les 9/10e sont bien déterminés, les résultats sont sans grande surprise : la majeure partie des employés est issue de l'infanterie (58%), et vient en second lieu l'arme savante qu'est l'artillerie (23%), puis la cavalerie (9%)[203]. Il est vrai que l'artillerie recrutait des personnes capables de supporter de grands efforts physiques (donc cumulant une grande taille et robustes), un peu alphabétisés et aptes à travailler de concert.

Rares sont les notes qui indiquent l'existence de certificats émanant des chefs de corps et valorisant l'engagement passé du candidat[204], ce qui suscite des doutes quant au départ régulier de tous ces militaires de l'armée. L'administration des fermes se demande parfois si un employé est déserteur ou s'il ne l'est pas ; elle n'agira cependant pas pour dissiper le doute qui l'étreint[205]. En tout cas, d'après le relevé des anciennetés de carrière dans l'armée, chaque employé issu de l'armée royale aurait contracté entre un et trois engagements successifs dans cette dernière. Quand leur carrière est plus courte, elle est justifiée soit par le rachat d'un congé, soit par une maladie qui rend l'engagé inapte au service militaire, tel Bœuf, qui a attrapé le scorbut dans un régiment d'artillerie (« *il a un congé parce qu'il avoit le scorbut duquel il est parfaitement guéri* »).

D'ailleurs, ces « *ci devant* » militaires sont, le plus souvent, placés dans des emplois de gardes ambulants, chargés des missions de surveillance et de contrôle non sédentaires et qui, au besoin, font le coup de feu contre les contrebandiers qu'ils pourraient rencontrer, eux-mêmes parfois militaires réformés. Cependant, leur avenir professionnel reste borné s'ils ne possèdent pas les qualités requises pour mériter une promotion, tel que savoir écrire ou être zélé. Rédiger un procès-verbal nécessite des qualités évidentes de rédaction ; en être incapable constitue un défaut rédhibitoire et l'armée ignorait alors la formation continue de son personnel. Or, Laurent, par exemple, « *ne sait pas signer* » – comme Doucet –, de sorte qu'on le retrouve dans la même fonction de garde une dizaine d'années plus tard. En revanche, Pothier est un peu plus instruit que le précédent : « *sait un peu écrire* » et Bouveret « *ne sait que signer* ».

Peu nombreux sont les anciens militaires éduqués, mais il y en a. Ainsi, Raclet s'engage dans la Ferme à 34 ans en qualité de garde ambulant ; il sait bien écrire et a même « *fini ses études* » (on ne sait pas lesquelles). D'ailleurs, peu après, il passe sous-brigadier car il est réputé « *instruit* ». Quant à Brey, il finira par s'élever à la fonction de brigadier.

Desmazures, originaire de Normandie, présente un parcours rapide : devenu officier dans l'armée (« *lieutenant dans le Régiment de Touraine* »), il entre comme sous-brigadier dans la Ferme à 31 ans, un âge tout à fait dans les normes de ses collègues. Mais ensuite, son ascension est fulgurante, puisqu'en deux ans seulement, il passe capitaine-général à Montbard, une petite penthière il est vrai (1772).

Pothier présente deux originalités : d'abord, il a quitté les troupes de façon prématurée, puisqu'il entre dans la Ferme à 21 ans (1772) ; il n'avait donc pas encore achevé son temps de service règlementaire[206]. Ensuite, sa taille peu élevée ne semble pas l'avoir handicapé pour entrer dans les armées du roi[207]. Ces deux éléments négatifs n'ont pas remis en question son recrutement par la Ferme ; deux motivations l'expliquent. D'abord, il présente d'indéniables qualités physiques (il est en effet présenté comme un « *garçon fort et vigoureux* », c'est-à-dire trapu ?). Ensuite, il est présenté par un notable de sa ville natale, l'entreposeur des tabacs, Poirot et son père, qui l'hébergeait, souhaitait certainement lui trouver une occupation sérieuse.

À l'opposé du précédent, Collin, loin d'avoir fait une carrière éphémère, a au contraire quitté « *les troupes* » à 38 ans, donc tardivement ; il a certainement contracté deux engagements successifs avant d'entrer dans la Ferme (1768). D'ailleurs, son éducation paraît soignée (« *qui sait fort bien écrire* ») mais, en définitive, il décède six ans plus tard.

Autre carrière originale, celle que présente Guillaume : ce Comtois né en 1723 sert d'abord deux ans dans les troupes en tant que « *volontaire dans les*

Gardes lorraines a fait ensuite trois campagnes sur mer». Sa place dans le corps lorrain s'explique par le fait que son épouse est originaire des Trois-Évêchés (Metz). Il quitte alors l'armée et se recycle dans la Ferme en qualité de contrôleur des actes durant 5 ans, puis prend la tête de la recette des traites de Renève (1762).

Quant aux motivations précises de ces personnages, celle de Laurent, entré en 1764, s'explique certainement par la fin de la Guerre de Sept Ans (qui s'achève en 1763 par le traité de Paris) et par la brutale réduction des effectifs militaires de l'armée française. Dès ce moment, contraint de faire des économies, le gouvernement taille surtout là où les dépenses sont élevées, notamment l'armée de terre.

Société française, la Ferme est néanmoins ouverte aux étrangers qui auraient servi le drapeau français ; telle est la situation de Tumerers originaire du Palatinat (« *Quittard, diocèse de Liège* ») qui sert d'abord quelques années dans la garde municipale de Paris et qui, à l'issue de son service, obtient un certificat qui atteste de ses services. La Ferme le recrute alors comme garde ambulant à Auxerre (1778)[208].

La Ferme recrute des employés déjà âgés mais cette spécificité est appréciée lorsque deux atouts sont réunis : d'abord, lorsque le candidat a été apprécié dans ses services passés ; ensuite, si sa santé physique est bonne : exigence est donc posée qu'il y ait aptitude à l'emploi. Parce qu'il remplit ces conditions, Mignot, le plus âgé de tous les anciens militaires – il a 52 ans révolus et « *a toujours servi dans les troupes* » –, est admis comme garde ambulant dans la brigade de Renève. Ce sont ses qualités physiques (belle taille, bonne prestance[209]) et son sens éprouvé de la discipline qui ont convaincu la Ferme de le recruter. Autre bel exemple, celui de Prost - dont on a déjà parlé.

Quant au plus grand de ces anciens soldats, il mesure 1,76 m (Seguin)[210] ; le suit Franchot, ex-marchand avec 5 pieds et 6 pouces (1,68 m). Autre géant, Tiquet, originaire d'Artois qui, en raison de ses qualités physiques et un gabarit impressionnant (taille de 5 pieds et 9 pouces (1,75m), « *fort et vigoureux* »), a servi 12 ans dans les Gardes-françaises. Le plus grand est Moichine ancien laboureur originaire de Bourgogne : 6 pieds 3 pouces (1,88m), ce qui en fait un véritable géant pour l'époque.

Il est assez rare que les anciens militaires exercent une autre profession avant d'entrer dans la Ferme ; l'exception est celle de Verrey, qui a servi durant 9 ans et qui devient ensuite boulanger à Gray (1771). Autre trajectoire intéressante, celle de François Limonnot : ce fils et frère d'employé suit la tradition familiale et, en 1759, après cinq ans de service dans la Ferme, s'engage dans l'armée où il reste 10 ans ; il y gagne un surnom tiré d'une bataille située dans les Pays-Bas autrichiens, « *Berg op zoom* », l'une des rares victoires françaises de la Guerre de Succession d'Autriche. Après avoir servi 8 ans dans l'armée, Robert suit un parcours professionnel original ; il est d'abord garde à cheval au service du comte de Chastenay, puis se fait porteur de chaises à Langres, avant d'entrer dans la Ferme (1775) et de décéder brutalement à 36 ans[211].

Les professions agricoles, manuelles et commerciales

Dans une société française où l'écrasante majorité de la main-d'œuvre travaille dans l'agriculture (près de 80%), force est de constater que le nombre d'agriculteurs reste plutôt limité dans le recrutement. Cela étant, ceux qui en sont issus ne sont pas condamnés à rester dans le grade de base : Finot, fils de laboureur, entre-t-il d'abord en qualité d'élève dans une école vétérinaire (dont on ne sait s'il en est sorti diplômé) avant de rejoindre la compagnie. Son parcours illustre certainement une ascension sociale facilitée par sa soif d'apprendre (il « *sait écrire* ») et par son activité (1771)[212]. Mais il ne restera pas dans la compagnie puisqu'il préférera reprendre, à Auxonne, la charge de judicature de son beau-père (celle d'huissier, en 1775). Entre huissier et garde, un avenir un peu borné et deux professions peu prisées, sans doute a-t-il choisi celle qu'il considérait comme la moins pire des deux.

Mais où classer Flamand, qui, après avoir servi dans les troupes, se classe comme laboureur au moment de rejoindre la Ferme ? Par commodité, on l'a rangé parmi sa dernière profession connue (1765).

Parcours original que celui de Coillot : il commence par être laboureur, devient cabaretier à Dijon et s'engage dans la Ferme à 33 ans. Après avoir servi le vin, il fait ainsi payer – sous une autre forme – les consommateurs (1772). Mais cela ne durera pas, puisque la compagnie apprend qu'il est en prison à la suite de dettes (septembre 1772)[213].

Parmi les artisans, ce boulanger de 27 ans qui entre dans la Ferme – mais sans y rester plus d'un an – semble préoccupé de sa vie de famille. Chargé d'une progéniture, Bigeon choisit certainement une vie plus réglée et dont les revenus, quoique modestes pour un garde ambulant, sont régulièrement assurés pour faire vivre son ménage. Mais en sens inverse, Castille entre dans la Ferme à 34 ans (1761). À 31 ans, une fois sorti des 6 années de milice, Blaise Poupon a appris le métier de couvreur ; mais « *faute d'ouvrage il n'a pu continuer* » (1778)[214].

Cela dénote que la Ferme constitue une sorte de seconde chance pour tous ceux auxquels leur vie professionnelle n'a pas apporté la satisfaction qu'ils en espéraient. Ainsi pour ce boucher qui, à 31 ans et désireux de changer de vie, candidate pour entrer dans la Ferme (A. Chavant). Après enquête, le contrôleur-général de la société à Dijon l'agrée et l'installe comme garde ambulant auprès de la brigade de Dijon (avril 1769).

À l'âge de 40 ans, un négociant change de vie et entre dans la Ferme, recommandé par un fermier général ; il quitte Bordeaux et s'installe à Auxonne, où son ascension est lente mais solide, puisqu'il parvient au poste de capitaine-général sédentaire à Dijon ; Dartigues est admis en retraite en 1773, à 79 ans.

Sans doute lassé des industries d'extraction, Minard décide d'abandonner « *les carrières de pierres* » dans lesquelles il travaillait pour leur préférer la Ferme. À 30 ans (1778), il a encore le temps d'entamer une nouvelle vie professionnelle (qui se terminera toutefois rapidement, en raison de sa propension à l'alcool)[215].

En dépit des importantes voies d'eau qui traversent le duché, rares sont les employés qui déclarent avoir été mariniers (sauf Guyon, qui change de voie et entre dans la Ferme à l'âge de 28 ans, 1761), ainsi que Marceau (20 ans, 1770)[216].

L'arrivée tardive d'un chapelier – il a alors 36 ans – s'explique par la déconfiture de son commerce ; on sait ainsi que Lorel n'a pu continuer son exploitation (1777). Mais si la Ferme le recrute, c'est parce qu'elle espère en faire un brigadier, devinant en lui deux qualités très appréciées : « *il paroit actif et intelligent* », outre ses qualités d'écriture[217]. Hélas, il décèdera quelque temps plus tard, sans que l'on en connaisse la cause. Cas similaire que celui de Jeannel, admis en 1775 à 35 ans ; ancien marchand en « *fayencerie mais des malheurs l'ont forcé de quitter ce commerce* ». S'il déclare être marié et avoir quatre enfants, on sait qu'il vit séparé de son épouse qui, pour sa part, « *tient une boutique de fayencerie à Louans* ». Lui aussi décèdera à l'hôpital un an plus tard[218].

Même argument pour recruter Nageotte qui, marchand à Paris, s'est ensuite retiré sur Châtillon et y a ouvert un commerce « *qui ne luy a pas réussi* ». Entrer dans la Ferme est donc une reconversion (plutôt réussie d'ailleurs) (1779)[219] pour ces trois ex-commerçants.

Curieuse est cette reconversion d'un individu se proclamant « *faiseur de monnaie* » mais qui « *sait à peine signer* » (Gérard, 1771). Il intéresse la Ferme en raison des informations sensibles qu'il détient et par lesquelles la compagnie met la main sur des contrebandiers. Néanmoins, il s'en ira volontairement neuf ans plus tard, préférant devenir garde-chasse.

Un garçon serrurier a certainement changé de métier parce qu'il ne souhaitait pas s'établir comme maître, ou bien parce qu'il sentait qu'il n'en avait pas les dispositions intellectuelles (Mougin, 1764).

Nombreux dans la société d'Ancien Régime, quelques domestiques préfèrent changer de vie et de relation hiérarchique pour entrer dans la Ferme. Mais un tel passage est souvent précoce, ce qui laisserait supposer que la personne qu'ils servaient ne pouvait plus les employer (décès, baisse de niveau de vie ?), voire que leur ménage et sa taille les contraignaient à changer de vie pour trouver un meilleur revenu ailleurs. Pierre Naudin quitte ainsi le service de particuliers à 32 ans ; il déclare être marié et avoir trois enfants ; on sait que le simple revenu d'un humble domestique était très insuffisant pour vivre, *a fortiori* avec des charges de famille. Semblable situation est celle de Coquelibus, qui quitte la qualité de domestique au même âge et avec le même nombre d'enfants[220]. Quant à Liottet, il quitte à 24 ans sa qualité de domestique pour occuper un emploi de garde ambulant ; « *fort et robuste* », ses qualités physiques lui permettent d'endurer les sacrifices que cette fonction nécessite. Néanmoins, son horizon professionnel est limité, car il ne « *sait que signer* » ; faute d'instruction, il est donc condamné à rester garde. Quant à Simon, autrefois garde-chasse, il est appuyé par le marquis qui l'employait afin de trouver un emploi plus lucratif, puisqu'il est chargé d'une nombreuse famille[221].

Reste un valet de chambre, (Henry ou Jean ?) Garnier ; celui-ci, un maître parfumeur de 27 ans, trouve ainsi ce moyen, par son employeur, le président de Perrigny, de changer de métier et devient alors visiteur au bureau des traites de Dijon (1772)[222].

Lorsqu'un ancien domestique est reconnu comme trop déférent envers ses anciens employeurs, il est aussitôt déplacé d'office parce qu'il n'est plus en état d'observer correctement ses devoirs : on le soupçonne de négligence dans son travail (1778)[223].

Quelques marchands apparaissent dans le sondage ; ils y entrent à la suite d'un revers de fortune ou parce que le commerce les a déçus ? Parmi eux, Judrin déclare quatre enfants, il a quitté le commerce à 36 ans, un âge limite pour être recruté dans la Ferme (1772).

Les professions intellectuelles

L'accès à l'instruction n'est guère généralisé au XVIIIe siècle, même s'il existe des rudiments de base qui sont offerts à la jeunesse française. Aussi est-ce logique que la base des employés de la Ferme n'ait guère d'instruction. Cela étant, il existe des exceptions et c'est ainsi que des employés sont issus de professions intellectuelles. Hormis les gens de la basoche, il se trouve aussi une rareté, tel ce recteur d'école qui parvient à la fonction de sous-brigadier. Sans nul doute, il rejoint la Ferme car, chargé d'une nombreuse famille (le registre mentionne sept enfants), les revenus de sa profession sont certainement insuffisants pour entretenir sa progéniture (un cas similaire est celui de Richard Simonnot qui, chargé de quatre enfants, rejoint la Ferme à 29 ans en 1764[224]). En revanche, la Ferme lui offre des avantages, un traitement fixe et une espérance de faire carrière (Belot, 1749)[225].

Un autre confrère, également chargé de famille, se limite à la fonction de garde (Plantagenet, 1769)[226].

S'il n'a pas véritablement de formation intellectuelle propre, Lefet est en revanche le fils d'un homme de l'art puisque son père est chirurgien, ce qui explique sa bonne apparence (il est très grand, 1,70 m) et sa capacité à bien écrire.

Parmi ceux qui ont étudié le droit, on distingue les avocats de ceux de la basoche – ou simples commis aux écritures, dont le prestige social est moins évident. S'agissant des avocats, ils sont représentés par Mariotte, avocat à Chatillon et qui, âgé de 32 ans, rejoint la Ferme en prenant la recette du grenier à sel de cette même ville (1776). Il s'agit certainement d'un choix professionnel, qui s'accompagne également d'un choix financier puisqu'à l'instar de tous les agents comptables, Mariotte doit présenter un cautionnement important en fonds de terre à titre de garantie. En échange de quoi il perçoit des intérêts de la Ferme.

Autre avocat, Poulletier de Perrigny. Une fois ses études de droit achevées, Poulletier, qui se prétend « *avocat au parlement de Paris* », a embrassé la carrière familiale en poursuivant la fonction de son père, receveur principal des traites d'Auxonne. En dépit de son jeune âge (20 ans), la compagnie n'a pas fait de difficulté pour lui accorder une commission (1746). Une génération plus tard, Poulletier reste fidèle au poste et mérite des compliments très positifs[227]. En 1777, celui qui est certainement son frère est receveur général du domaine, situé à Dijon[228].

Dans la direction voisine de Besançon, plusieurs avocats firent aussi de belles carrières : ainsi Mauvaizet, avocat en parlement, débute comme garde et après quelques années, il atteint le poste élevé de contrôleur-général de la ferme.

Après le droit, d'autres professions libérales changent aussi de chemin, tel Personne qui, de médecin, devient receveur des gabelles à Saulieu (à 32 ans, en 1754). Ce choix surprenant s'explique d'abord par l'affectation : Saulieu est en effet la patrie de son épouse et, ensuite, il est soutenu par de hautes personnalités de la robe (Chauvelin, garde des sceaux, Cromot, futur conseiller d'État).

Quant aux gens de la basoche, leur formation initiale ne leur a pas permis d'approfondir leur formation et d'acquérir une charge de procureur ou d'approfondir leurs études de droit pour s'inscrire au barreau. Ou c'est la démotivation qui règne et qui les empêche d'admettre une vie consacrée à la rédaction d'actes de procédure. Telles sont les situations de Chaudron, d'ailleurs fils d'un employé des Fermes parvenu au grade de brigadier, ou de Lucot. Celui-ci sait bien écrire, une qualité qui peut le conduire à progresser dans sa carrière, mais la greffe ne prendra pas (1771)[229]. Peu original dans sa formation mais pas dans son origine est Desbois, venu de Savoie à Paris pour y faire sa formation de « *praticien* » (1765) ; il entre dans la compagnie à 32 ans. Par ses capacités de rédaction, il deviendra ultérieurement brigadier (il finira révoqué pour son addiction à la boisson, en 1772).

Dans le même sens, Chaudron fils, s'est d'abord intéressé au droit avant de devenir clerc de procureur, ce qui fait de lui un employé intéressant. En effet, « *il écrit bien… il a travaillé chez le Procureur, ce qui luy donnera de la facilité*[230] ». Dès son recrutement, la compagnie entend le pousser dans sa hiérarchie interne, de façon à le motiver et à dénicher de nouveaux talents.

Certains de la basoche font une belle carrière : telle est l'exemple de Legrand qui, après avoir passé 6 ans chez un procureur, entame des études de droit (dont on ne sait s'il les a achevés), puis entre comme surnuméraire dans un bureau de contrôle des actes. Il y devient contrôleur, puis après un mariage avisé, poursuit la fonction de son beau-père comme contrôleur des traites à Pontallier (1766). Autre exemple de réussite, celui de Moussard. Cet ancien clerc, entré dans l'administration des vivres de l'armée, entre tardivement dans la Ferme (à 34 ans) mais, recruté comme simple garde, grimpera un par un les échelons jusqu'à celui de capitaine-général. Duvivier débute par la carrière des armées (8 ans) ; il sert ensuite « *chez des procureurs et des notaires* » et travaille enfin chez son père, « *Pr* [procureur] *du Roy à St Léger* ».

Pour François Gagé, son choix de quitter le statut d'huissier qu'il exerçait à Saint-Jean-de-Losne s'explique par un revers de fortune (il aurait été « *ruiné* ») ; il est appuyé par une lettre des officiers du tribunal local (1775). Âgé de 35 ans, il était proche de l'âge limite pour entrer dans la compagnie dans laquelle, d'ailleurs, il ne s'éternisera guère (il sera révoqué pour poltronnerie et paresse).

Quant à Bourgoin, son parcours est peu linéaire : d'abord commis greffier dans une petite seigneurie, il a ensuite servi quelque temps dans les octrois à Dijon. Il connait donc bien le système de tarification et de contrôle des droits indirects (il est d'ailleurs réputé savoir « *bien écrire… paroit intelligent et de bonne conduite* »), même si la Ferme dispose d'emplois rarement sédentaires. À l'âge de 34 ans, chargé de famille, il a certainement choisi de changer de vie (1777).

Simon Boirin, ancien « *greffier de la justice d'Attricourt* » (mais présenté comme laboureur dans son dossier) est conduit par une démarche similaire à celle de Bourgoin : chargé de cinq enfants, sans doute espère-t-il une vie meilleure (1758). 13 ans plus tard, sa ténacité paie : il accède aux fonctions de sous-brigadier.

Mais qu'en est-il des enfants dont les pères ont été de la basoche ou ont exercé des offices de justice ? Telle est la situation de Bresse, dont le père était maître particulier des eaux et forêts à Avallon.

Ancien huissier (s'étant démis de son office « *faute de pouvoir payer des provisions* », ce qui dénote une pauvreté éminente ou l'incapacité du personnage à trouver des prêteurs), Longchamp rentre dans la Ferme en 1778, mais la quitte peu après ; le registre indique qu'il ne devra « *jamais être réadmis* » : il lui est reproché d'avoir attendu 7 jours avant de prévenir son chef de sa démission.

Le recyclage le plus curieux consiste dans celui de Liébault ; ce substitut du procureur général du parlement de Bourgogne a décidé, après une première vie professionnelle dans le monde de la robe (qu'il avait quitté à l'âge de 32 ans)[231], de rejoindre celui de la finance. Calcul de carrière ou refus de se laisser entraîner dans la routine des affaires judiciaires ? Toujours est-il que le poste de substitut était d'un rapport très faible, ne conférait pas la noblesse à son titulaire – exception faite des substituts du parlement de Paris[232] – tandis que celui qu'il occupe, receveur général du tabac, place rare et très recherchée[233], lui apporte des revenus bien supérieurs (1.200 livres annuelles comme traitement fixe). Autre élément de choix, soit être l'un des neuf substituts du procureur général[234] et subir les effets d'une hiérarchie très formelle, ou être le seul receveur général… C'est sans commune mesure si l'on prend en considération ces trois points. Descendant d'une famille de commerçants originaire de Poncey, près de Chalon-sur-Saône, Liébault offrit des ornements à l'église de sa ville natale[235].

Autrefois officier dans la juridiction des gabelles, un juge (Riboulet) se reconvertit à 45 ans comme receveur de deux greniers à sel (1768). Hormis l'intérêt pour le métier – dont on peut douter, d'après son dossier –, c'est certainement l'aspect financier qui est le plus vraisemblable puisque par le cumul des deux fonctions, Riboulet peut espérer voir décupler ses anciens revenus fixes.

Autre recyclage, celui d'un intendant d'un représentant de la haute noblesse, le marquis de Beauffremont, seigneur de Mirebeau. Locquin est recommandé par son maître pour succéder à un receveur démissionnaire ; il s'occupe désormais des traites de Mirebeau pour le compte de la Ferme (1761)[236]. Autre agent d'un seigneur, Sousselier, ancien tailleur d'habits qui ensuite devient régisseur de la terre de Montigny pour le compte de madame Rigoley. À 34 ans, il devient garde à Saint-Seine.

Ancien des bureaux du vingtième, dépendant des états de Bourgogne, Mongeot choisit, à 20 ans, de les quitter pour passer simple garde : sans doute espère-t-il un avancement plus rapide qu'il ne pouvait l'espérer dans cette bureaucratie fiscale. Parmi ses qualités, la Ferme a repéré sa belle écriture et sa capacité à bien rédiger (1773).

En définitive, on dispose d'un panel de 454 employés pour lesquels le parcours social est nettement précisé. Il en ressort que près de la moitié des employés est issue de l'armée (44%) ; viennent en second lieu ceux de la basoche (17%), les paysans (16%), les artisans (15%), enfin les domestiques qui ferment la marche (8%).

Ce panel confirme, d'abord, la forte présence des militaires : rompus à la discipline, accoutumés au service des armes, habitués aux efforts physiques et à un cadre collectif de travail, ces employés disposent de l'esprit d'équipe et de celui de la hiérarchie. Accessoirement, leur instruction militaire leur permet de disposer des ressources nécessaires pour pouvoir résister en cas de combat armé ou de simple menace.

Ensuite, la place relativement réduite des paysans (tant laboureurs que vignerons) est assez surprenante, mais elle peut s'expliquer par l'impopularité de la Ferme chez les ruraux. Entrer dans la compagnie conduit à se faire des ennemis dans son pays ; le *Registre* est rempli de ces heurts – souvent violents – qui surviennent entre employés et paysans. Les ruraux pardonnent peu aux leurs d'entrer dans la compagnie honnie et le leur font savoir… Enfin, la place de ceux qui ont une culture juridique est le résultat des emplois offerts et du système de promotion sociale propres à la Ferme, qui permet à tout employé de prétendre être promu à un emploi élevé.

Tableau 6 Origine professionnelle des employés : nombre et %

militaire	paysan	artisan	basoche	domestique
199 (44%)	**72** (16%)	**67** (15%)	**79** (17%)	**37** (8%)

Source : ADCO C 11.418

Le prêt de main-d'œuvre entre directions de la Ferme

Organisation souple et efficace, la Ferme est découpée en de multiples directions, mais ces directions ont appris à travailler ensemble dans un but commun. Dans cette perspective, elles doivent s'entraider quand le besoin le nécessite. Cette entraide repose sur des échanges d'informations, des campagnes de tournées communes, mais aussi des prêts de main-d'œuvre – soit temporaires, soit définitifs – entre directions. Ceux-ci permettent de procurer à la direction voisine le personnel dont celle-ci aurait besoin, ou de recycler des employés soit poursuivis en justice, soit en délicatesse avec des communautés d'habitants, soit encore victimes d'une vie personnelle difficile, ce qui ternit leur réputation professionnelle.

Pour ce faire il est décidé de les changer d'air en les affectant dans une direction voisine. Mais encore, ce prêt peut aussi permettre de combler des vides temporaires. Ces éléments montrent que la Ferme apporte de la souplesse dans l'emploi de sa main-d'œuvre, dans une organisation apparemment rigide. Ces prêts sont organisés au sommet par les directeurs des directions concernées, de concert avec les bureaux parisiens responsables ; ils reposent sur des lettres de mission qui contiennent les ordres à donner aux uns et aux autres. Pour l'essentiel, ces prêts sont consentis entre les directions de Langres et de Dijon, l'une fournissant l'autre et créant ainsi une sorte de vivier pour ses hauts cadres.

Les arrivées d'employés issus de directions

Hormis ces exemples cités plus hauts, l'un sort du lot : il s'agit d'une bizarrerie qui confirme le pragmatisme de la Ferme en matière de recrutement. Elle concerne Pierre Aubert[237] (qui doit être distingué de son homonyme Nicolas), un ancien de la Ferme ; il a en effet autrefois servi comme sous-brigadier dans la Direction de Langres (Champagne), jusqu'à ce qu'un incident le contraigne à quitter la compagnie, à la suite d'une condamnation de justice qui lui interdisait tout service durant trois ans. Pour autant, il n'a pas commis d'acte criminel, mais il a eu un excès de zèle lors d'une saisie douanière ; c'est ce qui a suscité la vive réaction de la cour des aides de Paris, compétente en matière de délits douaniers (lorsqu'aucune autre cour de justice n'est spécialement compétente)[238]. L'arrangement prévu entre les deux directions douanières (2 mars 1770) repose donc sur un prêt de main-d'œuvre, de façon à ce que l'employé change temporairement de ressort judicaire et échappe ainsi à la condamnation qui l'a frappé (la direction de Dijon dépend en effet de la cour des aides de Dijon, et non de celle de Paris). Si elle agit ainsi, c'est que la compagnie a repéré en cet agent un futur cadre : actif, jeune (31 ans), il sait aussi verbaliser et est promis à une belle carrière (il parviendra aux fonctions de brigadier). Il est aussi convenu qu'Aubert soit, le cas échéant, réintégré dans la direction de Langres à l'expiration de son interdiction de trois ans[239].

En 1759, Frerot passe de la direction de Langres à celle de Dijon ; il y a passé 12 ans, dont 7 au titre de brigadier. Il poursuivra sa carrière à Dijon, qu'il achèvera en 1769, du fait de sa mauvaise santé. Le registre est laconique sur les motifs de ce déplacement en Bourgogne, d'autant qu'il était champenois d'origine.

Charton imite le cas précédent ; entré en 1759, il est affecté à Mussy quand cette brigade rejoint la direction de Dijon (1769).

Autre cas de prêt de main-d'œuvre entre deux directions de la Ferme, celui qui permet à Glaize de passer de la direction de Langres à celle de Dijon. Cet accord est adopté sous la houlette des deux directeurs provinciaux : Duval à Langres et son homologue dijonnais. Jeune et zélé, Glaize est rapidement passé sous-brigadier et c'est en Bourgogne qu'il accède aux fonctions de brigadier[240]. En revanche, le registre reste peu disert sur les raisons de ce passage de la Champagne à la Bourgogne.

En 1768, Devaux, jusque là brigadier dans la direction de Langres, est promu capitaine-général dans la petite penthière de Montbard. Il est donc transféré d'une direction à une autre par le biais d'une promotion.

L'année suivante, Le Saché, à 29 ans, passe de brigadier dans un petit poste de la direction de Langres à celui de capitaine-général à Auxerre (1768). C'est donc la consécration, jusqu'à ce que des plaintes n'aboutissent à sa révocation.

En 1772, ce système permet à François Merlin, ex-employé par la direction de Langres (en fonction de 1760 à 1770), d'être réembauché au sein de la compagnie. Après quelques déboires, le brigadier Merlin a été rétrogradé en raison des conséquences négatives sur son travail de l'influence de sa femme, d'évidence dotée d'un caractère très difficile. Mais, après une séparation de fait avec cette dernière, Merlin est présenté comme quelqu'un de très capable de sorte que la direction de Dijon l'admet très volontiers dans ses rangs. Et, en effet, Merlin va se distinguer ; d'abord admis comme garde, il remonte l'un après l'autre les échelons et atteint la fonction de brigadier (1772-1776). Il n'a donc pas démérité : le prêt de main-d'œuvre permet de rééquilibrer positivement la relation professionnelle entre la Ferme et ses agents.

La même année, il s'agit de remplacer par intérim le capitaine-général de Champagne-sur-Vingeanne, parti en retraite. La Ferme décide d'attribuer les fonctions vacantes – sans le titre – à Desmazures, un brigadier « *prêté* » par la brigade champenoise de Bourbonne-les-Bains. Là, le directeur de Dijon donne ordre au contrôleur-général Joly de recevoir Desmazures et de l'installer dans ses fonctions, afin de « *luy donner toutes les instructions et connoissances des postes de cette capitainerie* ». En définitive, après quelques mois d'intérim, Desmazures est nommé capitaine-général à Montbard, tandis que l'ex-titulaire de cette fonction dans cette ville passe à Champagne (Devaux).

Hormis la direction de Langres qui constitue une pépinière de cadres comme d'employés, il faut aussi mentionner les directions de Besançon (quatre cas), de Grenoble (deux cas), de Chalon (trois cas), de Strasbourg (un cas), de Lyon (un cas) et celle de Lorraine (trois cas).

Bregand, un ancien de la Ferme a servi 8 ans dans la direction de Besançon ; il présente un certificat émanant du directeur de la cité comtoise mais aucune raison n'est invoquée pour éclairer ce changement (1768)[241]. Lui aussi originaire de Comté, Lallemant a servi quelque temps dans la direction de Besançon, puis s'est engagé dans l'armée. Il revient dans la compagnie, mais pour être recruté dans le duché de Bourgogne (1768)[242].

Dernier personnage, Delahalle, Lorrain d'origine. Entré dans la direction de Besançon en 1768, il en sort l'année suivante pour venir dans celle de Dijon, sur la recommandation du fermier général Deverdun. Delahalle se réfère à son père, ancien receveur et qui bénéficie d'une pension de retraite. Toutefois, comme pour tempérer son appréciation, le registre indique qu'il faut le surveiller et pour ce faire, il sera placé à Auxonne (1769)[243]. Pareille réticence sera vite confirmée : Delahalle sera révoqué pour sa nullité, sa débauche et son manque d'entrain. Deverdun se déjuge et exige sa destitution, ce qui est fait en janvier 1770.

Originaire de Picardie, Monvoisin entre dans la direction de Dijon ; après deux ans de service, il est révoqué pour un vol de bois commis chez des particuliers puis, quatre ans plus tard, est recruté par la direction de Besançon. Affecté à Dole en 1772, un bon certificat du capitaine-général le fait réadmettre à Dijon comme garde (1775). Pour justifier son retour, le registre porte « *qu'on a aucun reproche à luy faire sur son service s'étant bien comporté* ».

Pour la direction de Grenoble, c'est un lorrain (Mathieu) qui affirme l'avoir quitté pour régler des affaires privées en Lorraine et être ensuite venu chercher un emploi dans le duché (1777). Pour Tomache, il « *a servi 6 mois dans la Don de Grenoble dont certificat est joint* » (1778).

Quand il vient de la direction de Chalon où il n'a servi que 7 mois, Mauroy indique que c'était « *pour vaquer à des affaires de famille*[244] ». Son homologue, Dorquoy, y a servi deux ans et est recommandé par le capitaine-général de Chalon, Bonnet, qui le juge « *bon sujet* » (mai 1779)[245]. Pour André, ancien marchand, il sert quatre ans dans la direction de Chalon avant d'être rapproché de ses racines, en passant dans la direction de Dijon (il était originaire de Seurre).

Quant à La Salmonie (1712-1777), après avoir servi dans les troupes, il est ensuite entré dans la Ferme de Lorraine (22 ans de services). Il y a été brigadier, capitaine-général ; il est enfin entré dans la direction de Dijon comme visiteur, puis comme contrôleur au bureau des traites. Cette belle situation découle de longs et éclatants services dans deux directions successives. Il a donc fait ses preuves en exerçant des emplois à responsabilité sans jamais susciter de critique. Jacques Mallot lui succède à sa mort.

En revanche, Dominique Masson, autre lorrain, qui avait été sous-brigadier à Raon-l'Étape (Vosges) et qui avait quitté l'emploi en 1766 (avec 18 mois d'ancienneté), rempile en 1775 dans la direction de Dijon. La compagnie le réadmet comme garde à Auxonne… où pas plus qu'en Lorraine, il ne restera très longtemps dans l'emploi (1775)[246].

Lacombe est issu du Mâconnais ; tourné vers le Lyonnais, ce comté incite cet employé à entrer dans la direction des Fermes de Lyon. Il y reste trois années puis demande son intégration dans la direction de Dijon (1776).

Venu de la direction de Strasbourg où il a servi trois années, le lorrain Jean Masson dévoile plusieurs certificats qui attestent de sa bonne conduite et de son intelligence (octobre 1775)[247].

Les départs vers des directions extérieures

Les employés recrutés dans la direction de Dijon mais qui partent vers des directions voisines sont peu nombreux (quatre cas). Là - et c'est peu flatteur -, c'est clairement pour se débarrasser de sujets encombrants et dangereux. Ainsi pour Jean Masson, dont le capitaine-général Devaux cherche par tous les moyens à se défaire ; il en appelle même aux bureaux centraux afin qu'ils trouvent à ce garde un point de chute hors du duché de Bourgogne. En définitive, la Ferme décide de l'affecter à la direction de Langres. Mais en lui envoyant un sujet difficile, décrit comme « *fourbe* » et procédurier à l'excès, on doute qu'ils lui rendent service (1778)[248]. Autre séparation brutale, celle qui frappe le garde Girard après sa révocation. Le registre indique que son avenir n'est nullement bouché : en effet, après neuf jours seulement, Girard est admis dans la direction voisine de Chalon. Son directeur s'est-il mis en contact avec son homologue de Dijon pour connaître les causes de son exclusion ? Toujours est-il que l'année suivante (1779), Girard est réadmis dans la direction de Dijon, le directeur considérant d'abord qu'il « *a été assez puni* » ; ensuite, c'est sur l'insistance de deux capitaines-généraux qui « *le connaissant pour un bon sujet, ont sollicité cette faveur*[249] ».

Autre exemple, celui d'une permutation entre deux employés : l'un désire être en activité dans le nord de la direction de Dijon, tandis qu'un autre est nommé à la place du premier à Troyes (Dujeu, 1774)[250]. Enfin, il existe aussi l'hypothèse de Champenois recrutés dans le nord du duché de Bourgogne mais qui, ayant aussi concouru à une place au sein de la direction de Langres, choisissent de se placer dans cette dernière (Pescheur)[251].

A contrario, c'est à regret que la compagnie se sépare de Jean-Claude Boudot ; outre le fait qu'il est fils d'employé, celui-ci est aussi de belle figure et actif ; néanmoins, il est concerné par une recherche en paternité et la Ferme regrette qu'il soit contraint de s'éloigner (1778). Mais pour qu'il trouve plus facilement un emploi dans une autre direction que celle de Dijon, la direction lui décerne un certificat élogieux et promet de le réintégrer aussitôt que la procédure judiciaire sera terminée[252].

Âge d'entrée dans l'emploi

Si l'âge légal pour entrer au service de la Ferme générale est fixé à 18 ans pour le minimum et à 35 pour le maximum, ces fourchettes restent théoriques car des dérogations – certes limitées – existent. En effet, l'âge limite peut être contourné si des éléments forts militent en faveur du recrutement, ainsi qu'en témoigne Lormet. Celui-ci, sorti de l'armée après 16 ans de services, est recruté pour trois raisons : sa haute taille, ses recommandations (il était présenté par un capitaine) et sa capacité à bien écrire. Surtout, le contrôleur-général Thierrial avait insisté pour qu'il soit choisi, pensant qu'il en ferait un bon garde[253]. Pour fixer cet âge, la compagnie se sert des renseignements qui émanent d'autorités, mais aussi de l'extrait baptistaire : celui-ci constitue donc une preuve pertinente pour savoir si l'employé servira ou non sur le lieu de sa naissance[254].

En définitive, on dispose d'un panel de 454 employés dont les états-civils sont plus ou moins bien précisés. Il en ressort que la majorité des employés sont, au moment de leur recrutement, des hommes d'âge pas totalement mûr. Ils ont, en effet, pour un quart en dessous de 24 ans ; ceux dont la classe d'âge oscille entre 25 et 30 ans représente un employé sur trois[255]. Un autre tiers a entre 31 et 35 ans ; enfin, 1/6e a dépassé les 36 ans. Plusieurs constats s'imposent : d'abord, la Ferme recrute des hommes dans la force de l'âge ; ensuite, elle recrute au-delà d'un âge considéré comme avancé (on est considéré comme vieillard sitôt dépassé les 40 ans à cette époque). Enfin, elle recrute à un moment où les hommes ne sont pas toujours en état de fonder une famille (cf. l'aspect de la nuptialité plus bas).

Dès lors, les employés ont, pour certains, un parcours professionnel antérieur avant d'entrer dans les services de la Ferme. Toutefois, pour les anciens militaires, ils ne bénéficient en principe pas de pension de retraite, car rares sont ceux qui ont l'ancienneté de service requise (au moins 16 ans) ou la décoration qui leur ouvrirait une pension sur un ordre de chevalerie : la croix de Saint-Louis. Mais celle-ci est réservée aux officiers ayant au moins vingt ans de services, ou ayant accompli une action éclatante. D'où, faute de mieux, un recyclage professionnel dans la Ferme à la fin de leur engagement.

Tableau 7 L'âge de l'employé lors du recrutement : nombre et %

18-24 ans	25-30 ans	31-35 ans	36 ans et plus
106 (23%)	**142** (31%)	**142** (31%)	**64** (14%)

Les changements d'emploi au sein de la compagnie, en cours de carrière, seront abordés dans un développement spécifique consacré aux promotions.

Après l'origine sociale, fort diverse, la nuptialité et la démographie des employés de la direction de Dijon permettent de donner des indications précises sur ces deux points.

Nuptialité et démographie

Le *Registre* tenu – d'abord par Montigny, puis par Joly – nous dévoile les caractéristiques familiales des employés entendus au sens large, en partant des cadres supérieurs puis en descendant dans les emplois subalternes.

Pour évoquer l'état-civil de ses employés, le directeur, de façon presque systématique, mentionne l'état matrimonial des agents qu'il recrute : c'est soit « *marié* » avec le nombre d'enfants, soit « *garçon* » si l'impétrant est célibataire ; quant aux veufs, leur nombre reste très rare. Reste que cette indication matrimoniale n'est pas systématique, ce qui laisse à penser que la Ferme n'y attache qu'une importance toute relative[256], sauf lorsqu'elle doit nommer à un poste de responsabilité dans une affectation où les logements sont rares[257].

Le plus âgé des agents est sans conteste Vesse, entré dans la compagnie en 1721 pour prendre la recette d'un grenier à sel, et qui y restera jusqu'à sa démission, intervenue en 1776 (il a alors 76 ans). Il aura donc servi 55 ans sans discontinuer dans la compagnie.

Le registre reste parfois lacunaire sur les états de services ; comme en témoigne cette mention de François Arnolles qui, âgé de 59 ans, est présenté comme « *marié* » sans que le nombre de ses enfants soit mentionné[258]. Subitement, quelque temps plus tard, lorsque le nouveau bail des Fermes – celui de David qui est le responsable du bail des Fermes – commence, le signalement relatif à Arnolles se fait plus précis : on sait qu'il est devenu veuf et qu'il fait état de « *7 enfants* » (à la suite de deux mariages). Pour un autre, Jobard, il déclare deux enfants au moment de son recrutement (1766) ; deux autres naîtront quelques années plus tard.

On s'aperçoit que certains employés ont connu des avanies, tel ce garde, ancien dragon, qui se déclare veuf et chargé de sept enfants (mais le registre indique qu'ils ne vivent pas avec lui : le père étant natif de Pagny-sur-Saône, ils sont certainement élevés dans sa famille -Truchetet, 1772).

En revanche, le registre est avare de précisions sur l'épouse de l'employé, exception faite lorsqu'un garde contracte alliance avec une jeune femme née dans le duché ou lorsqu'elle est la fille d'un autre employé du fisc. Cela justifie qu'un employé extérieur à la Bourgogne s'y installe pour son travail et qu'il s'allie avec la fille d'un receveur des traites qui, en raison du lieu, est certainement une amie d'enfance (ainsi pour Crevoisier qui s'est marié « *avec la fille de M. Guillaume receveur… à Renève* »). Autre exemple dans le même sens, celui d'un particulier du Dauphiné qui a servi 16 ans dans l'armée; le registre indique que son épouse est originaire d'Auxonne… ce qui explique qu'après sa carrière militaire, il se soit tourné vers un emploi dans la Ferme, dans la patrie de son épouse (La Baume, 1777)[259]. Plus curieux est la nécessité d'indiquer, pour le receveur général (Hébert), le lieu de naissance de son épouse (Blois).

Il est encore plus rare que la Ferme mentionne la profession de l'épouse ; lorsque le registre évoque celle du sous-brigadier Jean Renaud, il nous révèle qu'elle fait profession de « *marchande de mode à Dijon ou elle est née* ».

Dans la même optique, lorsque Cauvet épouse une jeune fille née à Salins (en Comté), le registre indique son nom et mentionne le fait que le beau-père « *demeure à Auxonne* ». Cette précision est précieuse pour cerner les familiarités de grade et pour déterminer si son maintien dans son poste ne créé par de danger à l'égard des assujettis, vis-à-vis desquels il doit rester neutre (1779)[260].

Dans un autre sens, lorsque l'employé s'est marié postérieurement à son recrutement, le registre en fait parfois mention ; cette indication qui est utile pour déterminer s'il reste neutre en fonction de l'alliance qu'il a contractée dans le poste auquel il est affecté. Ainsi, Froux qui rencontre deux soucis : l'un avec les habitants de Pagny, l'autre parce qu'il vient d'épouser une fille de ce lieu, ce qui incite la Ferme à le déplacer à Perrigny (1773)[261]. Mais ce changement n'apporte guère de progrès, car le contrôleur-général le dénonce ensuite comme étant un ivrogne invétéré et un sujet « *qui manquoit de zele et d'activité* » (1775). D'où sa mise à l'écart définitive.

Mais pour Copin, quand il rentre dans la Ferme après l'armée, il y est déclaré « *garçon* » et, dans la même page du Registre, on apprend que « *son épouse est malade* » : aurait-il contracté une alliance après son entrée dans la Ferme ? C'est certain. Mais une quinzaine de mois plus tard, il est veuf car on sait que son épouse est décédée (1774). Quoique promu au grade supérieur de sous-brigadier, Copin paraît inconsolable : il décide, en 1777 de quitter la Ferme et de partir « *pour aller se fixer en Flandres auprès des parents de sa femme* ».

Boullier qui se marie à Pagny, se voit intimer la consigne de se rendre à Renève (1774)[262]. Même reproche à l'encontre de Quantin, qui, lorsqu'il épouse une native de Labergement, se voit intimer l'ordre de passer d'office dans un autre poste (1776). Sont-ce des fautes résultant d'une alliance avec une compagne trop à proximité du lieu d'exercice du travail ? D'après un autre folio du *Registre*, il ne trouvait pas de logement convenable pour lui et son épouse.

Tableau 8 Structure familiale des employés : nombre et %

marié	veuf	célibataire
289 (56%)	**10** (2%)	**220** (42%)

Source : ADCO C 11.418

Construit à partir d'un panel de 519 personnes, tant cadres qu'employés, ce tableau résume la nuptialité des employés de la direction des Fermes de Dijon. On constate que le taux de célibat y est élevé (42%). Il s'explique, en premier lieu, par l'âge tardif au mariage chez les hommes dans la société française du XVIIIe siècle et par le jeune âge au moment de l'embauche. Traditionnellement – seconde explication –, il existe en effet un décalage de plusieurs années entre l'âge des époux. L'homme peut retarder l'âge au mariage pour espérer limiter le nombre de naissances ; il le fait aussi pour se constituer une situation et un pécule avant de fonder une famille. Enfin, la plupart des célibataires sont des hommes très jeunes ; certains ont à peine 17 ans lorsqu'ils font leur entrée dans la Ferme. Si on compare ce taux de célibataires avec celui qui existe dans d'autres directions de la Ferme, on constate une similitude avec le chiffre des capitaineries de Caen (41%)[263].

Quant aux mariés, ils sont certes majoritaires mais parfois, le *Registre* indique des couples mal en point : certains employés déclarent qu'ils n'ont pas la garde de leurs enfants tout en étant déclarés mariés,... Ensuite, l'espérance de vie étant ce qu'elle était, il y a des veufs dont le nombre paraît faible : un employé sur trente appartient à cette catégorie. Il est vrai que le remariage est fréquent ; il offre en effet un cadre social idéal et permet d'offrir une véritable éducation s'il existe des enfants en bas âge. Les veufs remariés sont classés dans la catégorie « *marié* », pour éviter d'être comptés deux fois. À Caen, les veufs sont plus nombreux qu'en Bourgogne (5% contre 2%).

C'est, ensuite, la taille des familles – donc la fécondité – qui retient notre attention.

La fécondité

Si les enfants n'apparaissent qu'incidemment, la Ferme s'intéresse de savoir s'ils vivent avec leur père dans l'hypothèse où celui-ci serait affecté dans une petite brigade. En effet, le lien parent-enfant, l'autorité, l'état du foyer, la distance entre le domicile familial et le lieu de travail, tous ces éléments intéressent la Ferme car les circonstances peuvent être préjudiciables à ce que l'employé soit motivé et/ou disponible pour son travail. Rien ne doit l'en détourner, pas même la famille si cela devient excessif.

Effectivement, pour Judrin, on apprend que ses enfants « *demeurent à Dijon avec leur mère* » (le père y était né et avait certainement conservé de la famille)[264]. Quant à leur nombre, il évolue ; ainsi, lorsque Claude Tirequit entre au service, il est marié avec un seul enfant à charge ; quelques années plus tard, ils sont au nombre de quatre.

Encore ne sait-on pas si le chiffre indiqué dans le registre évoque les enfants qui ont survécu à la forte mortalité infantile de l'époque, ou bien le nombre global d'enfants survivants dans un ménage considéré. *A priori*, on pencherait pour la solution la plus fréquente : seuls sont indiqués à l'administration des Fermes les enfants effectivement vivants. Encore certains espaces n'indiquent-ils pas le nombre d'enfants, car un vide est laissé en blanc : pudeur ?[265] Cela représente 10% des couples mariés, pour lesquels nous ne disposons pas de précision. Autre difficulté, les enfants nés postérieurement à la déclaration faite au moment de l'embauche. Tel est le cas du garde Jacques Bouché : marié, il déclare alors un seul enfant ; il a 35 ans mais son épouse est déclarée n'en avoir que 23 (1776).

Enfin, dernier élément, lorsqu'un employé entre dans le Registre, celui-ci est rarement mis à jour ; aussi une information donnée en 1764, alors que l'employé a à peine 17 ans (tel Balthasard Limonnot), n'est pas actualisée vingt ans plus tard ! Or, cet employé monté en grade a certainement créé un foyer, mais nous n'en savons rien… Même exemple avec le garde François Gerbet : lorsqu'il entre dans la Ferme (1774), il déclare être marié et avoir trois enfants ; cinq ans plus tard, à la faveur d'une autre indication, on apprend que son épouse est « *très malade* » et que le couple a alors cinq enfants à charge[266]. Deux naissances sont donc intervenues après le recrutement. Cette situation de famille difficile est alors prise en considération par la Ferme : Gerbet devait être déplacé mais en définitive, il reste dans ses fonctions pour ne pas quitter sa famille dans un instant où elle a tant besoin de lui.

Sous ces réserves, le panel que nous résumons porte sur les 289 employés déclarés « *mariés* ».

Tableau 9 Fécondité dans les familles : nombre et %

Nombre d'enfants	sans	1	2	3	4 et plus	Non précisé
Quantité	52	73	57	37	44	32
% Bourgogne	18%	25%	19%	13%	15%	10%
Autres directions	21%	17%	21%	17%	23%	-

Source *:* ADCO, C 11.418

Sur 289 couples mariés, le panel (avec ses faiblesses, comme on l'a dit) nous indique le nombre d'enfants vivants par foyer. Les deux-cinquièmes des couples n'ont pas d'enfants ou un seul ; un tiers en déclare 2 ou 3 ; enfin 15% en déclare quatre ou plus. Plusieurs employés en mentionnent jusqu'à 7. Précision que nous offre le *Registre*, les mariages recomposés existent, à la suite de veuvages. Tel employé qui n'en avait qu'un seul d'un premier lit en déclare, après remariage, jusqu'à 5. Par comparaison, on connaît un chiffre fourni à partir d'un échantillon de 600 employés des directions provinciales (sans qu'on connaisse néanmoins les directions considérées)[267]. Nous avons inséré ces résultats dans la dernière ligne du tableau 12, afin d'offrir une comparaison utile.

Pour les couples mariés sans enfants, leur part est aussi importante que l'est celle des couples mariés ayant 2 enfants. En revanche, les familles dites nombreuses sont plus importantes hors de la direction de Dijon. Toutefois, rappelons que les données écrites par le directeur dans son *Registre* sont rarement mises à jour… d'où, certainement, des chiffres déclarés en deçà de la réalité.

Les protections ou recommandations

Elles constituent un facteur de sociabilité mais elles n'ont pas l'importance déterminante qu'on leur prête parfois. En droit, depuis une délibération adoptée par la Ferme le 1er février 1743, il n'est plus tenu compte des recommandations dans le recrutement des employés ; les mentions qui attestent leur survivance, dans le registre, démontre que cette résolution est plus ou moins bien appliquée dans le ressort de la direction de Dijon… En fait, la protection permet de confirmer qu'un candidat présente des garanties en termes de moralité et de sociabilité, sans pour autant préjuger de l'avenir : la compagnie, en effet, conserve le droit de se séparer d'un employé si elle le juge hors d'état de remplir efficacement ses fonctions[268]. Pour l'essentiel, ces protections sont soit issues du personnel de la Ferme, soit de personnalités extérieures qui n'ont pas de liens avec elle.

Celles qui émanent de l'intérieur de la société

Chaque recrutement d'un employé indique la personne par laquelle il a été protégé ou recommandé. La protection la plus élevée qui apparaît est celle d'un fermier général (Saint-Armand), relayée par l'ancien procureur-général du Parlement de Bourgogne, Quarré de Quentin ; elle bénéficie à un avocat, Adrien, chargé de représenter la Ferme dans toutes les affaires judiciaires où elle est concernée (1762)[269]. Depuis 1753, la Ferme, consciente des litiges importants dans lesquels elle était impliquée avec des particuliers, avait modifié le suivi des affaires contentieuses : désormais, le lien était plus étroit entre le bureau du contentieux à Paris (fort d'une dizaine d'avocats, dont deux au Conseil du roi) et les directions provinciales[270]. Il s'ensuivait que les directeurs étaient moins libres de décider…

Un second fermier, Richard, protège le fils d'un employé pour y faire son entrée, ce qui n'empêche sa révocation pour faute quelques mois plus tard (Desclaires, 1772). Quant à Gaulard, il protège un homonyme qui a déjà servi dans la Ferme mais qui l'a quittée en bons termes ; cet appui semble décisif, car le registre indique qu'il a été réadmis en dépit de son âge ; Gaulard avait en effet dépassé la quarantaine (« *sans s'arrêter à son âge on pouvoit l'employer* »[271]).

Autre appui émanant du plus haut niveau, celui d'un directeur de la Ferme (non nommé) à laquelle s'ajoute la protection du premier président du parlement de Bourgogne, de La Marche, en faveur du procureur de la Ferme, Guiard. Autre protection de choix, celle dont bénéficie Dubard qui, jeune gendre d'un receveur des gabelles, reçoit les appuis précieux du fermier général Roslin et du receveur-général de la direction de Dijon Hébert ; ces deux éminents appuis lui valent de cumuler deux recettes de greniers à sel, puis ultérieurement la recette d'un bureau des traites (1771-1774). Il est vrai que l'impétrant avait fait ses classes dans la recette générale des Fermes, et avait reçu des louanges de son travail[272].

Un troisième est également protégé par un fermier général, ainsi qu'un quatrième, Mazade pour Franchot (1758).
Hacquart de Couberon (père et fils, tous deux fermiers généraux), de concert avec la marquise de Montesquiou, recommandent Guillaume pour qu'il obtienne une recette des traites (1762).

Ensuite, on trouve le chef du bureau de correspondance, à Paris (Duriviel), qui recommande le jeune Nobelot, issu d'une « *honnête famille* » de Vesoul[273].

Si on descend ensuite dans la hiérarchie de la Ferme, on trouve un contrôleur-général de Bourgogne, Tramier ; sa protection est destinée à permettre à un jeune candidat d'entrer dans la société. Mais cette protection est plus fine qu'elle n'y paraît ; en effet, François fait de l'endogamie, car son père était déjà « *dans l'employ* » (1744). Autre contrôleur général à offrir sa recommandation, c'est celui d'Auxonne, Joly à son frère, alors contrôleur des actes qui postulait à un emploi de receveur des traites occupé par son beau-père. En outre, Joly l'impétrant s'appuie sur la protection du comte de Livray, menin du Dauphin[274]. Ces appuis lui font obtenir la commission désirée (1766).

Il existe d'autres protections internes, c'est-à-dire qui relèvent de la famille du candidat. Tel est le cas de Convers, qui est présenté par son grand–père afin de lui succéder dans ses fonctions de receveur des gabelles à Saint-Jean-de-Losne. Non seulement la compagnie l'agrée, mais en plus elle lui confie aussi une seconde recette, celle des traites de la même ville (1774). Néanmoins, les qualités personnelles du candidat étaient indéniables : d'une part, il avait suivi des études de droit – sans que l'on sache si elles avaient été couronnées par un diplôme - ; d'autre part, il avait servi dans l'un des bureaux de la Ferme à Paris (celui de « *M. Devandau* »). Il cumulait donc des connaissances théoriques avec une expérience pratique de l'institution, deux atouts évidemment très favorables à sa candidature. Âgé de 29 ans, il n'apparaissait pas non plus trop jeune pour postuler.

Même situation aussi de cette présentation que fait Chaudron, ancien brigadier de la Ferme et « *retraité* » de celle-ci, qui appuie la candidature de son fils pour entrer dans l'institution; cette demande est acceptée et le fils devient ainsi garde à Montbard (1773). Le jeune Marguillier entre dans la Ferme sur la présentation de son père, simple garde (1764), mais le fils sera promu à une fonction intermédiaire plus satisfaisante : celle de brigadier. Idem pour le jeune Chaignet qui, sachant écrire, est protégé par son père (1760) et promu à une meilleure situation que ce dernier (garde) car il atteindra la fonction de sous-brigadier (mais il décède subitement, en avril 1770).

Hormis les liens père-fils, il existe également des liens de protection entre le gendre et le beau-père : c'est Riboulet qui critiqué pour son insuffisance professionnelle, démissionne et recommande à la Ferme de transmettre ses commissions à son gendre. La Ferme accepte, après s'être fixée sur les capacités évidentes de Dubard et ses expériences professionnelles dans les bureaux de Dijon (1771)[275].

Le contrôleur-général Joly (compétent à Auxonne) présente plusieurs candidats (Gueille, Coquelibus).

Quant le capitaine-général Mennetrieu recommande Collin, Boudot et Mignot, trois anciens soldats, on peut subodorer que c'est parce qu'ils sont, comme lui, originaires de Franche-Comté (1761-1768). Ici, c'est le recrutement provincial qui joue et non l'origine professionnelle ou familiale[276].

Plus modestement, c'est le receveur d'Auxonne (« *Boutiller le père* ») qui recommande, en 1745, un laboureur comtois de 30 ans qui désire faire son entrée dans la Ferme Cet appui est suffisant pour que le candidat, Charles Nyon, soit alors nommé dans la fonction de receveur des traites de Sombernon[277]. Semblable protection modeste profite à Jean Gayet, ancien soldat, qui fait état de « *la présentation de M. de Malicotte de Paris* ». Autre exemple que celui de ce boucher de 31 ans qui candidate et que le contrôleur-général Joly agrée comme garde à Dijon (1769). *Idem* pour Liotte, qui abandonne l'état de domestique pour lui préférer celui de garde ambulant ; il est présenté par le receveur des Fermes Clopin (1764).

Le receveur général du tabac d'Auxerre présente Naudin, ancien domestique, et parvient à le faire recruter en qualité de garde ambulant à Auxerre (1767).

Mais la protection qui émane de l'intérieur de la Ferme peut être plus discrète et ne pas mentionner de nom ; c'est la situation de Moutandon qui, natif de Champagne-sur-Vingeanne, siège d'une capitainerie-générale, y est localement « *connu pour bon sujet* ». S'il est bien recruté, la greffe ne prendra cependant pas et l'impétrant quittera ses fonctions quelques mois plus tard (1780, voir *infra* La démission).

Enfin, une candidature qui est retenue est destinée à récompenser un faiseur de monnaie dont les indications ont permis de mettre la main sur des contrebandiers. Le registre indique que son recrutement est la suite d'une promesse que lui a faite le capitaine-général ; on le croit zélé et on espère qu'il aidera avec succès la Ferme à lutter contre la contrebande (1771)[278].

Celles qui émanent de l'extérieur de la Ferme

Le registre mentionne de façon presque systématique la protection par laquelle tout employé est entré dans la compagnie. Celle-ci émane, pour l'essentiel – mais pas de façon systématique -, de la noblesse et elle permet de recruter des personnes dites de confiance pour occuper des emplois pas toujours subalternes.

Si l'on commence par le sommet, mentionnons la protection royale accordée par deux des filles de Louis XV, mesdames Victoire et Adélaïde, à Pioret, pour le poste modeste de receveur au grenier à sel de Vitteaux. Celui-ci, né à Versailles – ainsi que son épouse -, vivent dans le luxe, sans que leurs revenus soient pleinement en mesure de financer leur train de vie. En dessous, on trouve un membre éminent du gouvernement dans la personne du comte de Saint-Florentin, le secrétaire d'État de la Maison du roi (plus tard titré duc de La Vrillière). Celui-ci protège le receveur des gabelles d'Auxonne, Boquillon.

La noblesse provinciale est également dignement représentée : ainsi, lorsque François Arnolles est recruté en 1759 comme contrôleur des traites de Pontallier, il est mentionné que c'est « *à la recommandation de M. le Comte de Tavannes* » et sur la base d'une commission procurée par la compagnie. Il est vrai que son entrée dans la Ferme est tardive ; en effet, Arnolles était « *ci devant marchand et négociant* ». Serait-ce dû aux effets de la Guerre de Sept Ans (1756-1763) qui, par la hausse des impôts et les difficultés économiques françaises, aurait incité ce marchand à se recycler dans l'administration fiscale ? En tout cas, cette protection élevée émanant du commandant en chef en Bourgogne permet à l'impétrant de bénéficier d'un poste sans ancienneté, ce qui constitue une sorte de dérogation à l'usage selon lequel les employés progressent en fonction de leurs états de service. Toutefois, la mention d'une délibération de la compagnie atteste que le dossier du candidat a été vérifié et qu'aucun élément ne permettait de penser qu'il ne conviendrait pas au poste vacant. Dans une semblable idée, Jean Duboy est, lui aussi, protégé par le comte de « *Saulx-Tavannes* », « *commandant en Bourgogne* ».

Liébault, qui occupe l'un des postes les plus importants de la direction de Dijon, est lui aussi recommandé par deux membres de cette famille (1745). Hormis la noblesse d'épée, celle de robe recommande, à l'occasion, des personnes qu'elle a croisées dans des fonctions judiciaires. Ainsi pour le procureur Adrien, qui reçoit en 1763 le soutien du procureur-général du Parlement de Bourgogne, Quarré de Quantin, pour servir la Ferme.

Quant au marquis de La Chaise, de Fontaine-Française, il recommande son garde-chasse, Simon, qui désire quitter son service pour lui préférer celui de la Ferme (1753). Son épouse prend soin de recommander Clopin lorsque celui-ci postule à la recette des traites de Champagne–sur-Vingeanne (1758).

Autre protection puissante – mais qui n'est pas suffisante pour expliquer la confiance que la Ferme place en sa personne -, celle que la comtesse de Brionne accorde à Montfils, receveur des gabelles à Pouilly. En outre, ce receveur est également le régisseur du duc d'Estrées, et « *réside actuellement à Ancy-le-Franc chez madame la marquise de Courtanvault* ». Dès lors, comme l'indique le registre, « *c'est un receveur qui mérite confiance* », ce qui permet d'accroître ses qualités professionnelles d'être « *fort exact dans sa comptabilité, il est sérieux dans sa correspondance* ».

Le naturaliste Buffon, alors intendant du Jardin du roi, recommande le jeune Legrand, dont l'oncle sert avec talent dans la compagnie en qualité de capitaine-général. Ces deux ressorts lui ouvrent les portes du contrôle des traites d'Auxonne (1761).

La plus intéressante de ces protections émane du gouverneur de Bourgogne, le prince de Condé. Cette éminente famille de princes du sang s'intéressait fort à la Bourgogne, et se plaisait à accorder sa protection aux Bourguignons. Dans cette optique, Marie-Charles Bresse, receveur au grenier à sel de Semur-en-Auxois, excipe d'être protégé « *par la Maison de Condé* ». Cette protection existe, sans doute, depuis la personne de son père qui était maître particulier des eaux et forêts en la maîtrise d'Avallon. En tout cas, la famille s'était illustrée dans la petite robe et le fils disposait de connaissances, puisqu'il avait été « *étudiant en Sorbonne* ».

Peu nombreuses sont les recommandations émanant des édiles ; lorsqu'on en rencontre, l'une d'elle provient du maire de Dijon et est acquise à un étranger francophone : un jeune habitant originaire de la principauté de Liège, Beneck (24 ans en 1776). Celui-ci a servi comme artisan (d'abord comme « *cordonnier* », ensuite en tant que « *tailleur d'habits* ») ; le maire de la cité, Raviot, nous le décrit comme un individu ayant servi avec « *exactitude et fidélité* ». Mais ces épithètes sont balayées par les faits dont Beneck sera l'auteur, et qui conduiront logiquement à sa révocation, quelque temps plus tard.

Les milieux moins bien représentés, dans ces recommandations, sont ceux de la justice. Hormis, en effet, une protection émanant du procureur général de la chambre des comptes de Dijon pour un ancien militaire (1758, Doucet, affecté à la brigade de Fontenelle) ; une d'un maître des comptes, Bougley, en faveur d'un domestique, Boullée ; une autre émanant de son confrère du Parlement de Bourgogne « *qui protégeoit le père dud. Guyon* » ; une troisième qui provient du greffier en chef de la table de marbre de Dijon, Brule[279] ; deux pour le seigneur de Talmay, le conseiller au parlement Filsjean[280] ; enfin une autre du lieutenant civil de Saint-Jean-de-Losne, Joly, pour un ancien militaire (Mestrallet, 1764), il n'y a pas de trace d'une autre intervention.

Les relations contractées sur le lieu de naissance représentent également un moyen de protection, qui est appelé la « *présentation* » : c'est l'exemple de Laurent qui, après avoir servi dans les armées du roi, fait une seconde vie professionnelle dans la Ferme, présenté avec succès par le brigadier Dubuy de Saulieu – sa ville natale –, en 1764.

Certaine protections sont aussi le fait de personnages dont on ignore la personnalité, tel ce « *M. de Malicotte de Paris* » qu'invoque un ancien militaire, Gayet (1764).

Enfin, des recommandations sont également émises par des milieux financiers gouvernementaux : Hébert (receveur général des Fermes de Dijon) se fait ainsi recommander par deux hauts fonctionnaires, Boullongne et Roslin, familles très liées à celles des fermiers généraux. Quant à Nogent, receveur au grenier à sel d'Avallon, il a été présenté et soutenu par son ancien maître, le contrôleur général des finances Orry de Fulvy. En effet, son parcours, comme tant d'autres gens de finance, épousait alors la carrière d'un homme : « *procureur du roi à Chatel Girard, commissaire a terrier et chargé des affaires de M. Orry… 1743 a la protection de feu M. Orry alors contrôleur general* ». Lorsqu'il se démet de sa charge, après 29 ans de services continus, c'est tout naturellement que son fils Jean-Jacques, alors avocat au bailliage d'Avallon, prend sa suite, soutenu par Roslin (1772).

Le clergé est avare de recommandations ; mentionnons toutefois celle que Saint-Julien, receveur général du clergé, accorde à Jobard, un ancien brigadier blessé en service, pour un poste de receveur (1764).

Cela étant, la protection n'est pas le critère unique du recrutement ; la Ferme s'intéresse autant au parcours antérieur du candidat qu'à ce qu'il peut apporter à l'institution. Tantôt c'est une expérience du monde des affaires, donc des moyens de diffusion des biens et marchandises (Nyon), tantôt l'art de manier les armes (Gayet), tantôt une belle allure. Dans ce denier cas, c'est l'atout que présente Louis Grand Perrin, originaire de Comté et qui a pour lui d'être « *fort et bien constitué s'est présenté à la Direction et a été reçu paressant en état de faire un bon et vigoureux employé* ». Seconde qualité, c'est sa taille, plus élevée que celle des autres employés (« *5 pieds 7 p.* » soit 1,70 mètre).

Dans tous les cas, les protections ne sont pas un gage de pérennité de la fonction : plusieurs employés préfèrent ainsi quitter la Ferme au bout de quelques mois seulement ; de sorte que cette protection, même haute placée, ne constitue qu'une sorte de droit de présentation sans que les deux protagonistes abdiquent leur liberté contractuelle[281]. Ici encore, même si la compagnie offre des promotions, il n'en demeure pas moins qu'elle entend ne conférer aucune situation acquise et la situation de ses employés est donc parfois fragile.

Notes du chapitre 4.

146 En Comté, tout employé prête serment devant l'une des juridictions suivantes : grenier à sel, Bureau de la Commission puis Bureau des finances, juridictions des traites, soit encore devant le subdélégué de l'intendant (celui de Poligny pour la commission d'un brigadier) : FERRER, *Tabac, sel*, p. 68. Dans le duché de Bourgogne, ce serait soit le Bureau des finances, soit le Parlement de Bourgogne faisant office de Cour des aides, soit encore la Chambre des comptes.

147 AN, G[2] 158 non coté : tableau des cadres de la direction de Dijon.

148 GUYOT, *Répertoire*, *op. cit.* t. IV, p. 83.

[149] La bandoulière est une plaque de fonction fixée à une bandoulière de cuir ou d'étoffe (d'où son nom) qui sert à porter une arme blanche (CLINQUART, *Les services*, p. 165).

[150] Dans le sens contraire, cf. B. Artin, tonnelier et âgé de 26 ans, dont le père désapprouve le recrutement comme garde à Dijon : il menace son fils de le faire enfermer. En définitive, la Ferme annule son recrutement (*ibidem*, fol. 188, en 1778). Artin n'aura servi que 5 jours (« *son père a paru désapprouver qu'il est* [ait] *pris cet état* »).

[151] Durant la Guerre de Sept Ans, on sait que les levées et augmentations d'effectifs s'élevaient à 60.000 hommes (durant les deux premières années) ; les remplacements, pour compenser les pertes (blessés, prisonniers,...) étaient de 30.000 par an, soit 212.000 pour la durée de la guerre : A. CORVISIER, *L'armée française de la fin du XVIIe siècle au ministère de Choiseul.* Paris, PUF, 1964, p. 157-158.

[152] Hormis Limonnnot, entre dans sa 18e année comme garde à Champagne-sur-Vingeanne (1764, il était né en 1747) : *ibidem*, fol. 64.

[153] Dans ce sens, Pidaud qui, après avoir été au « *service de M. le procureur g^al^ du parlement... puis garçon chapellier* » est recruté à 38 ans. La Ferme émet des critiques sur son âge ; le registre évoque deux courriers entre le directeur et les bureaux centraux : « *la p^re^* [première lettre] *demandoit son renvoy des Brigades en ce qu'il avoit 38 ans et demy ; et la seconde d'après une représentation a consenty qu'il restat* » (*ibidem*, fol. 202 v°). Si Pidaud est bien recruté, il sera d'abord déplacé, puis révoqué en 1778 pour vol.

[154] Né en novembre 1748, il est admis en août 1765 dans la brigade de Montbard (*ibidem*, fol. 208).

[155] « *quoiqu'il eut 35 ans* », *Ibidem*, fol. 100.

[156] *Ibidem*, fol. 260. Mais l'employé modèle, à la perte de son épouse, se transformera en père alcoolique et tyrannique : cf. *infra* les sanctions.

[157] *Ibidem*, fol. 134 : « *quoique le S. Mugnier soit trouvé âge de près de 40 ans en entrant dans l'employ il y a cependant été reçu attendu qu'il est fort et vigoureux, qu'il paroit avoir de l'intelligence et de l'activité et qu'il y a espérance que ce sera un bon employé* ».

[158] *Ibidem*, fol. 202 v°, en février et mars 1777, la question s'est posée de son renvoi des brigades : « *demandait son renvoy des brigades en raison de qu'il y avait 38 ans et demy et la seconde d'après mes représentations a consenty qu'il restât* ».

[159] Il s'agit d'Emiland Grignon, qui quitte la compagnie en 1778 pour devenir garde-chasse : « *comme cet employé en a imposé lors de son dernier changement et qu'il s'est permis beaucoup de mauvais propos contre ses confrères il ne doit jamais etre readmis ni meriter faveur s'il la desire* », *Ibidem*, fol. 260.

[160] Ainsi pour celle qui indique que Jean Renaud, garde à Semur-en-Auxois, est né en 1749 : or, il prétend avoir servi 13 ans l'armée : aurait-il pu commencer à 11 ans ? Cela paraît peu vraisemblable ; la date véritable doit être celle de 1738, *ibidem*, fol. 223. Autre exemple, celui de Druoton : le registre indique qu'il est né en 1753 et qu'après 8 ans d'armée, il s'est engagé dans la Ferme en 1775 : or, l'armée ne recrutait pas à 14 ans ! Nous avons donc retenu la date de 1743, plus vraisemblable (fol. 162). Ou bien était-il entré dans l'armée comme tambour ?

[161] Exemple de Delpire, ancien soldat d'origine comtoise âgé de 25 ans, célibataire, présenté par le capitaine-général Delvaux à ses supérieurs comme un « *joli sujet et qui seroit un bon employé* » : *ibidem*, fol. 66 (février 1774) ; exemple identique pour Perron, autre Comtois : « *joly figure et de bonne complexion* », fol. 90.

[162] GUYOT, *Répertoire*, t. IV, p. 86.

[163] Dont l'auteur est un fermier général, de La Motte (1751).Un exemplaire est conservé aux AN, G^1 63.

[164] AN, G^1 63 dossier 14 : Instruction en date du 7 septembre 1751.

[165] Lettres patentes du 17 septembre 1778 : AN, G^1 63.

[166] Ainsi, dans le registre, on peut lire cette appréciation sur le garde Sonnet, un temps révoqué pour insubordination et qui est repris par la compagnie sur le motif suivant : « *comme il écrit bien et que les sujets de cette espèce ne se trouvent pas aisément* » (*ibidem*, fol. 223, 1772).

[167] « *Il luy a été prescrit qu'aussitot il seroit a son poste il tiendroit un cahier a mi marge pour y transcrire des proces verbaux et les faire corriger par son superieur* », ibidem, fol. 37.

[168] Exemple pour Simon Petit-Jean, ancien militaire, « *ne sçait que signer, il apprend à écrire et a promis de continuer* » : *ibidem*, fol. 132.

[169] « *on pouvoit en tirer parti sachant bien écrire et verbaliser et ayant de l'intelligence et de la figure* » : *ibidem*, fol. 159. Réintégré en mars 1772, il sera révoqué de nouveau, cette fois-ci pour prévarication (1775).

[170] Ainsi pour le test qu'a passé Bornel : ce laboureur bressan est plus à l'aise que les autres ; la Ferme précise : « *sait écrire, mais pas assés pour pouvoir sous la dictée faire la copie d'un procès verbal* » (*ibidem*, fol. 181). Il s'en ira au bout de deux ans. Pour Contenel, son niveau d'écriture est décrit comme « *sçait un peu écrire mais pas assés pour faire une copie* » (fol. 197).

[171] *Ibidem*, fol. 51. Recruté en 1774.

[172] *Ibidem*, fol. 97. Cette absence d'instruction devait certainement l'obliger à prendre le concours d'une tierce personne pour l'accomplissement des formalités nécessaires à son métier.

[173] *Ibidem*, fol. 64. Quinze mois après son recrutement, il a alors 36 ans. La greffe ne prendra pas et Perrot sera ultérieurement révoqué, en juillet 1775 (*ibidem*, fol. 86).

[174] *Ibidem*, fol. 129 v°. Massey, nommé garde à Auxonne, sera révoqué peu après pour malversation.

[175] *Ibidem*, fol. 75. Pourtant, Neuville n'a pas servi dans les troupes mais a imité l'exemple de son père, lui-même ancien employé des Fermes.

[176] Ainsi pour Malardot, sous-brigadier en poste à Pontallier, lieu de sa naissance. Le registre indique « *ce seroit donner lieu à des abus que de permettre en aucun cas la résidence dans le lieu de la naissance* », *ibidem*, fol. 94 v°. Il est alors déplacé ailleurs (juillet 1778).

[177] Il y reste très peu de temps : la Ferme apprend qu'il est constamment dérangé sur son travail par des amis d'enfance : *ibidem*, fol. 98. Il y reste huit mois, avant d'être affecté au poste de Renève.

[178] Ainsi pour Claude Leriche, natif de Dijon : la compagnie l'affecte dans la ville et reconnait qu'elle prend ainsi un risque. Mais Leriche prend l'engagement de bien faire son travail ; las, deux mois plus tard, la compagnie le révoque, « *car n'ayant pas effectué ce qu'il avoit promis* » : *Ibidem*, fol. 177 (1773).

[179] Ainsi pour François Merlin, natif de « *Lusigny* ». Après recherche, il s'agit de la commune de Lusigny-sur-Ouche, située entre Arnay-le-Duc et Beaune : *ibidem*, fol. 161.

[180] Bouvier est recruté en qualité de garde ambulant à Auxonne : *Ibidem*, fol. 139.

[181] Poste assez répandu, les contrôleurs des traites étaient 997 en France (Lavoisier, *op. cit.*).

[182] « *Il est fort attaché à son employ qu'il fait avec distinction tant par la régularité de sa comptabilité que pour sa correspondance. Il a de l'intelligence et du zèle* », *Ibidem*, fol. 7.

[183] AZIMI, *Un modèle…*, *op. cit.* p. 50.

[184] *Ibidem*, fol.129 v°. Il percevait une retraite de la maréchaussée depuis la disparition de la brigade locale, en 1779.

[185] FERRER, *Tabac, sel*, p. 71.

[186] 78% sont originaires du Hainaut, 12% de Flandre : CLINQUART, *Les services extérieurs*, p. 167.

[187] Gaulard, ancien menuisier comtois, a été recruté dans la direction de Besançon en 1765. Mais il la quitte quatre ans plus tard, muni de certificats du directeur attestant qu'il « *a eu beaucoup de conduite et de subordination* » : *Ibidem*, fol. 117. Gaulard est alors recruté dans la brigade de Lamarche en 1771.

[188] La similitude est ici encore frappante avec ce qui est observé dans le Hainaut. Selon CLINQUART, *Les services*, p. 169, 26% des employés de la direction de Valenciennes sont d'anciens militaires, une proportion identique est composée de parents d'employés.

[189] FERRER, *Tabac, sel*, p. 72.

[190] Il existait alors 387 postes de receveurs des gabelles au sein de la compagnie (Lavoisier, *op. cit.*).

[191] Le registre mentionne, en effet, le fait qu'il « *est très bon comptable* », fol. 9.

[192] *Ibidem*, fol. 148. Son petit-fils Edme, recruté en 1779, sera garde à Labergement, puis à Lamarche (fol. 144 v°).

[193] *Ibidem*, fol. 144 v° : « *son père R^eur^ des traites et ancien employé et son père l'avoit également été dans ce Département, en sorte que celuy-cy est admis comme fils et petit fils d'employé* ».

[194] Son père est « *ancien employé* » et son frère est alors sous-brigadier dans l'un des postes de la direction de Dijon, *ibidem*, fol. 91.

[195] Il entre comme garde à Fontenelle, *ibidem*, fol. 44. Cela ne l'empêchera pas, en 1779, de tremper dans une affaire de corruption et de quitter la compagnie en prévenant sa révocation : *ibidem*, fol. 131 v°.

[196] « *vivoit ci devant de son bien et sans occupations* », ibidem, fol. 14. Clopin est nommé en 1758.

[197] Finet, qui était entré en 1749 et avait gravi successivement les fonctions de sous-brigadier puis de brigadier, s'était engagé dans l'armée en 1757. Six ans plus tard, il revient dans la compagnie en tant que garde, et le restera jusqu'à sa démission, qualifiée de « *folie* » en 1771. S'était-il lassé de son sort ? (*ibidem*, fol. 203).

[198] C'est Pagnel, originaire de Champagne et dont le registre mentionne, au moment de son entrée dans la Ferme, en 1772, qu'il « *a servi 6 ans dans la milice* », *Ibidem*, fol. 237 ; Roy, entré en 1770 (236) ; enfin Berger en 1769.

[199] Pierre Loreau, qui « *a servi 6 ans dans le régiment provincial de Dijon comme caporal* », *ibidem*, fol. 137 v°.

[200] C'est le cas de Gabriel Esprit, qui entre comme garde à Tréchâteau : *ibidem*, fol. 37.

[201] *Ibidem*, fol. 246. Il percevait une pension de 90 livres ; le registre le décrit en état de faire son service.

[202] « *Il est neveu de St Jean domestique de M. Demontigny* » : *ibidem*, fol. 243. Dautel quitte la compagnie quelques mois plus tard.

[203] 6 anciens militaires sur 63 sondés ne précisent pas leur arme d'appartenance.

[204] Dans le sens contraire, Deaizey est protégé par un capitaine de dragons, « *de Neuilly* » : était-ce son corps de rattachement ? *Ibidem*, fol. 237, « *il paroit qu'il a bien servi ayant justifié de deux certificats* ». Seconde exception, celle de Grosbois ; le registre nous apprend qu'il a servi pendant 8 ans dans « *le régiment d'Aunis dont il a congé absolu* », *ibidem*, fol. 139 (1780). Ou encore Fourot « *qui a servy pendant 8 ans dans Guyenne infanterie dont il a congé… qui certifie sa bonne conduite* » (1773) : *ibidem*, fol. 144.

[205] En 1777, quand le garde Cauvet demande à être éloigné d'Auxonne, l'administration conteste les raisons avancées par celui-ci (« *il a désiré être éloigné des lignes et garnisons d'Auxonne et de Dole ou il a résidé étant au service du Roy* ») ; le capitaine-général Chauvin « *le croit déserteur du Rt de Grenoble artillerie* » : *ibidem*, fol. 166.

[206] Le registre mentionne qu'il « *a servi dans les troupes pendant deux ans* », au lieu des huit ans règlementaires que chaque volontaire s'engageait à faire : *ibidem*, fol. 244.

[207] « *5 p. 1 p.* », soit 1,55 mètre.

[208] *Ibidem*, fol. 244. Tumerers ne reste que deux ans dans la société ; il est révoqué pour avoir diffusé des lettres injurieuses à l'encontre de son capitaine-général.

[209] Il est décrit comme un « *fort et robuste garçon* » et mesure 1,65 mètre.

[210] Sa taille est de « *5 pieds 7 pouces* » : *Ibidem*, fol. 76.

[211] *Ibidem*, fol. 190. Il décède subitement cinq mois plus tard.

[212] « *a… été à l'Ecole vétérinaire* », *Ibidem*, fol. 241 ; cf. aussi *ibidem*, fol. 222.

[213] Ibidem, fol. 129 (« *ledit Coillot ayant été emprisonné pour dettes et n'y ayant pas apparence qu'il puisse être continué dans l'employ* »).

[214] *Ibidem*, fol. 188. Il est affecté en tant que garde à Dijon. Il sera révoqué pour ivrognerie et défaut d'exactitude (1780).

[215] *Ibidem*, fol. 97. Il est révoqué peu après pour des histoires d'ivresse.

[216] *Ibidem*, fol. 130 v°. Marceau étant « *d'une constitution qui ne paroit pas encore bien forte* », il démissionnera quelques mois plus tard.

[217] « *de manière a faire par la suite un bon brigadier* », *Ibidem*, fol. 50.

[218] *Ibidem*, fol. 177. Jeannel sera resté 13 mois en fonction (+ novembre 1776).

[219] *Ibidem*, fol. 158. Nommé à Saint-Jean-de-Losne, il quittera la compagnie peu après.

[220] Né en 1727, Coquelibus rejoint la Ferme en 1764 pour y exercer la fonction de garde : *ibidem*, fol. 89.

[221] Il déclare élever quatre enfants : *Ibidem*, fol. 82.

[222] L'épouse du valet, originaire de Semur-en-Auxois, était la femme de chambre de madame de Perrigny ; *Ibidem*, fol. 11.

[223] C'est le cas de Clerget qui, garde à Saint-Jean-de-Losne, est critiqué pour « *ayant travaillé longtems pour les Bourgeois dud. St Jean de Losne il paroit y être forcé à des considérations contraires à son service* » (*ibidem*, fol. 159 v°).

[224] En qualité de garde à Saint-Seine-sous-Vingeanne, *Ibidem*, fol. 55.

[225] En définitive, il s'arrêtera au grade de sous-brigadier, *Ibidem*, fol. 142.

[226] Plantagenet avait cinq enfants : *ibidem*, fol. 188.

[227] Il bénéficie, outre son traitement fixe, d'une importante gratification et de divers avantages pécuniaires importants : cf. *infra* Les traitements.

[228] Il y réside rue de l'Oratoire : *Almanach de la province de Bourgogne et principalement de la ville de Dijon*. Dijon, Frantin, 1777, p. 43.

[229] « *ayant ci-devant travaillé pour des procureurs* », *Ibidem*, fol. 227. Lucot quittera la compagnie sans prévenir.

[230] *Ibidem*, fol. 256. Aussi sera-t-il déplacé à Auxonne, « *pour pouvoir mieux travailler a son Instruction, étant susceptible de faire des progrès* ».

[231] Liébault avait acquis un office de substitut cédé par Quarré de Quentin, le 31 décembre 1732 : AN V^1 296 pièce 212. Son frère Pierre était conseiller au bailliage-présidial de Chalon (1734), après avoir été notaire royal à Givry (1730).

[232] I. STOREZ, Dans l'ombre de messieurs les gens du roi : le monde peu connu des substituts, dans J.-M. CARBASSE, *Histoire du parquet*. Paris, PUF, 2000, p. 157-204.

[233] Il existait seulement 55 postes de receveurs généraux du tabac pour l'ensemble du royaume : A.-L. de LAVOISIER, *Œuvres*. Paris, Albin Michel, 1955, t. VI, p. 155.

[234] Le chiffre de huit substituts est évoqué par J.-N. GUYOT, *Répertoire universel et raisonné de jurisprudence civile*... Paris, Visse, 1784, t. XII, p. 586, v° Parlement.

[235] Le fonds Vaillant de Meixmoron conserve quelques documents sur « *Liébault, de Dijon, 1727-1783* » : AD Côte-d'Or, 18 J 53. Leur dépouillement n'a rien donné de probant.

[236] *Ibidem*, fol. 14 v°. À 47 ans, sans doute désirait-il changer de voie.

[237] À ne pas confondre avec son homonyme, Nicolas Aubert.

[238] « *par un zèle mal dirigé il s'étoit comporté dans une saisie de façon à se faire interdire pendant trois ans par arret de la cour des aydes de Paris* ». Consulté sur son cas, le directeur de Langres, Millochin, considère que « *c'étoit un sujet qui avoit du talent, de l'intelligence et de l'activité, mais qui pendant l'espace de l'interdit* [la suspension judiciaire de son emploi] *ne pouvoit être employé dans le ressort de la cour des aydes de Paris, pouvoit cependant l'être dans un autre, et ayant demandé qu'il fut dans cette Direction pendant le temps* [restant à courir de son interdiction] » : *Ibidem*, fol. 188.

[239] « *sauf à le lui renvoyer* [à Millochin, directeur des Fermes à Langres] *quand le temps de son interdiction seroit expiré* ».

[240] « *a été envoyé par M. Doverdun ... en conséquence de sa lettre du 21 avril 1773, n° 1319* », *Ibidem*, fol. 58.

[241] « *à la satisfaction de ses supérieurs, ainsi qu'il en a justifié par un certificat de M. Boucrin* », *Ibidem*, fol. 83.

[242] « *a servi pendant 3 ans dans les brigades de Franche-Comté* », *Ibidem*, fol. 129.

[243] *Ibidem*, fol. 133 : « *il n'a... montré que dissipation, en se livrant même à la débauche la plus basse et la plus dangereuse pour lui même* ».

[244] *Ibidem*, fol. 130, en 1776.

[245] *Ibidem*, fol. 131 v°, ce qui n'empêche sa révocation, pour ivresse, dettes et incapacité.

[246] *Ibidem*, fol. 131 ; il reste seulement 4 mois et 15 jours dans son poste.

[247] *Ibidem*, fol. 158. Il est affecté à Saint-Jean-de-Losne.

[248] « *Ledit Masson étant un très mauvais sujet, inquiet... fourbe, et d'une conduite d'autant plus dangereuse qu'il porte plainte sans aucune espece de fondement* », *Ibidem*, fol. 37 v°.

[249] *Ibidem*, fol. 179. En 1780, la greffe réussit puisque Girard est promu sous-brigadier à Renève.

[250] *Ibidem*, fol. 198 : Dujeu passe ainsi de la brigade de Mussy à celle de Troyes.

[251] *Ibidem*, fol. 202, en novembre 1770.

[252] *Ibidem*, fol. 132 v°. Il avait été déplacé de Dijon vers Saint-Jean-de-Losne en août 1775, afin qu'il soit surveillé de plus près par ses supérieurs (fol. 176).

[253] « *M. Thierrial a insisté pour le faire admettre* », *Ibidem*, fol. 102.

[254] Cf. Pierre Balorey, qui est déplacé en 1765 de Saint-Jean-de-Losne à Saint-Seine, car la compagnie pensait que c'était le lieu de sa naissance. Mais ce garde ayant produit son extrait baptistaire, qui prouvait qu'il était bien du pays d'Auxois, ce déplacement est alors annulé : *ibidem*, fol. 130 v°.

[255] L'un des plus jeunes est Jean Boirin, recruté avant d'avoir 20 ans révolus : la Ferme donne une justification à ce recrutement précoce. « *Il y a été admis quoiqu'il n'eut pas encore 20 ans accomplis, en considération de ce qu'il est fils d'ancien employé et de ce qu'il a deux frères dans l'employ* » (1774) : *Ibidem*, fol. 157.

[256] Ainsi pour Jean Cornesse, dont on ne connait ni le statut matrimonial ni le nombre d'enfants, *ibidem*, fol. 200.

[257] Ainsi pour changer de poste le sous-brigadier Debonnaire, qui ne trouve pas de logement à Athée, la compagnie indique que « *l'on fera passer un garçon* » comme successeur. Le célibat est donc pris en considération pour certaines nominations : *ibidem*, fol. 120.

[258] *Ibidem*, fol. 22. Même chose pour Minard, *ibidem*, fol. 97.

[259] La Baume, entré dans la compagnie en 1777 : *ibidem*, fol. 73.

[260] *Ibidem*, fol. 166. En définitive, pour d'autres raisons, Cauvet sera déplacé 120 kilomètres plus au nord (cf. *infra).*

[261] *Ibidem*, fol. 166. Quarante kilomètres séparent ces deux postes.

[262] *Ibidem*, fol. 165. Les deux postes sont distants de cinquante kilomètres.

[263] AZIMI, *Un modèle, op. cit.* p. 83.

[264] Le père était affecté au poste de Labergement : *ibidem*, fol. 144.

[265] Ex. pour Jean Girard, recruté en qualité de garde ambulant en 1774 : *ibidem*, fol. 53.

[266] *Ibidem*, fol. 82. Gerbet devait être déplacé de la brigade de Jancigny à celle de Talmay. Finalement, il reste à Jancigny.

[267] AZIMI, *Un modèle, op. cit.* p. 83.

[268] Dans le cas d'un employé recommandé par un président pour le poste de visiteur des traites, le directeur écrit, au sujet des capacités du premier, qu'il « *est honnête homme, mais peu en état de remplir de lui même sa place convenablement, au surplus il est exact au Bureau* » (1772) : *ibidem*, fol. 11.

[269] Célibataire, celui-ci a succédé en 1763 à son père qui était précédemment en charge des mêmes fonctions : *Ibidem*, fol. 2. Il semble s'agir de Georges-Philibert Adrien, demeurant rue Saint-Julien, et reçu avocat au parlement en décembre 1753 : *Almanach de Bourgogne*. Dijon, Frantin, 1777, p. 11.

[270] Délibération du 21 novembre 1753 : AN, G^1 14.

[271] En 1771, comme garde ambulant à Lamarche : *ibidem*, fol. 117.

[272] « *Il a de l'intelligence et très en état de bien faire ses emplois* » : *ibidem*, fol. 6.

[273] Nobelot est alors affecté, en 1773, à la brigade de Pontallier : *ibidem*, fol. 99.

[274] Le menin est un jeune page ou une jeune demoiselle attaché à la personne du dauphin ou de la dauphine.

[275] « *Il a de l'intelligence* » : *ibidem*, fol. 6.

[276] *Ibidem*, fol. 66 et 72. Il recommande aussi des compatriotes non militaires, tel que Chenillet (1764), originaire de Broye-les-Loups (Haute-Saône).

[277] *Ibidem*, fol. 21. Au sein de la compagnie, on dénombrait 997 receveurs des traites (Lavoisier, *op. cit.*).

[278] « *Présenté par le cap*^{ne} *g*^{al} *qui a demandé pour luy cette place dans l'espérance qu'il lui feroit faire des saisies, luy en ayant déjà procuré et luy ayant paru zelé dans toutes les occasions ou il l'a employé sur la promesse de luy procurer de l'employ* » : *ibidem*, fol. 167.

[279] « *d'après l'intérêt qu'y prend M. Brule Greffier en chef de la Table de marbre* », *Ibidem*, fol. 223 ; c'est Loichot qui est ainsi recommandé en octobre 1775. D'une conduite jugée scandaleuse, Loichot sera révoqué un an plus tard, en août 1776, alors qu'il était garde à Châtillon (fol. 202 v°).

[280] Elles sont faites en faveur de Carré, natif de Clamecy, pour un poste de garde à Champagne (*ibidem*, fol. 79) et pour Hubert Viard (*ibidem*, fol. 153).

[281] Exemple de Flamerians qui, présenté par le capitaine-général sédentaire de Dijon en 1769, quitte la Ferme quelques mois plus tard.

Chapitre 5
L'activité des agents

À l'instar de tout corps constitué, la Ferme dispose de privilèges qu'elle garantit à ses employés ; ceux-ci méritent quelques explications, avant de poursuivre par la procédure de l'avancement.

Les privilèges

C'est le propre de cette société d'Ancien Régime, dans laquelle les communautés et les individus disposaient de dérogations au droit commun plus ou moins importantes. En droit, ces dérogations se justifiaient par un service rendu ou une astreinte importante de l'emploi, le titulaire du privilège avait rendu un éminent service à l'Etat, ou bien il était soumis à des contraintes telles qu'il devait en être remercié par l'octroi de droits supplémentaires. Nous nous trouvons ici dans la seconde situation.

Ces dérogations sont une sorte d'accessoire au revenu, en ce qu'elles donnent des droits à leurs bénéficiaires et contribuent à rehausser l'intérêt de la fonction d'agent de la Ferme[282]. Ces privilèges sont légaux ; ils reposent sur l'ordonnance de juillet 1681 relative aux Fermes (art XI du titre commun) et sont, au besoin, confirmés ou précisés par des arrêts du Conseil dont J.-N. Guyot, dans son *Répertoire universel et raisonné de jurisprudence*... (1784)[283], livre une suite de décisions qui seraient fastidieuses à citer ici. Mais le plus représentatif est celui du 21 avril 1779, qui confirme l'intégralité des privilèges délivrés depuis le règne de Louis XIV[284].

Parmi ceux-ci, certains sont très lucratifs et permettent à leurs titulaires d'échapper partiellement à l'impôt, tel que l'exemption de taille royale s'ils n'y étaient pas soumis avant leur entrée dans la Ferme. Autrement dit, l'employé ne devient pas exempt en entrant dans la compagnie ; s'il n'était pas imposable à la taille, il conserve cette exemption jusqu'à son éventuel départ de la société. Cela étant, ils sont soumis à la capitation ; la Ferme pratique alors une retenue directement sur le salaire et verse les retenues concernées à l'administration fiscale.

Ils peuvent, selon la législation locale, être aussi exemptés des octrois municipaux, ce qui leur permet d'importer pour leur propre consommation, en franchise de droits indirects, un certain nombre de produits sur un forfait de consommation personnelle. Ils échappent également au logement des gens de guerre ce qui, en cas de conflit comme en temps de paix, constitue une charge en nature très lourde parce qu'elle consiste à héberger gracieusement un nombre variable de militaires à domicile.

Est aussi concerné le privilège de juridiction : les infractions commises par les agents des Fermes relèvent de la compétence des juges royaux affectés aux matières fiscales[285]. Néanmoins, cela ne signifie pas qu'ils soient intouchables ; les archives des tribunaux dévoilent des sentences qui les concernent, en cas par exemple de faute excessive.

Pour l'impétrant comme pour ses enfants, il y a exemption de tirage au sort pour la milice comme pour les corvées : l'agent du fisc (et ses descendants) échappent donc à des contraintes personnelles particulièrement détestées.

Autre privilège, celui d'être protégé par la loi contre toute atteinte portée à sa réputation : tout individu qui médirait d'un employé est en effet passible de lourdes sanctions pénales[286]. Servir l'État n'est donc pas si dangereux, lorsque les autorités acceptent d'appliquer les textes protecteurs des employés. Dans ce domaine, ces textes ne sont pas inutiles ; à plusieurs reprises, le registre évoque des conflits plus ou moins ouverts entre les employés d'une part et les particuliers d'autre part. Cependant, ces conflits ne vont jamais jusqu'à l'affrontement ouvert ; ils restent localisés et sont parfois causés par les maladresses ou les torts des employés. En revanche, dans le Hainaut, la proximité de la frontière étrangère semble avoir incité les contrebandiers à plus de hardiesse et les heurts y sont bien souvent sanglants[287].

Dans le même ordre d'idées, les agents des fermes disposent d'un droit de porter les armes ce qui, à cette époque, était un signe de distinction sociale.

Du point de vue du traitement, les employés bénéficient d'une disposition très protectrice : leurs traitements sont réputés insaisissables (Titre commun, art. XIV de l'ordonnance de 1681), de sorte que les créanciers des employés ne peuvent recourir qu'avec difficulté à la voie judiciaire pour obtenir le paiement de leur dû[288]. Dès le début du XVIIIe siècle, les accessoires au traitement sont considérés, par la jurisprudence, comme insaisissables : la loi le reconnaîtra plus tard (lettres patentes du 28 décembre 1782).

Néanmoins, la contrepartie de ces privilèges importants relatifs aux revenus professionnels est très nette : un tel système tend à rendre irresponsables les employés et nombreux sont alors ceux qui accumulent les dettes, se plaçant ainsi sous le coup d'une immunité parfois abusive. Cela contraint la compagnie à réagir et à se séparer de ceux qui ne peuvent ou ne veulent mettre un terme à leur endettement excessif. C'est aussi la raison pour laquelle les cadres ont mission de surveiller le comportement privé de leurs subordonnés, de façon à ce qu'ils restent dans des limites raisonnables en termes de probité et d'honnêteté.

L'avancement

La possibilité d'un avancement dans la carrière constitue une opportunité évidente des emplois proposés par la Ferme générale ; aussi décriée que soit cette institution auprès du public, elle offre une progression de l'emploi à la mesure des capacités de chaque employé. Aussi, lorsqu'il entre dans la compagnie, tout employé, s'il dispose des qualités idoines, peut espérer être promu dans l'administration active ou dans celle des bureaux : on relève près de 160 promotions internes (d'un grade à l'autre), dont certaines sont très rapides. Dans le premier cas, il peut lorgner la fonction de capitaine-général (au nombre de 352 en France, dont 5 dans l'étendue du département de Dijon jusqu'en 1774, 4 après) ou, dans le second cas, celui de directeur[289].

Encore doit-il posséder la principale qualité que réclame la fonction : l'instruction. Il existe donc une corrélation fondamentale entre l'alphabétisation de l'employé et sa capacité à évoluer[290] ; encore l'intelligence va-t-elle de soi, car on pressent mal comment un cadre peu intelligent serait en mesure de remplir les objectifs qu'on lui a fixés : c'est ce qui s'oppose à ce que Moichine soit élevé au rang de sous-brigadier[291]. Autre circonstance possible, celle qui provient d'un choc émotionnel et qui conduit l'employé à redoubler d'effort pour remplir les conditions d'un avancement : savoir verbaliser, être correct et s'appliquer à pouvoir commander une brigade. Après avoir été révoqué pour insubordination, Jean Limonnot fait le voyage de Paris et y rencontre le fermier général en charge de la correspondance (Deverdun). Il explique sa situation et il est réintégré, après avoir promis de ne plus avoir de paroles déplacées et avoir fait ses excuses au contrôleur-général qui l'avait dénoncé. Il tient sa promesse et est promu sous-brigadier peu après (juin 1769).

Dans tous les cas, la promotion est proposée par l'un des cadres de la direction de Dijon et approuvée ou infirmée par les services centraux de la Ferme ; celle-ci, pour se déterminer, se réfère à trois éléments : la vacance nécessaire d'un emploi ; les qualités du candidat – et notamment son autonomie de décision ; les appréciations de ses supérieurs hiérarchiques[292]. Pour ce dernier point, le supérieur de l'agent doit veiller à son activité et s'efforcer, s'il possède des aptitudes à l'encadrement, de l'encourager afin qu'il monte en grade. Rien n'est en effet pire qu'un employé qui reste dans son grade parce qu'il n'est pas considéré comme talentueux. Dans cette optique, c'est le capitaine-général qui veille sur tout ; il se charge de prévenir le contrôleur-général afin de s'accorder sur les atouts d'un employé et lui proposer un poste qui lui corresponde. Avant d'entériner une promotion, le contrôleur-général prend toutefois des informations auprès de cadres de la compagnie pour corroborer la situation de l'agent concerné[293]. Pour les postes d'encadrement, il faut que le promu fasse ses preuves : ainsi, le sous-brigadier doit seconder efficacement son supérieur dans la brigade, c'est-à-dire s'atteler à la mission de surveillance et, au besoin, faire des réflexions ou encourager les subordonnés lorsque cela est nécessaire[294].

Quand le poste vacant est celui de capitaine-général et des autres emplois subalternes, la Ferme exige un quatrième critère des agents, qui est celui de l'ancienneté des services. Depuis une délibération du 1er février 1743, la société renforce les garanties professionnelles qu'elle peut exiger des candidats aux promotions ; elle s'était en effet aperçue que nombre de promus ne disposait pas de qualités requises. Aussi cette décision nouvelle doit-elle conduire à ne promouvoir que les gens capables ; elle annonce que

« la fraude pénétrait avec la plus grande facilité et que toutes les dépenses, que l'on faisait, pour la réprimer, devenaient inutiles ; que [...] cet inconvénient était causé par la facilité avec laquelle les commissions de capitaines généraux étaient accordées sans choix et sans examen... soit par égard pour les personnes qui sollicitaient en leur faveur ; soit par déférence pour le droit des nominateurs[295] ».

Ainsi, pour l'accès au poste de capitaine-général, une ancienneté d'au moins trois ans dans le grade inférieur était requise pour les chefs de brigades.

En pratique, l'ancienneté compte dans la décision de la Ferme d'accorder une promotion, mais elle n'est pas déterminante si l'emploi vacant est de faible portée et intéresse un grade intermédiaire (ex. celui de sous-brigadier dans une brigade non stratégique).

Autre nécessité, que l'employé soit assez autonome pour agir seul, l'encadrement étant jugé forcément capable de se suffire à lui même. Le degré d'autonomie révélé conditionne la promotion au rang de chef. Si l'employé ne dispose pas d'assez d'autonomie, alors il ne peut accéder qu'aux fonctions de sous-chef. Ainsi agit la Ferme de façon invariable, comme elle le fait dans ce qui survient à Lalouette. Après une carrière entamée jeune dans la direction de Langres (1765), cet agent instruit (il est fils d'huissier royal et originaire de Champagne), Lalouette connaît un revers de carrière en 1777 : il est révoqué pour avoir diffusé des informations sur le capitaine-général Beulin. Il s'agit, sans que l'on en connaisse le détail, sans doute de propos déplacés sur ce supérieur. Mais après avoir saisi la compagnie, celle-ci réintègre Lalouette dans la direction de Chalon puis, après un an, le fait passer dans celle de Dijon où il est promu après quelques mois en qualité de sous-brigadier. À ce moment, le *Registre* livre des informations surprenantes avec cette note en marge du dossier de l'intéressé :

« Observations. Cet employé a été noté par le contrôleur et cap^{ne} Général de la D^{on} de Langres... De bonne conduite, instruit de son état, capable de bien rendre raison de son travail, sauf ce qui pourroit le diriger de luy même avec une combinaison assés juste pour le rendre fructueux ; ce qui nécessairement est un défaut d'intelligence, en sorte qu'il convient mieux sous brigadier que chef » (1777).

Le *Registre*, en cas de besoin, conserve la trace des appréciations antérieures qui poursuivent tout agent de la société.

Cette situation n'empêche pas des avancements très rapides, lorsque les circonstances s'y prêtent : un agent très doué, actif et intelligent, sachant bien encadrer, paraître et se faire respecter. Ces diverses qualités sont cumulées par Taffonneau, qui, venu du Poitou, tente sa chance dans les Fermes en Bourgogne. En 50 jours seulement, il est promu sous-brigadier, ce qui incite le directeur à expliquer cette promotion accélérée (1779)[296].

La nomination d'un employé dans certains postes déterminés constitue un signe révélateur qu'il représente une denrée rare pour la compagnie ; les postes qui sont affectés dans des sièges de capitainerie-générale sont, en général, révélateurs du potentiel de l'employé. Ainsi, être nommé à Champagne en lieu et place d'un brigadier qui passe capitaine-général, est un signe qui ne trompe pas (ex. Beuchon, qui succède à Cyprien Boirin, 1772). Reste que l'avancement est surtout proposé pour des emplois dans des brigades ambulantes, qui représentent l'essentiel de tout espoir de promotion (rares sont les exceptions, tel Duvivier, qui passe du commandement de la brigade ambulante de Châtillon à celle d'un emploi de commis dans la recette des gabelles de Saint-Jean-de-Losne, août 1778).

L'ancienneté est l'une des conditions essentielles du travail dans les Fermes : chaque fonction occupée doit être connue à fond et il existe un délai minimal entre deux fonctions, de façon à ce que la progression de carrière ne soit pas trop fulgurante. Pour avoir oublié cette règle, érigée en principe, un employé prometteur fraîchement recruté est déçu : Claude Joseph Guillaume, fils d'un tanneur de Dole, est parvenu à faire des « *études* » que l'on présume être de droit d'après ce qu'on sait de son expérience professionnelle : il indique en effet avoir une expérience d'abord chez un procureur, puis chez un notaire ; enfin chez un président au parlement de Franche-Comté (de Rosières[297], « *où il était pour remettre en ordre des papiers* »). Or, après quelques jours, Guillaume quitte l'emploi : « *il se persuadoit qu'on luy donnerait a son admission une place de brigadier* » (15 février 1777).

Plusieurs commis de la direction de Dijon connaissent une progression intéressante. D'ailleurs, chaque progression de carrière fait l'objet d'un suivi particulier, de sorte que l'institution se donne les moyens de connaître les résultats des avancements auxquels elle a pourvu. Le rédacteur du registre tient donc là une source précise de renseignements puisqu'il connait l'origine et le parcours de chaque employé. Le personnage a-t-il donné toute satisfaction dans l'emploi auquel il a été nommé ? Peut-il progresser davantage en possédant les qualités requises ? Déçoit-il la Ferme ? En tout cas, il existe un *cursus honorum*, par lequel si un employé peut progresser dans la carrière, il doit en principe respecter des temps d'expérience dans chaque grade et disposer des qualités de rédaction nécessaires. En effet, tout cadre doit être capable d'écrire, afin de rédiger des procès-verbaux et pour correspondre avec sa hiérarchie. C'est ainsi que Gueille, « *ayant été reconnu qu'il avoit de l'intelligence par son application au verbal, s'étoit mis en état d'être fait sous-brigadier* » ; pour ces deux motifs (zèle et capacité de rédaction), après dix-huit mois d'ancienneté seulement, « *on l'a fait sous brigadier* » (1768) ; pour Malardot, deux ans et demi lui sont nécessaires parce qu'il « *est en état de remplir les fonctions de sous-brigadier* » (1771).

Quant à Pierre Aubert, il incarne ces employés qui, partis du modeste emploi de garde, s'élèvent dans la hiérarchie par leurs qualités ; réputé pour son « *esprit de découverte, son intelligence, beaucoup d'activité et qu'il conviendroit à la tête de cette brigade* », il est pourvu du commandement d'une importante brigade, celle de Pontallier (1773)[298].

La carrière est accélérée lorsqu'un employé cumule plusieurs qualités : une expérience réussie dans les bureaux de la recette générale de Dijon – au cœur du pouvoir de la Ferme, il en perçoit les ressorts et prend ainsi du recul sur les détails d'exécution ; une volonté de servir par une motivation sans faille ; enfin un lien de famille avec un employé dont la succession est vacante (la qualité de gendre). Par ces trois qualités, en dépit de son jeune âge (28 ans en 1771), Dubard est pourvu de la commission des recettes des deux greniers à sel d'Is-sur-Tille et de Saulx-le-Duc[299]. Mais sa carrière ne s'arrête pas là, puisqu'il reçoit, trois ans plus tard, la recette des traites d'Is-sur-Tille (1774). Cet employé devait être versé dans l'étude de la comptabilité et être très rigoureux pour cumuler trois recettes de deux impositions distinctes.

Cependant, une promotion n'est jamais définitivement acquise : la Ferme peut, effet, revenir sur l'une d'elle si elle est convaincue que l'employé promu au grade supérieur ne possède pas les capacités pratiques. Dans ce cas, l'employé est conservé dans son emploi mais rétrogradé au poste immédiatement inférieur. Telle est la situation que connait Boudot ; ancien soldat et entré tard dans la Ferme, ses capacités d'écriture lui font obtenir le poste de sous-brigadier (1768), jusqu'à ce que le contrôleur-général Joly mène l'enquête sur son cas et, après intervention de Deverdun, le jugeant inapte à l'encadrement, le fait rétrograder (1770)[300].

Le cursus honorum

Inspiré du temps de Rome, il s'agit d'un principe où tout individu doit respecter une sorte de parcours initiatique dans des grades pour postuler à des emplois supérieurs. Dans ce système, il n'est donc pas possible d'entrer tout de suite dans les emplois supérieurs sans être passé par des emplois subalternes. Ainsi, un employé « *moyen* » doit arguer de 10 à 26 ans d'expérience avant de parvenir à la fonction de capitaine-général. Toutefois, un sujet qui a fait l'armée passe rapidement sous-brigadier puis brigadier, parce qu'il réunit quatre qualités que la Ferme apprécie : il est grand, « *bien constitué* », accepte de changer d'affectation (il a débuté dans la brigade de Pontarlier en Comté et l'a poursuivi dans la direction de Dijon), *sait écrire*[301] » (Rosset, Cornesse). Par voie de conséquence, il dispose de ces qualités qui assurent un avancement très rapide : en deux années à peine, Rosset est passé de la situation de garde à celle de brigadier. Sans l'ombre d'un doute, il fait partie de ces employés promus à un bel avenir (il sera élevé au grade de capitaine-général en avril 1773).

Ici encore, la Ferme sait faire preuve de souplesse lorsqu'elle a affaire à un employé particulièrement efficace et qui conviendrait à la place qu'il ambitionne. Ainsi, en 1764, la compagnie déroge au *cursus honorum* en recrutant Mestrallet, ancien militaire auquel elle confie d'office – donc sans ancienneté – le grade de sous-brigadier. Pour ce faire, deux arguments militent en sa faveur : d'une part, il sait « *verbaliser* » et, d'autre part, il « *fait voir de l'intelligence* », sans oublier qu'il a belle allure[302]. Trois ans après, il prend la tête de la brigade de Lamarche, s'étant en effet « *rendu capable de commandement* ».

Une carrière brisée net (Francieves)

Francieves est l'un des commis dont la progression est éclairante et duquel le registre suit de près cette progression, mais dont l'interruption de carrière est nette : elle aura duré, en tout et pour tout, neuf années. Résumons-là.

Né en 1739 en Picardie, il a débuté sa vie professionnelle en tant que clerc de procureur ; il en résulte une qualité qui intéresse la compagnie, à savoir le fait qu'il sache « *bien écrire* ». Sa prestance physique fait l'objet d'une mention assez courte[303]. Là, en 1761, il entre dans la Ferme en qualité de garde à Talmay sur la recommandation d'un oncle, brigadier dans la compagnie ; il passe ensuite brigadier à Auxonne et, quelque temps plus tard, il fait son entrée dans la catégorie des cadres comme receveur des traites à la direction de Chalon-sur-Saône. Pour ce faire, Francieves qui a « *appris à verbaliser* », est sous-brigadier à Dijon (13 juin 1761), en mars 1764, il passe brigadier à Avallon et est muté à Semur en juillet suivant, passe à Auxerre en septembre 1767.

Mais le 10 juillet 1768, à la suite d'un incident professionnel (le registre n'en mentionne pas les détails), il est rétrogradé et déplacé d'office à Flammerans. L'incident est assez grave : le registre évoque « *une affaire dans laquelle il y a eu un homme à lui volant à Fontenoy avec des employés de sa brigade* » : il n'aurait donc pas suffisamment contrôlé la probité de ses subordonnés, ce qui aurait occasionné des pertes pour la Ferme. Il était donc considéré comme responsable du fait de l'agissement délictuel de ses agents. Mais l'année suivante, il revient à la suite d'une réorganisation fonctionnelle des services de la Ferme. En effet, à la faveur d'un « *arrangement* », la brigade de Flammerans est supprimée (1er août 1769), de sorte que le poste de Labergement[304], jusque-là sous-brigade, devient une brigade dont Francieves prend le commandement avec le titre de brigadier. Mais évidemment, le petit poste de Labergement semble une voie de garage pour cet ambitieux.

Aussi, lorsque le brigadier d'Auxonne Bouchon prend du galon, son poste devient vacant et Francieves postule à cet emploi : la direction parisienne de la Ferme semble l'avoir choisi en conséquence ; le registre fait état d'une correspondance qui agrée Francieves à cet emploi, sans que l'on connaisse en détail les critères sur lesquels la Ferme l'a désigné (« *dont copie est sur le n° 303* »). Ainsi, Francieves prend la tête d'une brigade relativement importante : elle comprend en effet un brigadier, un sous-brigadier et douze gardes et sa mission consiste à surveiller le fleuve et les passages d'une rive à l'autre.

Par la même occasion de ce jeu de « *chaises musicales* », le poste de Labergement devient disponible et est attribué au brigadier de Vielverge, qui saisit là une opportunité pour sa carrière, avant qu'il ne soit ensuite agréé pour un poste de receveur des tabacs au titre de sa retraite, en avril 1774.

Cependant, la carrière de Francieves s'arrête là : après le premier avertissement de 1768, elle connait un arrêt brutal à la mi-1770 : le *Registre* indique qu'ayant

« été soupçonné d'infidélité et M. Joly contrôleur général ayant rendu à la compagnie des informations par lui faites en conséquence de ses soupçons, Elle a décidé… du 6. 9bre 1770 [suit l'indication chiffrée de la décision de la Ferme] que ledit Francieves sera révoqué ce qui a été fait le 22 dudit mois de novembre ». C'est le sous-brigadier d'Athée qui lui succède dans ses fonctions.

Une carrière virevoltante (Bouchon)

Claude Bouchon est bourguignon de naissance ; né à Saint-Seine-sous-Vingeanne en 1739, il était prédestiné à occuper un emploi dans les Fermes, en raison de la position stratégique de ce petit poste, situé au confluent de trois provinces : la Franche-Comté, la Champagne et la Lorraine. Fils de laboureur, il est marié et est père de deux enfants[305].

Entré dans la Ferme en septembre 1763 en qualité de garde à Auxonne, après présentation au capitaine-général alors en poste. Il reste dans cette fonction près de quatre ans, avant qu'il n'apprenne à lire et écrire ; là, « *ayant appris à verbaliser* », il monte en grade au poste de sous-brigadier commandant à Labergement (1er janvier 1767). Il n'y reste qu'une dizaine de mois, avant de devenir brigadier à Auxonne (12 septembre 1768). Mais cette fonction est la plus élevée à laquelle il puisse prétendre : à la suite d'une inspection, il apparaît de façon très nette qu'il ne convient pas à cette fonction. S'ensuivent des remarques tant sur son caractère que sur ses défauts professionnels[306]. En effet, la promotion qui lui a bénéficié se révèle une erreur et elle nuit à la qualité du service. En conséquence, la Ferme procède à un changement d'affectation tout en le maintenant dans son grade : par ordre, elle l'envoie prendre le commandement de la brigade de Vielverge (1er novembre 1769). Ce sera certainement là son poste définitif et plus aucune évolution de carrière ne lui sera proposée.

Ainsi, il faut relever que la Ferme dispose de moyens pour vérifier l'adéquation de ses employés avec les postes dans lesquels ils interviennent ; surtout, le délai entre la nomination et la vérification à laquelle elle procède est faible ; ce laps de temps limité permet donc de prendre toutes les dispositions requises pour corriger une décision prise mal à propos.

Parmi les ascensions qu'évoque le registre, citons celle qui permet à Glaize, jeune champenois entré dans la compagnie à 19 ans, de devenir brigadier trois ans plus tard (1773). Ses qualités, il est vrai, se prêtaient bien à ces promotions (« *actif et vigilent, intelligent zélé et verbalisant bien* »).

Entré dans la Ferme à 20 ans en qualité de garde, Simonnot le jeune (à ne pas confondre avec son homonyme, ex-recteur d'école) suit un parcours logique : d'abord garde, il progresse comme sous-brigadier puis est promu à la fonction de brigadier après 14 ans de service. En dépit d'un revers de carrière qui conduit à sa révocation provisoire, l'année qui suivait son entrée dans la compagnie (1761), il persévère et se fait apprécier ensuite de ses supérieurs.

L'accès aux fonctions supérieures : cinq capitaines-généraux

Plusieurs profils d'employés de la direction des Fermes de Dijon parviennent à se hisser à la fonction intéressante de capitaine-général ; ils reflètent l'idée d'une réelle possibilité de promotion sociale.

Capitaine-général Cyprien Boirin : un pur produit de la Ferme

L'un des intérêts majeur de la Ferme consiste à offrir, on l'a vu, des élévations de carrière en rapport avec les talents personnels des employés. Au sommet, il existe des employés de direction localisés soit à Paris, soit en province. Ces emplois supérieurs sont soit ceux de directeur, soit ceux de capitaine-général. Dans les deux cas, ce sont des places très convoitées.

Recruté en 1768 comme garde dans la brigade d'Auxonne, après l'issue d'un engagement dans l'armée, Boirin connait en 1770 sa première promotion (sous-brigadier). Le 1er août 1780, Cyprien Boirin est élevé à la fonction de capitaine-général d'Auxonne. Il avait été préalablement brigadier à Saint-Jean-de-Losne en 1775. Il s'efforce d'encourager son frère cadet, François, à s'élever.

Capitaine-général Mennetrier

Natif de la province de Comté, Cyprien Mennetrier est l'un des personnages les plus représentatifs de notre échantillon d'employés. Il était en effet né en 1715, de sorte qu'âgé de 59 ans en 1774, il peut espérer prendre du champ par rapport à ses occupations professionnelles. À ce moment précis, il a conquis le « *bâton de maréchal* » de la Ferme, à savoir l'accès à la fonction de capitaine-général – même si cette fonction s'exerce dans une petite capitainerie, celle de Champagne-sur-Vingeanne, située à quelques kilomètres à l'ouest de la ville de Gray, en Comté[307]. Comment ce personnage s'est-il hissé au sommet des personnels d'exécution ? Quels talents a-t-il déployé ?

Considéré comme « *fort et robuste*[308] », il est d'abord clerc de procureur « *avant d'entrer dans l'employ… en qualité de garde à Mirebeau* », au sein de la Ferme des gabelles (novembre 1733, à 18 ans). C'est donc par le bas de l'échelle qu'il débute, avant de gravir un par un les échelons suivants. Il faut également remarquer qu'il entre dans la Ferme sitôt l'âge des 18 ans requis : preuve que la condition de membre de la basoche ne lui plaisait guère ?

Plusieurs éléments sont éclairants : d'abord, Mennetrier accepte de changer d'affectation à plusieurs reprises ; un an après son entrée dans la Ferme, il change ainsi trois fois : Marcilly-le-Port, Auxonne (les granges), Lamarche. Cette souplesse facilite sa promotion au grade de sous-brigadier à Vielverge (juin 1736) ; six mois plus tard, le voici promu brigadier à Argilly (décembre 1736), il est là aussi déplacé à plusieurs reprises : dans le même grade à Pagny[309] (avril 1737) puis à Pontallier (avril 1739). En février 1742, il poursuit cette mobilité professionnelle en étant nommé à Lamarche[310], puis à Dijon (1745).
Enfin, le 26 novembre 1749, c'est le couronnement d'une vie professionnelle dévouée à la compagnie. Celle-ci décide de le promouvoir au rang de capitaine-général, en poste à Champagne. En 16 ans, notre personnage a donc gravi les emplois.
Il y reste une vingtaine d'années, jusqu'à ce que la compagnie, le 15 août 1772, lui accorde une fonction moins exposée, celle de contrôleur au bureau des traites ; il est vrai qu'à 57 ans (dont 39 passées au service de la compagnie), ses états de service sont éclatants. En sus, la compagnie, qui remplit une place laissée vacante par son dernier titulaire, Moiron, lui accorde également une « *gratification annuelle de 200 livres* » ; la fonction est peu fatigante mais lucrative : la compagnie indique que « *cette place vacante luy a été accordée pour retraite* ». Peut-il cumuler sa pension, sa gratification et sa place de contrôleur ? Apparemment oui.

Moussard

Belle ascension que celle de cet ancien clerc de procureur, d'abord entré dans l'administration militaire des vivres et qui rejoint tardivement la compagnie, avant l'âge ultime (34 ans). Pour ce veuf chargé de famille –« *un enfant qui ne demeure pas avec luy* » -, la compagnie est certainement sa seconde famille et c'est ce qui explique sa fulgurante promotion : entré en juin 1770, il est sous-brigadier en septembre, brigadier en mai 1771, capitaine-général la même année à Auxerre, où il succède à Le Saché, révoqué. De l'avis de Joly, il a « *de l'intelligence et de la capacité* ».

« La Roche Tarpéienne est proche du Capitole » : l'itinéraire de Le Saché

Destiné dans un premier temps à « *l'etat ecclesiastique* », Le Saché, après avoir été commis 5 ans dans les aides, change ensuite de voie et entre dans la Ferme à 26 ans (1766). Là, il débute dans des emplois mineurs mais progresse de manière fulgurante : d'abord garde, il passe ensuite sous-brigadier, brigadier puis il est nommé capitaine-général en l'espace de trois ans seulement (1769). L'une des explications de ces promotions successives réside dans sa mobilité géographique ; il change en effet plusieurs fois d'affectation. Accessoirement, sa bonne instruction a contribué à lui offrir ces promotions successives.

La promotion est rapide pour Mongin, ancien militaire : en deux ans, il passe de la place de garde à celle de sous-brigadier, en poste à Montbard (1769). Mais en 1774, à l'occasion de la suppression de la brigade de Montbard décidée par le nouveau bail, il est déplacé comme commandant à la sous-brigade de Saint-Symphorien (entre Auxonne et Saint-Jean-de-Losne, aujourd'hui Côte-d'Or). L'année suivante, à la faveur d'un départ en retraite (un brigadier obtient un débit de tabac), il prend la tête, comme brigadier, du poste de Semur (1er septembre 1775). En avril 1778, un esclandre éclate entre lui et la compagnie : Mougin aurait vendu sa place afin d'offrir une dot suffisante pour le mariage de son fils (le *Registre* évoque une somme de « *300 livres* »). Le sachant, la compagnie, parce « *qu'ayant perdu sa confiance* », préfère le déplacer à Pagny dans son grade, où il succède à Jean-Claude Ormancey. Il est remplacé à Semur par Charles Debonnaire.

Quant à Brey, dix-sept années lui sont nécessaires pour passer du grade de garde à celui de brigadier. Il est vrai que cet ancien militaire, aussi domestique, s'était reconverti sur le tard dans les Fermes. En 1763, soit 12 ans après son recrutement, il est enfin remarqué pour avoir « *fait voir son zèle et ayant appris à verbaliser* », il passe sous-brigadier. Son premier commandement consiste dans une sous-brigade ; cela lui réussit puisque l'année suivante il passe brigadier et prend le commandement de celle de Vielverge lorsque celle-ci est élevée au rang de brigade sur instruction de la Ferme, en 1769 (elle disparaîtra cinq ans plus tard).

Pour Beuchon, également ex-militaire, seule une année suffit : sans doute avait-il déjà l'apprentissage de l'instruction[311], idem pour Marion qui était réputé dans ce domaine (« *sait bien écrire* »). Mieux encore, ce dernier remarqué par ses supérieurs pour ses qualités professionnelles (« *s'étant appliqué et s'étant mis dans le cas d'être brigadier* ») passe, deux ans plus tard, brigadier (1771).

C'est Merlin, alors affecté dans plusieurs postes successifs, et remarqué lors de son passage dans la brigade de Labergement en tant que sous-brigadier, le registre le décrit « *dans l'espérance que par son activité, sa sureté et son intelligence… il commande sa brigade dans toute l'activité qu'il doit avoir* » (1776)[312].

S'il est promu, l'agent concerné doit, le plus souvent, changer de poste et prendre sa nouvelle fonction dans une autre affectation (ainsi pour Govin qui, aux dires du contrôleur-général, « *méritoit de passer au grade de sous-brigadier* », 1776)[313]. Cette situation se vérifie également pour Finot, qui, s'il possède bien les qualités requises, est aussi critiqué pour avoir trop de connaissances dans le lieu où il exerce ; sa promotion - et son déplacement conséquent dans une autre brigade, presque deux cents kilomètres - est un moyen opportun de l'éloigner afin qu'il conserve toute la neutralité nécessaire (1771)[314].

La décrépitude : Trouillard

C'est un employé qui, parvenu au grade de sous-brigadier, décroche et s'il est ensuite réadmis dans son grade le plus élevé, ira cahin-caha durant plusieurs années sans parvenir à se ressaisir. Pour ce motif, il sera déplacé à plusieurs reprises. Trouillard réussit moins bien ; il se met à dos les habitants et ses subordonnés (1779) :

« sur ce que M. Chauvin capitaine-général a mandé le 5 dudit qu'il avoit été reconnu par les habitants des environs que led. Trouillard y avoit… par des repris de justice … ce qui est d'un très mauvais effet pour led. Trouillard non seulement vis-à-vis des habitants mais encore a l'égard des employés qui luy en faisaient reproche a raison de ce que cela ».

En conséquence de quoi il est déplacé de la brigade de Pagny à celle de Saint-Seine-en-Biache.

L'année suivante, Trouillard commet une autre faute : il emmène avec lui ses subordonnés dans un cabaret, ce qui fait dire au contrôleur-général qu'il fait n'importe quoi : « *ayant été obligé de changer tous les employés de ce poste pour division entre eux par l'effet du peu de liant du S. Trouillard qui y etoit sous brigadier et qui alloit au Cabaret avec ses employés* » (1780). Pour cette raison, il est muté à Labergement.

Le phénix : Merlin

Sanctionné par sa hiérarchie pour défaut d'activité, consécutive à l'action négative de son épouse, le brigadier Merlin est rétrogradé et poussé vers la sortie par la direction de Langres. Cependant, celle-ci, qui connait les qualités professionnelles du personnage (outre de l'expérience, il sait aussi verbaliser et présente bien), décide alors de lui offrir une seconde chance en l'affectant dans la direction voisine de Dijon. Il redémarre donc au poste subalterne de garde. De fait, l'essai est réussi puisque la compagnie loue son zèle, son activité, son intelligence et sa capacité à verbaliser. Aussi, quelques mois après ce retour, Merlin est d'un coup promu deux grades plus haut et il retrouve ainsi son grade de brigadier. Cela confirme la souplesse de la compagnie en matière de gestion du personnel. Il passe en effet de la fonction de garde à Saint-Jean-de-Losne à celle de brigadier en septembre 1772 dans la brigade de Lamarche, à la suite de Brachet, décédé. Très capable, cette nomination de Merlin s'accompagne de bons résultats : le promu n'a donc pas démérité la confiance que la compagnie avait placée en lui. Il est alors nommé à Pagny, parce que cette brigade a souffert d'une chute de son activité ; il s'agit donc d'y rallumer son zèle (« *Led. Merlin ayant été trouvé capable de donner à la Brigade de Pagny l'activité dont elle a été un peu ralentie, il luy a été donné ordre le 7 9bre 1772 de passer au commandement de la brigade de Pagny* »). Un autre folio indique une date différente pour la promotion (1er 7bre 1772).

Afin d'éviter tout conflit avec son épouse, le directeur exige que Mennetret, qui est fait brigadier, fasse venir son épouse chez lui, et qu'il cesse de lui louer une chambre à Auxonne, où il allait la voir de temps en temps. Pour la Ferme, cela peut en effet le déranger de son travail s'il va la voir…

Les déplacements : un élément d'efficacité

Le fait de déplacer un employé d'un poste vers un autre n'est pas en soi synonyme de sanction ; il peut être motivé par le fait d'utiliser sciemment les talents d'un subordonné à l'endroit dans lequel il a fait ses preuves et où il règne une bonne entente. C'est ce qui justifie le départ de Boirin cadet vers Saint-Jean-de-Losne, l'ordre indique qu'il ira près de son frère, alors brigadier, « *pour luy apprendre à verbaliser et s'occuper à en faire un bon sujet* » (1773).

Ainsi pour Claude Bertot, qui quoiqu'illettré, est reconnu comme un partait indicateur et capable de monter des traquenards aux trafiquants de tous poils de concert avec son supérieur. Cette bonne intelligence, qui a donné d'excellents résultats, doit évidemment être poursuivie. Aussi est-il muté de Saint-Seine vers Pontallier, parce qu'« *il a confiance au sous-brigadier avec lequel il a déja fait un travail très utile* » (1774).

Même chose pour Jean-Baptiste Garnier, qui, quoique petit et de médiocre figure, est repéré pour son écriture. Affecté d'abord à Saint-Seine, il est rapidement déplacé ailleurs afin qu'il fasse valoir ses qualités et s'instruise (1778)[315].

A contrario, l'employé qui est extérieur au duché de Bourgogne et qui sait se faire discret, reste un certain temps dans la même affectation. Ainsi, Pierre Buzard, originaire d'Anjou, est-il déplacé après onze ans passés dans son premier poste ; cette longévité est assez exceptionnelle (1769).

Pour le jeune Lefet, son passage de Dijon à Châtillon-sur-Seine n'est nullement une voie de garage. En effet, la Ferme compte sur lui pour assurer la bonne surveillance de la seconde ligne de la douane : là, il doit non seulement observer la bonne diffusion des débits commerciaux (en sel et en tabac), mais aussi concourir à « *la poursuite des fraudeurs qui auraient échappé aux lignes ou à la découverte de quelques versements* » (1778). Aussi ses qualités (sa « *conduite sage* », notamment) seront-elles appropriées.

En dehors des éléments qui précèdent, l'employé qui, reçoit des menaces à son encontre est protégé par la Ferme ; en avril 1775, après que la capitale bourguignonne ait été frappée de violentes émeutes frumentaires, le sous-brigadier Maire, en poste à Dijon, est en hâte déplacé dans un poste plus sûr. Son épouse, alors au service d'un conseiller au parlement de Bourgogne (de Saint-Coland ou Toland), avait été molestée et le sous-brigadier avait ensuite été reconnu en tant que tel[316].

À l'instar de toute institution, les Hommes qui animent la Direction des Fermes de Dijon n'exercent leurs fonctions que pour une partie de leur vie ; aussi doivent-ils, à un moment ou à un autre, les quitter. Mais cette cessation répond à des conditions différentes : quand les uns y parviennent au terme de leur vie professionnelle, pour d'autres, il s'agit d'incidents de parcours plus ou moins volontaires qui sont marqués par leur brièveté (chapitre 3).

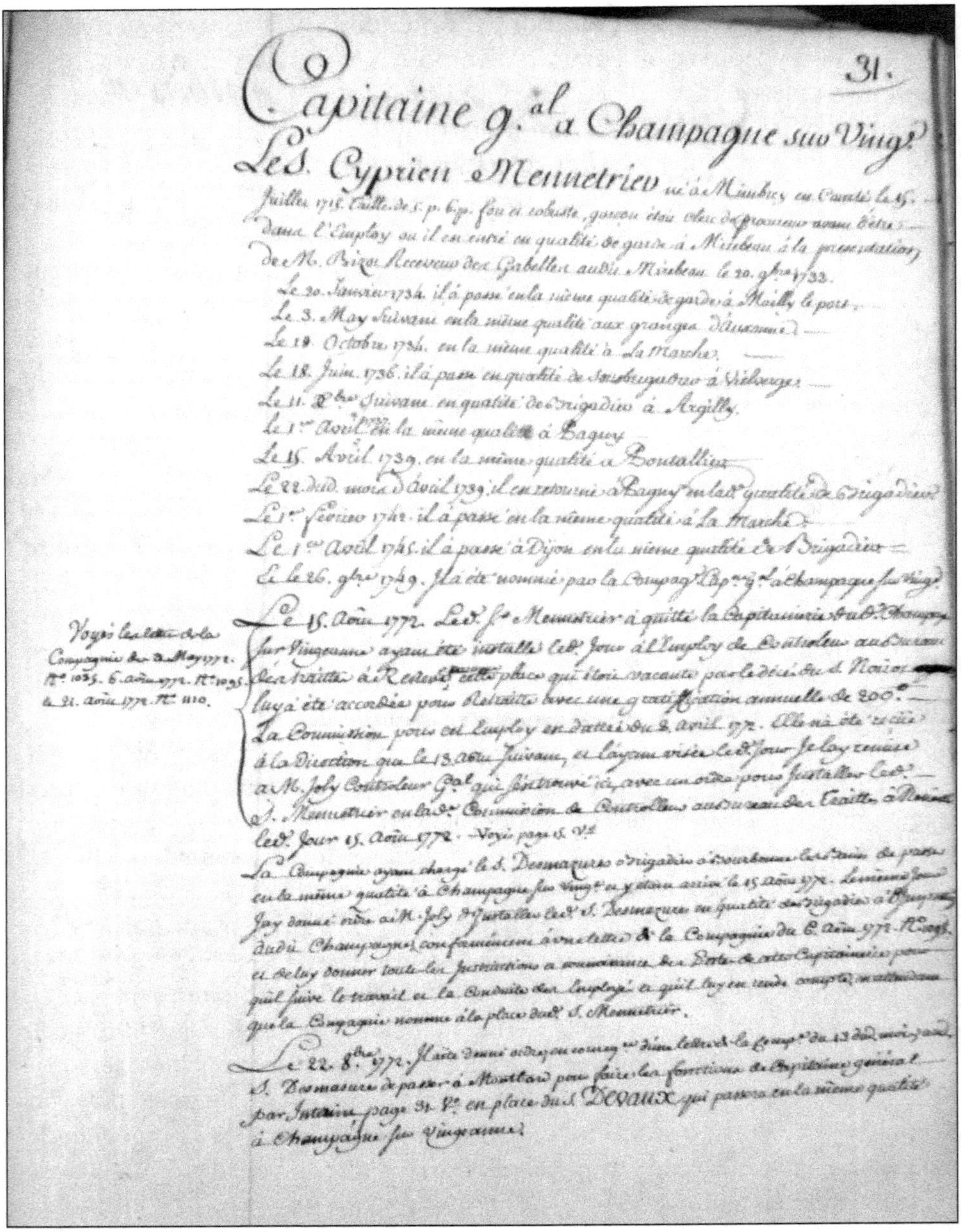
31.
Capitaine g.al a Champagne sur Ving.e
Le S. Cyprien Mennetrier né à Mirebeau en Comté le 15.
juillet 1715. taille de 5. p. 6. p. fort et robuste, garçon étoit clerc de procureur avant d'être
dans l'Employ ou il est entré en qualité de garde à Mirebeau à la presentation
de M. Bizot Receveur des Gabelles audit Mirebeau le 20. 9bre 1733.
Le 20. Janvier 1734. il a passé en la même qualité de garde à Mailly le port.
Le 3. May suivant en la même qualité aux granges d'Auxonne.
Le 14. Octobre 1734. en la même qualité à la Marche.
Le 18. Juin 1736. il a passé en qualité de sousbrigadier à Viéborger.
Le 11. Xbre suivant en qualité de brigadier à Argilly.
Le 1er Avril en la même qualité à Baguy.
Le 15. Avril 1739. en la même qualité à Boutallier.
Le 22. dud. mois d'avril 1739. il est retourné à Baguy en lad. qualité de brigadier.
Le 1er fevrier 1742. il a passé en la même qualité à la Marche.
Le 1er Avril 1745. il a passé à Dijon en la même qualité de brigadier.
Et le 26. 9bre 1749. il a été nommé par la Compag. Cap.ne g.al à Champagne sur Ving.e
Voyés les lettres de la Compagnie des … May 1772. N.o 1035. 6. aoust 1772. N.o 1095. et 21. aoust 1772. N.o 1110.
Le 15. Aoust 1772. Led. S.r Mennetrier a quitté la Capitainerie dud. Champagne sur Vingeanne ayant été installé led. jour à l'Employ de Controlleur au bureau des traittes à …, cette place qui étoit vacante par le décès du S. … luy a été accordée pour retraitte avec une gratiffication annuelle de 200.
La Commission pour cet Employ en datte du 8. avril 1772. elle n'a été receüe à la Direction que le 13. aoust suivant, et l'ayant visée led. jour je l'ay remise à M. Joly Controlleur G.al qui s'est trouvé ici, avec un ordre pour installer led. S. Mennetrier en lad. Commission de Controlleur au bureau des traittes à … led. jour 15. Aoust 1772. — Voyés page 8. V.o
La Compagnie ayant chargé le S. Desmazures brigadier à … les fonctions de passer en la même qualité à Champagne sur Ving.e et y étant arrivé le 15 aoust 1772. le même jour j'ay donné ordre à M. Joly d'installer led. S. Desmazures en qualité de brigadier à Champagne audit Champagne conformément à une lettre de la Compagnie du 6. Aoust 1772. N.o 1095. et de luy donner toutes les instructions et connoissance des …s de cette Capitainerie pour qu'il suive le travail et la conduite des Employés et qu'il luy en rende compte, en attendant que la Compagnie nomme à la place dud. S. Mennetrier.
Le 22. 8bre 1772. Il a été donné ordre, en conseq.ce d'une lettre de la Comp.e du 13 dud. mois, au S. Desmazures de passer à Montbard pour faire les fonctions de Capitaine général par interim page 31. V.o en place du S. Devaux qui passera en la même qualité à Champagne sur Vingeanne.

La fiche consacrée à Cyprien Mennetrier, capitaine-général de Champagne-sur-Vingeanne (ADCO C 11.418 fol. 31)

Notes du chapitre 5.

282 Ces privilèges sont établis par l'État ; les auteurs de l'ancien droit les commentent : GUYOT, *Répertoire*, t. IV, p. 85-89 ; *Encyclopédie méthodique*, Finances, t. I, p. 331-333.

283 *Répertoire*, t. IV, p. 83-95, v° Commis.

284 Un exemplaire imprimé de l'arrêt figure dans AN, G[1] 63 (pièce non cotée).

285 Dans notre étude, rarissimes sont les agents qui ont commis de tels actes.

286 Était prohibé le fait « de leur méfaire, ni médire, ni de publier contre eux aucuns libelles à peine de 500 livres d'amende et de punition corporelle », déclaration du roi du 27 juin 1716 sur la protection des commis et préposés.

287 CLINQUART, *Les services extérieurs*, p. 225 et s.

288 Cette disposition découle de l'article 14 de l'ordonnance de 1681 relative aux Fermes. Dans son *Ordonnance de 1687*. Paris, 1786, Magnien la commente.

289 Chiffres tirés de Lavoisier, *op. cit.*

290 Dans ce sens, cf. l'appréciation du directeur sur les capacités d'un employé, Boirin, garde, et qui souhaite s'élever dans la carrière. En 1771, il écrit : « *sur ce qui a été observé à la Compagnie par le S. Joly contrôleur général, de ce que le dit Boirin avoit travaillé avec succès à son instruction… qu'il étoit capable d'être sous brigadier* », *Ibidem*, fol. 237. Boirin est effectivement promu dans ce grade peu après.

291 Si le personnage possède d'indéniables qualités physiques et une bonne volonté, en revanche ses capacités mentales semblent plus que limitées : « *Le S. Moichine étant actif et ayant de la bonne volonté on feroit un bon employé, mais comme il n'a pas d'intelligence il faut qu'il soit avec un chef qui s'occupe continuellement de luy* », *Ibidem*, fol. 85.

292 Plus tard, il semble qu'apparaisse une quatrième condition : que l'impétrant soit en bonne condition physique. Ainsi pour Renaud, dont le contrôleur-général affirme qu'il peut passer sur la ligne, ce qui est de bonne augure pour son poste de sous-brigadier à Châtillon : *ibidem*, fol. 223.

293 Ainsi pour Finot, dont le capitaine-général Le Saché a repéré les capacités : « *Finot s'etoit appliqué à son instruction qu'il savoit verbaliser* », *ibidem*, fol. 241. Le contrôleur général a préalablement demandé - et obtenu - des informations au receveur général des tabacs d'Auxerre (octobre 1771).

294 Pour ne pas avoir respecté ce principe, Louis Viard est déplacé : « *a contracté des habitudes… qui le forcent à tout permettre aux employés pour éviter leurs réclamations. Il a même forcé le Brigadier de quitter en ce qu'il ne le secondoit en rien* » (*ibidem*, fol. 201, juin 1777).

295 AN, G[1] 13.

296 « *sous-brigadier, grade qu'il a mérité quoique depuis peu dans les Brigades, tant parce qu'il s'est mis en état de verbaliser que parce qu'il a de l'émulation, du zèle, une conduite honnête et qu'il est d'une figure à être à la tête d'une Brigade* » : *ibidem*, fol. 178.

297 Il s'agit du président de Vellefaux de Chappuis de Rozières (1704-1784).

298 *Ibidem*, fol. 94, le 1er octobre 1773. Aubert venait de la direction de Langres, où il avait rencontré des difficultés judiciaires, ce qui l'avait contraint de changer de direction provinciale de la Ferme pour venir en Bourgogne.

[299] Depuis longtemps, les deux greniers à sel avaient été commissionnés à une seule personne : cette situation prévalait déjà au moment de l'inspection du fermier général de Caze en Bourgogne, en 1745-1746 : PITRE, *op. cit.* p. 49.

[300] « *il ne le voyait pas assés instruit ni pour le verbal ni pour le commandement* », *Ibidem*, fol. 94. C'est Thomas Finey, garde à Châtillon, qui lui succède comme sous-brigadier.

[301] Il mesurait 5 pieds 6 pouces, soit l'une des tailles parmi les plus élevées de la direction de Dijon (1,68 mètre) : *ibidem*, fol. 93.

[302] « 5 pieds 5 p., fort et robuste », *Ibidem*, fol. 112.

[303] « *taille 5 p. 3 p.* », soit 1,60 mètre : *ibidem*, fol. 141.

[304] Certainement Labergement-lès-Auxonne.

[305] « *taille 5 p. 4 p.* », soit 1,62 mètre : *ibidem*, fol. 126.

[306] « *il manque de finesse... il n'a pas assés d'intelligence de Fermeté ni de représentation pour commander dans une ville et que d'ailleurs il ne donne pas au service des postes d'Auxonne la suite qu'il exige* » : *ibidem*, fol. 126.

[307] Dép. Côte-d'Or, arr. Dijon, c. Mirebeau-sur-Bèze. La ville comprend 242 habitants (dernier recensement connu).

[308] Mennetrieu était d'assez haute taille pour l'époque : « *5 pieds et 6 p.* », soit 1,68 mètre ; *Ibidem*, fol. 31.

[309] Aujourd'hui Pagny-la-Ville, à l'est d'Argilly.

[310] Aujourd'hui Lamarche-sur-Saône.

[311] « *s'étant appliquer à verbaliser et ayant toujours fait bien sa conduite* », *Ibidem*, fol. 106.

[312] Merlin passe ensuite dans la brigade de Saint-Jean-de-Losne, *ibidem*, fol. 141.

[313] Il sort alors de la brigade de Pontallier pour rejoindre celle de Saint-Seine, *ibidem*, fol. 99.

[314] « *il convenoit de l'éloigner parce qu'il étoit trop proche de sa famille et des connoissances qu'il avoit avant d'être dans l'employ*», *ibidem*, fol. 241. En conséquence, Finot est promu sous-brigadier et passe à Fontenelle, soit un déplacement de 190 kilomètres.

[315] *Ibidem*, fol. 51 v°. Garnier est alors déplacé à Labergement-les-Auxonne.

[316] Maire est alors promu brigadier à Renève. D'après le registre, « *la femme dudit Maire étant cuisinière chez M. de St Toland conseiller au parlement chez qui le 18 avril dud. mois la populace de la ville a mis tout au pillage et dont les gens ont été insultés, de manière que led. Maire l'ayant été luy même, à cause de sa femme, il a été forcé de le changer* » (*ibidem*, fol. 174).

Chapitre 6
Le changement d'emploi ou la fin des fonctions

Le registre qui constitue la base de cette étude fournit des renseignements vitaux sur l'activité humaine de la direction des Fermes de Dijon, depuis 1760 jusqu'en 1780. Il nous précise les centaines de mouvements qui affectent les quatre cents soixante-dix employés et cadres de cette direction. En réalité, il exécute une circulaire émanant de la Ferme qui, en décembre 1762, invitait les directeurs des Fermes à entreprendre un recensement des agents placés sous leur autorité. Toutes ces indications sont à collecter, afin de constituer une base de réflexion et de référence. La circulaire est très claire dans la collecte des renseignements ; elle ne distingue pas entre la vie privée et la vie professionnelle des intéressés :

> « Nous souhaitons que vous et les contôleurs généraux preniez les mesures nécessaires pour être sûrement et successivement informés si les commis de cette partie (les aides) s'absentent de leurs départements, s'ils sont adonnés au jeu, à la chasse, ou à d'autres dissipations, s'ils ont une dépense supérieure aux émoluments de leur place et à leurs revenus particuliers, s'ils découchent fréquemment de leur résidence…[317] ».

Pour mieux suivre ces informations, nous avons constitué une base de données : celle-ci indique des résultats diamétralement opposés à ce qu'on trouve ailleurs. En résumé, ces mouvements sont très importants : les recrutements sont deux fois supérieurs aux effectifs théoriques, ce qui témoigne d'un turn-over très important. Ensuite, les mouvements de cette base sont marqués par des sanctions très nombreuses (près de 250) : cela veut dire que deux employés sur trois ont été ou seront sanctionnés par leur hiérarchie. Certes, ces sanctions sont plus ou moins sévères, mais au sommet figure la révocation ; or, les révocations que nous avons inventoriées représentent la moitié des sanctions globales prises à l'encontre des employés : on ne peut donc partager le constat de V. Azimi, selon laquelle « *les révocations sont rares*[318] ».

D'ailleurs, ces sanctions touchent tous les employés, depuis un capitaine-général jusqu'au modeste garde qui constitue l'échelon de base. Dans le Hainaut, seul élément de comparaison dont nous disposons, les sanctions semblent avoir été moins importantes[319].

La cessation des fonctions peut reposer sur des éléments très différents, au nombre de quatre : si on trouve en premier lieu la démission - importante sans être essentielle –, il faut aussi faire une place à la révocation : cette cessation des fonctions prend la forme d'une sanction qui vaut cessation du contrat de travail de l'employé et perte de tous ses avantages. Enfin, le troisième facteur consiste dans le décès de l'employé. Quant à la retraite, elle n'est pas l'élément numériquement le plus important et occupe une importance moyenne. Examinons, l'un après l'autre, ces différents points.

La démission : ses explications

La démission est, en droit, un acte unilatéral par lequel un salarié lié par contrat à une société dénonce sa volonté de rompre son engagement. Rappelons que la Ferme générale est, en droit, une société de droit privé exerçant une prérogative de service public par délégation expresse du gouvernement français. Par conséquence, le lien de droit qui lie la compagnie à ses agents relève du droit privé (comme le rappelle la doctrine avec Gilbert de Marette dans le *Répertoire*[320]), mais les litiges qui en découlent sont, par la loi, déférés aux juridictions compétentes en droit administratif par la voie de la cassation (Conseil du roi).

Ce mode de rupture émanant de l'agent est important ; nous avons retrouvé 164 démissions actées par les agents entre 1764 et 1780. Si l'on rapporte ce chiffre avec les effectifs de la direction (159 en 1775), cela nous montre toute l'ampleur de cette forme de dénonciation du contrat de travail. L'agent entend conserver sa liberté professionnelle, en renonçant à toute relation avec la Ferme générale. Près de la moitié des démissions (46%) s'effectue dans la première année du recrutement (les plus promptes interviennent le lendemain même de l'embauche des agents : ainsi pour les gardes Blanchard et Guillaume). Cela explique, par ricochet, la nécessité d'embauches importantes permanentes qui soient proportionnelles aux départs volontaires. L'effet en est un renouvellement constant du personnel et cela s'appelle un turn-over, comme on en connaît dans des secteurs où l'ambiance au travail n'est pas jugée la meilleure (distribution,...).

Rarement, la Ferme se met en action pour faire renoncer un agent à sa menace de démission. Cependant quand le brigadier Chauvey rencontre des difficultés avec son supérieur à Saint-Seine-sous-Vingeanne, il menace de rendre sa commision « *pour s'en retourner chez luy* » (juin 1776) ; l'apprenant, tant le contrôleur-général que le directeur – donc les plus hautes autorités de la direction de Dijon - prennent intérêt à cette affaire. Le *Registre* souligne que cela « *aurait faché le D*[eur] [directeur] *qui connait ce sujet pour un des meilleurs chefs du Département et led. Chamoin* [capitaine-général] *qui également le connaît bien a désiré l'avoir sous luy*[321] ». En conséquence de quoi Chauvey est déplacé, mais reste dans la compagnie.

La démission peut-elle découler d'un accord officieux entre deux particuliers, l'un cédant sa place sous couvert de départ volontaire, tandis que le second lui succède dans ses fonctions à la faveur de son embauche ? Aucun élément du *Registre* ne permet de corroborer l'existence d'une pareille hypothèse dans la direction de Dijon. Si elle pouvait exister dans certains postes, cette pratique est en tout cas formellement interdite par le gouvernement : ce « *trafic d'influence* » est en effet prohibé par un arrêt du

Conseil du 9 juillet 1692[322]. Toutefois, le *Registre* se réfère à un tel évènement survenu en 1764, quand le garde Champy est indiqué avoir démissionné de son emploi à Tréchâteau en faveur de son fils Jean-Baptiste. Mais hormis cet élément, aucune autre occurrence ne révèle une telle pratique après cette date.

Si la Ferme constitue une seconde chance professionnelle, elle peut aussi décevoir ceux qui y entrent, espérant y faire une belle carrière et trouver une place qui convienne à leur caractère. Or, ces attentes peuvent être déçues, d'autant que le poids de la hiérarchie est tel qu'il peut hérisser des individus de nature indépendante. En effet, lorsque la Ferme émet un avertissement à un agent sur son travail et l'invite à se corriger, celui-ci peut considérer qu'il est confronté à une sorte de mur et que si, aucun dialogue n'est possible, il lui vaut mieux quitter de son plein gré la compagnie plutôt que d'en être chassé.

Ce faisant, lorsqu'un employé décide de quitter la société, il perd ses avantages et ne peut prétendre ni à une gratification, ni à une retraite. Dès lors, deux questions se posent : d'une part, celle de la motivation de tels départs ; d'autre part, le temps au cours duquel ils sont restés dans la Ferme (l'ancienneté).

Si des employés sollicitent un congé personnel (et l'obtiennent) ne donnent pas de leurs nouvelles, la Ferme considère alors qu'ils ont démissionné et pourvoit à la vacance du poste[323].

L'ampleur des démissions s'explique aussi par l'absence de véritables formes juridiques : plusieurs des employés prennent à peine le temps d'informer leur employeur qu'ils quittent la société (ainsi pour Pothier, qui a « *volontairement quitté l'employ* », ou pour Dauveulet avec la formule voisine « *qui a quitté l'employ* »). Un autre, muté d'office dans une autre brigade (il passe de Saulieu à Montbard), ne donne plus de nouvelles, la Ferme constate que n'ayant « *pas joint ce poste et qu'il avait été chercher de l'occupation autre part* », il est pourvu à son remplacement (1769).

Cependant, l'un d'eux a été poussé vers la sortie par les autorités supérieures : chargé de dettes, son insolvabilité notoire risquait soit d'entraîner une éventuelle corruption, soit encore des poursuites judiciaires de ses créanciers (Guyard, 1778). Aussi a-t-il d'emblée « *quitté l'employ* » pour reprendre l'expression consacrée[324], en dépit du fait qu'il ait été qualifié « *d'actif et de rusé* » par ses supérieurs.

Autre démission à laquelle semblait acculé un receveur des gabelles : Riboulet, après avoir quitté la juridiction des gabelles dans laquelle il siégeait, s'était fait délivrer deux commissions pour assurer la recette de deux greniers à sel. Or, en dépit de la proximité géographique de ces recettes, il ne prenait nullement son travail à cœur et manquait de la rigueur nécessaire ; pire encore, les paiements qu'il adressait à la recette générale étaient systématiquement en retard : tenait-il une comptabilité régulière ? Était-il dépassé par le cumul de deux recettes ?[325] Se désintéressait-il d'une place dont les émoluments étaient minces au regard de ses obligations statutaires ? Dès lors, on s'acheminait vers l'ouverture d'une procédure pour insuffisance professionnelle, lorsqu'il choisit de se démettre de ses commissions (1771).

Dans un esprit voisin, un visiteur des traites de Dijon, ancien brigadier, avait ainsi changé de fonction et améliorait ainsi ses revenus. Mais le travail devait être déplaisant, puisque Mallet s'en va sur Paris où il ne donne plus de nouvelles. Il est vrai qu'il était mal considéré par ses supérieurs et que, tôt ou tard, il aurait été sanctionné pour manquement. En tout cas, son départ laisse vacante sa fonction (1772).

Il semble que le lieu d'affectation s'impose comme étant l'une des données fondamentales qui explique la brièveté des fonctions des employés de la société. En effet, parmi les bureaux, celui d'Auxerre a été marqué par une valse impressionnante des effectifs ; ce phénomène presque unique dans notre étude mérite qu'on s'y attarde.

La valse débute avec un ancien manœuvrier, Flamerians, qui entre dans la société le 15 février 1769 pour la quitter début septembre, sans donner de motif. Le second, chargé de famille (il est père de cinq enfants), quitte son emploi dans la même brigade d'Auxerre. Quant au troisième, Malardot, sous-brigadier, il prétend quitter l'affectation dans laquelle il est afin de s'occuper de son père mourant (le *Registre* évoque un « *père caduc* », mars 1776). Deux ans plus tard (mai 1778), la Ferme le réintègre dans son grade mais dans une autre brigade, celle de Pontallier ; on présume donc que son père est, entre temps, décédé.

Pothier, après avoir fait un court séjour dans l'armée (deux ans), ne reste que deux ans et demi à Auxerre : manquait-il de vocation dans ces deux métiers pour y rester davantage ? Pour François Mourandon, entré dans la société en 1779 à 25 ans en qualité de garde ambulant, c'est au bout de quelques mois seulement qu'il en sort. Etant « *ci devant manœuvrier* », il « *était connu pour bon sujet, ce qui a décidé à l'admettre dans la brigade d'Auxerre* » (il était aussi de « *forte complexion* », qualité avantageuse comme on l'a vu). Or, en mai 1780, à peine six mois plus tard, il quitte la société pour des raisons apparentes de reprise du patrimoine familial[326]. La situation se reproduit avec son successeur, Nagrotte, qui lui aussi, ne reste que quelques mois – six – et quitte la fonction pour, dit-il, « *pouvoir terminer des affaires de famille* » (novembre 1780). Dans les deux cas, le départ se fait *ex abrupto* et aucun délai ne semble avoir été respecté ; quant aux personnes informées du départ, il s'agit parfois d'un collègue, rarement du supérieur hiérarchique (ex : Nageotte, « *sur ce qu'il a représenté avoir prévenu un de ses camarades en quittant* »). Dans ce dernier cas, Nagrotte feint-il d'ignorer que la Ferme pouvait accorder des congés exceptionnels pour régler de telles affaires ?

Dans un ordre moins important, le poste de Pagny est également exposé, une succession de gardes y fait du service, mais il est clair que ce poste semble une « *voie de garage* » et qu'il n'attire pas grand monde. En témoigne la plus brève carrière menée au sein de la Ferme : entré en juin 1771, Duvaulet y reste à peine six semaines. Son successeur, d'ailleurs, ne réussit pas mieux dans l'emploi : nommé le 1er août, son supérieur s'interroge sur son absence et s'aperçoit que Blanchard a, en fait, disparu sans donner de nouvelles ; « *qu'on ne savoit où il étoit allé quand il reviendra et qu'en conséquence il falloit remplacer Duvaulet* ». La Ferme fait donc preuve de pragmatisme ; après tout, lorsqu'un agent refuse d'obéir, il peut toujours s'en aller.

Même reproche émis par la Ferme à l'encontre de Ponsard, qui présente la particularité d'être le plus grand des employés recrutés (5 pieds et 8 pouces) et la qualité de « *savoir écrire et verbaliser* ». Mais contre toute attente, au bout de quelques mois, il ne donne plus signe de vie et la Ferme décide donc de le remplacer en lui laissant un court délai de deux semaines pour revenir : s'attendait-il à bénéficier d'une promotion rapide qui n'est pas venue ? (1771)[327]. Là, ses courts trois mois d'ancienneté ont convaincu la hiérarchie que Ponsard ne reviendrait pas et qu'il fallait donc lui trouver un remplaçant.

L'agent au bord du gouffre

Dans ce cas de figure, l'employé choisit de s'en aller et fixe les conditions de son départ, dans ce qui constitue la prévention d'une sanction que la compagnie s'apprête à lui infliger.

Ainsi en est-il pour Delpire qui, lorsque sa hiérarchie lui signale ses défauts, notamment son refus de vérifier les marchands ambulants – ceux-là même qui diffusent la contrebande de produits –, semble se braquer et quitter la Ferme plutôt que de s'amender ; il était évident que la Ferme s'apprêtait à le révoquer (1774)[328]. Même circonstance pour Druoton, qui s'était absenté quelques jours sans autorisation (22-25 février 1775). Son capitaine-général l'ayant suspendu de ses fonctions (« *interdit* ») et menacé de révocation, il quitte volontairement sa fonction.

Dans un sens voisin du précédent, Clemendot est admis dans la Ferme après avoir servi onze ans dans l'armée (octobre 1770). Mais, peu après son admission (six semaines), son supérieur – le brigadier du poste de Semur-en-Auxois, Pavillon – est informé par les collègues de l'agent qu'il a dissimulé ses services passés ; qu'il avait servi antérieurement dans la direction de Chalon où il avait rencontré des soucis. On lui reprochait, en effet, d'avoir accepté de l'argent de particuliers, de s'être enfui sans rendre ni commission ni ses armes. Il y avait été interdit et devait, dit-on, être mis en état d'arrestation : était-il soupçonné d'être le complice d'une bande de contrebandiers ? Démasqué, Clemendot prend alors la poudre d'escampette sans demander son reste. Cela pose le problème de la dissimulation des services passés par les candidats à l'embauche : la Ferme s'efforce de vérifier la moralité des employés qu'elle recrute… Elle y parvient, mais parce que le supérieur a enquêté sur son compte. Plus tard, il sera créé au XIXe siècle un livret destiné à renseigner les employeurs successifs et que devra présenter tout candidat.

Idem pour Mareschal, garde à Auxonne, qui quitte en 1779, alors qu'il devait être suspendu par son capitaine-général en raison de son « *goût pour le vin auquel il venoit de se livrer* si *complettement mieux étant de garde que le Ber et le sous-Ber avoient non seulement enlevé le registre mais encore la couverture du lit ou cet employé s'etoit jetté sans qu'il se soit aperçu de rien* »[329].

Quand Prosper Dacier, garde à Dijon, quitte la Ferme sans prévenir, il le fait « *en emportant sa carabine dont il n'avait remboursé que moitié du prix* » (1778). Or, peu après, on sait qu'il l'a restituée « *au corps de garde de la porte St Pierre* ». En apprenant son départ inopiné, la compagnie ne le regrette pas ; elle indique, pour bien marquer sa satisfaction qu'il soit parti de son propre chef, qu'elle avait des griefs à son encontre : « *cet homme est un écervelé qui a fait plusieurs tours de l'espèce en sorte qu'il a laissé beaucoup de dettes icy* ». Mais alors pourquoi attendre éventuellement la survenue d'un évènement irréparable, alors même qu'il est armé ?

L'expression d'un regret

Organisation bureaucratique, la Ferme constitue des dossiers sur les employés qui passent sous ses fourches caudines. Le dossier de chaque employé est soumis à des services qui déterminent les droits et obligations de chacun. Mais ce système n'est pas si mécanique qu'il y paraît ; dans maintes occasions, la société sait faire preuve de souplesse – comme dans d'autres domaines – et admet le retour d'anciens employés qui l'ont quitté.

En effet, un employé qui l'a quittée en bons termes peut être réembauché selon des règles à discuter. Il n'est donc pas rare de voir des ex-agents revenir dans la société, peu après l'avoir quittée. D'ailleurs, le plus souvent, ces raisons ont été admises par la société, d'où l'idée qu'il convient de ne pas se séparer définitivement de subordonnés qui avaient été remarqués pour leur bon travail et leurs qualités professionnelles. Ainsi pour Govin qui, au moment d'être promu sous-brigadier, refuse le poste proposé et rend la commission qu'il avait reçue (avril 1775)[330]. Mais ensuite (cinq mois plus tard), il revient au travail en qualité de garde.

Même situation pour Roux : après un bref passage de deux ans, il quitte sans prévenir. Deux ans plus tard, il est réadmis : le directeur note, comme pour se justifier, qu'il « *a montré la meilleure volonté et parce qu'il travailloit de luy même avec les brigades* » (1774). Or, l'année suivante, c'est la rechute : Roux se rend sans congé à la direction de Dijon, éméché et tient des propos peu cohérents ; il est aussitôt révoqué avec comme consigne de ne jamais le reprendre… Quand Courtier quitte la brigade de Dijon pour entrer dans les octrois de cette ville, il change brutalement d'avis et, trois semaines après, il obtient d'être réintégré (1775) : il est vrai que les commentaires de ses supérieurs étaient élogieux à son égard. Il passe alors à Auxonne où il est promu sous-brigadier… Espérait-il un avancement plus prompt dans cette administration municipale que celle qu'il pouvait espérer dans les Fermes ?

Mais c'est pour démissionner quatre mois plus tard et partir, avec son épouse, vivre dans les Flandres…

Le parcours emprunté par Jean-Baptiste Viard est étonnant : domestique, il rejoint la Ferme en 1769 à l'âge de 29 ans. D'abord garde à la brigade de Semur, il est ensuite affecté à celle de Châtillon (1770). Puis, deux ans plus tard (juillet 1772), il décide de rejoindre le service du marquis de Chastenay et restitue à la société sa commission et sa bandoulière ; il quitte donc la Ferme en y mettant les formes. Mais le *Registre* nous indique qu'il a changé d'avis ; en juillet 1773, moins d'un an plus tard, on apprend qu'il reprend du service comme garde à Dijon… On sait qu'il est repris car, d'une part, il avait donné satisfaction à ses supérieurs ; d'autre part, il avait quitté la société avec prévenance. Mais le 1er novembre de la même année, il quitte subitement son poste sans prévenir personne… Cette fois-ci, sa décision de partir sera la bonne.

Mais la Ferme, si elle admet un regret, ne l'entend pas deux fois ; il est vrai que la première fois, l'autorité du contrôleur-général est mise en jeu : si l'impétrant ne conserve pas la chance qu'il reçoit, il met son « *protecteur* » en porte-à-faux par rapport à la compagnie. Aussi est-ce l'attitude déçue de Joly qui, en 1779, se rend compte qu'Adrien Rocagel n'a pas saisi la chance qui lui était offerte. Fils d'employé de la compagnie, né en Lorraine, Rocagel fait son entrée en 1777 puis démissionne sans motif. Repris deux ans plus tard, on apprend qu'il en part sans prévenir pour devenir domestique au service d'un capitaine d'artillerie en garnison à Auxonne (de Besplar, 1779). Le contrôleur-général ne cache pas son dépit devant cette attitude désinvolte : « *comme il a quitté sans m'en prévenir, malgré ce que j'avais fait pour luy, il ne devra jamais être réadmis* ».

Quand Piageon quitte la Ferme, après 19 mois de présence, il précise qu'il agit à la demande de son père et, peu après, il est sans difficulté réadmis en raison des commentaires élogieux dont il fait l'objet (1773)[331].

Il en découle que les premiers mois de la fonction sont essentiels : soit l'employé survit à cette sorte de stage préalable et il reste, soit il préfère quitter la société en motivant sa décision ou non. Dans cet esprit, la Ferme n'intente aucune action pour les retenir ; elle semble admettre que ce « *turn-over* » est naturel et qu'il ne s'agit pas de retenir des individus qui ne sont plus motivés à travailler pour son compte. À moins que ce ne soit la personnalité de la hiérarchie dans ce bureau qui explique la cause de ces départs prématurés ? Ou le mal du pays ? Mais quatre d'entre eux - au moins – étaient bourguignons, ce qui exclut une telle hypothèse. D'ailleurs, plusieurs de ces démissionnaires savaient lire et écrire ; leur horizon professionnel n'était donc nullement borné à rester dans la même fonction de longues années. Relevons que la brigade d'Auxerre semble souffrir d'une sorte de malédiction, car le successeur des quatre démissionnaires, est révoqué pour fautes (cf. *supra* « *La faute* »). Ensuite, le sixième qui est recruté comme garde quitte lui aussi ses fonctions en 1775[332], *idem* pour le septième (1778), acculé à la démission pour ses dettes et aussi pour lui éviter une révocation infamante. Quant au huitième, le seul étranger francophone de notre étude, il est révoqué pour avoir mis en cause la probité de son supérieur hiérarchique.

Un second étranger – non francophone celui-là – s'engage jeune, à 20 ans (Buzard) ; il est placé à Athée mais, au bout de quelques mois, son capitaine-général informe la compagnie qu'il « *s'est engagé dans le Corps royal d'artillerie à Auxonne* » (1771)[333]. Etait-ce l'attrait de l'uniforme, sa taille relativement élevée (1,68m) qui l'ont conduit à quitter *ex abrupto* le service ? En tout cas, il reviendra dans la compagnie à l'issue de cet engagement, muni du congé absolu (1779).

En tout cas, cette démission, acceptée comme dans la nature des choses par la compagnie, n'obère nullement l'opportunité qui est offerte aux démissionnaires de revenir servir dans la Ferme. En effet, huit ans plus tard – donc au terme de son engagement dans les troupes -, Buzard est « *réadmis garde a St Jean de Losne* » (1779).

Même attitude que celle de François Limonnot : après cinq ans de service comme garde (1754-1759), il s'engage dans l'armée où il reste 10 ans ; de retour en Bourgogne, il sollicite sa réintégration dans la compagnie, demande qu'appuient et son père et son frère, tous deux de la Ferme (1769).

Le refus d'une mutation imposée

Dans maintes situations de déplacement d'office imposées par la compagnie, l'employé concerné refuse et préfère quitter l'emploi. Cette attitude s'explique par l'attachement à une zone de peuplement familiale (ex. Bauchetet). Elle se justifie également par la difficulté de trouver un logement convenable dans des zones ou les logements de qualité sont rares et parfois trop onéreux pour les ressources modestes des employés.

Plus rare est le geste de Souverain ; nommé brigadier dans le poste de Vielverge, très peu après, le capitaine-général est informé que cette nomination n'intéresse pas l'impétrant ; en effet, son épouse refuse de quitter Laperrière, où il était en poste (1772)[334]. Dès lors, refusant de rompre « *avec ses habitudes* » ou de s'éloigner de sa femme, qui a choisi de rester dans l'ancien village, Souverain quitte l'emploi de son plein gré, sans que la Ferme lui propose un autre poste géographiquement mieux adapté à son désir. Il perd ainsi ses quinze ans d'ancienneté et il a alors 36 ans. Or, s'il avait persévéré, le destin l'aurait servi puisque deux ans plus tard, la brigade de Vielverge est supprimée sur décision de la compagnie, lors du renouvellement du bail (le 1er octobre 1774). Toutefois, Souverain retombe sur ses pieds : il demande et obtient une recette des traites à Laperrière : il est vrai qu'il avait restitué sa commission et sa bandoulière dans les formes ; il ne fermait donc pas totalement la porte à une éventuelle réintégration.

Le garde Bize agit de même : apprenant qu'il est déplacé sur Dijon, il rend sa commission parce que son épouse « *ne voulait pas venir à Dijon*[335] ». En tout cas, cela témoigne de ce que la Ferme ne prend pas toujours en considération ni les charges de famille, ni les motivations familiales, pour décider des mutations professionnelles.

Convenances personnelles

Plusieurs démissions sont présentées pour des raisons de convenance personnelle : celles-ci sont motivées par des choix de vie, qui conduisent des employés à embrasser une nouvelle profession, moins éprouvante et plus prudente, soit à changer de régime matrimonial en se mariant. Ces deux choix influent sur leur décision de quitter la compagnie, dont les perspectives d'avenir ne paraissent pas toujours de nature à les rassurer.

S'agissant, d'abord, du choix de la profession, plusieurs démissions interviennent dans la brigade de Renève ; l'une concerne un sous-brigadier qui quitte la compagnie et rejoint la capitale pour y devenir banquier (Rivière)[336]. Quant au second, son départ est motivé par des raisons de famille ; il décide, en effet, de « *quitter la brigade pour aller se fixer en Flandres près des parens de sa femme* » (Jean-Claude Copin, 1777)[337]. Le troisième, Finot, avait rapidement passé l'échelon de sous-brigadier mais son élévation s'était arrêtée là. C'est probablement ce qui a pu le décevoir ; cinq ans après, il quitte la compagnie « *pour prendre à Auxonne la charge d'huissier de son beau père* » (octobre 1775). Dans ces situations, la fonction de sous-brigadier reste certainement trop faible, tant du point de vue des responsabilités que des traitements, pour inciter ses titulaires à rester dans la compagnie.

Si l'on sort de Renève, un ancien militaire originaire d'Artois (Tiquet) préfère quitter la société après 4 ans, pour être pourvu de la charge d'huissier à Fontaine-Française : sans doute sa haute taille et son imposante stature devaient-elles constituer des atouts dans sa nouvelle profession (1775).

Brigadier expérimenté en poste à Châtillon, Duvivier quitte la compagnie en bons termes : il indique vouloir exercer la fonction de commis aux gabelles chez le receveur de Saint-Jean-de-Losne ; il sollicite de revenir au bout d'un an, si la fonction lui déplait, ce que la Ferme accepte (août 1777)[338].

Après 5 ans d'ancienneté, Crochet démissionne car il indique avoir obtenu « *un Regrat et un débit de tabac* » dans son village de Broin, près de Chalon (1769).

Pour Sousselier, le projet qu'il désire suivre consiste à solder des affaires de famille, donc à vivre des biens ainsi récupérés (1778)[339].

L'attirance de la fonction militaire

Elle repose sur la volonté de changer de vie, sur la défense du territoire, et sur l'attrait que représente la prime au recrutement versée par les recruteurs (qui équivaut, généralement, à deux mois et demi de traitement d'un garde). Cependant, les traitements en vigueur dans l'armée française sont faibles et ont été très faiblement revalorisés depuis 1715. Ainsi, un simple soldat perçoit

175 livres annuelles, desquelles on déduit certains frais : c'est moins de la moitié du traitement du modeste garde. Quant à une pension, elle n'est envisagée qu'après un certain nombre d'années de services (sauf cas de blessures).

Originaire du Languedoc et entré dans les Fermes à 30 ans en 1767, Mandoule est de très haute taille (1,78m). Affecté à Auxerre, il y reste quatre ans avant de donner sa démission et d'entrer, déclare-t-il, dans « *la maréchaussée* » de cette ville. Sa double qualité d'ancien militaire et sa haute taille en font des atouts pour cette arme.

Dans la brigade de Pontallier, Mercier, garde, s'en va pour la guerre après son recrutement dans un régiment d'artillerie (mai 1776). Il est vrai qu'il traînait des difficultés relationnelles avec ses collègues et qu'il était déplacé souvent de brigade en brigade. Son successeur, Lormet, choisit également de quitter pour devenir « *garde des bois communaux de Pontallier* » (mai 1779). Dans un sens un peu voisin, Nicé, auquel on a enjoint de traverser le duché du nord pour se rendre vers le sud-est de la Bourgogne, refuse ; le registre mentionne qu'il s'est engagé dans l'armée (1771)[340]. Quant à Levêque, fils d'un contrôleur des salines de Moyenvic en Lorraine, il s'engage à 21 ans dans le régiment d'Aunis (en principe pour 8 ans, renouvelable)[341]. Il ne sera resté que 14 mois dans son poste de garde ambulant de Dijon.

Est-ce pour éviter pareille mésaventure que la Ferme déplace d'office le garde Simon Wersax ? Celui-ci était travaillé par « *des sergents du Corps royal* [d'artillerie] *qui voulaient l'engager* ». Pour ce faire, Wersax passe d'Auxonne à Labergement, ville dénuée de garnison où la présence militaire suscite moins de tentation auprès des agents (1774).

À Labergement, Rocagel, réadmis, quitte de nouveau la Ferme après trois mois seulement pour entrer au service d'un capitaine servant au régiment d'artillerie d'Auxonne. Parce qu'il n'a pas prévenu la Ferme de son geste, le directeur indique qu'il « *ne devra jamais être réadmis* » (1779).

Lorsqu'il apprend qu'il est déplacé sur Dijon, le garde René Petit-Jean, de Saint-Seine, quitte la compagnie et évoque la reprise de son ancienne profession de « *tissier en toile* ». En fait, il refusait d'être séparé de son épouse (1775)[342].

Enfin, Gérard, qui était entré dans la compagnie après avoir joué le rôle d'informateur, avec profit, en part neuf ans plus tard, préférant devenir garde-chasse au service de « *MM. les chartreux de Dijon* » (1780).

La même idée de convenance personnelle explique la démission de Limonnot qui rend sa commission après avoir épousé une veuve ; celle-ci, ayant obtenu de la régie un débit de tabac, il choisit de l'assister dans son travail de distribution (1770). Mais le poste qu'il occupait n'est pas perdu, puisqu'il est attribué à Jean, qui lui succède. Selon une autre référence, le départ d'un des deux frères s'explique par les soins apportés à leur mère, « *qui est très âgée* ». Jean Limonnot succède donc à son frère François au poste d'Athée et quitte alors le poste de Labergement (août 1773).

Sorti des cuirassiers après ses huit de services règlementaires, Trapet entre dans la Ferme à 34 ans : mais après quelques mois seulement, il rend sa commission, préférant à la vie d'employé à la brigade ambulante de Dijon, celle de garçon boucher (avril 1778). Il est vrai qu'il vivait alors chez ses parents à Nuits : a-t-il souhaité se rapprocher d'eux en menant une vie plus sédentaire ?

Deforêt est célibataire lorsqu'il entre dans la compagnie (1768) ; quand il en sort, deux ans plus tard, après avoir muté de Fayl-Billot (direction de Langres) à Mussy, c'est pour s'installer avec sa jeune épouse comme cabaretier dans le village de Mussy quand la Ferme exige qu'il soit déplacé à Châtillon (1770).

Sous-brigadier à Athée, Bresson démissionne après que la compagnie ait refusé de prolonger un congé qu'il avait demandé. La Ferme ayant retenu une partie de ses appointements, pour tenir compte de la partie de congé qui n'avait pas été autorisée, il s'en va (1775, 120).

Brigadier et promis à une belle carrière, Trecourt préfère partir en 1769, lorsque en poste à Montbard, le contrôleur-général lui reproche de travailler à faire des copies pour les notables de la ville, ce « *qui le dérangeoit de son employ* ». Muté sur Semur, il y reste quelques mois puis démissionne ; il s'était marié quelque temps plus tôt, et sans doute doit-on y voir un lien puisque la ferme apprécie peu de voir un employé travailler dans la patrie de son épouse, en raison des liens et des connaissances que ce dernier devait forcément y contracter.

Un autre confrère agit de même ; il épouse la veuve d'un huissier et démissionne alors de sa fonction (le garde Berger, à Auxerre, 1775)[343].

Rougetet, ancien valet, quitte la compagnie et annonce qu'il entre au service de Convers, gendre du receveur de Saint-Jean-de-Losne (Lambert). Il semble préférer son ancienne profession à celle de garde ambulant (1776). Dans un sens voisin, Royer quitte le service actif afin de devenir le cocher de « *madame de Mimeure* », épouse d'un parlementaire bourguignon bien connu[344]. Jean-Baptiste Viard préfère devenir « *le domestique de M. de Chastenay* » à Châtillon mais, après une année d'absence, il revient sur Dijon où il ne reste guère longtemps. Il aura donc quitté l'emploi deux fois en dix-huit mois !

Garde à Coulmier-le-Sec, Seuguenot doit élever quatre enfants ; or, de toute évidence, son traitement n'est pas suffisant de sorte qu'il tient cabaret et cumule donc deux emplois, ce qui est formellement prohibé par le règlement et la lettre de commission (« *voyant qu'on lui deffendoit de tenir cabaret* »). Après plusieurs avertissements, Seuguenot choisit, en 1763, après 11 ans d'ancienneté, de démissionner. En 1769, il tente de revenir : si son âge qui dépasse les 35 ans constitue un obstacle règlementaire, par grâce, le fermier général en charge de la correspondance accepte qu'il soit réadmis comme garde dans la compagnie.

Quant à Bernard, Champenois d'origine, il quitte son poste de garde à Dijon (mais reste dans la ville), faisant le choix de reprendre « *son métier de faiseur de bas* » (1775)[345].

Pour Mignardot, il parvient à dissimuler son activité de tonnelier à « *Ladois* » (Ladois-Serrigny), jusqu'à ce que le contrôleur-général le découvre, le dénonce à la Ferme et que celle-ci choisisse de le révoquer, après 3 ans de services cahotiques.

C'est la même situation pour Grand Perrin, qui intéressait la Ferme par sa grande taille et sa prestance. Or, quand celui-ci reçoit sa commission pour être reçu garde à Semur-en-Auxois, il rend sa commission et refuse d'être installé, au prétexte que ni sa femme ni ses enfants ne viendraient le rejoindre en raison de l'éloignement du poste dans lequel il était affecté. Cette démission intervient seulement trois jours après la délivrance de la commission. Signe que la Ferme est une société bien rodée à ces turn-over de personnel, le remplaçant de Grand Perrin est nommé le lendemain de sa démission (1er-4 novembre 1773)[346]. C'est donc relever que la compagnie dispose de fichiers du personnel bien agencés, parce qu'ils permettent aux autorités de gérer le personnel de la façon la plus adéquate possible et d'un coup d'œil, de connaître avec précision le personnel disponible qui pourrait être déplacé d'un poste à un autre dans le ressort de la Direction.

Après la disparition de sa mère, le garde Nobelot informe la compagnie qu'il rend sa commission ; sans doute est-ce pour revenir sur Vesoul, sa patrie ? (1773)[347]

Quant à Pingeon, c'est son père, laboureur, qui intervient auprès du capitaine-général pour réclamer le retour de son fils auprès de lui ; cela dénote certainement la volonté d'une reprise du domaine familial, un an et demi après son entrée dans la compagnie (1770)[348]. Le père du garde Lefet (Auxerre), chirurgien, intervient pour que son fils choisisse un meilleur parti que celui de la Ferme et celui-ci quitte la compagnie en mars 1771. Il en informe la Ferme qui, l'année suivante, le réadmet sans difficulté à Labergement[349].

Plus bizarre est cette attitude de Berget qui, ancien soldat originaire de Comté, est déclaré « *marié avec 1 enfant* » mais le registre nous apprend que peu après son recrutement, « *il a quitté l'employ et s'en est allé avec une fille* » (1771).

En quittant la compagnie et en rapportant la commission, on pourrait croire que Jean Mougin – ancien militaire durant 4 ans au régiment de Belsunze – cherche une autre place ; en fait, il semble avoir prémédité une minable mais alors classique escroquerie : deux jours plus tard, il se fait recruter avec trois autres larrons par un officier de présence à Dijon (Agran, du régiment d'Aquitaine), empoche la petite prime d'engagement (72 livres, soit l'équivalent deux mois et demi d'appointements) et se sauve de la ville.

Pour éviter tout scandale, un brigadier parvient à le retrouver et lui fait restituer l'argent (1776).

Dans le registre des changements matrimoniaux, Mauroy quitte Ferme et enfants (il en avait déclaré deux) en décembre 1776 ; il indique à ses supérieurs qu'il leur laisse deux choses : sa bandoulière, qui constitue une sorte de caution de la Ferme sur ses agents ainsi que ses appointements à valoir, car « *il étoit parti avec une fille et avoit laissé sa femme a qui il écrivoit de ne pas le chercher parce qu'il ne rentreroit pas avec elle* »[350]. Etaient-ce ces affaires de famille qui l'avaient conduit à quitter la direction de Chalon peu avant ?

Quant à Duvollet, il quitte son poste de garde à Dijon en septembre 1777, au motif qu'il prend pour épouse une femme originaire de la capitale bourguignonne « *et qui y a tous ses parents* ».

La menace de la justice

L'employé doit rester probe et sans tache et lorsqu'il est passible de poursuites judiciaires, sa situation devient fragile au sein de la compagnie. En effet, le règlement statutaire de la Ferme (ordonnance de 1686) dispose que ses employés doivent être sans reproches et de bonnes vies et mœurs, de sorte que ceux qui sont en disgrâce avec la justice ne peuvent rester sous la sujétion de l'administration fiscale. Cependant, la règle est que tout employé reste innocent tant que l'affaire n'a pas été jugée sur le fond. Par conséquent, l'ouverture d'une procédure criminelle contre un employé ne remet pas en cause son attachement à la société. La nature même de la procédure est indifférente ; c'est la condamnation éventuelle qui constitue une tache et sur l'honneur et la confiance de l'employé. Mais cette règle n'est en rien intangible : la Ferme, de ce point de vue, conserve une liberté d'action et elle peut donc décider de se séparer d'un employé qui aurait maille à partir avec la justice.

La réputation judiciaire

Lorsque Quirot perd un procès criminel que lui a intenté un dentiste (Charlet), en appel et avec amende (après l'avoir gagné au bailliage), la Ferme juge à propos de le déplacer de Dijon vers Labergement, le mettant ainsi plus à l'abri des « *suites* » fâcheuses que ce procès perdu pourrait avoir (1775)[351]. Puis, après avoir appris que Charlet se promenait vers cet endroit et qu'il avait des amitiés dans la garnison, le directeur juge plus prudent de le déplacer à Semur-en-Auxois. D'autres gardes sont aussi concernés par ce genre d'affaires, comme Renevey, qui sort également de Dijon après des altercations avec un plâtrier qu'il avait verbalisé pour refus de visite (1775), ou Fournier.

Pour Claude Blandin, la menace qui pèse sur lui consiste dans la prison pour dettes ; aussi la Ferme l'a-t-elle, vainement, incité à régler ses créanciers. Soumis à la surveillance vigilante de cet employeur exigeant qu'est la compagnie, Blandin n'a pas tenu et a préféré la quitter (décembre 1776)[352].

Or ces dettes étaient plutôt faibles au regard de ses revenus annuels (55 livres, dont 15 contractées depuis qu'il était affecté à la brigade de Pagny).

La menace de poursuites pénales

Elle repose sur un fait générateur passible de poursuites pénales ; dans cette circonstance, la Ferme verrait sa réputation écornée par l'emploi d'individus malhonnêtes. Or, c'est évidemment toute l'image contraire que la compagnie souhaite présenter. C'est ce qui explique qu'elle cherche d'abord à vérifier systématiquement les dires d'accusateurs ou de rumeurs, en recourant au contradictoire. Par conséquent, accusateur et auteur présumé sont mis en présence : chacun prétend ou se défend des dires de l'autre. Ainsi considéré, ce système doit permettre à la vérité de jaillir. La direction de Dijon a, à l'égard de l'autorité judiciaire, un comportement moins fuyant que son homologue du Hainaut qui, en cas de menace de la justice, incite les employés concernés à fuir pour se réfugier hors de son ressort[353].

L'affaire la plus évidente est celle de Dumagny : ce tailleur d'habits, devenu garde à Dijon, n'a pas abandonné toute velléité de se servir de son ancienne profession pour vivre : il se rend chez un marchand dijonnais auquel il achète du tissu et prend un habit qu'il doit raccommoder ; or, l'un et l'autre sont aussitôt revendus, ce qui conduit le marchand à entamer des poursuites contre l'employé du fisc. Prévenue du fait, la compagnie mène son enquête et confronte l'accusateur avec le garde : Dumagny, mis en difficulté prend les devants ; il rend sa commission et sa bandoulière.

Quand Roux moleste un domestique qui travaille chez son hôte, le fait est passible de poursuite pour « *violence et voies de fait* » ; l'employé préfère partir de son propre chef (1772)[354]. Toutefois, deux ans plus tard, il sera réadmis dans la brigade de Saint-Seine (1774).

Ainsi d'Aimé, « *révoqué… attendu que cet employé a été décrété d'ajournement personnel* » (août 1776)[355]. En tout cas, on ignore dans quelles conditions et par quelle juridiction la mesure a été rendue.

Coirier, garde à Talmay, en fait l'expérience. Lorsqu'il s'absente de son poste sans justification, la compagnie enquête et découvre alors qu'il « *a été décrété de prise de corps par le Présidial de Chatillon* », « *comme complice de vol fait par sa femme précédemment découvert… que ce décret luy avoit été signiffié qu'il avoit été avisé en conséquence et qu'il avoit trouvé le moyen de se sauver* » (1773). Dans cette affaire, la prise de corps constitue, en droit, un ordre d'incarcération provisoire d'un individu, de sorte que l'incrimination dont est menacé l'agent est grave. Ainsi, la fuite de l'employé équivaut à sa démission d'office ; on ne saurait, en effet, admettre qu'un coutumace (c'est-à-dire un particulier condamné par la justice en son absence) reste employé du fisc parce que ce serait un aveu de culpabilité de sa part.

La prévention d'une sanction administrative

Garde à Châtillon, Jeannelle s'absente sans motif pendant que son unité et d'autres sont mobilisées pour une opération « *coup de poing* » contre une « *bande de fraudeurs* » dont le passage a fait l'objet d'une information privilégiée (la Ferme a été prévenue par des délateurs). Après enquête, la compagnie acquiert la certitude que Jeannelle s'est rendue sur la Vingeanne (octobre 1770), puis à Besançon à ce moment précis : faisait-il partie d'un réseau d'informateurs qui travaillait pour des fraudeurs opérant en Comté ? Aussi, « *prévoyant sans doute que sa destitution serait ordonnée* », il prend les devants, rend sa bandoulière, sa commission et reçoit la valeur de la première (4 livres).

Ancien déserteur, Dautel quitte la Ferme après quelques mois, dit le registre, pour devancer la révocation qui lui pendait au nez : il était réputé « *par sa débauche et son ivrognerie* » (1776)[356].

Quand Plissard est de garde à Auxonne et qu'un chariot suspect entre dans la ville sans être fouillé comme il l'aurait dû, il est considéré comme responsable et sanctionné pour avoir enfreint les consignes strictes données par la direction (1778). Néanmoins, le registre évoque tantôt une démission, tantôt une révocation. En raison des circonstances (faible ancienneté, circonstances de la faute, nous la considérons comme une démission de l'employé mais le registre dit le contraire et mentionne « *les raisons qui l'avoient fait révoquer* »)[357]. En fait, l'employé a cru à la véracité de la fausse lettre de voiture qui lui était présentée en dehors des heures du bureau (le 14 septembre 1778, à 8 heures du soir). De toute évidence, son inexpérience a joué contre lui.

L'année suivante (avril 1779), une histoire d'introduction frauduleuse de marchandise de mercerie dans Auxonne est repérée par la compagnie ; celle-ci réagit et, en instance de sanction, deux gardes qui avaient été corrompus prennent les devants : ils démissionnent sans attendre (Loreau[358] et Mariotte). Même geste pour le garde Coudry : soupçonné de vol, il quitte la compagnie en 1780[359].

Même affaire pour Mathieu, il préfère quitter la compagnie après que la Ferme ait enquêté sur un fait intervenu à la fin de février 1780 ; là, un chariot suspect aurait été autorisé à entrer en ville d'Auxonne et ce garde aurait touché un pot-de-vin (« *pour avoir favorisé pendant la nuit l'introduction d'une voiture chargée ; cette somme* [4 livres et 10 sols] *luy a été remise par Bouchet Bou*^er^ [boucher] ».

Enfin, citons un jeune homme qui, pour éviter la milice, se jette dans les bras de la compagnie, pour la quitter après quelques mois de présence seulement (1779)[360].

Pour jeter les yeux sur les démissions qui jalonnent la direction de Dijon, nous avons construit un tableau, tableau dans lequel certains employés ne sont pas compris, tel Jean Girard qui, recruté le 1er juillet 1774, change d'avis et refuse sa commission au motif qu'il cherche une autre position[361]. Quant à Louis Genot, il est pris de remords et, une fois parti de son plein gré (mi-août), revient où il est admis sans difficulté par la direction, mais c'est pour repartir aussitôt (mi-septembre 1772)[362]. Courtier suit la même attitude ; quand il revient pour repartir, le motif avancé consiste à « *rejoindre sa femme en Flandres* » (février 1779).

Quand Chauvenel apprend qu'il est muté de Dijon à Semur, du fait de son habitude avec une femme (20 août 1774), il quitte de son propre chef la compagnie. Peu après, une fois marié avec celle qu'il fréquentait, la Ferme le réengage à Auxerre en février 1775. On ne l'a donc pas compris dans les démissions.

La démission peut aussi être forcée par l'entourage familial ainsi pour Bernard Artin qui s'engage à 26 ans sans avoir, semble-t-il, obtenu l'accord de son père. Lorsque celui-ci apprend l'engagement de son fils, il « *a paru désapprouver qu'il eut pris cet état, voudrait le faire enfermer* ». Cette réaction très négative conduit Artin à démissionner de son emploi quelques jours seulement après en avoir été pourvu (août 1778).

Tableau 10 Les démissions d'employés : l'ancienneté dans la fonction (nombre et %)

0-1 an	13 mois-3 ans	4-8 ans	8 ans et plus
75 (46%)	**36** (22%)	**33** (20%)	**15** (9%)

Pour apprécier la fréquence des départs volontaires des brigades de la direction de Dijon à sa juste proportion, nos statistiques reposent sur deux colonnes : l'une indique les effectifs globaux de la brigade concernée, tandis que l'autre colonne indique le nombre de démissions. Ainsi, l'une et l'autre colonne permettent de prendre du recul par rapport aux brigades à grands effectifs. Notre échantillon concerne 164 démissions, que nous avons classées par ordre de brigades. Le tableau reflète la situation de l'emploi et de son instabilité : plus la colonne est grande, plus les employés semblent peu apprécier l'ambiance d'une brigade déterminée et réagissent par la démission.

Graphique 3 Fréquences de démission dans les brigades

De façon constante, la Ferme laisse l'un de ses agents la quitter ; elle considère qu'après tout, l'employé est libre de reprendre sa liberté. Néanmoins, dans une occasion, elle réagit aussitôt qu'elle apprend qu'un sous-brigadier de qualité (Taffonneau), affecté à Saint-Jean-de-Losne, a manifesté son désir de démissionner. La cause de ce départ volontaire réside dans une mésentente de travail entre Taffonneau et son supérieur : deux mois à peine ont suffi pour que ces relations soient exécrables. L'apprenant, la Ferme a pris la peine de déplacer Taffonneau en lui demandant de rejoindre Dijon, ce qu'il a refusé. Dès lors, tout doit être fait pour retenir Taffonneau, parce que « *ce sujet étant connu pour devoir se distinguer dans les Brigades* » (avril 1779) : tant le capitaine-général que le brigadier interviennent pour apaiser la situation. Cette intervention de la hiérarchie auprès du démissionnaire conduit à ce qu'il rétracte sa démission.

Hormis ce qui vient d'être dit, l'exercice des fonctions est aussi et surtout tributaire des fautes commises par les employés. De ce point de vue, c'est une surprise de révéler que les fautes et les sanctions sont pléthore : en effet, la Ferme apparaît, à cet égard, comme une véritable « *machine à sanctionner* » tant les manquements sont nombreux et les sanctions extrêmement nombreuses. Il est vrai qu'en agissant ainsi, la compagnie entend maintenir sa cohésion, en se défaussant des éléments qui ne trouveraient pas leur place en son sein.

Fautes et sanctions : la Ferme, une machine à sanctionner

Éprise de rationalité et soumise par les pouvoirs publics à une concurrence sur les prix et moyens des baux qui font sa raison d'être, la Ferme générale s'efforce d'accroître ses gains de productivité et d'assumer sa mission : collecter l'impôt avec un mélange de précaution et de fermeté. Pour ce faire, elle emploie alternativement la carotte et le bâton pour inciter ses employés à faire toujours davantage. La carotte, c'est l'intéressement qui revient aux employés lors des saisies et la perspective d'une promotion ; le bâton, c'est la sanction. Il s'agit donc de les inciter, par la persuasion, à déployer leurs talents et leur énergie. Nous suivrons donc, maintenant, le thème consacré aux fautes et aux sanctions, en débutant par les fautes qui peuvent être relevées à l'encontre des employés de la direction de Dijon.

Les fautes relevées

Insérés dans une administration structurée, les hommes de la Ferme générale subissent le poids de la hiérarchie et des contraintes de leur état : ils doivent, notamment, supporter des inspections et être en mesure de donner de bons et loyaux états de service. Dans ce cadre, la moindre légèreté, le moindre écart de service donne lieu à une mention dans un registre spécial et, lorsque la faute est d'une gravité suffisante – ce qui exclut la faute légère –, elle fait l'objet d'une enquête menée par le contrôleur général qui établit un rapport détaillé ; ce rapport est, enfin, adressé à une commission de la Ferme qui établit une sanction ; celle-ci est matérialisée par une lettre de décision qui est conservée dans le dossier avec un numéro d'ordre. S'il existait apparemment un carnet spécial relatif aux enquêtes menées dans le cadre disciplinaire, comme le mentionne le directeur de Dijon dans une procédure, il n'a pas été conservé par le temps[363].

Quant aux fautes commises – lorsqu'elles sont indiquées, ce qui n'est pas fait de façon systématique –, on se rend compte qu'elles émanent, presque toujours, des agents d'exécution et non des hauts cadres. Surtout, les fautes se distinguent selon qu'elles relèvent de la sphère privée ou de l'espace public. Quant à établir un lien de causalité entre les fautifs et leur origine sociale ou professionnelle, il reste malaisé.

Reste que les fautes imputées et retenues pour une sanction visent essentiellement les employés ; les agents intermédiaires, quant à eux, sont certes soumis à une surveillance, mais ils parviennent à échapper à toute procédure, même lorsque la Ferme a quelque grief contre eux. Ainsi, Riboulet, qui détient deux recettes des gabelles, est décrit comme un comptable peu exact et peu zélé[364] ; pourtant, en dépit de ces éléments négatifs, il conserve ses fonctions jusqu'à sa démission (soit 15 années en fonction). Cela veut dire que la compagnie temporise lorsqu'elle détient des garanties suffisantes qu'elle peut faire jouer en cas de difficultés. Tel n'est pas le cas des « *petits* », de ces centaines de gardes ambulants.

La réaction de la Ferme à un incident est parfois tardive, cela veut dire qu'elle donne le maximum de chance à un employé pour se racheter. En agissant ainsi, elle peut fragiliser le tissu d'une brigade, en conservant trop longtemps un employé qui n'y aurait pas fait ses preuves et qui, pire encore, aurait sapé la bonne ambiance d'un poste particulier[365].

On distingue les fautes privées – très faibles en quantité – des fautes professionnelles, en commençant par les premières.

Les fautes privées

Ce sont d'abord les relations d'ordre sentimental qui attirent l'attention.

Quand Vénus nous prend…

La débauche constitue une atteinte aux mœurs ; à cette époque, elle est prise en considération par la compagnie, qui y voit une atteinte à sa réputation lorsque l'un de ses subordonnés vit avec une femme dans le péché sans être lié en droit ; c'est le « *qu'en dira-t-on* ». La compagnie ne saurait accepter qu'un employé n'obéisse pas aux « *conseils* » émanant de ses supérieurs. Dans cette perspective, l'employé sort de son rôle en rejetant l'idée même de subordination qui le lie à la Ferme : il doit en effet obéir aux ordres qu'il reçoit.

Or, telle n'est pas la bonne attitude de Girardot, garde à Pagny, dénoncé par le curé d'un petit village comme étant l'auteur d'un scandale aux bonnes mœurs. Signe qu'elle intéresse au plus haut point l'avenir de la compagnie, l'affaire est dénoncée comme telle par les deux supérieurs de haut rang de l'agent, à savoir le capitaine-général et le contrôleur-général. Ceux-ci attestent que « *le curé de la paroisse se plaignoit qu'il y avoit des habitudes scandaleuses, il a été trouvé convenable de le changer pour l'éloigner et en conséquence* » (1771)[366]. En conséquence de quoi Girardot est éloigné sur Mussy. Même attitude envers le jeune Chauvenel ; cet ancien militaire de haute taille et de belle élégance a de quoi séduire ; en tout cas, lorsque la Ferme apprend qu'il a « *une habitude qu'il a contractée avec une femme de Dijon* », il est déplacé de la ville vers la campagne (août 1774)[367].

Même intervention du curé de Pontallier auprès des autorités de la Ferme, afin d'éloigner un garde entreprenant, Bonvalet. Ce motif, joint à ses mauvaises habitudes, conduisent à le déplacer vers Auxonne (1775)[368].

Cette considération de moralité subsiste puisqu'une troisième affaire secoue l'administration, quelques années plus tard. En 1779, Pajeot voit sa conduite dénoncée par le contrôleur-général, pour « *sa débauche avec une femme de son poste* » ; le registre évoque « *le scandale* » et, pire encore, le défaut d'écoute de ses chefs, « *de ses camarades et du curé* » qui l'enjoignent de cesser son comportement[369]. En agissant ainsi, Pajeot se place de lui-même hors du champ de la société et de ses règles puisqu'il n'écoute que ses plaisirs et non ses devoirs. Mais la Ferme, si elle reconnait la faute, semble admettre une atténuation de la peine, puisque ce garde est déplacé et non révoqué[370] - en dépit des trois sanctions qui lui avaient été infligées depuis 1773. Cela rejoint la défense de la moralité, dont la compagnie aime à se faire la garante auprès de la société.

Le thème de la séduction est mal considéré, car il constitue une menace potentielle parce qu'elle peut porter atteinte aux capacités physiques des employés et réduire leur propension à participer aux tournées : en 1773, un garde (Pingeon, Tréchâteau) est réputé de « *santé médiocre* » puisqu'à en croire le directeur, c'est la conséquence logique « *d'une maladie suite de son libertinage.* Il venait d'être déplacé d'Auxonne, « *mère de tous les vices* » selon le directeur[371]. Il sera destitué comme étant incapable d'assurer un service.

Dans un cas voisin, Pierre Mugnier est soupçonné de vouloir conclure un mariage (il a alors trente ans) qui paraît ne pas convenir à la compagnie (« *pour le détourner d'un mariage qu'il veut y faire* ») ; pour cette raison, le contrôleur-général demande et obtient qu'il soit déplacé d'Athée à Auxonne (1769).

La Ferme est mal à l'aise avec les comportements suspects de ses agents, ainsi pour Sonnet : garde à Saint-Jean-de-Losne, on lui reproche de laisser son épouse recevoir du monde dans leur domicile. Pour la compagnie, le moindre soupçon est intolérable ; le registre indique qu'il « *faut faire cesser la conduite… sa femme… recevoit chez elle… toutes sortes de gens qui occasionnoit une sorte de scandale qu'il étoit impossible de tolérer* ». À cela s'ajoute une absence nocturne injustifiée, qui conduit à une double sanction : suspension partielle de traitement et déplacement (1775)[372].

Reste que ce thème de la séduction peut être dépassé par une faute plus grave : ainsi, peu après son recrutement, Boiteux est révoqué, outre son « *peu d'activité* », pour avoir laissé « *sa femme dans un commerce infame* » ; le registre indique que des scènes peu sérieuses se déroulaient dans le corps de garde et que des camarades étaient impliqués. Était-ce du proxénétisme ? (octobre 1779).

N'est pas clown qui veut

La conduite privée intéresse la Ferme quand elle est de nature à jeter le discrédit sur l'institution toute entière. Pour ce faire, la Ferme est régulièrement informée des actes de ses employés lorsqu'ils seraient répréhensibles du point de vue de la morale. Ainsi, lorsque le garde Claude

Mugnier commet un scandale lors du carnaval, c'est le curé qui exprime ses doléances aux autorités fiscales. Celles-ci sont prises en considération et Mugnier est alors déplacé, parce que la Ferme lui reproche d'être à la fois « *dissipé et libertin* » (1775).

Garde à Tréchâteau, Nicolas Moichine semble aimer la vie et le montrer ; la Ferme en fait, dans le *Registre*, une description qui lui déplaît ; un agent est là, avant tout, pour percevoir l'impôt et faire la chasse aux fraudeurs ! « *Etant très dissipé, faisant le baladin et jouant du violon, et avait d'autant moins de subordination qu'il avait plusieurs fois quitté son poste sans permission* ». Pour cette raison, il est révoqué (octobre 1774).

Lorsqu'il se marie avec la fille d'un huissier, en mai 1775, le jeune sous-brigadier Finot suscite un scandale dans la ville d'Auxonne. Or, la Ferme entend bien faire de cette ville l'un des piliers de son action : poste frontière essentiel entre Bourgogne et Franche-Comté, la cité est aussi en proie à des heurts permanents entre le fisc et les soldats de la garnison. La direction reproche à Finot la scène, c'est-à-dire

« le charivari qui luy a attiré beaucoup d'ennemis et donné un scandale désavantageux au bien du service ; cet employé est très vif et les suites de cette aventure si elles n'étaient prévenues pourraient être désagréables à la brigade ».

En conséquence de quoi le fauteur de trouble est frappé d'une sanction de déplacement.

Quand la cynégétique vous prend…

C'est en effet l'aventure survenue à un employé, dont la conduite est portée à la connaissance de ses supérieurs par un garde-chasse, Cloget. Celui-ci aurait en effet assuré au capitaine-général de Champagne qu'il avait vu Druet « *tiré un lievre… cet employé n'avoit tiré ce lievre que parce qu'il étoit déjà blessé… certitude qu'il avoit une arme chargée pour la chasse, et qu'il a tiré, ce qui est deffendu aux Brigades* » (1779). Or, Druet, garde ambulant à Jancigny, s'est donc trouvé coupable d'une conduite prohibée, parce que pour des raisons de sécurité, nul employé ne peut se servir de son arme de service, tant pour des raisons de sécurité que de silence. Il sera donc condamné, mais à une sanction peu sévère et plutôt symbolique, celle d'une retenue de deux jours sur son salaire.

Dans une affaire plus grave, le garde Bruchard fils est surpris et convaincu d'avoir chassé et d'avoir menacé avec son arme de service un garde-chasse (1775). Après enquête, la compagnie certifie les faits comme véritables ; la simple faute est donc aggravée par les menaces, d'autant que l'employé menacé était au service du président de Saint-Seine, le premier président du parlement de Bourgogne ![373]

Dans un sens aussi contraignant que la chasse, la pêche est également proscrite aux employés. Pour ce motif, Mercier est sanctionné car « *soupçonné d'avoir pêché à Billy les Chanceaux* » (1775)[374].

La fraude au recrutement militaire

Armée de métier, l'armée française devait recruter des volontaires chaque année afin de compléter ses effectifs. Pour ce faire, des cadres et des sous-officiers étaient chargés, chaque année, de recruter un nombre déterminé de jeunes gens aptes au service, qui signaient alors un engagement de huit ans. Si ce recrutement se faisait surtout sur une base locale, les unités s'efforçaient de déployer de l'imagination afin de convaincre les jeunes gens de les rejoindre. Etait alors employé tantôt l'amusement, tantôt l'appât du gain : ainsi usait-on du sergent recruteur qui, après avoir invité les jeunes gens à un bon repas, profitait de leur esprit dérangé par le vin pour les faire signer. Mais il existait également une prime d'engagement, qui était versée au moment de la signature du contrat d'engagement. Si elle variait en fonction des qualités physiques et intellectuelles du volontaire, son montant moyen pouvait exciter la convoitise.

C'est cette prime élevée (72 livres en moyenne, soit plus de deux mois de salaire d'un employé) qui explique le geste que commettent trois employés, en septembre 1776 : ils s'engagent fictivement auprès d'une unité d'infanterie provisoirement stationnée à Dijon pour y faire des recrues. Ils prennent la fuite en déchirant leur engagement. Sitôt la nouvelle connue, les forces de l'ordre se mettent à leur recherche ; les employés sont alors arrêtés « *par la garde et mis au cachot* », puis contraints de restituer l'argent. Quant à leurs contrats avec l'armée, ils sont annulés, l'officier chargé du recrutement d'Aquitaine-Infanterie « *ayant reconnus pour mauvais sujets*[375] » les employés incriminés (Bœuf, Aimé et Mongin).

Le démon des dettes

Un bon employé doit rester prudent et ne pas contracter des dettes excessives au regard de ses revenus. En effet, la Ferme considère que l'agent ne doit pas abuser de son privilège d'insaisissabilité de ses revenus professionnels : s'il contracte des dettes, c'est bien pour les payer sans que la société soit mise en cause par le fait d'un subordonné. Or, en prenant en considération les deux éléments que sont la modicité de leurs traitements et leur insaisissabilité, la Ferme a bien compris que contracter des dettes revenait, pou un agent de la compagnie, à être plus fragile face à l'argent : la corruption, dans un tel cas de figure, devient évidemment plus facile puisqu'il existe un terreau favorable. Aussi, dans l'hypothèse où il viendrait à la connaissance de la compagnie qu'un de ses employés fait des dettes, réagit-elle, d'abord sous la forme de représentations, ensuite sous la forme d'avertissements, enfin par des retenues pratiquées directement sur le salaire. Mais les choses vont rarement plus loin : le plus souvent, se sachant découvert, soit l'employé prend les dispositions nécessaires, soit (et c'est le cas le plus fréquent) il quitte de son propre chef la société.

Ainsi pour Monniot qui, lorsque son capitaine-général l'avertit, se met à l'insulter et quitte la compagnie, précédant ainsi sa révocation (1770). Même attitude pour le garde Claude Blandin, qui accumule des dettes privées. Le sachant, la compagnie l'avertit et le place sous surveillance ; le remède ne marche pas car l'employé quitte brutalement la Ferme (décembre 1776). C'est l'un des deux seuls cas dont le montant nous est dévoilé (55 livres de dettes pour 300 livres annuelles de revenu fixe). Deux ans plus tôt, Jean Colas, un jeune veuf sans enfant (il a 32 ans), est révoqué pour ses dettes et pour son ivresse, les deux allant de pair. Mais surprise, ce n'est pas le cabaretier qui est créancier, mais le propriétaire et le boulanger qui sont déclarés créanciers de cet employé. Pour faire bonne mesure, le *Registre* indique la solution et le souci de la compagnie de conserver sa bonne réputation : en effet, « *des dettes qui faisaient crier après luy et ses camarades* » ternissaient l'ambiance au sein de la brigade d'Auxerre. Aussi est-il « *recommandé de payer son logement et son boulanger sur ses appointements* » (1774).

Quand le garde Blaise Poupon se fait reprocher sa propension à boire par son capitaine-général, il s'ensuit des insultes et cela conduit la Ferme à le révoquer séance tenante : deux années auront suffi à transformer l'employé (Dijon, 9 juillet 1780).

Pour le sous-brigadier Malardot, les dettes sont plus élevées et la Ferme est convaincue que c'est son affectation à Dijon qui l'oblige à emprunter : elle le déplace aussitôt ailleurs et exerce une retenue de 6 livres afin de régler les 100 livres de dettes dont il est débiteur (« *sur quoi sont compris deux habits qu'il s'est fait faire* », avril 1779[376]).

Comme on l'a vu, les fautes d'ordre privé sont assez minces ; tel n'est pas le cas des fautes professionnelles, très majoritaires dans les fautes commises par les employés de la compagnie.

Les fautes professionnelles

Ce sont les actes imputables à l'employé qui se rattachent à l'exercice de son activité professionnelle. Pour la Ferme, il s'agit de motifs souvent suffisants pour remettre en cause tout ou partie du contrat de travail qui la lie au particulier. En effet, la société reproche à l'un de ses agents une faute dans l'exercice de ses fonctions ; or le contrat prévoit, justement, une exactitude et une fidélité sans faille en échange de l'octroi de privilèges, d'un emploi stable, du versement d'une rémunération garantie et d'une perspective d'évolution. D'où une politique sociale active mais qui peut aujourd'hui apparaître comme brutale, sauf si on sort de l'anachronisme. Le *Registre*, ici encore, offre un regard de l'intérieur exceptionnel par sa richesse : les 510 agents qui font leur entrée dans la direction de Dijon, entre 1745 et 1780, sont analysés personnellement, parfois avec neutralité, avec humour, parfois enfin avec une certaine moralité.

On y trouve une foule de reproches, qui vont de la faute bénigne à l'erreur lourde de conséquences[377]. Commençons par le comble de l'employé, le faux en écritures.

Le faux en écritures

Pour présenter en justice des preuves du délit commis par des particuliers, la Ferme dispose du droit de dresser procès-verbal. Toutefois, ce droit repose sur des conditions très strictes posées par l'ordonnance des Fermes : nul ne peut rédiger d'acte valant foi en justice s'il ne respecte pas certaines conditions, parmi lesquelles celle de savoir lire et écrire et d'être en capacité de verbaliser. D'où, pour la compagnie, l'importance donnée au *Guide de bien verbaliser* et des compétences de rédaction qu'elle exige de ses cadres (1751).

Parmi les critiques les plus virulentes adressées à la Ferme, se trouvent celles qui reprochent aux commis leur analphabétisme chronique et leur propension à imaginer des faits fictifs dans le but de se dédouaner et de prouver la culpabilité de particuliers, par n'importe quel moyen. En d'autres termes, il y aurait abus de pouvoir de la part des employés des Fermes.

À cet égard, le registre nous éclaire sur la réalité de cette assertion. Parce qu'il n'avait pas vocation à être divulgué, il indique de façon très nette la quantité des employés reconnus coupables de faux en écritures. Cependant, le nombre de mis en cause est très faible, ce qui dénote non pas l'absurdité des reproches faits à la Ferme, mais leur caractère excessif puisque seulement deux cas se présentent sur près de deux cents employés.

La première affaire dans laquelle un faux est prouvé est celle qui implique les employés Dominot et Maillot, affectés à Coulmier-le-Sec. Le 25 mars 1770, ils dressent un procès-verbal de rébellion à l'encontre du domestique d'un propriétaire, qui avait tiré un coup de fusil, alors qu'ils étaient postés en embuscade le long d'une route. Or, pour tout ce qui implique la Ferme, une enquête est menée par le capitaine-général compétent pour vérifier les allégations du procès-verbal ; il en ressort que les employés ont menti : *« il a été reconnu qu'ils s'étaient attiré ce coup de fusil parce qu'ils faisaient des dégradations dans le bois de ce propriétaire* [Le Beuf] ». Par conséquent, la preuve est démontrée « *que leur procès verbal contenoit fausseté* » : ils sont aussitôt révoqués (mais repris quelques mois plus tard, en novembre 1770, dans une autre brigade, celles de Semur pour l'un et de Pagny pour l'autre).

En février 1778, la compagnie est informée qu'un procès-verbal est rempli d'allégations imaginaires ; après enquête, il apparaît que Mougeot, sous-brigadier, a chargé un simple garde (Jean Masson, entre le 28 et le 30 janvier) de fouiller une grange appartenant à un particulier. Il y aurait découvert des marchandises passées en fraude, allégation que son supérieur aurait couverte. Or, les actes incriminés dans l'acte apparaissent « *absolument faux* », de sorte que le témoignage d'un employé est donc volontairement erroné. Dès lors, la sanction est inéluctable même si elle sera âprement discutée entre le directeur et la compagnie : cette dernière fera alors prévaloir la sanction la plus douce (dégradation et déplacement).

Recruté parce qu'il était un informateur officieux de la compagnie, Jean Carré est révoqué peu après avoir été convaincu d'avoir manipulé son supérieur et glissé du tabac de fraude chez un débitant : il s'agissait d'une tentative de machination, destinée à écarter un supérieur pesant. Il espérait ainsi voir ce dernier lourdement condamné (janvier 1772).

La sottise du procès-verbal

Sélectionnés en fonction de leurs aptitudes à l'écriture, les officiers sont soumis à une surveillance permanente : la Ferme veut s'assurer que tel agent promu mérite bien cette promotion ; si un fait négatif à l'encontre de l'employé est porté à sa connaissance, la sanction peut tomber. Il s'agit de réagir promptement et de maintenir intacte la réputation dont se targue la compagnie. Ou, plus exactement, d'éviter d'avoir des reproches à se faire ou des critiques à lui faire.

Quand Lalouette est muté comme sous-brigadier à Labergement, il se produit ensuite un incident au cours d'une saisie. Si on n'en connaît pas les détails, on sait toutefois que le cadre concerné se voit reprocher « *la sottise qu'il avait eu de rédiger le p.v.* [procès-verbal] contre Vallier » (1er février 1779). S'agit-il d'une omission de forme qui entraîne la nullité du procès-verbal ? La conséquence est formalisée par une dégradation de Lalouette. Il est vrai qu'avec 14 ans de services et étant marié (on sait que le couple a des enfants, mais leur nombre n'est pas précisé), la perte d'emploi l'aurait certainement précipité dans une situation difficile.

Prévarication et corruption : la tentation de l'argent facile

La corruption n'est pas méconnue du législateur royal ; déjà, les ordonnances consacrées à la Ferme consacrent plusieurs dispositions à la répression de cette infraction. Il s'agit alors de sanctionner ces faits à la mesure de l'atteinte qu'elle créé à la réputation de l'État. L'ordonnance de février 1687 dispose qu'il « *sera procédé extraordinairement contre les commis et gardes qui seront d'intelligence avec les marchands pour frauder les droits* », ce qui confère compétence aux juridictions extraordinaires de sanctionner cette infraction ; les employés reconnus coupables encourent alors « *une amende qui ne pourroit être inférieure au quadruple des droits fraudés, sans préjudice des peines afflictives*[378] ». Dès lors, il existe une double sanction : d'une part, une peine pécuniaire équivalente à quatre fois les droits fraudés ; d'autre part, une peine personnelle qui porte soit privation de liberté, soit perte de certains droits personnels.

Si l'employé a détourné des fonds qui appartenaient à la Ferme, il encourt la peine capitale (déclaration du 5 mai 1690) ; pour celui qui aurait prévariqué dans ses fonctons, la peine est celle de 9 ans de galères sur les vaisseaux du roi (déclarations du roi des 20 septembre 1701 et 12 octobre 1715). Ultérieurement sera aussi créée l'infraction de complicité pour tous ceux qui auraient concouru à l'accomplissement des actes de corruption (déclaration du 2 août 1729).

La corruption consiste à monnayer ses services en échange d'une somme d'argent ou de marchandises. Elle reste rare, puisque le registre qui illustre l'activité dans la direction de Dijon indique des motifs très graves sans souci de publicité : il devait évidemment rester confidentiel et ne pas tomber entre toutes les mains. Plus précisément, les circonstances exactes de la sanction sont contenues dans la lettre que l'autorité de la Ferme qui a décidé de la sanction adresse à l'autorité d'exécution[379]. Or, pour l'opinion publique, les employés sont coupables de tels faits, étayant ainsi la corruption généralisée qui frapperait la Ferme. Quant à l'origine de cette rumeur, elle découle de la littérature du milieu du XVIIIe siècle. Ainsi, Forbonnais dénonce-t-il le fait « *que les trois quarts de la fraude se font par les commis même, à moitié bénéfice entre eux et le fraudeur ; ils en sont le plus souvent les premiers instigateurs*[380] ». L'*Encyclopédie méthodique*, peu après, reprend les mêmes supputations[381]. D'ailleurs, cette rumeur est également présente jusqu'aux sommets de l'autorité, comme en témoigne cette correspondance de l'intendant de Franche-Comté (Lacoré) au directeur général des finances, Necker : le premier dénonce alors au second « *cet esprit de cupidité* [qui] *a gagné jusqu'aux employés des fermes… une grande partie de la contrebande se fait par connivence* » (1778)[382].

Ainsi donc, si la corruption existe bien, elle reste relativement marginale au regard des infractions commises par les employés. En effet, on relève une dizaine d'infraction de ce genre. Cependant, si l'on rapporte le nombre d'infractions à celui des employés, on constate une ampleur assez importante puisque dans la direction voisine de Besançon, A. Ferrer a noté l'existence d'une douzaine d'affaires de ce genre pour des effectifs très supérieurs.

Les corruptions éventées ou repérées par la compagnie dans la direction de Dijon sont surtout le fait de gardes stationnés aux endroits stratégiques, en particulier ceux qui gardent les portes d'Auxonne ; circonstance qu'on retrouve dans d'autres directions, notamment dans celle de Lyon[383] : parce qu'ils sont en première ligne face à la zone douanière de la Comté, ces gardes aux portes sont plus sujets que les autres d'être corrompus ou intéressés à la contrebande, compte tenu de leurs moyens d'existence limités. Encore faut-il distinguer la contrebande organisée de celle, purement artisanale, qui consiste pour le garde Bornet à se rendre en Comté pour ramener dans le duché un pain de sel (1778)[384]. Dans la Comté voisine, la corruption est plus le fait de receveurs stipendiés par des marchands. Ces derniers sont de grands investisseurs et importent frauduleusement de grandes quantités d'indiennes, notamment de Suisse. Par conséquent, quand un chargement se fait prendre, c'est souvent la ruine annoncée.

Quant aux auteurs des entrées frauduleuses concernées, ce sont tous des marchands. Or, ces agissements étaient passibles d'une sanction non plus administrative, mais judiciaire : passer sous les fourches caudines de la Commission de Valence, réputée pour sa sévérité. C'est ce qui explique que les employés suspectés se soient empressés de quitter la société[385].

La seule tentative suffit à caractériser la faute de l'employé ; lorsque Lebeau s'adonne au vin, l'enquête rondement menée par le contrôleur-général fait émerger une autre infraction : il a en effet tenté de convaincre deux collègues de relâcher leur attention sur les visites qu'ils sont chargés de faire aux portes de la ville d'Auxonne (1770)[386].

Plus grave est l'attitude de Mennetret, sous-brigadier rétrogradé au rang de garde quelques mois plus tôt. La Ferme est convaincue qu'il a sciemment laissé des vins sortir du bureau des traites sans vérifier au préalable si les droits avaient été dûment acquittés (1771). Or, ce cadre avait reçu des instructions détaillées en ce sens, d'où la faute retenue qui oscillerait entre négligence et fraude caractérisée. En effet, la compagnie le soupçonne d'entretenir des liens étroits avec les marchands de Tréchâteau. Pire encore, aucune saisie de marchandise n'a été pratiquée : la vigilance des Fermes sur cet endroit précis de la ligne douanière est donc déjouée ; en réaction, le capitaine-général nouvellement promu, Devaux, prend rapidement les choses en main : il suspend Mennetret de ses fonctions et nomme à sa place un brigadier avec consigne d'être ferme sur le travail de la sous-brigade. Quant à Mennetret, il est déplacé (Lorrain lui succède), alors que la faute aurait dû lui valoir la révocation pure et simple, étant en état de récidive quant aux fautes commises. Cela étant, Mennetret se rattrape et fait oublier ses errements passés : il passe sous-brigadier en 1774, puis brigadier en mars 1775 ; il est enfin révoqué en octobre 1778.

Cette mise à l'écart d'un employé en cas de négligence n'est pas isolée ; quand le sous-brigadier Durand s'absente sans autorisation du poste de Châtillon pour rejoindre son épouse, malade, à Arnay-le-Duc « *où il resté huit jours* », il est en faute. En effet, la compagnie enquête ; elle sait que le supérieur direct de Durand (un brigadier) était alors en détachement (c'est-à-dire dans une opération de contrôle) et que le poste était resté sans commandement. D'après la Ferme, « *trois colporteurs* » en avaient profité pour passer « *aux environs du poste et y faire des versements* [des ventes aux particuliers] » (12 juillet 1770). De toute évidence, une fraude collective a eu lieu pendant cette absence ; d'où la sanction de la révocation. Si Durand s'efforce de parvenir à un accommodement avec la société, c'est cependant l'échec.

Les originalités d'une ville douanière frontière : Auxonne

En raison de sa position stratégique sur la Saône, Auxonne a longtemps été la citadelle avancée de la Bourgogne - donc du royaume – face à l'adversaire impérial, puis espagnol. En 1636, sa défense permet de contenir l'avance des

Impériaux qui menaçaient d'envahir la rive gauche ; aussi la ville reçoit-elle des avantages juridiques appelés privilèges. Il s'agit, par ce geste, de la récompenser d'avoir soutenu l'effort de guerre et d'avoir ainsi manifesté son attachement au roi (1689, 1694, 1735…[387]).

Ces privilèges consistent dans une exonération de taxes de circulation et de consommation au bénéfice des habitants domiciliés dans la cité. Pour ce faire, la douane (le bureau des traites) délivre des passavants au profit des productions agricoles et artisanales qui sortent de la ville pour être consommées ailleurs. En outre – et c'est dans ce domaine que la fraude peut être la plus difficile à entraver –, des produits qui auraient séjourné un certain temps dans la ville sont, eux aussi, exonérés de droits : dix jours pour les bestiaux, balles de mercerie, un mois pour le fer et l'huile, deux mois pour le vin, les céréales, eaux de vie. Sont aussi concernés les viandes, mais cela sort du cadre de cette étude.

Parmi les infrastructures de communication qui intéressent la ferme, c'est surtout le port d'Auxonne qui, en premier lieu, occupe une fonction éminente. En effet, le trafic fluvial qui part et transite dans la ville en fait une plaque tournante entre Franche-Comté et Bourgogne. On y trouve ainsi du fer, du bois qui s'exportent de Comté et se dirigent vers le Lyonnais. Dès lors, les consignes du fisc à ses employés consistent à visiter autant que possible les bateaux en transit, où des biens fortement taxés seraient dissimulés au milieu des bois et des fers. Cette remarque avait déjà été formulée par le fermier Caze, lors de son inspection en 1745.

Autre infrastructure fréquentée d'Auxonne, celle de la voie de terre (entre Dole, Besançon et Dijon) par laquelle circulent vins, eaux de vie, huiles, toiles et draperies exportés depuis la Bourgogne. *A contrario*, sont importés de la quincaillerie, bijoux, chevaux, fromages,…

La bande du fourgon à double fond

C'est un procédé de trafic très bien organisé qui avait sévi en Comté dans les années 1760 et qui opère en Bourgogne une décennie plus tard. À l'origine, un chef de trafic possède une berline spécialement aménagée avec un double fond qui permet de transporter de grandes quantités de marchandises afin d'accroître la rentabilité du trafic. Despalles, originaire du Bourbonnais, s'était d'abord distingué en livrant des informations privilégiés pour lesquelles il avait reçu d'importantes sommes de la Ferme (4 000 livres). Plus tard, Despalles semble jouer sur les deux tableaux : officiellement, il fournit des informations à la Ferme en lui dénonçant les trafics dont il a connaissance ; officieusement, il se livre à un trafic pour son propre compte en doublant celui des contrebandiers. D'après A. Ferrer, Despalles possédait deux « *chaises à secret* » avec double fond, d'une capacité de 500 livres (un cheval isolé permet le transport de 100 à 200 livres de tabac) ; une berline dorée. Ces moyens sont d'abord utilisés sur le trajet Strasbourg-Paris ou Versailles.

Bien entendu, Despalles se sert d'hommes de main pour éviter d'être pris lui-même. Le débit du tabac est ensuite assuré par des domestiques employés à Versailles ou à Paris. Despalles a soudoyé des cadres de la Ferme pour s'assurer des chemins qui auraient au préalable été vidés de toute troupe de la compagnie (un capitaine-général, Ducanda, recevait de l'argent en échange). En dépit de ces précautions, en 1762, la berline est interceptée avec 1 300 livres de tabac. Cette découverte inopinée incite la justice à démonter le pot-aux-roses. L'organisation montée par Despalles est alors décapitée et son auteur prend la fuite dans les Pays-Bas autrichiens (Liège)[388]. Des imitateurs existent ; une berline semblable est également interceptée à Seurre en avril 1762 ; elle transportait 353 livres de tabac.

En novembre de la même année, en Comté, des employés du fisc arrêtent une luxueuse berline à six chevaux soi-disant appartenant au duc d'Olonne (qui n'existe évidemment pas). Après la fouille du véhicule, les employés y découvrent 2.830 livres de tabac et le faux duc prend alors la fuite[389]. Semblables stratagèmes sont utilisés dans la direction de Dijon ; plusieurs faits le démontrent.

Quand un garde d'Auxonne laisse passer par la porte de Comté deux fourgons munis d'un double fond chargés de tabac, la compagnie opine d'abord pour la révocation pure et simple de l'agent concerné (Gellez), avant de se raviser et de préférer une double sanction (déplacement et retenue de dix jours sur ses appointements). Pour se justifier, elle considère que la faute n'est pas volontaire et qu'il a assez d'ancienneté (15 ans) et de services rendus pour être conservé. En d'autres termes s'il y a bien eu faute, sa gravité n'est pas telle qu'elle doive l'écarter de son emploi et on passerait plutôt de la corruption déguisée (ce que la compagnie n'a pas réussi à prouver) à l'incapacité temporaire de l'agent (1775).

Chatelain, aussi garde à Auxonne, est quant à lui révoqué pour avoir laissé sortir les mêmes moyens de transport quelques mois plus tard : de toute évidence, le stratagème qui consiste à saturer les passages aux portes est suivi par la même bande de contrebandiers (1775)[390]. Pour la compagnie, le doute n'est donc pas permis : pareille conduite « *annonce ou de l'infidélité ou un très mauvais service* », d'où sa révocation. Ici, on penche plutôt pour l'inefficacité de l'employé. En juillet de la même année, le manège se poursuit ; cette fois-ci, c'est le garde Perrot qui, de faction à la porte de Comté, « *laisse entrer... deux fourgons à doubles fonds garnis de tabac*[391] ».

Deux ans plus tard, Galliot fils est sanctionné pour avoir laissé entrer dans la ville d'Auxonne un tonneau rempli de sucre, acte qualifié « *d'infidélité* » par la compagnie (1777)[392].

Autre cas emblématique, celui de Philibert Girard, dont la compagnie, après enquête, parvient à démontrer qu'il a touché de l'argent d'un marchand afin qu'il pénètre sans difficulté dans le duché par la porte de France à Auxonne, poste où cet employé indélicat était précisément affecté (1778). Ce commerçant, Antoine Patouillet, était alors marchand de poisson à Genlis ; il se servait de ses transports pour faire passer du tabac en poudre depuis la Comté en Bourgogne. L'enquête menée par le fisc établit que deux gardes ont reçu de l'argent – 20 sols chacun - et des biens en nature – du poisson. En échange, les gardes en faction à la porte de Comté ont délivré un laissez-passer valable pour la porte de France d'Auxonne au chariot de Patouillet. Mais cette tentative ne réussit pas ; la Ferme parvient donc (7 avril 1778) à saisir la marchandise de contrebande (45 livres de tabac en poudre). Mais l'enquête affiche aussi le soutien des supérieurs à Girard ; ceux-ci « *sont persuadés de la probité dud. Girard* » qui aurait couvert le garde Nicolas Champy, afin qu'il ne perde pas son emploi parce qu'il était en situation de récidive. Néanmoins, le directeur indique qu'il n'est pas possible de lui éviter la révocation, mais que tout sera tenté pour le faire passer dans un autre département. Les transferts d'une direction à l'autre, on l'a vu, permettent de recycler des employés « *grillés* » quelque part ailleurs. Quant à Champy, il est révoqué : le directeur l'accuse d'infidélité : Patouillet lui a remis 10 sols pour le prix de sa complicité[393].

Porte de France à Auxonne (tous droits réservés)

En avril 1779, Mariotte se fait surprendre par une manœuvre destinée à laisser entrer dans la ville une malle de mercerie expédiée par un marchand.

La « *friponnerie* » comme la compagnie la qualifie, repose sur une entrée facilitée et par la délivrance d'un « *passavant de privilège* » qui permet à la malle de franchir la seconde porte (celle de France), celle qui permet de sortir de la ville. Pour éviter sa révocation et d'être déféré à la commission de Valence, il quitte sans attendre la compagnie. Son confrère Loreau est son complice dans cette affaire, aussi convaincu d'infidélité ; la Ferme a même réussi à connaître exactement le montant de la corruption dont il avait fait l'objet de la part du fraudeur (« *56 sols et une tabatière* »[394]).

L'année suivante, la même histoire arrive aux oreilles de la compagnie ; elle enquête et confond le garde Mathieu, qui aurait reçu 4 livres et 10 sols pour laisser passer un chariot la nuit du 27 février 1780. Ici, le coupable est, cette fois-ci, un boucher. Cependant, l'affaire ne fera pas l'objet d'une sanction, puisque Mathieu rend spontanément sa commission et démissionne avant que la Ferme ait pu réagir.

Ancien cavalier et normand, Desif peut espérer faire une belle carrière, puisqu'il a belle apparence et qu'il sait écrire et verbaliser. Mais ses perspectives de promotion sont vite ruinées lorsque son supérieur et l'entreposeur des tabacs s'aperçoivent qu'il possède du faux tabac et qu'il s'absente pour « rouler [du tabac] *dans les environs du poste* » (1776)[395]. D'où venait ce produit illicite ? Avait-il été fourni gracieusement au garde par une bande de contrebandiers pour qu'il livre des informations confidentielles en échange ? Ne s'agissait-il pas d'un garde corrompu ?

Prévarication

Parce qu'ils sont équipés d'un uniforme, de signe distinctifs et d'une arme, les employés portent l'honneur de la Ferme. Aussi pourraient-ils tenter d'en profiter, en vendant tout ou partie de cet équipement (prévarication). Cependant, le détournement des effets vestimentaires comme de l'armement reste un cas très isolé, contrairement à ce qu'on a pu relever ailleurs.

Le cas exceptionnel est celui de Judrin, un ancien commis reconverti à 36 ans dans le fisc ; mais la greffe ne prend pas : huit mois plus tard, le capitaine-général Chauvin informe la direction qu'il « *avoit vendu son arme et qu'il revenoit a Dijon* » : subitement, il s'est dégoûté de son métier (1773).

Contrairement à ce que l'on peut trouver ailleurs, les affaires qui impliquent des employés des Fermes dans la revente de produits de contrebande sont rares ; on en relève une en 1772, et encore l'est-elle dans des circonstances rocambolesques puisqu'elle implique un gradé qui avait monté une affaire de « *pieds-nickelés* ». En effet, Petit, alors sous-brigadier au poste de Laperrière, importe frauduleusement du sel depuis la Comté dans le duché. Comme on l'a vu, l'écart de prix entre les deux provinces douanières est tel qu'il représente une aubaine pour tous ceux qui cherchent à faire des gains immédiats quoique risqués. Cet employé cherchait-il un moyen d'améliorer ses revenus, quitte à frauder la compagnie qui l'employait, ou d'inventer une prise fictive de contrebande pour se valoriser auprès de ses supérieurs ?[396] On penche pour la seconde solution.

Dans un cas voisin, le chef d'un poste a été pris après avoir encaissé des recettes fiscales provenant de droits déclarés par des assujettis et détournés par le brigadier qui en avait la charge. Là, il y a double incrimination à l'encontre du cadre fautif :

- prévarication,
- détournement de pouvoir dans l'exercice de ses fonctions. La faute est donc grave, puisqu'elle consiste à abuser de l'autorité pour avantager son intérêt personnel. En février 1775, le capitaine-général compétent sur la brigade de Lamarche (Chamouin) informe que le brigadier qui la commande (Pavillon) s'est enfui, qu'il avait ainsi « *prévenu sa révocation, étant convaincu de n'avoir pas enregistré les droits qu'il avoit touché et dont il n'auroit du recevoir que les déclarations pour faire payer à Pontallier* ». En d'autres termes, ce cadre s'est érigé en comptable, ce qui dépassait ses compétences fixées par la commission d'emploi. La Ferme semble alors reprocher au capitaine-général sa légèreté comme son manque de clairvoyance : il aurait dû contraindre Pavillon à restituer l'argent qu'il avait encaissé pour le compte de la compagnie sans lui verser son traitement habituel[397].

La même année, une banale affaire de vol interne se déroule à Dijon ; elle est éventée par la surveillance qu'organise la compagnie sur ses subordonnées. Là, deux gardes sont surpris en train de voler du sel du grenier que la Ferme possède dans la cité, et qui connait des travaux de réparation que les gardes Grey et Gelin sont justement chargés de surveiller… [398]

Ces fautes mettent en relief l'existence d'une faille dans le système hiérarchique de commandement de l'organisation. Quant aux sanctions pénales, elles restent souvent vaines puisque l'employé concerné préfère prendre la poudre d'escampette avant qu'une procédure criminelle soit ouverte contre lui. D'ailleurs, dans la Franche-Comté voisine, le tribunal compétent dans ces affaires (le Bureau de la Commission siégant à Besançon) juge avec un singulier laxisme les auteurs de telles infractions[399].

Le recours excessif à la force envers les fraudeurs

Il s'agit de la plus courante des critiques portées par le public à l'encontre des agents de la Ferme : l'emploi de moyens de coercition excessifs au regard de l'enjeu.

Ce reproche existe et le registre l'évoque ; néanmoins, le faible nombre de mis en cause (un cas) laisse croire que comme souvent, la rumeur publique était disproportionnée : elle reposait sur des exemples isolés qui étaient grossis. Encore la Ferme s'efforce-t-elle non de dissimuler ces incidents, mais elle apporte des réponses appropriées. D'abord, elle cherche un accommodement afin de clore rapidement l'incident ; ensuite, les employés mis en cause sont punis de façon proportionnée au préjudice qu'ils ont causé : il n'existe donc pas d'impunité.

Le fait en question, décrit de manière très lapidaire, est intervenu les 14 et 15 mars 1778 dans le village d'Orville (nord de Dijon). Là, le garde Marcaire enferme un particulier (Antoine Poriquet) qui détient des marchandises prohibées (le registre ne précise cependant pas lesquelles)[400]. En conséquence de quoi, cette « *sotise* » (sic) qui a été « *désapprouvée* » par la Ferme est sanctionnée par deux peines : la première emporte privation des droits résultant de la saisie ; la seconde est une retenue sur salaire pour payer une partie de la somme que la compagnie a payée au particulier pour trouver un accommodement.

Sans aller jusqu'à la violence brute, Froux s'est distingué par les problèmes de comportement avec les soldats de la garnison d'Auxonne ; ces incidents répétés déplaisent à la compagnie (1771)[401]. Pajeot, garde au même poste, est déplacé sur la base de remarques sensiblement identiques : en effet, « *il étoit trop brutal dans les visites aux portes* » (1773). Voilà un employé qui a oublié les paroles de Colbert…[402] et qui, deux ans plus tard, répétera le même comportement (cf. *infra* La faute multiple).

Les agents voleurs

On distingue le vol simple du vol qualifié ; il existe aussi des petits larcins qui n'ont pas la même portée que les vols qualifiés avec violence. Ce que la Ferme entend par dessus tout, c'est se séparer des employés qui sèment le doute sur leur probité et qui jettent l'opprobre sur la compagnie. Lorsque le vol est commis en réunion, il est plus sévèrement puni que si son auteur est seul. Enfin, l'accusation de vol n'est pas personnelle aux employés : elle peut en effet englober les conjoints des employés, telle l'épouse de Coirier, soupçonnée de vol et dont la réputation s'est dégradée dans la ville d'affectation de son époux. Pour cette raison, le couple est déplacé sur Talmay (1773)[403].

L'un des vols les plus emblématiques est celui dont l'initiative revient au brigadier Jobard : celui-ci, en mars 1776, après avoir été déplacé et rétrogradé, se livre dans la brigade de Châtillon à des méfaits. Pire encore, il les commet par la complicité d'un de ses subordonnés. Les deux prennent d'ailleurs la fuite et sont alors poursuivis par les autorités. Dès lors, la compagnie qualifie ces faits de vol en réunion et prononce des sanctions exemplaires, en ajoutant qu'ils ne devront jamais être réadmis. Il s'agit donc d'un châtiment sans possibilité de pardon, parce que la machine judiciaire est en marche ; il paraîtrait donc exagéré de conserver du personnel qui a maille à partir avec la justice[404].

Ainsi pour Sonnet qui, avec son épouse, n'ont jamais été pris sur le fait mais qui sont soupçonnés de vols astucieux. Or, à un moment donné, la Ferme entend mettre un terme à ses soupçons : après un vol nocturne de chanvre, elle révoque l'employé (1779)[405]. Quatre ans plus tôt, les mêmes avaient été convaincus d'activités suspectes et déplacés pour ce motif vers Saint-Seine (1775). En 1772, plus chanceux, le garde Dessaint avait été soupçonné et, après plusieurs suspicions, s'étant mal défendu, il avait été déplacé ailleurs[406].

Quand un employé est pris sur le fait et convaincu de vol, il est révoqué et le registre indique, pour mieux justifier cette sanction sévère, que c'est « *un défaut de famille, son frère* [Jean] *ayant de même été convaincu* » (juin 1777).

L'année suivante, Rémy Quantin, garde à Saint-Jean-de-Losne, est convaincu d'avoir « *volé le bois des marchands sur les chantiers* » (1778). Ici, ce n'est pas seulement le vol qui est sanctionné, mais ses effets, à savoir le « *plus grand scandale et des plaintes* ». En droit, la Ferme a étouffé les plaintes des marchands par la promesse que le coupable serait renvoyé, ce qui fut fait. Ainsi finit le service d'un ancien sergent qui était dépeint, lors de son entrée (à 36 ans, en 1772), comme un élément actif et intelligent.

Que dire de cet employé de la brigade d'Auxonne, accusé d'avoir « *volé le chien d'un officier de la garnison* » ?[407] Toujours à Auxonne, le jeune Massey, recruté en janvier 1779, est révoqué deux mois plus tard pour avoir dérobé « *une paire de bas de laine* » chez un commerçant de la ville, en raison du « bruit que ce vol avait fait »[408]. C'est donc plus par l'effet que par la cause que le vol entraine révocation de l'auteur de l'infraction : la réputation de la Ferme ne saurait être mise en cause, d'autant que l'employé était fort jeune et sans ancienneté. Pour un autre employé, la preuve est plus difficile à étayer ; la Ferme le soupçonne d'avoir « *reçu de l'argent* » (Bouvier).

En poste à Pontallier, Lallemand brise la clôture d'un particulier (Marie) afin de prendre son bois. Protégé par ses collègues qui rédigent un faux procès-verbal pour le couvrir et accusent Marie de « *rébellion* », le pot-aux-roses est découvert après l'enquête menée par les autorités de la Ferme (mars 1776)[409]. Il en résulte qu'il existait des litiges personnels entre l'employé et le particulier ; pour la Ferme, Lallemand a ainsi commis une petite vengeance qu'elle qualifie de « *sottise* ». Lui et ses deux collègues sont alors déplacés ailleurs « *pour l'exemple du au public* ». Cette sanction s'accompagne de la remise d'une somme de 3 livres et d'excuses à la victime.

Certains agents ont semble-t-il poussé très loin leur cleptomanie, tel Villemot. D'après le rapport sur son attitude que rédige son supérieur hiérarchique, on lui reproche deux choses :
- d'abord de quitter son poste de garde à Pagny pour se rendre chez son épouse à Auxonne ;
- ensuite, en dépit des « *déffenses qui luy ont été faites… il est soupçonné de s'approprier tout ce qu'il trouve sous sa main* » (1770)[410]. Là, l'Amour le rejoint à l'Envie, mais tout finit par la révocation de l'amoureux transi.

Parfois, la compagnie ne dispose pas de la preuve formelle du vol, mais les soupçons, s'ils sont puissants, militent pour infliger une sanction minimale : c'est alors une mutation qui s'impose (ex. Lallemant, 1769)[411].

L'insubordination ou le refus de la hiérarchie

Il est logique qu'une compagnie de plus de vingt mille personnes, structurée comme elle l'est (cf. *supra* les strates), érige en dogme le respect de la hiérarchie, faute de quoi chacun fait ce qu'il lui plairait et qu'aucun objectif fixé d'en haut ne serait suivi à la base de l'édifice.

Aussi tout ceux qui s'élèvent contre la hiérarchie sont-ils sanctionnés pour avoir commis la faute d'insubordination, selon le terme qui est repris à de multiples reprises dans le registre.

L'hymne à Bacchus ou l'ivresse

Si l'on sort de la faute due au vol, il faut aussi évoquer l'ivresse : rares sont cependant les employés de la Ferme à épouser les travers de Bacchus et lorsqu'ils le sont, c'est parfois en raison d'un drame qui les a personnellement frappés. Le veuvage, dans bien des cas, est alors la cause de cette addiction à l'alcool (Jacques Clerc, Hudelot).

Ainsi Desbois fait-il partie de ces exceptions : « *continuellement pris de vin et qui rencontrait des deutes* [?] *de tous côtés* » (1er juillet 1771). Esprit, ancien militaire, ne comprend pas qu'il doit cesser de se rendre au cabaret, désobéissant ainsi à la consigne qui lui a été donnée par la Ferme (1773)[412]. Quant à Perret, il cumule le défaut de l'ivrognerie avec « *son manque de subordination*[413] ». Ces deux travers conduisent à prendre en considération les deux fautes pour fixer la sanction qu'il encourt (1772). Perreault, ancien marchand de vin qui a servi dans les troupes, semble prendre à cœur son ancien métier et l'autorité lui reproche, à peine deux mois après son recrutement (il avait alors 36 ans), d'être pris de vin et d'être insubordonné (1770).

Menuisier, est à la fois taxé d'« *ivrognerie* » et de « *subordination* » ; les vapeurs d'alcool doivent l'empêcher de bien entendre les ordres qu'on lui donne (1773). Or, c'est un sous-brigadier ; la Ferme ne peut évidemment tolérer qu'un chef montre le mauvais exemple ; elle le sanctionne par une double sanction, mais sans aller jusqu'à la révocation (c'est-à-dire qu'il subit un déplacement d'office et une rétrogradation).

Lorsque Clerc perd son épouse, il obtient d'être déplacé sur Auxonne, son lieu de naissance, la Ferme ne tarde pas à apprendre qu'il souffre d'une addiction au vin et qu'il est dangereux de le maintenir dans une localité où il a des connaissances ; il est alors déplacé sur Athée (1769).

Dans un sens assez voisin du précédent, Hudelot, frappé de reproches en 1778, a été pendant longtemps un garde modèle, que la disparition de son épouse laisse seul avec trois enfants. Il devient alors alcoolique et tyrannique ; la Ferme est donc informée de ses agissements privés et entend réagir pour faire cesser ses excès. En effet, « *non seulement il avoit trop d'habitudes... il commençoit.. a se livrer a la boisson et qu'en perdant la raison il maltraitoit ses enfants avec trop de violence* ». Pour éviter des querelles avec ses voisins, la compagnie l'envoie dans une autre affectation, avec la consigne à ses supérieurs de bien l'encadrer afin de l'empêcher de retomber dans ses errements domestiques. D'où une sanction relativement modérée, qui tient compte des charges de famille, de la raison de ses excès – le décès d'un proche - et son ancienneté jusque-là exemplaire (1778). La Ferme a fermé les yeux sur l'ivresse dans la vie privée, en ne retenant contre lui que les mauvaises habitudes.

Enfin, le dernier concerné est Minard : cet ancien de la pierre (il travaillait en effet dans une carrière) s'adonne au vin, de sorte qu'à un moment donné, « *en ce que s'étant mis absolument hors de raison par l'effet du vin... il s'est comporté... au point que... il a été poursuivi en justice* » (1779). Ici encore, la faute est trop lourde pour être pardonnée, d'autant que le coupable n'a qu'une très faible ancienneté et que la justice a commencé une procédure contre lui.

Quant à Froux, son mariage n'a pas arrangé sa conduite ; déjà sanctionné pour avoir pris des habitudes avec des habitants, il est surpris pour un second défaut de conduite, son ivrognerie et, pour l'estocade, la compagnie le décrit comme un employé sans zèle et sans activité ; il est donc révoqué après cinq ans de service ; on est donc proche ici d'une pluralité de fautes (avril 1775). Mais, peu après, la compagnie en service le reprend sur instance du contrôleur-général Joly ; si l'agent est certes un peu vif, il lui semble être attaché au service et motivé par sa fonction. Mais cette ultime chance qui lui est offerte ne sert à rien ; un autre écart de Froux, en octobre, le rend totalement inapte au service ; cette fois-ci, son renvoi est définitif.

Gentilhomme, surpris par son supérieur « *se livrant à la boisson* », est frappé de sanction à la demande du capitaine-général (1778)[414].

L'ivresse conduit souvent à la violence : Gemeaux, hors de lui, s'en prend sans motif à un enfant qu'il fait trébucher de cheval, puis vocifère contre ses collègues, de sorte qu'il n'est pas possible de le ramener à la raison ; il faut alors l'emploi d'une nombreuse force coercitive pour faire cesser le trouble (1779)[415].

Le cumul d'activités

De nouveau, la Ferme générale s'inspire de règles en vigueur dans la fonction publique de l'époque et parmi celles-ci, on trouve celle relative à l'interdiction du cumul d'un emploi de fonctionnaire avec un emploi rémunéré dans le secteur privé, interdiction qui a été maintenue – sauf dérogations. Il s'agit, on s'en doute, d'éviter le mélange des genres et d'empêcher toute forme de corruption pour ceux qui servent l'intérêt général mais aussi de ne pas faire une concurrence déloyale aux agents du secteur marchand, qui supportent les risques de leur profession.

Le cumul d'activités dans et hors de la Ferme constitue une erreur de parcours ; en soi, la Ferme ne remet pas en cause la possibilité offerte à un agent de cumuler des activités lucratives, sauf lorsqu'elle s'effectue dans l'indiscrétion et qu'elle remet en cause la neutralité de l'agent et son dévouement à ses services. Dans le cas contraire, la Ferme considère qu'il existe des soupçons d'indélicatesse, de sorte qu'elle sévit en considérant que l'employé se met en faute à son égard car la compagnie attend de ses subordonnés qu'ils aient le sens du devoir et qu'ils se consacrent à plein temps à leur activité d'employé. Ce cas de cumul est assez rare puisque l'employé doit valoriser son ancienne activité artisanale ou en ouvrir une nouvelle ; la première doit donc être recherchée. C'est donc la rareté qui favorise le cumul : ainsi pour cet ex-perruquier auquel la population d'Auxonne recourt, et qui est détourné de son activité d'employé (1772)[416]. Mais que dire de cet ancien militaire qui, en 1766, est déplacé parce qu'il « *tenait cabaret aud. Flamerans* » ?[417]

Quant à Berthon, c'est son épouse qui est la cause d'un déplacement de son époux alors sous-brigadier et bien noté : on lui reproche, en effet, de « *tenir cabaret à Vielverge* » et, accessoirement, « *d'y avoir fait trop de connaissances*[418] » (1768). Etait-ce les quatre enfants du ménage qui justifiaient d'accroître leurs revenus sans déclarer ce cumul à la compagnie ? Fort heureusement, la compagnie dispose de la mémoire de l'écrit : peu après, elle propose à Berthon de le réaffecter à Vielverge, ce qu'il accepte, à la condition que son épouse renonce à y vendre du vin. Quand la brigade de Vielverge est supprimée (1774), Berthon est alors affecté à Jansigny.

Un autre employé se fait ainsi repérer en 1773, lorsque le contrôleur-général – qui a décidément l'œil sur tout ce qui intéresse les employés – se rend compte que Franchot « *avoit trop de connoissances à Pontallier ou sous prétexte d'obliger ses amis il faisoit commerce en foin et en bétail, ce qui le détournoit de son devoir* ». Par voie de conséquence, l'employé, qui encourait la révocation, est déplacé d'office. Son ancienneté, ses charges de famille, ses bons états de service l'ont certainement sauvé de la sanction la plus élevée[419].

Dans la même veine, l'attitude de Grignon est dénoncée par son capitaine-général ; celui-ci lui reproche de se livrer « *à d'autres occupations qu'à celles de son état et qu'il refusoit même le service pour être à celuy des autres* » (1777)[420]. En définitive, il est déplacé à Saint-Jean-de-Losne, sanction qui paraît étonnement modeste. La même année, Antoine Chavant est muté d'office pour avoir continué son activité de boucher ; il semble qu'il ait rencontré un vif succès à cet égard, puisque le capitaine-général dont il dépend, Devaux, affirme que c'est sa femme qui joue le rôle d'intermédiaire dans cette activité peu clandestine[421]. Etait-ce pour arrondir ses maigres revenus, ou bien pour rendre service à des amis ? S'il est puni, c'est pour avoir enfreint les interdictions formelles qu'il a reçues de ses supérieurs hiérarchiques.

Les incompatibilités de caractère

Dans toute société, il existe des incompatibilités de caractère qui conduisent des employés à s'affronter et, par conséquent, il peut exister des heurts entre personnalités opposées. Cette situation peut évidemment dégénérer en sanction, lorsque ce heurt s'accompagne d'une opposition ouverte et d'une contestation de la hiérarchie. Cette situation est celle de Simonnot, entré comme garde en 1760 et qui, l'année qui suit, s'affronte violemment avec le chef de la brigade de Saint-Seine-sur-Vingeanne. Il lui est reproché sa « *désobéissance et* [le] *manque de subordination à son brigadier* ». S'ensuit sa révocation, mais Simonnot est l'un des rares à contester gracieusement cette sanction : il expose sa situation à « *M. Deverdun, auprès de qui il s'étoit rendu à Paris, à condition cependant que le contrôleur général luy pardonnerait les… qu'il avoit eus avec luy* ». Ce reproche semble lié à une incompatibilité d'humeur propre à la brigade de Saint-Seine, car plus aucun reproche de ce type n'est ensuite adressé à Simonnot. L'intermède de la révocation est rapidement clos ; il aura duré à peine deux mois (26 octobre-27 décembre 1761).

Pareille difficulté relationnelle semble expliquer la faute de Tumerers ; cet étranger, qui vit depuis longtemps en France et qui a servi dans la garde municipale de Paris (d'où il tire un certificat de bonnes mœurs du commandant), est ensuite recruté en Bourgogne et affecté à la brigade ambulante d'Auxerre - celle là même qui est la proie d'une instabilité extraordinaire de ses membres (cf. *infra* « *La démission* »). Mais une enquête est ouverte par la Ferme lorsque des lettres anonymes dénoncent les agissements du capitaine-général d'Auxerre ; cette enquête permet d'établir que c'est Tumerers qui est l'auteur des lettres incriminées. Il est l'objet d'une décision de révocation, mais il se bat contre cette décision (sans succès).

Quand Crevoisier s'entend mal avec son supérieur, l'affaire trouve rapidement son épilogue : il est muté ailleurs car la dissension entre les deux hommes repose sur des querelles de femme (1779)[422].

Il existe des problèmes de confiance qui, lorsque la faute n'est pas personnelle à l'employé mais qu'elle est imputée à sa femme, contraignent la Ferme à réagir. Ainsi, lorsque l'épouse de Jean Pasquier est accusée de vol, la Ferme indique que l'époux n'y a pas participé, mais que la compagnie ne peut le conserver dans ses fonctions. Là, aucune mutation d'office n'est possible et c'est donc la sanction la plus forte qui prévaut : l'honneur de la Ferme consiste à n'employer que des personnes irréprochables et la famille constitue un tout (Pasquier, 1770)[423]. Pasquier y perd l'intérêt de son ancienneté (9 ans), à un âge déjà avancé (51 ans).

Le moindre geste peut être considéré par la Ferme comme une faute, lorsqu'il est commis envers un supérieur hiérarchique. Après que Mielle ait été dégradé de sa fonction de sous-brigadier et transféré dans une autre affectation (Fontenelle), il commet peu après un impair : le contrôleur-général exige et obtient qu'il soit sanctionné pour lui avoir adressé « *une lettre impertinente* » (1770).

L'inaptitude physique à l'emploi

Rares sont les employés dont l'incapacité physique d'assurer leur fonction constitue une faute. Pourtant, dans l'affaire Bouveret, le contrôleur-général lui reproche d'avoir, par son tort, créé des difficultés avec des particuliers qui l'auraient alors passé à tabac. En conséquence de quoi Bouveret ne serait propre à aucune fonction précise (1777)[424].

Mention doit être faite de Finet ; ce sous-brigadier de Pontallier n'avait guère fait parler de lui, mais en juin 1771, il est déclaré incapable de conserver son commandement, parce que « *sa tête s'est dérangée* », de sorte « *qu'il quitte l'employ* ».

La faute multiple

Elle est multiple lorsqu'il existe une faute simple accompagnée d'une seconde, plus grave, de sorte que ces deux manquements cumulés constituent une faute lourde (c'est la pluralité d'infractions). Telle est l'erreur que commet un haut gradé de la société, le capitaine-général Le Saché d'Auxerre, promu jeune à cette fonction importante (29 ans). En 1771, le contrôleur-général Joly est informé de dysfonctionnements au sein de cette capitainerie-générale ; il mène l'enquête et découvre deux fautes imputées à Le Saché…

Le cas le plus emblématique de la faute multiple est celui de Limonnot : affecté à la brigade d'Athée à la place de son frère qui a démissionné, il se fait remarquer par le contrôleur-général Thienot qui l'a pris en grippe. Pêle-mêle, il lui est reproché « *la boisson, le jeu, la chasse, la dissipation et son insubordination d'après lesquels il met le désordre dans les brigades pour y débaucher des sujets pour se laisser à ses passions* » (1775)[425]. En clair, Jean Limonnot menace de mettre l'anarchie dans l'ensemble des brigades de la vallée de la Saône. Il est révoqué et pour le remplacer, la compagnie lui donne un ex-compagnon de débauche qui a été rétrogradé et déplacé d'office (Pechenoz). Mais déplacés au poste de Lamarche, Limonnot et Pechenoz se font remarquer, de nouveau : cette fois-ci, ils ont poussé le bouchon un peu loin. En effet, le 12 juin 1775 se tient un vif incident nocturne qui émeut le village et dont ces employés sont la cause. D'après le *Registre*,

« après s'être enivré avec le S. Jean Limonnot et le S. Tirequit des brigades d'Athée et d'Auxonne, ils avoient pendant la nuit fait Carillon dans le village à toutes les portes en y frappant et criant des horreurs ». En conséquence de quoi Pechenoz est dégradé et déplacé comme garde à Athée ; Limonot est révoqué.

Le cas le plus révélateur du garde qui cumule les erreurs consiste dans Contenel ; ce Comtois, ancien vigneron, est recruté à Mussy l'évêque. En 1773, trois fautes lui sont reprochées : faire des dettes, être pris de vin, avoir des mauvaises habitudes. Ces fautes émergent lorsqu'un incident particulier permet à la compagnie d'être informée de ce qui se trame. Elle peut donc réagir avant que les choses ne dégénèrent et entament la réputation de la compagnie, dont on peut reprocher le recrutement laborieux et pas toujours sérieux[426].

Autre exemple, celui de cet ancien huissier qui intéressait la Ferme, parce qu'elle attendait de lui qu'il sache bien rédiger des procès-verbaux. Or, non seulement la compagnie apprend qu'il contracte des dettes (75 livres en sept mois), mais en plus il aurait peur de marcher de nuit (ce qui est gênant pour un garde ambulant) et qu'il est paresseux. Ces trois raisons sont évidemment suffisantes pour le chasser de la Ferme (1775).

La même année, Pajeot se voit reproché d'avoir constamment des difficultés avec des assujettis ; il est vrai qu'il a pratiqué une saisie sur un tambour du régiment de Grenoble (alors en garnison à Auxonne, Gérard) ; or, ce soldat a été traduit pour ce motif en conseil de guerre, ce qui a pour conséquence des oppositions des collègues de ce militaire avec l'employé. Cela étant, cette « *faute* » serait plutôt une maladresse sans conséquence, si elle ne s'accompagnait pas d'une autre faute : la compagnie se réfère, en effet, « *la femme dud. Pajeot se conduisant mal* » : s'agit-il de commérages de cette dernière ? En conséquence de quoi Pajeot est déplacé (1775)[427].

Protégé par un fermier général, le jeune Desclaires, fils d'employé, en fait à sa tête et après quelques mois seulement d'affectation comme garde à Saulieu, il multiplie les sujets de plaintes à son encontre. Son comportement repose sur un changement envisagé de profession (il projette d'acquérir une charge d'huissier), et de vives difficultés relationnelles avec ses collègues et sa hiérarchie. Le capitaine général Devaux lui reproche, en effet, d'en négliger «*les fonctions... qu'il vivoit dans la plus grande mésintelligence avec ses confrères... d'une dispute que luy et sa femme ont eue avec le S. Boirin sous brigadier qui auroit eu des suites s'il ne les avoit prévenues* » (1772). En trois jours seulement, son cas est réglé : Desclaires est révoqué.

Quant à Beneck, il lui est reproché deux choses : d'une part, d'avoir volé une somme d'argent à un particulier chez lequel il était de garde pour son poste (cinq sols) ; ensuite, d'avoir élevé des dissensions avec ses collègues, ce qui les conduit à ne plus vouloir travailler avec lui (1777). Ici, la faute est double et n'est excusée ni par l'ancienneté (quelques mois seulement), ni par des charges de famille (l'homme est célibataire et étranger)[428].

En 1772, Langlois prend le commandement de la brigade stratégique de Pontallier ; ses deux prédécesseurs ont été remplacés en peu de temps, l'un pour faute, l'autre pour insuffisance. Or, Langlois fait également l'objet d'une enquête menée par Joly, qui met en relief deux fautes majeures : la première conclut à ce qu'il soit trop peu actif dans son travail, ce qui s'expliquerait par sa passion de la cynégétique[429] ; la seconde, quant à elle, évoque des fréquentations à la limite de l'immoralité. En d'autres termes – puisque le registre est très discret sur ce point –, Langlois entretiendrait une relation avec une femme sans être marié (le registre mentionne qu'il aurait « *contracté une habitude qui occasionnoit scandale et plaintes* »). Or, un employé des Fermes – *a fortiori* un cadre d'un certain rang – doit, rappelons-le, être de bonne vie et mœurs. Dès lors, Langlois aurait franchi une sorte de « *ligne rouge* » en violant l'honneur de la compagnie et en rompant la confiance que cette dernière avait placée en lui. Si l'on suit la jurisprudence habituelle dans ce domaine, la révocation semblait être la sanction la plus logique, d'autant que Langlois avait reçu tel n'aurait, pas plusieurs avertissements sur sa conduite. Mais cette issue ne se produit pas ; la Ferme, en effet, craint que la révocation du personnage déclenche la violence de celui-ci contre les parents de la femme séduite, parents qu'il aurait pu soupçonner de dénonciation, de sorte que la révocation est écartée au profit du déplacement d'office sans rétrogradation. En définitive, Langlois sauve sa tête et est déplacé à Renève[430]. Dans d'autres circonstances, tel n'aurait pas été le cas. Doit-on y voir l'influence de protections haut-placées ? Rien, dans le registre, ne permet toutefois de le confirmer. Pierre Aubert, sous-brigadier à Pontailler, lui succède. En tout cas, son déplacement à Renève ne sera pas de tout repos : convaincu d'avoir délaissé son travail et lâché la bride à ses subordonnés, il sera de nouveau déplacé en 1775, à La Perrière.

Occupant un poste bien situé face à la Comté, la ville d'Auxonne constitue l'une des pierres angulaires du dispositif de la Ferme dans le duché de Bourgogne. Pour cette raison, les employés y sont sélectionnés avec soin ; aussi quand l'un d'eux est jugé impropre au service des portes, qu'il fréquente une fille légère et que de surcroît sa figure n'est pas avenante, ces trois motifs justifient qu'il soit déplacé sur un poste moins exposé (Pontallier[431]). Cousin d'Aubert, brigadier à Pontallier, Pierre Didier est placé comme garde à Auxonne. Toutefois, comme l'indique le *Registre*, un motif objectif suffit à le faire déplacer à Labergement : « *n'étant de figure à en imposer dans les visites* » ; en réalité, ce motif n'est pas le seul puisque Didier était aussi de petite taille (5 pieds 3 pouces, soit 1,60m). Que pouvait-il alors devant des militaires souvent de haute stature et rompus à l'autorité ?

D'ailleurs, pour « *servir dans les portes* », la Ferme recommande que l'agent soit doté de deux qualités, ce dont ne dispose pas encore Faillard, garde à Dijon : « *il n'a pas encore la ruse ni l'intelligence nécessaire* » (novembre 1779[432]).

Autre faute multiple, celle commise par Roux : repris après avoir quitté un moment la Ferme (1772), il commet ensuite un impair en se rendant, sans congé, à la direction de Dijon : là, « *y ayant paru yvre, voulant y remettre sa bandoulliere pour 42 s. alors qu'évaluée a 30 s. et ayant tenu de mauvais propos* ». Cette faute n'étant pas pardonnable, c'est pour toujours qu'il quitte la compagnie… par la petite porte (1775).

Autre exemple de faute, celle qui marque la déchéance de Julien Morel ; ce garde est placé à Jansigny avec un détachement d'une autre brigade pour y défendre un passage, en prévision d'un passage attendu de contrebandiers qui ont chargé des marchandises en Comté ; la Ferme est donc en alerte et tente de les intercepter. Or, Morel prétexte un motif futile pour quitter son poste, se rendre au cabaret où il s'enivre et retourne ensuite ivre-mort à son poste (1770[433]). Pour le directeur, cet incident n'est pas isolé ; il est convaincu que Morel était constamment pris de vin et qu'il n'avait plus l'activité nécessaire pour rester plus longtemps à son poste (« *il etoit sujet à se prendre de vin, qu'il étoit insolent et sans subordination* »).

Parmi les employés qui additionnent les fautes, les uns après les autres, mentionnons Pierre Bossu. Ce garde commet trois lourdes erreurs en quelques années ; s'il est récidiviste, la compagnie ne le sanctionne que par des déplacements d'un endroit à un autre. En 1779, il se livre à trois errements qui, pour un autre employé, aurait entraîné la révocation : ivresse, absence, débauche. Or, une nouvelle fois, c'est le déplacement avec menace de renvoi.

Les employés peu discrets-les commérages

Compagnie qui entend servir de modèle d'organisation et d'efficacité, la Ferme générale se donne les moyens de conserver la cohésion de sa structure. Aussi surveille-t-elle chaque poste afin que l'ambiance y soit honnête et que tout le monde y travaille en bonne intelligence. Lorsque cela n'est pas le cas, elle sévit dès que possible afin d'y ramener l'ordre.

Ainsi, lorsqu'elle apprend que la brigade de Saint-Seine-en-Bâche est traversée de profondes dissensions, elle enquête et découvre que le nœud de l'intrigue est mené par l'épouse d'un employé. Derechef, celui-ci (Sonnet) est muté ailleurs : la compagnie lui reproche d'avoir colporté les ragots de son épouse, ce qui a tout mis sans dessus-dessous (1778)[434]. Pour être sur de l'antidote, la compagnie éjecte également l'un de ses collègues, Josset, dont l'épouse semblait suivre la mauvaise pente empruntée par Sonnet[435]. Aux grands maux les grands remèdes !

Mais la Ferme a la mémoire courte : pour compléter cette brigade, elle y envoie Bosset, qui est déplacé de celle de Saint-Jean-de-Losne – après un comportement peu amène –, « *pour éviter les petites haines qu'il s'est attiré et qu'il a occasionné en ne vivant pas d'intelligence avec ses camarades*[436] ». Est-ce le meilleur moyen de ramener la paix dans cette affectation que d'y envoyer un perturbateur ?

Dans un autre ordre d'idée, l'employé resté proche de ses parents peut leur dévoiler l'intimité de la vie des brigades ; en agissant ainsi, il divulgue des informations évidemment confidentielles qui compromettent le travail réalisé. Or, si elle laissait de pareils agissements se poursuivre, la Ferme mettait en péril une bonne part de ses recettes ; elle mettrait aussi en danger la cohésion de son personnel : les uns reprocheraient aux autres de trahir l'esprit d'équipe. Par conséquent, elle considère comme une faute le fait de dévoiler des informations à ses ascendants. Pour ce motif, Bochetet, présenté un temps comme un garde prometteur (par son énergie et son « *sait écrire* »), est sanctionné[437]. Sept mois séparaient son recrutement de sa – légère – disgrâce.

Une pareille faute d'indiscrétion peut ne pas être personnelle à l'employé ; elle peut être incidente, c'est-à-dire la conséquence des proches de ce dernier : ainsi, quand Gayot est garde à Saint-Jean-de-Losne, la compagnie apprend que l'une de ses filles (ce garde déclare cinq enfants) travaille pour des familles bourgeoises de la ville ; elle fait aussitôt le lien avec des saisies ratées, de sorte qu'elle est convaincue que Gayot a révélé des projets d'opérations de la Ferme aux employeurs de sa fille et les a fait rater. Or, en dépit de cette faute, la Ferme fait preuve de mansuétude à son égard : elle condamne l'employé au déplacement (1774).

Parce qu'il était régisseur d'une terre voisine du poste dans lequel il est affecté, Sousselier posait problème : sa nomination à Saint-Seine était provisoire, jusqu'à ce qu'une vacance permette de le placer ailleurs. En effet, « *il avoit trop de liaisons avec les habitans dud. lieu et des environs* » (1777).

Les dissipés

Parce qu'elle se veut une compagnie forte et cohérente, la Ferme s'attend à ce que chacun occupe une place déterminée et fasse tout ce qui lui est ordonné. Par conséquent, lorsque Vauthier est recruté et recommandé par son compatriote (1764), Mennetrier, elle le sanctionne quatre ans plus tard lorsqu'il est confirmé que cet employé « *étoit trop dissipé… et qu'il ne s'appliquoit pas à son état* »[438].

Lorsque la dissipation devient indolence, elle constitue une faute rédhibitoire et mérite une sanction draconienne ; c'est encore pire si elle s'accompagne de propos équivoques sur l'engagement personnel de l'employé. Ainsi pour Castille, qui n'a « *ni zèle ni activité que parce qu'il disoit partout qu'il etoit dans le dessein de quitter* » (1770).

La défense de l'honneur : le duel

Dans la société d'Ancien Régime, l'honneur était si important pour les familles que toute atteinte à cette vertu éclaboussait la famille toute entière. Par conséquent, il fallait une réponse, sinon une excuse de la part de l'offenseur. Dans le cas contraire, l'honneur justifiait, disait-on, le recours au duel. Si le droit punissait très sévèrement les duels privés (la mort attendait les protagonistes, avec la peine accessoire de la confiscation des biens), la pratique restait néanmoins très courante.

Ce fait de société touche également la Ferme, puisque la compagnie déplore un cas de duel en 1776 : celui-ci se déroule à l'initiative d'un de ses cadres, le brigadier Lorrain. Aussi la compagnie lui reproche deux choses : d'abord de s'être détourné de son travail en se rendant à Selongey durant ses horaires de travail ; ensuite d'avoir proposé de se battre « *l'épée à la main* » avec un collègue, Bossu. L'origine en serait que ce collègue se serait enivré, ce qui aurait conduit

Lorrain à devoir assumer plusieurs fonctions à la fois pour le compte de confrères ivres-morts. Comme on le présume, cette situation l'aurait énervé. Or, le duel tourne au vinaigre, le collègue appelle à l'aide, ce qui déclenche un petit scandale, d'autant que dans le même lieu et le même jour (6 mai 1776), se tenait une foire commerciale dans laquelle la Ferme était présente afin de surveiller les marchands. Mais, conséquemment au duel, le sous-brigadier Trouillard qui était chargé de cette surveillance dut s'occuper de Lorrain et la surveillance fut donc réduite à rien. Enquête est aussi lancée et menée, tant par le contrôleur-général que par le receveur des traites, qui confirment le déroulement des faits. Ce duel sera sanctionné - modérément toutefois - par la Ferme.

Deux ans plus tard, Morot est révoqué pour s'être aussi battu en duel ; il semblait déséquilibré et prenait n'importe quel prétexte pour en venir aux mains avec ses confrères (1778)[439]. Il en est résulté une blessure légère au front de l'instigateur. Dans cette perspective, ce n'est pas tant l'honneur que l'équilibre psychique du personnage qui est en cause.

Le pugilat

Soucieuse de conserver sa bonne réputation en matière de discipline et de police, la compagnie entend faire observer ces règles en son sein. Lorsqu'elles ne le sont pas, elles sont constitutives d'une faute et punies comme telles. Cela étant, la Ferme mène toujours une enquête afin de déterminer clairement la qualité de l'agresseur et celle de l'agressé. Si un employé est victime, elle considère qu'il doit être maintenu dans ses fonctions, sauf si la machine judiciaire s'ébranle. Dans l'hypothèse où la justice demande des comptes à un employé, la compagnie choisit généralement de suspendre l'employé, mais elle peut aussi aller plus loin en le révoquant, quitte, comme on l'a vu, à le réadmettre ultérieurement en son sein (Aimé)[440].

Si le nombre d'esclandres reste faible (cinq cas), il touche un sous-brigadier aux prises avec des commis aux aides et « *ayant eu dispute* » avec ces derniers. Pour cette raison, il sera déplacé d'office (Ormancey, en 1770). *Idem* avec Bossu, qui se bagarre avec son collègue Lorrain ; ce n'est pas ce pugilat qui constitue la faute, mais le fait de s'être rendu à la direction contre l'avis de son capitaine-général qui avait rendu compte de la rixe (1776)[441]. Pour ne pas en arriver là, la compagnie repère des litiges continuels entre Morel et Baudry, qui sont beaux-frères. Pour éviter de plus graves affrontements, Baudry est déplacé avec 19 ans d'ancienneté (1769)[442].

Quand le pugilat se produit entre un employé et un particulier, la Ferme diligente une enquête afin de distinguer le bon grain de l'ivraie. Ainsi, en octobre 1771, une rixe oppose le sous-brigadier Limonnot au serviteur d'un notable, « *étant au village de Serilly il avoit eu une affaire avec le domestique de M. le Commandeur Etienne dans laquelle malgré ce qui a été déposé à son avantage dans une information* ». Si la rixe n'est pas considérée comme une faute, en revanche la compagnie prend en considération l'ivresse et le retard que Limonnot avait mis à rejoindre un détachement (deux jours). Pour ces raisons, il sera dégradé et déplacé.

Lorsque le pugilat découle d'une beuverie entre collègues, la faute retenue à l'encontre de son auteur peut être atténuée ; ainsi pour Chevillard (1778) ; celui-ci écope d'un déplacement mais avec injonction de se tenir tranquille à l'avenir[443]. L'année suivante, il commet un vol en réunion au préjudice d'un éleveur de bétail, ce qui conduit la Ferme à s'en séparer (mai 1779)[444].

L'absence ou le défaut de motivation de l'employé

Dans le droit de la fonction publique, une règle majeure était apparue au milieu du Moyen Âge : Saint Louis avait en effet édicté l'obligation pour les juges (notamment) de résider dans le lieu de leur nomination et de ne pas s'absenter sans justes motifs (ordonnance royale de 1254). L'obligation de présence était donc liée à celle de l'emploi, de sorte que le titulaire qui ne respectait pas cette règle pouvait faire l'objet de sanction. Cette règle très ancienne est reprise dans le statut des Fermes : celles-ci prennent bien conscience du fléau que constitue l'absence indue de ses agents et s'efforcent d'adopter une prompte solution pour y remédier. Une première délibération reste sans effet (7 juillet 1739). Une seconde délibération dans ce sens est adoptée par la compagnie, le 2 mars 1750 : l'absence des agents doit être préalablement autorisée par la hiérarchie et elle donne lieu, dans la négative, à des sanctions, notamment à une retenue sur appointements proportionnelle au temps de l'absence. Ainsi s'exprime la Ferme pour réaffirmer son autorité sur ses agents :

« Tous les commis généralement excepté les directeurs et les receveurs généraux et particuliers, qui obtiendront des congés pour s'absenter des lieux de leur résidence, seront privés de leurs appointements tant que durera leur absence[445] ».

Être employé dans la Ferme oblige à un temps de présence déterminé par le capitaine-général qui fixe les emplois du temps propres à chacun des subordonnés dont il a la charge. Aussi toute absence fait-elle l'objet d'un soin scrupuleux, car le traitement tient compte de la présence effective de l'employé sur le terrain. Dans le cas contraire, l'employé s'expose à des sanctions qui peuvent aller de l'avertissement à la révocation. Cela s'explique par les conséquences funestes de toute absence : la brigade peut-être désorganisée et le travail collectif n'est plus aussi bien assuré qu'il l'était.

En outre, la ferme distingue nettement deux sortes d'absences : celle qui est courte et qui ne remet pas en cause l'organisation ou l'efficacité du fisc. Quant à la seconde, elle est plus grave car elle intervient lors d'une opération importante menée par des brigades. Dans une telle circonstance, la faute est plus lourde car elle ruine un travail collectif ; elle démontre que le fautif n'a pas le sens des responsabilités : il est trop individualiste pour rester dans la société. L'exemple est illustré par l'absence bizarre d'un garde au moment précis où la direction de Dijon exécute une opération importante contre une bande de contrebandiers qui doit pénétrer dans le duché de Bourgogne[446].

En outre, le travail qui n'est pas fait par l'un des agents doit l'être par un autre, de sorte que la répartition du travail s'en trouve bouleversée tout comme l'ambiance. D'où la sanction sévère qui frappe Gueritte, sous-brigadier ; après une absence injustifiée de neuf jours, ce cadre est considéré comme fautif et, pour cette raison, une double sanction le frappe (rétrogradation et déplacement d'office).

L'absence non justifiée est-elle une faute lourde ? La réponse est affirmative. Dans ce sens, Pavillon, alors brigadier à Lamarche, se fait remarquer par le contrôleur-général Joly pour s'être, « *absenté depuis le début du mois* [décembre 1771] *sans en prévenir et qu'on luy avoit dit* q*u'il étoit allé à Paris demander un autre employ* »[447]. Cela étant, il faut souligner le retard dans l'information, puisque sa hiérarchie n'est informée de cette faute qu'en fin de mois… Il est remplacé après qu'il ait été formellement révoqué, puis réembauché peu après au grade de garde[448].

Rares sont les abandons de poste : cette faute est exceptionnelle chez nos employés bourguignons ; cela veut-il dire que l'organisation est bonne et qu'elle autorise, par souplesse, à prendre des congés lorsqu'ils en font la demande ? N'est en revanche pas tolérée l'erreur de Gueille, qui « *s'étoit absenté de son poste pendant 9 jours sans congé*[449] ». Or, il est cadre (sous-brigadier) dans une brigade importante (celle de Renève), ce qui rend sa faute évidemment plus grave aux yeux de la compagnie.

Autre exception, celle que commet Japiot alors qu'il est de garde dans l'une des portes d'Auxonne ; or c'est la voie royale pour les contrebandiers… (1770)

Même circonstance pour Desgranges qui, le 20 juillet 1775, n'a pas gardé comme il l'aurait dû la porte de France d'Auxonne ; des contrebandiers en ont profité pour faire passer dans la ville – ils ont donc traversé sans encombres la ligne de douane des cinq grosses Fermes – du faux tabac dissimulé dans « *deux fourgons* « munis de « *coffres à double fond* ». Cette aventure rocambolesque, on s'en doute, incite la Ferme à sévir parce que des soupçons de corruption se portent sur l'employé fautif. Sans détailler la faute, la compagnie évoque une lourde conséquence au détriment des droits du fisc ; il y aurait donc pluralité, à savoir insuffisance professionnelle et corruption[450].

Troisième dérogation, celle de Jeannelle qui, en 1766, avait sollicité un congé afin de se rendre à Paris pour des affaires de famille. Mécontent du refus de la compagnie de l'y autoriser, il s'y rend de son propre chef tout en préservant l'avenir : « *il quitta l'employ en en priant cependant qu'on luy en rendit à son retour s'il n'etoit pas placé autre part* ». À défaut d'avoir trouvé un poste, il revient dans la Ferme qui l'accueille de nouveau : c'est une démission suivie d'une nouvelle embauche ; il est vrai que cette absence avait été brève (trois mois). Quatre ans plus tard, une autre absence ne sera pas, cette fois-ci, pardonnée et lui vaudra sa révocation.

L'inefficacité au travail

Elle découle d'un critère d'efficacité et vaut surtout pour les cadres. À défaut d'avoir effectué des saisies (la comparaison s'effectue en comparant les années les unes avec les autres), le cadre responsable est sanctionné car la Ferme effectue des statistiques régulières : celles-ci permettent de connaître les flux de circulation des contrebandiers, les objets concernés, et d'adapter ainsi le dispositif de la compagnie sur tous les points de la ligne.

Quant aux employés postés aux portes des villes (Auxonne, Dijon,...), ils sont soumis à une exigence de vérification des moyens de transport auxquels recourent les particuliers. Cela étant, la compagnie exige du doigté et de la douceur : il ne s'agit pas de tout contrôler, mais de porter avec rigueur et perspicacité son attention sur les suspects (horaires,...). À ce petit jeu, beaucoup de simples gardes sont vite déplacés, car convaincus d'être dépourvu de « *ruse* », de « *Fermeté* » et « *d'intelligence* », trois qualités vitales pour celui qui espère soit une promotion, soit son maintien dans une brigade urbaine[451].

Par conséquent, lorsque le chiffre des saisies est faible ou inexistant en l'espace de 30 mois, la compagnie sait alors qu'il se passe quelque chose d'anormal et en tire les conséquences.

Ainsi, lorsque le brigadier Rouget est placé à Talmay, « *n'ayant fait aucune saisie depuis qu'il est à Talmay, ce qu'on attribue à son peu d'activité et aux habitudes qu'il peut avoir aud. lieu* », il est déplacé à Lamarche (1772).

L'absence de faute matérielle

Il n'est pas nécessaire qu'il y ait une faute pour que l'employé fasse l'objet d'une mesure disciplinaire : il s'agit, dans cette perspective, de montrer que la compagnie dispose d'un pouvoir de direction à l'égard de ses subordonnées ; elle est donc en mesure de leur donner des ordres d'affectation qui reposent sur le lien entre la fonction occupée et les qualités de l'agent.

Dans cette idée, trois options sont ouvertes, l'une reposant sur la nécessité du service public (exemple la suppression de poste par suite du changement dans les frais de régie ou lien de parenté) ; l'autre relevant des problèmes de santé dont souffrirait l'employé considéré ; la dernière relevant de la bienséance.

Dans le premier cas, Louis Ducrot, garde à Auxerre, est révoqué en 1774 pour libérer sa place en faveur d'un employé dont la brigade a été supprimée. Mais la Ferme lui promet de le replacer ailleurs dès qu'elle le pourra. Pour ce faire, le directeur de Dijon écrit à son collègue de Langres afin de lui trouver une affectation (on en ignore les suites, le registre ne l'indique pas). La même situation se reproduit des dizaines de fois en 1774. Mais pour Verrey, la compagnie fait remonter les informations qui le concernent plusieurs mois après qu'elles soient survenues : on apprend ainsi (en novembre 1774) que Verrey était accusé d'avoir soustrait des draps chez un marchand de Saulieu : « *il avait été surpris volant une pièce de drap* » ; en conséquence de quoi la victime l'avait fait décréter par la justice et que si Verrey se représentait, il ne serait pas repris dans la société. Le *Registre* nous montre, ici encore, qu'il sert accessoirement de casier judiciaire et qu'il évite de commettre des erreurs – sans exclure totalement le risque – dans le recrutement d'employés indélicats.

Dans le second cas, Desbois, ancien praticien savoyard promu brigadier, est rétrogradé peu après sa promotion (1768) ; il s'agit de l'une des rares décisions à n'être pas motivée. En revanche, on sait qu'il était réputé pour ses qualités de rédaction et que Desbois était très apprécié pour le verbal : c'est ce qui motive la Ferme à le placer à Auxerre auprès du capitaine-général sédentaire de cette ville qui, de l'aveu du rédacteur du registre, « *n'est pas fort sur le verbal* » ce qui, en cas de la survenance de litige avec des consommateurs de tabac, de sel ou de traites, posait problème à la compagnie (1774). Dans la même idée de service public, la direction déplace un sous-brigadier en poste à Champagne, Aubert, parce qu'il est le beau-frère du capitaine-général de la penthière (Devaux)[452].

Autre exemple significatif, celui de Malardot. Ce sous-brigadier, qui avait quitté la compagnie pour s'occuper de son père, et qui a ensuite été réintégré, est déplacé de Pontallier à Dijon. Le registre indique qu'aucune faute ne lui est reprochée, mais qu'il existe à son encontre des soupçons de mauvaises habitudes. En effet, Pontallier est le lieu de sa naissance et « *il luy paroit plus aisé que partout ailleurs de contracter des habitudes contraires au service* » (juillet 1778). Néanmoins, le remède ne sert à rien car l'année suivante, ce sous-brigadier est encore déplacé pour le même motif[453].

Autre motif d'exclusion, celui qui découle de la pauvreté extrême de l'employé. Telle est la situation du garde Claude Martin, qui après avoir servi outre-mer, s'est fait « *cordeur de laine* » durant trois ans. À 33 ans, avec deux enfants, son entrée dans la Ferme doit lui permettre d'obtenir un traitement régulier et un emploi stable. Or, après sept jours d'exercice seulement, la compagnie décide de s'en séparer : non seulement il est si pauvre qu'il ne peut payer la caution pour obtenir ses armes et sa bandoulière, mais en plus il a sollicité une avance sur traitement – qu'il n'est certainement pas en état rembourser. Enfin, lorsque la Ferme apprend qu'il demande un congé pour chercher une tante de sa femme, parce qu'elle est aveugle et qui doit être à sa charge, elle considère que ce garde se met hors de portée de son service et que son traitement sera insuffisant pour entretenir sa famille ou se consacrer pleinement à son service[454]. Il est donc révoqué.

Enfin, Jean Renaud, qui est déplacé non pour faute, mais parce que sa femme l'a quittée et qu'étant seul, il sera plus efficace à Auxonne qu'il ne l'était à Pontallier : ancien militaire, il « *connait mieux les ruses du soldat* », ce dernier étant considéré comme un contrebandier par excellence (1778)[455].

Dans le second de ces cas, Jaillou illustre bien ces employés qui, du fait de leur mauvaise santé, ne font qu'un passage éclair dans la compagnie. La Ferme lui reproche, en effet, « *étant attaqué à la poitrine et ne pouvant suivre les fonctions que l'employ exige* » (1773). En conséquence de quoi la compagnie le sanctionnera pour une sorte d'inaptitude à l'emploi. Même chose pour Batille qui, en 1775, est remplacé parce qu'atteint de « *maladie cronique* », il ne peut satisfaire aux devoirs qu'exige le service des portes d'Auxonne (1775). Dans la même hypothèse où l'employé souffre de difficultés liées à sa santé, la Ferme peut choisir de l'affecter dans un poste moins éprouvant tout en lui conservant ses fonctions d'encadrement : ainsi Brachet bénéficie-t-il de cette mesure gracieuse, en passant de la brigade exposée de Saint-Seine à celle de Lamarche (1771)[456].

La faute peut également être mal caractérisée, de sorte que la Ferme ne perçoit pas la gravité de la faute qu'elle peut incriminer contre l'un de ses agents. Tel est le cas de Maillot, garde dans la généralité de Paris, auquel après enquête, le contrôleur général Joly ne peut reprocher rien de concret. D'ailleurs, dans cette même affaire, Joly remarque que le supérieur hiérarchique de ce garde (le capitaine général) « *avait été legerement informé du sujet de plainte porté contre ledit Maillot* ». Dès lors, Maillot « *n'avait pas été dans le cas d'être destitué* », d'où son rétablissement dans la compagnie, mais dans une autre affectation (Auxonne).

Quant à la bienséance, elle est prise en considération pour éviter tout heurt entre la compagnie et une autorité locale. Lorsque le sous-brigadier Boullier fait retirer du bois qu'il a acheté sur la commune de Coulmier (où il est affecté) sans la permission du juge, comme c'est pourtant l'usage, la compagnie décide de le déplacer : non content d'avoir dérogé à l'usage, Boullier a en effet eu des paroles peu amènes envers le juge (1770). Pour se justifier, la Ferme considère qu'en agissant ainsi, il « *donne mauvais exemple aux employés* ».

De l'importance des fautes : synthèse

En résumé, les fautes punissables prises en considération relèvent de deux domaines : l'un est la vie privée ; l'autre la vie professionnelle. Dans le premier cas, 40 des 362 punitions infligées relèvent de cette catégorie : la Ferme prend prétexte d'un mauvais mariage ou de la moralité de l'épouse pour sanctionner l'agent. Cela concerne 29 cas sur 280 sanctions. Une sanction sur dix relève donc de cette catégorie.

Si, ensuite, on s'intéresse aux fautes professionnelles qui entraînent punition, elles sont constituées, pour le premier motif en nombre, par l'insuffisance professionnelle. Celle-ci représente pas moins de 136 motifs des 362 punitions infligées. En clair, l'agent n'est pas à la hauteur de sa mission et il est en inadéquation avec sa fonction. Cela veut dire qu'il n'a pas toute l'efficacité désirée et, soit qu'il doit être changé de place, soit qu'il change sa façon de travailler.

Second motif de faute professionnelle, c'est l'insubordination : dans une machine à collecter l'impôt aussi hiérarchisée qu'est la Ferme, c'est une faute jugée très grave : elle remet en cause, en effet, tout le système de direction et d'exécution et ruine l'autorité locale dont disposent les cadres de base (brigadiers, sous-brigadiers). Elle remet aussi en cause l'idée de fraternité au travail : après tout, les agents concourent à une œuvre commune et forment une sorte de bloc. En outre, ces sorties d'employés peuvent, dans certains cas, prendre la forme de menaces verbales portées contre le directeur lui-même. Dans l'une des punitions que nous avons relevées, l'agent s'en prend à la hiérarchie qu'il accuse de tous les maux ; il promet même de recourir à la violence avec armes. La réaction de la hiérarchie, dans ces circonstances, est plutôt mesurée : elle s'efforce de déplacer les agents menacés et sollicite les autorités de police. Cavalier de maréchaussée et juge local (qui représentent l'autorité étatique) peuvent alors intervenir auprès de l'agent puni sous une forme de dissuasion. Néanmoins, le motif étant grave, le résultat se traduit souvent par une révocation pure et simple.

En troisième lieu, l'ivresse est un facteur de motif officiel avec 35 interventions sur 362. Ce motif pose problème ; il dénote, en effet, une ambiance au travail qui n'est pas florissante et par laquelle certains agents se réfugient dans l'alcool pour tromper leur ennui. Là, sont concernés aussi bien les simples gardes que les sous-brigadiers : c'est donc une infraction type des personnels d'exécution. Doit-on voir une forme de sociabilité professionnelle, par laquelle des collègues tissent entre eux des liens autour d'une bouteille de vin ?

Ensuite, que peut-on penser de gardes du fisc, armés, qui représentent l'autorité et qui apparaissent ivres morts devant le contribuable ? Le *Registre* fourmille de descriptions de circonstances de fait qui ne sont pas inventées. L'addiction à la boisson semblait être une sorte d'échappatoire. Enfin, ces liens délicats avec l'alcool venaient-ils d'une instruction qui, pour certains, allait de pair avec le service militaire ? Nous réservons les réponses pour une étude ultérieure.

Quatrième motif en importance, c'est l'absence de faute : là, la punition n'est pas motivée par un motif personnel à l'agent, mais dépend, le plus souvent, de l'organisation même de la Ferme. 33 occurences sur 362 sont signalées, soit 9%. Le plus important d'entre eux est la suppression de poste – dont on a déjà parlé – qui touche autant les gardes que les cadres de terrain. Pour nombre de punis sans cause, ce peut être une injustice même si, le plus souvent, la Ferme entreprend tout ce qu'elle peut pour les replacer quelque part en limitant le temps de leur vacance d'emploi.

Vient, en cinquième lieu, le vol, c'est-à-dire la soustraction frauduleuse du bien d'autrui (29 cas sur 362). Là, on y trouve aussi bien des vols privés commis au détriment de particuliers (chien, bois, redingote, animal de ferme,...) que des vols au détriment de la compagnie.

L'absence, si souvent invoquée, vient de façon secondaire en sixième position avec 21 motifs sur 362. La chasse, le jeu et les dettes viennent rarement en premier plan ; ce sont lors des considérations qui appuient d'autres reproches que la Ferme formule à l'encontre de ses agents (9 sur 362).

Tableau 11 Total et nature des fautes imputées aux employés : nombre

		garde	Sous-brigadier	brigadier	Total
Faute privée	Vie privée	29	6	5	**40**
Faute professionnelle	Insuffisance	110	13	13	**136**
	Insubordination	38	7	3	**48**
	Vol	27	1	1	**29**
	Dettes et chasse	5	3	1	**9**
	Ivresse	22	12	1	**35**
	Absence injustifiée	15	4	2	**21**
	Sans faute	27	2	4	**33**
	Pluralité de fautes	7	4	-	**11**

Source : ADCO C 11418

Après avoir accrédité les fautes imputées aux employés, la Ferme procède ensuite au choix de la sanction qu'elle juge la plus appropriée.

Notes du chapitre 6.

317 Ciculaire du 2 décembre 1762 : AN, 129 AP 13 (Fonds Lavoisier).

318 AZIMI, *Un modèle*, *op. cit.* p. 131.

319 Sur 486 mouvements répertoriés, 44% concernent des mutations, 7% des démissions ou des départs en retraite, 9% des démissions, 6% des révocations : CLINQUART, *Les services*, p. 171.

320 « *On doit observer que les clauses et soumissions qui sont au pied du double de la procuration ou commission des Commis, sont entre eux & le fermier une règle particulière qui doit être exécutée* » : GUYOT, *Répertoire*, t. IV, p. 85, v° Commis.

321 *Ibidem*, fol. 48. Chavey se déplace à Labergement.

322 GUYOT, *Répertoire*, t. IV, p. 85.

323 Dans ce sens, Deaizey qui obtient un congé en mars 1770 « et n'ayant pas rejoint son poste ni donné de ses nouvelles, il a été remplacé » (*ibidem*, fol. 198).

324 Le capitaine-général d'Auxerre en informe la Ferme, le 20 août 1778 ; il est ainsi précisé « *il avait contracté des dettes qu'il lui seroit impossible d'acquitter* » : *Ibidem*, fol. 244.

325 Il « *est très souvent en retard pour ses payements et n'a guère plus d'intelligence que d'exactitude* » : *ibidem*, fol. 6.

326« *Le 1er may 1780 il a quitté après l'avoir annoncé à son cape gal... pour se retirer a Champagne... qui le demandoit* » : *Ibidem*, fol. 242.

[327] « *Led. S. Ponsard ayant quitté sans en prévenir ses supérieurs les derniers jours de décembre 1771 et n'ayant pas paru depuis ledit jour jusqu'au 17 janvier 1772 il a été nommé à sa place* » : *Ibidem*, fol. 161.

[328] « *Delpire a quitté en raison de ce que suivant ce qu'a mandé le capitaine général il regardoit au dessous de luy les détails du service et ne vouloit point visiter les marchands ambulants* » : *Ibidem*, fol. 229.

[329] *Ibidem*, fol. 130. En indiquant ces détails, le registre indique qu'il ne « *doit jamais être réadmis* ».

[330] D'après le registre, cette initiative de quitter l'emploi était motivée par l'installation de son épouse dans un commerce de linge ; celui-ci aurait périclité : *ibidem*, fol. 58.

[331] « *n'ayant point donné de sujet de mécontentement pendant qu'il étoit à Semur et ayant au contraire fait voir de l'attachement pour le service et de l'envie pour s'instruire* », *Ibidem*, fol. 132.

[332] On en exclut un septième (Jacques Bouverel), car son départ d'Auxerre s'explique pour des raisons de santé et aussi pour être plus proche de son père ; la Ferme lui propose alors un poste à Saint-Seine-sur-Vingeanne (novembre 1776).

[333] *Ibidem*, fol. 122. Buzard était originaire d'Hombourg, en Sarre.

[334] « *sa femme ne pouvoit se décider à quitter Laperrière et qu'éloignée d'elle, celui luy causoit trop de désagréments* ». Vielverge est éloigné de 24 kilomètres de Perrière : *ibidem*, fol. 105. Il sera réadmis dans la compagnie en 1779, au poste de Labergement (fol 144 v°).

[335] *Ibidem*, fol. 190, en septembre 1775. Voir aussi fol. 39.

[336] Le sieur Rivière, « *pour se placer en tant que banquier à Paris* », en octobre 1776.

[337] Il s'agit de Jean-Claude Copin, qui avait quitté le poste de garde pour prendre la fonction de sous-brigadier, *Ibidem*, fol. 69.

[338] Ibidem, fol. 200, « *il luy a été promis de le réadmettre en sa qualité de Brigadier s'il demandoit à rentrer dans un an au plus tard* ». On en ignore les suites.

[339] « *comptant que cela luy procurera des fonds qu'il est dans l'intention de faire valoir* », *Ibidem*, fol. 133 v°.

[340] Il devait quitter Mussy pour Pagny, soit un déplacement de cent kilomètres, *ibidem*, fol. 167.

[341] En juin 1774 : *ibidem*, fol. 183 ; il était alors garde à Dijon.

[342] « *disant qu'il allait reprendre son activité de tissier en toile* », *Ibidem*, fol. 182.

[343] Il prévient le capitaine-général d'Auxerre qu'il se fixe désormais à Saulieu : *Ibidem*, fol. 243.

[344] En août 1775 : *ibidem*, fol. 183.

[345] *Ibidem*, fol. 183, « *il compte travailler au faubourg St Nicolas à Dijon* ».

[346] « *Led. Grand Perrin ayant rapporté sa commission sans s'être fait installer sous prétexte que le poste de Semur étoit trop éloigné pour y transporter sa femme et son ménage* », *Ibidem*, fol. 223.

[347] *Ibidem*, fol. 59 : « *le décès de sa mère le mettoit en etat de quitter l'employ* ».

[348] « *le père dud. Poingeon voulait qu'il quitte l'employ* », *Ibidem*, fol. 224. Il sera réintégré peu après, puis subira deux sanctions, dont l'une sera sa révocation pour incapacité physique (cf. libertinage, fol. 132).

[349] Il passe sous-brigadier trois ans plus tard : *ibidem*, fol. 147. En avril 1775, on le retrouve à Dijon.

[350] *Ibidem*, fol. 130. C'est l'un des seuls abandons indiqué comme tel dans le registre. Pareil agissement suscite l'ire de la compagnie, puisque le directeur indique que « *ce sujet ne doit jamais être réadmis* ».

[351] *Ibidem*, fol. 181. Le directeur évoque ainsi « *Charlet... a des habitudes à Auxonne et Labergement pourroit rencontrer led. Quirot ou le faire maltraiter par les soldats de la garnison* ».

[352] *Ibidem*, fol. 168 : « *ledit Blandin ayant quitté son poste en raison de ce qu'on y surveillait sa conduite et qu'on voulait le forcer à payer ses dettes montant à plus de 55.* ».

[353] CLINQUART, *Les services extérieurs*, p. 26, qui cite plusieurs décisions de 1781-1782.

[354] « *Roux a quitté l'employ sans en prévenir après avoir maltraitté le domestique de son hote* » : *ibidem*, fol. 144. « *Le S. Roux est rentré dans l'employ… le 3 juillet 1774* ».

[355] *Ibidem*, fol. 223. Agé de 28 ans, Aimé était entré dans la Ferme en 1775 ; il était alors garde ambulant à Châtillon lorsqu'un pugilat l'avait opposé à un contrôleur des actes : ce dernier avait porté plainte et c'est la conséquence de cet esclandre que supporte ici Aimé. Il avait été, dans un premier temps, déplacé en août 1776 (fol. 202 v°).

[356] *Ibidem*, fol. 243. Garde à Auxerre.

[357] *Ibidem*, fol. 133 v° et 161 v°. Après réadmission en mars 1779, Plissard est révoqué en octobre 1779.

[358] *ibidem*, fol. 137 v° : « *il a quitté les Brigades pour éviter qu'il ne soit dénoncé… sur ce qu'il avoit reçu 56 sols et une tabatière pour laisser entrer en fraude des droits une malle remplie de mercerie... Mariotte qui étoit d'intelligence avec lui et qui a quitté de la même façon* ».

[359] *Ibidem*, fol. 202 v° : « *il a même été convaincu d'avoir emporté chez luy un paquet qu'il a dit avoir trouvé noyé* ».

[360] *Ibidem*, fol. 130 r°-v°. Lorsqu'il quitte, il indique clairement le motif de son départ : « *qu'il n'étoit entré que pour éviter la milice* ».

[361] *Ibidem*, fol. 53. Pour cette raison, il n'est pas compris dans les autres tableaux (origine géographique, alphabétisation…).

[362] *Ibidem*, fol. 116. La première fois à Auxonne, la seconde à Lamarche

[363] « *voir cette affaire en carton n. 1er* », *ibidem* fol. 223. La procédure concernait Aimé, frappé d'ajournement personnel en 1776.

[364] « *Ledit S. Riboulet est très souvent en retard pour ses payements et n'a guère plus d'exactitude que d'intelligence* », *Ibidem*, fol. 6. Ensuite, son gendre, plus sérieux, lui succède.

[365] Ainsi pour Jean-François Pasquier ; la compagnie, par la voix de Joly, regrette même de l'avoir recruté et de l'avoir laissé trop longtemps en fonction. En 1770, « *on auroit pas du le conserver si longtems dans les Brigades attendu qu'il manque de zèle ainsi que d'intelligence n'en ayant eu que pour en imposer à ses supérieurs* » : *ibidem*, fol. 51. Il est alors révoqué.

[366] *Ibidem*, fol. 167. Mussy-la-Fosse se trouve au nord-est de Montbard ; ce poste est éloigné de cent kilomètres de celui de Pagny, que Girardot doit quitter.

[367] *Ibidem*, fol. 185. Il passe alors à Semur ; il refuse ce transfert et quitte alors la Ferme.

[368] *Ibidem*, fol. 98. Bonvalet s'y remarque pour ses capacités, il sera promu, un an plus tard, sous-brigadier. Le déplacement n'est donc pas toujours synonyme de sanction ; ce peut être une chance.

[369] C'est l'une des deux seules interventions d'un curé dans tout le registre.

[370] « *Il convient de l'en changer* [d'affectation] *en sorte que son ordre de changement fasse réprimande*», *Ibidem*, fol. 117. Il est alors affecté à la brigade de Pagny.

371 Il avait été déplacé pour ses « *dispositions pour le libertinage il avoit étant à Auxonne trop d'occasions pour s'y livrer* », *Ibidem*, fol. 132.

372 Sonnet est alors déplacé sur la brigade Saint-Seine, *ibidem*, fol. 161 v°.

373 « *Convaincu d'avoir chassé et s'etre disputé avec le garde de chasse de M. le P*^{t} *de S*^{t} *Seine qu'il a mis en joue ave son fusil, ce qui est approuvé par… détails contenus dans la lettre du cap*^{ne} *G*^{al}*… ce jeune homme est très vain et très haut ce qu'il fait quil ne convient nullement dans les Brigades* », Bruchard fils sera alors révoqué : *ibidem*, fol. 251.

374 *Ibidem*, fol. 202 ; il est alors déplacé comme garde à Auxerre.

375 *Ibidem*, fol. 176. Le garde Bœuf est alors révoqué.

376 *Ibidem*, fol. 174. Prévenu de son déplacement à Saint-Jean-de-Losne, Malardot rapporte sa commission et choisit donc de quitter la compagnie, prétextant « *des affaires de famille* ».

377 Mais certaines sanctions ne sont pas motivées, ainsi pour celle qui frappe Gueritte, dont le registre indique de façon laconique qu'il a été « *remercié* » en 1770 : *ibidem*, fol. 51.

378 GUYOT, *Répertoire*, t. IV, p. 82.

379 Exemple dans la sanction de révocation prise à l'encontre de Poupon : « *M. Joly ayant mandé qu'il avoit retiré aud. Poupon sa commission pour connivence d'infidélité reconnue, ainsi qu'il est détaillé dans sa lettre dud. jour* », en 1770 (*ibidem*, fol. 130 v°).

380 FORBONNAIS, *Recherches et considérations sur les finances*, t. II, p. 26.

381 « *comment espérer qu'ils résistent à l'appât de gagner en un seul jour une année de leurs salaires ? La vigilance des supérieurs s'épuise en vain pour les contenir dans le devoir, la conscience est sourde quand le besoin presse. D'ailleurs, de malheureux gardes, tirés de la dernière classe du peuple, peuvent-ils avoir la délicatesse et les scrupules que donne une âme élevée...* » : *Encyclopédie méthodique*, art. Finances, t. I, p. 366 (Rousselot de Surgy).

382 Lettre du 26 janvier 1778 : AD Doubs, 1 C 1318.

383 En 1769, la Ferme, après avoir révoqué les précédents gardes aux portes de la ville, se rend compte que leurs successeurs se rendent coupables des mêmes faits. Elle prend alors la décision d'augmenter les appointements des employés « *dans une ville où le prix des loyers et la valeur des denrées ont été portés au plus haut degré* » : AN, G^{1} 118.

384 Affecté à Labergement, Bornet s'était absenté sans autorisation de son poste et « *avoit profité de la proximité ou il étoit de Dole pour y acheter un pain de sel* » (*ibidem*, fol. 144 v°). Il est révoqué.

385 Ainsi pour Mariotte, empêtré dans une affaire de corruption en mai 1779 : « *il a quitté les Brigades non seulement une révocation mais pour éviter une dénonciation à la Commission* [de Valence] », *ibidem*, fol. 131 v°. La Commission de Valence était compétente pour toutes les affaires douanières perpétrées dans le sud et le centre du pays ; c'est elle qui condamna le célèbre Mandrin (1755).

386 « *il s'adonnoit au vin qu'il manquoit à son devoir et qu'il avoit confirmé les soupçons qu'on avoit contre luy en cherchant à séduire les no*^{és} *Boirin et Poupon pour les engager à favoriser des particuliers dans les visites aux portes* », *Ibidem*, fol. 129. Peu après, Poupon est révoqué pour infidélité (fol. 130 v°).

387 AN, G^{1} 74, *Mémoires…* p. 424-428.

388 E. HEPP, La contrebande du tabac au XVIIIe siècle, p. 50, dans *Aspects de la contrebande au XVIII*^{e} *siècle*, Paris, PUF, 1969.

389 FERRER, *Tabac, sel*, p. 150-151.

[390] « *il a laissé sortir par la porte de France… en plein jour et étant de garde à lad porte deux fourgons à doubles fonds garnis de tabac sans même les avoir vus* », *Ibidem*, fol. 131.

[391] *Ibidem*, fol. 134 (10 juillet 1775) ; Perrot est révoqué pour cette faute.

[392] « *d'avoir laissé entrer un tonneau de sucre qui avoit passé en transit, ce fait sans être clairement prouvé paroit si bien établi... qu'il est essentiel de ne pas le laisser dans ce poste ou il puisse faire pareilles manœuvres* », *Ibidem*, fol. 133 v°.

[393] *Ibidem*, fol. 137. Patouillet est saisi et emprisonné à Dijon, d'après la même référence.

[394] *Ibidem*, fol. 137 v°. Loreau quitte la compagnie et prévient ainsi sa révocation.

[395] *Ibidem*, fol. 202 v°. Il est aussitôt révoqué.

[396] Le *Registre* en fait mention : « *ayant été convaincu par M. Joly contrôleur général d'avoir fait venir chez luy 6 livres de sel de Comté dans un panier, de l'avoir remis à une femme son affidée pour engager une autre femme à faire charger et d'avoir saisi et emprisonné à Auxonne cette femme qui ignoroit ce que contenoit ledit panier, dont elle ne s'étoit chargée qu'à la prière de l'affidée dud. Petit qui s'étoit concertée avec luy pour s'évader lorsqu'elle le verroit avec un employé a effectivement pris la fuite* », *Ibidem*, fol. 149.

[397] « *il ne falloit pas luy payer les 16 jours derniers le prévenir de gré à gré avec luy qu'il a … d'acompte a l'apurement de la restitution pour le surplus de laquelle il falloit le contraindre* », *ibidem*, fol. 112.

[398] Tous deux sont promptement révoqués, *ibidem*, fol. 177 (août 1775).

[399] Dans une affaire où huit employés avaient été soupçonnés et reconnus coupables d'avoir libéré des contrebandiers moyennant de l'argent et la captation des chevaux (1752), la Commission les condamne à 50 livres d'amende chacun et quelques-uns sont démis de leurs fonctions : AD Doubs, C (BF) 35 ; cité par FERRER, *Tabac, sel*, p. 81.

[400] *Ibidem*, fol. 55 : « *pour le punir de la sotise qu'il a eu d'emprisonner le nommé Antoine Poriquet dorville* [d'Orville, au nord de Dijon] *pour saisie des 14 et 15 mars dernier* ».

[401] *Ibidem*, fol. 137 : « *Froux étoit trop vif vis-à-vis les soldats de la garnison d'Auxonne avec lesquels il avoit déjà eu quelques affaires* ». Il est alors déplacé.

[402] *Ibidem*, fol. 137. La Ferme remarque également qu'il a le plus grand mal à élever sa « *nombreuse famille* ». Pour Colbert, l'art de l'imposition consiste « *à plumer l'oie pour obtenir le plus possible de plumes avec le moins possible de cris* ». Pajeot est déplacé.

[403] *Ibidem*, fol. 232 : « *la femme dud. Coirier s'étoit mal comportée et qu'elle avoit même été accusée de vol ce qui rendait nécessaire le changement dud. Coirier* ».

[404] *Ibidem*, fol. 200 : « *ayant été convaincu d'avoir volé de complicité avec le S. Jean François Thibaut garde aud. Chatillon qu'il a séduit et corrompu ce pourquoi ils sont décrétés et poursuivis* ».

[405] « *Cet employé et sa femme dans les différents postes ou ils avoient été accusés de vols, qu'ils en avoient en partie été convaincus, mais qu'ils avoient toujours eu le secret d'apaiser et éviter les plaintes* », *ibidem*, fol. 256.

[406] *Ibidem*, fol. 189 : « *ayant même été accusé… d'avoir pris de l'argent à un particulier en fouillant sa voiture* ». Il est déplacé à Pontallier.

[407] Il s'agit de Joseph Lanson, *ibidem*, fol. 166.

[408] *Ibidem*, fol. 129 v°. Le commerçant était Prudonnot.

[409] *Ibidem*, fol. 102. Lallemand est déplacé sur Auxerre mais, refusant de rejoindre, il démissionne.

[410] *Ibidem*, fol. 167. Auxonne est à 27 kilomètres de Pagny.

[411] « *il avoit donné lieu de concevoir des soupçons sur sa fidélité, qu'il etoit peu intelligent et ne s'appliquoit point à former son écriture* », *Ibidem*, fol. 129.

[412] « *Led. Esprit n'ayant pas voulu quitter son cabaret quoique cela luy eut été deffendu plusieurs fois* » : *ibidem*, fol. 37. Il est révoqué pour ce motif.

[413] « *qu'il falloit révoquer le dit Perret a cause de son ivrognerie et son manque de subordination* » : *Ibidem*, fol. 244.

[414] *Ibidem*, fol. 51 v°. Il est simplement déplacé ailleurs.

[415] *Ibidem*, fol. 137 v°. Le sergent de garde tente en vain de faire cesser le tapage.

[416] Il s'agit de Daniel Mugnier, qui est âgé de 40 ans : *ibidem*, fol. 134. Il est déplacé sur Champagne.

[417] *Ibidem*, fol. 150 ; il est déplacé à Laperrière. Le remède est peu efficace, car 7 ans plus tard, le registre indique « *avoit contracté des habitudes et… s'occupoit à travailler pour les habitans* ». Grignon est déplacé à Pagny.

[418] *Ibidem*, fol. 248. Berthon est alors déplacé à Lamarche dans son grade.

[419] Franchot avait 13 ans d'ancienneté et trois enfants à charge.

[420] *Ibidem*, fol. 166. Grignon quittera de son plein gré la compagnie en mars 1778 (*ibidem*, fol. 260).

[421] *Ibidem*, fol. 44, Chavant est muté de Fontenelle à Pagny.

[422] « *il ne pouvoit vivre intelligemment avec le S. Ormancey qui avoit connu particulièrement sa femme étant fille et qu'il avoit tenu des propos a son egard sur ce quil n'avoit pu l'obtenir* », *Ibidem*, fol. 51 v°.

[423] « *accusée de vol lorsqu'il étoit dans l'inspection de Montbard… et que quand même il n'y auroit pas participé il ne pourrait… dans l'employ* », *Ibidem*, fol. 91, brigade de Perrigny.

[424] *Ibidem*, fol. 50 : « *par sa faute s'etant attiré une difficulté… il avoit été si violemment maltraité qu'il luy seroit de toute impossibilité de faire meme le travail journalier des Brigades* ». Cet employé se déclarera intéressé par l'acquisition d'une charge d'huissier, en 1779 (fol. 204).

[425] « *ayant porté plusieurs fois ses plaintes contre cet employé et enfin ayant été contraint de demander sa révocation…* » : *Ibidem*, fol. 124.

[426] « *Il s'y étoit pris de vin, ce qui l'avoit mis dans le cas de se cacher dans une maison ou on le prit pour un voleur et ou il laissa son chapeau en se sauvant mais que le propriétaire de la maison ayant reconnu qu'il étoit yvre n'avoit porté aucune plainte* » : *Ibidem*, fol. 197. Il est alors déplacé à Coulmier.

[427] *Ibidem*, fol. 135. Il était récidiviste : deux ans plus tôt, il avait été déplacé d'Auxonne, parce que « *trop brutal dans les visites aux portes* ».

[428] *Ibidem*, fol. 73. Beneck sera révoqué peu après.

[429] « *sur ce qui a été représenté que ledit Langlois non seulement n'avoit pas l'activité qu'exige le travail du poste, mais qu'il s'en occupoit peu, malgré les avertissements qui luy avoient été donnés ; il continue d'aller à la chasse qu'il était de la plus grande dissipation* ».

[430] « *il auroit été révoqué si on avoit pas craint quelque violence de sa part vis a vis les parents d'une jeune fille qu'il voit et qu'il auroit soupçonné être l'auteur des plaintes portées contre luy, ce qui engage à se contenter d'un changement pour l'éloigner de Pontailler* », *Ibidem*, fol. 93.

[431] *Ibidem*, fol. 128. Il s'agit de Gayot : « *il avoit une fille qui menoit une vie scandaleuse avec la garnison* ».

[432] *Ibidem*, fol. 178. Faillard est alors déplacé dans un poste à la campagne.

[433] « *s'étant pris de vin à son passage à Pontallier pour retourner à son poste au point qu'on a été obligé de le faire sortir du cabaret et de la ville même ou il insultoit les employés* », *Ibidem*, fol. 90.

[434] « *parce qu'écoutant les propos de sa femme il s'en est permis lui-même et qu'a ce moyen il a porté la division dans la Brigade au point qu'il a fallu la remonter et le separer du S. Pierre Josset avec qui il faisoit parti à part* », *ibidem*, fol. 256. Sonnet est muté à Fontenelle.

[435] « *sa femme par de mauvais propos a porté le trouble et la division dans cette Brigade... il luy a de meme été prescrit d'etre plus circonspect à l'avenir et de veiller a ce que sa femme ne se permette aucun propos qui puisse contrarier le travail et l'union qui doit regner* », mars 1778. Josset est alors déplacé à Tréchâteau, *ibidem*, fol. 255.

[436] Bosset est envoyé à Saint-Seine-en-Bâche en 1780, *ibidem*, fol. 256.

[437] « *Ledit. Bochetet avoit souvent l'indiscrétion de les informer [ses parents] du travail de la Brigade, ce dont MM. des aydes et les sous-brigadiers s'étoient plaints* », *Ibidem*, fol. 37.

[438] *Ibidem*, fol. 51. Vauthier sera, pour ce motif, déplacé de Saint-Seine à Renève.

[439] « *c'etoit un sujet dérangé qui se battoit à chaque instant et qu'il venoit encore de forcer le S. Pierre Laloy son confrère de mettre l'épée à la main* », *Ibidem*, fol. 129 v°.

[440] Hypothèse d'Aimé en août 1776 : *ibidem*, fol. 202 v°. Aimé est d'abord déplacé puis, en fin de mois, lorsqu'il est décrété d'ajournement personnel, la compagnie le révoque, « *le 30 juillet... Aimé auroit eu une difficulté avec le S. Niel contrôleur des actes et qui ayant commencé à l'insulter, luy avoit porté en même tems un coup de baton que celuy cy avoit paré, et sur le champ donné un coup de poing aud. Niel qui malgré...* [qu'il était] *l'agresseur faisoit informer* ».

[441] *Ibidem*, fol. 51 v°. Il est déplacé dans une autre brigade.

[442] *Ibidem*, fol. 74 : « *ils avoient journellement des disputes ensembles* ».

[443] « *il est même noté pour estre renvoyé s'il occasionne de nouvelles plaintes* », *Ibidem*, fol. 132 v°.

[444] Le vol est commis avec la complicité de Jean Gerbet : *Ibidem*, fol. 162 v°.

[445] AN, G^1 13.

[446] Dans ce sens, l'affaire Jeannelle : ce garde affecté à Châtillon est remarqué par le contrôleur-général lors d'une tournée improvisée : il détecte son absence au moment même où la direction mène une opération d'envergure contre une bande de contrebandiers (octobre 1770, *ibidem*, fol. 202) : « *avoir quitté sans congé un détachement formé sur l'avis du passage d'une bande de fraudeurs, pour aller pendant ce tems tant sur la Vingeanne qu'à Besançon* ». Il démissionne, précédant ainsi sa sûre révocation.

[447] « *M. Joly... ayant mandé le 30 X^bre^ 1771* », *Ibidem*, fol. 112.

[448] *Ibidem*, fol. 159, en mars 1772.

[449] *Ibidem*, fol. 69. La faute s'est déroulée en 1770.

[450] Desgranges est révoqué sans grande cérémonie : *Ibidem*, fol. 139.

[451] Le garde Fournage est déplacé de Dijon à Lamarche en 1778. La compagnie considère qu'il « *n'a pas l'esprit de découverte convenable* » (*ibidem*, fol. 178). Pour Pierre Beaumont, garde à Dijon, il est lui aussi déplacé car il n'a « *pas assés de Fermeté pour les visites aux portes* » (avril 1775, *ibidem*, fol. 183)

[452] « *pour des raisons de convenance au bien du service et que ledit Aubert est le beau-frère...* », *Ibidem*, fol. 58.

[453] Il passe à Saint-Jean-de-Losne en avril 1779 (*ibidem*, fol. 174).

[454] *Ibidem*, fol. 205 (20 septembre-1er octobre 1778). De surcroît, son faible degré d'alphabétisation (« *ne sçait que signer* ») rendait sa promotion illusoire.

[455] « *sa femme l'ayant quitté dès les premiers moments qu'il a été à Pontallier, étant co^e^ [comme] garçon conviendra bien à Auxonne* », *Ibidem* fol. 94 v°. Il sera révoqué deux ans plus tard.

456 « *le service commençait à luy devenir pénible à cause de santé* », *Ibidem*, fol. 57.

Chapitre 7
Les sanctions

Dans le droit de la Ferme générale, le législateur avait mis en place toute une série de sanctions disciplinaires afin de conforter l'esprit de corps, mais aussi pour assurer aux assujettis que les employés du fisc étaient soumis à des règles précises destinées à prévenir tout abus de leur part. Toute faute commise par un agent était donc susceptible d'être sanctionnée. Les « *brebis galeuses* » du fisc n'étaient pas garanties d'un emploi à vie et devaient soit s'amender, soit quitter la société.

Le système de gestion du personnel mis en place dans la Ferme, tel qu'il apparaît dans la direction de Dijon, laisse une entière liberté aux instances supérieures pour agir : rappelons qu'en droit ce sont les services centraux de Paris qui agissent, sur avis consultatif des instances locales (directeur, contrôleur-général). Dès lors, depuis le XVIIe siècle, la justice (c'est une jurisprudence constante) martèle le principe selon lequel la Ferme est libre de gérer son personnel comme elle l'entend : l'emploi confié à un particulier n'est donc garanti ni dans le temps, ni dans l'espace ; autrement dit, l'agent doit s'adapter aux contraintes qui lui sont imposées[457]. Pour ne citer qu'une décision importante à ce sujet, évoquée par la doctrine juridique, un arrêt du Conseil du 8 février 1748 rappelle « *que les fermiers étaient les maîtres de disposer de leurs emplois*[458] ». Mais cette liberté de disposer des emplois n'est cependant pas totale ; le Conseil du roi exige, en effet, que la décision de sanction s'appuie sur un fait objectif ; c'est-à-dire que la direction doit alléguer un motif suffisant pour priver d'emploi un agent : dans une décision rendue le 10 janvier 1779, la haute juridiction impose que les agents qui auraient été privés d'emplois à la suite d'une réorganisation des services aient un droit de préférence à être réembauchés. Donc, les services administratifs de la Ferme doivent conserver une trace écrite du dossier de l'agent, avec son ancienneté, ses états de service…[459]

Néanmoins, en cas de contestation de la sanction qui le frappe, l'agent concerné dispose de deux recours : l'un, d'abord, gracieux auprès des services centraux (qui réussit dans nombre de cas) ; l'autre, contentieux, qui consiste à recourir à la justice pour contester la sanction.

Reste que certains postes semblent plus à même d'attirer la faute de la part des agents en fonction ; ainsi, dans celui de Pagny, les employés se succèdent à un rythme accéléré (cinq en l'espace de cinq années), en raison des fautes qu'ils sont amenés à commettre et qui incitent la Ferme soit à les changer, soit à les révoquer ; ou encore les agents qui sont affectés à Auxonne : ce poste très difficile, porte ouverte de la contrebande depuis la Comté, constitue en effet une affectation difficile dans laquelle le tact, l'activité et l'obéissance sont trois des qualités nécessaires. Mais rares sont ceux qui les possèdent et qui résistent à ce poste.

Les principes

La sanction s'adapte aux circonstances de la faute ; elle tient également compte, le cas échéant, de critères plus personnels comme le nombre d'années de service, la situation familiale de l'employé incriminé, l'aptitude professionnelle à l'emploi occupé… La Ferme attache une importance essentielle à connaître les motivations d'une faute, c'est-à-dire qu'elle s'efforce de préciser aussi finement que cela est possible les ressorts du manquement de l'agent auquel on peut imputer une faute. Cette recherche de la rationalité lui permet d'assurer une juste sanction de l'agent au regard de la faute qu'elle lui a trouvée[460]. Ainsi, au besoin, la compagnie adoucit une sanction envisagée, tenant compte que « *c'etoit un sujet à conserver à cause de son intelligence* », outre qu'il avait reconnu ses torts[461]. En tout cas, une sanction ne brise jamais la carrière postérieure d'un employé, ainsi pour Jean-Baptiste Champy : soupçonné de vol (sans preuve) et déplacé pour cette raison, il passe ensuite deux grades et atteint la fonction de brigadier sans que l'on reparle de cette première affaire. Autre exemple d'une réintégration réussie, celle de Philibert Girard. Exclu en 1778, il est réintégré l'année suivante sur l'insistance des capitaines-généraux d'Auxonne et de Dijon, et promu en 1780 au grade supérieur. Son exclusion semble lui avoir servi de leçon. Quant à Coupey, il est d'abord révoqué avant d'être réadmis sur l'instance du contrôleur-général d'Auxonne (1780)[462]. Affecté à la brigade de Pagny, il lui est reproché « *des propos insolents* » ainsi qu'une absence injustifiée (avril 1780).

Pour l'ensemble du registre, nous avons relevé plus de trois cent soixante procédures ouvertes contre des employés – sur un échantillon global de 230 personnes. Mais il faut retirer de ce nombre les agents frappés par plusieurs sanctions.

Cependant, il faut relever que des sanctions administratives sont prises même en l'absence de toute faute ; elles sont justifiées par les nécessités de l'intérêt public, notamment au moment des refontes de postes en 1774, décidées au moment de l'entrée en vigueur du nouveau bail des Fermes.

L'instruction de chaque faute est confiée au contrôleur-général ou au capitaine-général compétent ; l'un ou l'autre enquête et propose une sanction, mais il n'a pas qualité pour décider de la suite qui en sera donnée. De fait, l'instruction et le recueil des pièces à conviction (témoignages, preuves matérielles…) sont laissés à la discrétion du cadre enquêteur. Celui-ci tient-il son travail à cœur ? Dispose-t-il des moyens adéquats pour mener son enquête ? Toujours est-il que certaines enquêtes laissent parfois à désirer, de sorte que des sanctions infligées par la Ferme peuvent reposer sur une faute imaginaire. Si de tels cas sont rares, ils sont cependant révélateurs d'une machine bureaucratique qui fonctionne sur l'efficacité et sur la rapidité d'exécution. Dès lors, pressé de conclure, l'enquêteur fait au plus vite et peut ainsi bâcler son travail d'investigation[463]. Après tout, il s'agit d'une administration privée à vocation de service public et non d'une juridiction.

Cela étant, les sanctions sont très diverses, de sorte qu'il existe une échelle de celles-ci en fonction de la faute alléguée, dont l'enquête a permis de confirmer l'existence. Dès lors, les sanctions, en partant de la plus faible jusqu'à la plus sévère, du simple reproche (appelée aussi « *réprimande* ») à la révocation. Mais lorsqu'une faute encourt une sanction, la compagnie peut décider de baisser l'intensité de cette dernière si un élément le justifie. Ainsi, lorsque La Baume (garde à Renève) a commis des difficultés dans son lieu d'affectation (insubordination), le registre indique clairement qu'il méritait la révocation mais qu'en définitive, le couperet lui est passé à côté parce qu'il était réputé bon employé (1780)[464]. Quant au capitaine-général, il ressort du registre qu'il propose une sanction et la compagnie décide en dernier ressort. C'est à ce niveau de responsabilité que le contrôleur-général local peut agir ; il peut en effet intervenir pour suggérer que la sanction soit durcie ou, au contraire, adoucie. C'est cette dernière solution qui est retenue lorsque Jourdain est, non pas révoqué comme le désirait la compagnie, mais seulement déplacé, sur l'instance de Joly qui évoque le changement radical de l'attitude du fautif[465]. Cinq ans plus tard, Jourdain change radicalement de vie et entre « *chez les frères Capucins de Dijon en qualité de frère* » (1774). Même attitude pour le flamand Chaffotet, qui quitte la compagnie, après quatre mois seulement, pour « *entrer chez les Feuillants* » (1778).

L'autorité qui inflige les sanctions est soit le siège de la compagnie, soit le directeur de Dijon ; ces deux organes interviennent en fonction de la gravité de la faute et plus la sanction est élevée, plus le siège parisien est compétent.

Toute faute ne fait pas obligatoirement l'objet de sanctions ; soit parce qu'elle est considérée comme vénielle par la compagnie, soit encore parce qu'il existe des éléments atténuateurs de responsabilité que la Ferme prend en considération, soit encore parce que la compagnie ne peut corroborer ses soupçons.

Toutefois, les employés sont-ils égaux devant les sanctions ; en d'autres termes pour une faute identique, existe-t-il des adoucissements de sanction au profit des cadres supérieurs ?

Pour y répondre, un tableau résume les sanctions prononcées par la Ferme à l'encontre de ses employés suspectés de faute dans l'exercice de leurs fonctions (Tableau n° 15) ; les employés y sont classés en fonction de leur rang dans la hiérarchie de la société, du plus élevé au plus humble. Il apparaît de façon très nette qu'à faute égale, la sanction peut être différente, et ce en fonction de considérations qui relèvent de la personne et de l'environnement de l'agent incriminé.

En dépit de sa hiérarchie qui jette les yeux sur l'ambiance comme sur les résultats des brigades, l'employé peut se complaire dans l'inefficacité, soit par calcul, soit par nullité naturelle. Dans ce cas, la Ferme dispose de deux alternatives : ou elle déplace l'employé pour lui offrir une seconde chance, ou bien elle le révoque purement et simplement. C'est la seconde perspective qui est choisie pour Clerc père qui, déplacé d'Auxonne à Athée, y est critiqué « *à cause de son peu d'exactitude* [?] *et parce qu'il est un très médiocre sujet qui ne convient pas à l'employ il a été révoqué* » (1770). Dans cette circonstance, le passage d'une brigade très contrôlée – Auxonne est le siège d'une importante capitainerie-générale – à une autre, moins fournie en cadres, a certainement incité Clerc à être moins attentif dans son travail. Quant au fils, il sera, lui aussi, sanctionné mais d'une sanction moins forte que ne le fut son père.

Pour évoquer les sanctions infligées aux employés, on commencera par les plus faibles en allant vers les plus sévères.

La réprimande

Première sanction à sa disposition, elle est employée par la Ferme de façon peu fréquente. En effet, le plus souvent, la direction semble ne la considérer que comme un pis-aller et elle apparaît donc insuffisante parce que peu efficace. Elle privilégie alors des mesures plus vigoureuses, tels que le déplacement d'office ou la rétrogradation.

Quand elle intervient, la réprimande émane toujours du directeur et non pas de la compagnie. Il s'agit d'une sorte d'avertissement ultime avant de passer à des sanctions plus sévères, car la Ferme laisse rarement des secondes chances aux employés fautifs. En 1779, le contrôleur-général Tramier propose un changement d'office à l'encontre d'un employé accusé de mauvaise conduite. En lieu et place, le directeur indique qu'il n'en tient pas compte ; il écarte le déplacement d'office pour lui préférer la réprimande[466]. Mais peu après, Tirequi sollicite son déplacement et il l'obtient ; il passe de la brigade de Lamarche à celle de Labergement (1780).

Cela étant, même une faute lourde, qui encourt la révocation, peut être punie d'un simple déplacement quand bien même l'employé fautif dispose de peu d'atouts en sa faveur : une faible ancienneté (quatre ans seulement : Bouvier), l'absence de charges de famille, un dossier moyen. Mais deux éléments sont pris en considération pour lui éviter la révocation : d'abord, on lui reconnait des qualités intellectuelles et, en second lieu, des liens familiaux avec un cadre de la Ferme – son beau-frère est en effet brigadier (Bouvier, 1780)[467].

La suspension

C'est une mesure conservatoire qui permet de suspendre provisoirement un agent de ses fonctions, jusqu'à ce que l'autorité ait déterminé son sort définitif. Alors, l'agent reçoit interdiction d'exercer ses fonctions durant un temps indéterminé ; la commission qui lui avait été délivrée, et qui faisait délégation de pouvoirs, s'en trouve donc comme arrêtée. Dans l'une des affaires où cette sanction intervient, elle ne dure qu'un jour : l'agent concerné, en effet, devant cette sanction et la menace d'une révocation, préfère quitter de son propre chef la compagnie. Sa démission entraine *ipso facto* la fin de sa suspension[468]. Pour Descosses, il est interdit pour « *avoir outre passé les délais d'un congé qui luy avoit été accordé* » (1770)[469].

La retenue sur salaire

Elle constitue l'une des sanctions possibles du droit contemporain ; sous Louis XVI, le registre de la Ferme que nous avons consulté indique qu'il s'agit d'une mesure exceptionnelle, dont le degré de sévérité se situe entre la réprimande et le déplacement d'office, puisque l'agent auquel on impute une faute peut être contraint de quitter son poste et de se déplacer dans un autre. Elle n'est donc pas toujours une peine unique, parce qu'elle s'accompagne d'une sanction annexe à la première. Enfin, dans sa nature, cette retenue vise à responsabiliser l'agent de la faute qu'il a commise ; comme les traitements sont faibles, l'agent incriminé doit d'autant mieux prendre conscience de la gravité de son erreur[470].

En définitive, ce qui montre que cette sanction est assez peu suivie, c'est sa rareté d'emploi, puisque quelques occurrences seulement sont inscrites dans le Registre. Est d'abord concerné un agent d'encadrement, un brigadier, qui n'y échappe pas en mars 1775 : à la suite d'une erreur de jugement qui dénote son manque de neutralité, la Ferme décide de le sanctionner. Il aurait, en effet, passé deux journées dans un cabaret fréquenté par des contribuables habituels, de sorte qu'il aurait pu y nouer des connivences ou des contacts d'amitié préjudiciables au bien du service[471]. Or, en agissant ainsi Limonnot n'a pas donné le bon exemple à ses subordonnés et c'est « *pourquoi il a été interdit de deux jours d'app^ts^* » et il passe du poste de Pagny à celui de Semur.

Plus en dessous, le garde Nicolas Champy est déplacé et son traitement suspendu deux jours, pour deux fautes qu'il a commises : d'abord, celle de s'être adonné à la boisson ; la seconde concerne une absence nocturne injustifiée (1775)[472]. La même année, Simon Petit-Jean est suspendu de deux jours avec déplacement : il ne fait pas avec assez d'exactitude son service aux portes de Dijon ; le capitaine-général l'a surveillé et l'a surpris « *plusieurs fois dans ses contre tournées ayant quitté son poste lorsqu'il voyoit ne pas être surveillé* ». Déplacé ailleurs (c'est la troisième fois), Petit-Jean ne s'en amende pas pour autant : il est surpris, après s'être marié avec la fille du garde Tirequit, à s'absenter fréquemment (mars 1776).

Autre sanction de ce genre, celle qui frappe Druet, garde, qui est également « *interdit de deux jours d'appointements* » pour s'être adonné à la chasse avec son arme de service (1779). Trois ans plus tôt, Garnier, pour des faits identiques, écope d'un déplacement d'office[473].

Pour Luc Guyard, ses absences non justifiées (mais courtes) entraînent une double sanction : d'abord, une retenue sur appointement de 4 jours ; ensuite, un déplacement dans un autre poste (mars 1775).

La retenue et le déplacement, deux peines infligées à l'agent Gellez, sont la conséquence d'une faute professionnelle grave : la Ferme a en effet appris que « *deux fourgons à double fond remplis de tabac* » de contrebande sont entrés depuis la Comté dans Auxonne, pénétrant ainsi dans le ressort fiscal du duché de Bourgogne où cette marchandise très recherchée est beaucoup plus onéreuse à la vente (10 juillet 1775). Or, ce jour-là, Gellez était de garde à la porte de Comté. En conséquence de quoi Gellez doit partir pour Jansigny ; d'autre part, il est suspendu dix jours sans appointement (soit 8 livres en moins). Pour se justifier de ces sanctions, le directeur insiste sur le fait que sa révocation était demandée, mais que plusieurs considérations l'ont *in fine* écartée : il avait donné « *des preuves de zèle dans d'autres circonstances notamment dans la saisie faite sur le sieur Derieux* ». Le même châtiment est appliqué à Sonnet, parce qu'il s'est absenté une nuit et que sa femme « *reçoit chez elle... toutes sortes de gens* » (1775)[474].

Mêmes sanctions pour le garde Marcaire, elles sont la conséquence d'une saisie qui a dérapé en mars 1778 : pour éviter un procès, la compagnie a préféré trouvé un accommodement avec la victime : mais ce compromis a un coût (300 livres), que la Ferme répercute sur ses employés à raison d'une retenue mensuelle de 50 sols pour la part qui leur revient, c'est-à-dire un tiers à eux deux (Gauvin et Marcaire doivent contribuer à 50 livres chacun et la Ferme prend en charge le solde, soit 200 livres)[475].

En matière de sanction, la Ferme a pour principe de punir moins sévèrement le complice d'une faute que son auteur. Dans l'affaire Limonnot, ce garde révoqué pour une foule de fautes lourdes, son complice Pechenoz, quoique plus gradé, se voit infligé une condamnation moins forte que la révocation, mais qui lui fait perdre son statut dans l'encadrement de la Ferme et l'affecte dans une autre brigade. Cette double humiliation ne le prive cependant pas de son emploi (1775). Pour se justifier, la compagnie insiste sur le fait qu'il « *ne donne pas assés bon exemple pour le laisser chef dans une brigade quelconque*». En effet, si un brigadier se place sous l'influence d'un subordonné, le système d'autorité sur lequel repose la compagnie est remis en cause.

Le système mis en place par la Ferme est si souple qu'il autorise le rachat ; ainsi, Boudot, révoqué en 1768 sur des accusations de se livrer à la chasse, est-il réintégré dans son ancien grade de sous-brigadier quelques mois plus tard, dans la brigade de Pontallier. Mais cette chance qui lui est laissée ne suffit pas : le jugeant inapte au verbal (« *pas assés instruit* ») et peu doué pour le commandement, le contrôleur-général ordonne de le rétrograder au rang de garde, ce qui est fait (1770). Ainsi, en l'espace de deux ans, Boudot aura écopé de deux sanctions et traversé une révocation. Il est vrai qu'il était âgé de 54 ans : est-ce le motif pour lequel il est resté dans la compagnie ? Rien, dans son dossier, ne l'affirme. S'agissant de son fils, il subit quelques avanies : il est notamment poursuivi par une fille dont on ne connait pas la qualité pour agir ; mais on en déduira qu'il s'agit d'une procédure en séduction puisque la compagnie évoque l'octroi « d'*une provision* » (certainement pour aliments au bénéfice de l'enfant). Cela étant, le fils relâche son attention, perturbé par la procédure en cours. Pour la Ferme, cet agent est un bon employé qui doit être promu mais il doit trouver du travail ailleurs et il est donc révoqué sans qu'il y ait faute; pour ce faire, un certificat élogieux lui sera adressé et lui permettra de faire valoir ses qualités dans un autre département, voire d'être réintégré dès que la procédure en cours sera terminée (janvier 1778)[476].

Autre pardon, celui de Pavillon. Cadre révoqué en décembre 1771 pour ses absences injustifiées, il est réintégré en mars 1772 comme garde. La compagnie lui laisse une seconde chance ; d'ailleurs, la rétrogradation est employée « *pour mortifier sa vanité*[477] ».

Mais certaines excuses ne réussissent guère, ainsi pour Plissard, réadmis en mars 1772 après une révocation pour avoir laissé pénétrer dans Auxonne un chariot avec une fausse lettre de voiture. Là, le contrôleur-général assure qu'il a changé, qu'il s'est marié avec deux enfants (en un an ?) ; bref, il aurait pris de l'assurance et du sérieux ; d'ailleurs, il écrit bien (il était qualifié de « *sait un peu écrire* » lors de son recrutement). En définitive, en octobre 1779, tant le contrôleur-général que le capitaine-général le font révoquer, le qualifiant de « *sujet détestable… dont on* [ne] *pouvoit tirer aucun parti* ».

Le tableau qui suit résume les fautes et les sanctions des employés concernés, en partant des fonctions les plus élevés en descendant vers les plus modestes. Pour résumer, plus de trois cents soixante procédures disciplinaires sont ouvertes à l'encontre des employés de la Direction de Dijon, ce qui est beaucoup au regard de leur nombre (1765-1780). Sont considérés comme cadres intermédiaires les brigadiers et sous-brigadiers. Sur 362 sanctions disciplinaires infligées par la Ferme aux agents de la direction de Dijon entre 1760 et 1780, on constate un éclatement de la sévérité : d'un côté, seules 4 peines légères sont prononcées (réprimande et retenue), 203 moyennes (déplacement, rétrogradation) et 155 lourdes (déplacement suivi de dégradation et révocation).

Tableau 12 Gravité des sanctions (1760-1780)

Réprimande	Retenue	déplacement	rétrogradation	déplacement et rétrogradation	révocation
2	**2**	**195**	**7**	**22**	**134**

N'oublions pas que des agents sont sanctionnés sans faute, notamment ceux dont la brigade de rattachement a été supprimée ; 24 gardes sont dans ce cas et ils sont insérés dans le tableau. Certains, enfin, sont réintégrés à la suite soit d'une promesse qui leur avait été faite (exemple de ceux dont les postes ont été supprimés par suite d'une réorganisation du service), soit encore ceux dont la sanction a été annulée (ex. Coupey).

La récidive

Pour cette raison, certains employés sont sanctionnés à plusieurs reprises. Dans le cas de récidive, la Ferme ne laisse pas de troisième chance et l'employé est systématiquement condamné à être révoqué. Précédemment déplacé pour mauvaises habitudes, Pingeon est révoqué, parce qu'impropre à faire tout travail. Or, l'incapacité de l'employé étant l'effet de sa faute privée (libertinage), la Ferme considère qu'il doit payer les conséquences de ses actes[478].

Le terme « *R* », à côté de la sanction dans ce tableau, signifie qu'il s'agit d'une récidive (trente-neuf cas, en sont exclus ceux dont la première sanction ne repose pas sur une cause propre de l'employé). Néanmoins, si la Ferme reconnait cette formule de la récidive, elle n'a pas pour autant élaboré un cadre de référence pour suivre les agents dans cette position ; c'est donc de façon incidente qu'elle invoque cette notion[479].

Pour mieux tenir compte de la nature des sanctions en fonction de l'emploi occupé, un tableau révèle l'occurrence des sanctions : on constate que les emplois de capitaine-général sont moins exposés que les autres (signe d'un recrutement de qualité ?) ; vient, en second lieu, le poste de sous-brigadier dans lequel les agents ont une chance sur deux de se voir infligés une sanction. Dans un cas sur quatre, c'est une sanction qui consiste dans la dégradation de l'agent ; il déchoit d'un poste d'encadrement pour un simple poste d'exécution.

En troisième position, on trouve les emplois de brigadiers : c'est un poste particulièrement exposé : ils doivent, en effet, non seulement contrôler leurs subordonnés et faire preuve d'autorité et d'initiative, mais aussi rédiger les procès-verbaux et vérifier la régularité des saisies et des contrôles. Le moindre dérapage, la moindre erreur peut leur être reprochée, d'où deux chances sur trois d'écoper d'une sanction. Cela étant, cette sanction est de gravité moyenne puisqu'elle prend la forme d'un déplacement professionnel dans deux cas sur trois. Dans un cas sur quatre, c'est la sanction la plus lourde (celle de la révocation) qui est choisie par la Ferme.

Enfin, l'emploi de simple garde est le plus exposé de tous les agents aux sanctions de la compagnie ; il apparaît comme la variable d'ajustement de la discipline. En effet, sur un effectif global de 124 gardes, on dénombre 280 sanctions infligées entre 1760 et 1780… Si l'on enlève les sanctions que l'on qualifie « *sans faute* », c'est-à-dire sans que la Ferme ait un quelconque reproche à imputer à l'agent (tel que la suppression de poste), on revient à 256 sanctions. La sanction habituelle consiste dans le déplacement (158 sont ainsi relevés, pour 124 gardes en fonction), qui est un dernier avertissement avant la sanction la plus grave qu'est la révocation. Enfin, la retenue sur traitement et la suspension d'emploi sont peu usitées. Ces sanctions légères paraissent un peu folkloriques au regard des condamnations moyennes.

Tableau 13 Fautes et sanctions des agents de la direction de Dijon

Fonction	Capit.-général	brigadier	Sous-brigadier	Garde	Total
Révocation avec faute	1	4	12	94	111
Révocation sans faute	-	0	0	24	24
Dégradation	-	1	12	-	13
Dégradé et déplacé	-	9	7	-	16
Déplacement	-	16	21	158	195
Retenue sur appoint.	-	-	-	2	2
Suspension	-	-	-	2	2
Total	**1**	**30**	**52**	**280**	**363**
% rapporté au nombre	20%	200%	230%	230%	
Nombre d'emplois	5	16	21	124	166

Source : ADCO, C 11.418

En définitive, le recours aux sanctions est marqué par une habitude qui touche tous les emplois de terrain, mais davantage les subalternes en raison de leur nombre. Toutefois, si l'on doit tirer un bilan de ces sanctions, on remarque que la compagnie n'hésite pas, quand elle a prononcé une sanction moyenne, à passer à la vitesse supérieure en révoquant l'agent. L'ampleur des révocations – 135 prononcées sur 363 sanctions – s'explique, d'abord, aussi par la rupture de la confiance entre l'agent et la Ferme. Ensuite, il apparaît que les révocations sont fréquentes car la Ferme continue à être un débouché professionnel : elle bénéficie d'une sorte de rente qui fait d'elle un gisement d'emplois permanent. Le sachant, la direction peut gérer les effectifs avec un mélange de douceur, de pardon mais aussi de fermeté lorsque la situation professionnelle d'un agent apparaît sans issue.

Si l'on sort des sanctions les plus graves, la Ferme peut recourir à une sanction moins sévère, celle de la mutation d'office.

La mutation d'office

Ces changements d'affectation sont l'une des conditions que la Ferme impose dans la carrière de ses employés ; ceux-ci doivent donc être prêts, s'il le faut, à changer d'affectation ou s'ils le refusent, à quitter leur emploi. Cette caractéristique est révélatrice d'une société qui embauche largement, mais qui se donne aussi les moyens de déplacer son personnel en fonction des besoins qui ne peuvent être prévus, *a fortiori* envisagés sur l'avenir. La mutation d'office permet de conserver la neutralité nécessaire de l'employé, tant à l'égard du public que de ses collègues : ce principe autorise des déplacements pour éviter que des connivences familiales ne se créent dans des postes étroits. L'acceptation de la mobilité professionnelle est donc une condition *sine qua non* à tout recrutement.

Pareille pratique de la société est, en fait, déjà ancienne ; on la voit en effet apparaître en Bourgogne dès 1745, lorsque le Fermier général de tournée, Caze, informé que nombre d'agents de la compagnie sont à proximité de leurs attaches familiales (c'est-à-dire le lieu de naissance de l'employé comme celui de son épouse), exige que le capitaine-général d'Auxonne (Daniel) fasse « *changer tous ceux des employés qui sont trop près de leurs familles, afin de prévenir les intelligences*[480] ». Cette règle existe déjà dans l'Administration royale depuis le Moyen Âge, mais elle est plus ou moins fidèlement appliquée.

En pratique, la Ferme exige une distance d'au moins sept lieues entre le lieu de fonction de l'employé et celui de ses racines familiales (la lieue dite des postes fait 4,28km, soit une distance globale de 30km). La note du *Registre* relative à l'origine de l'employé, ainsi que de celle de son épouse, répond à cet impératif de neutralité. Tout employé qui ne respecte pas ce principe est menacé de sanction : des dizaines d'agents sont ainsi déplacés pour obéir à cette consigne. Dans les faits, le principe est donc bien appliqué et on ne connaît pas de dérogation dans la direction de Dijon.

Considéré comme un rempart protecteur contre le népotisme, la mutation permet de mettre en sûreté une personne qui pourrait être subjuguée par les relations de famille. Ainsi, quand le garde Aubert est promu sous-brigadier à Châtillon, la Ferme s'aperçoit qu'il est le beau-frère du capitaine-général de Montbard : celui-ci est donc son supérieur hiérarchique. L'apprenant, la compagnie prend aussitôt la décision d'affecter Aubert à Champagne-sur-Vingeanne : dans ce poste, il dépendra d'un autre capitaine-général (1er mai 1771).

Toutefois, des employés parviennent à faire annuler rétroactivement leur mutation, en faisant valoir que transférer un ménage en un autre lieu coûterait trop cher ; ces objections reçoivent l'appui bienveillant du contrôleur-général qui fait rapporter ces mesures[481].

Mais le système est également souple sur un autre point ; il autorise en effet les employés à solliciter d'eux-mêmes un changement d'affectation si leur condition personnelle l'exige. Telle est la situation de cet ancien boucher, marié mais dont la fonction de garde ambulant semble causer quelques soucis financiers (le couple a un enfant). Aussi Antoine Chavant sollicite-t-il d'être déplacé afin que « *sa femme pourrait plus facilement tirer quelques secours de sa famille* » (il était originaire de Pontallier). Après consultation du capitaine-général, qui atteste de son sérieux et le présente comme « *un sujet actif et de bonne volonté* », la direction accorde cette demande et Chavant est alors déplacé de Montbard à Fontenelle (octobre 1773).

Dans la même optique, Jacques Bouveret, placé à Auxerre en qualité de garde ambulant, est déplacé, vingt-trois mois plus tard, dans la même fonction, à la brigade de Saint-Seine-sur-Vingeanne. Cette mutation contrainte (« *il a eu ordre de passer* ») repose sur une demande personnelle de l'employé (« *sur ce qu'il a désiré être rapproché de chez luy pour raisons de santé et encore pour être plus à portée de son père qui est très âgé* »). En d'autres termes, si l'employé émet un souhait, la Ferme reste libre de sa décision. Même situation que la précédente chez Perrier qui, recruté dans la brigade de Talmay, demande et obtient un mois seulement après son entrée d'être placé plus au nord ; il est alors placé dans la brigade de Champagne, c'est-à-dire là où il existe une place vacante (1762), puis dans celle de Saint-Seine, ici encore à la faveur d'une vacance (1771).

Lorsqu'un brigadier est physiquement diminué, et qu'il ne peut plus porter toute l'attention qu'il devrait à son service, la Ferme le déplace d'office et le remplace par un collègue plus en état de supporter les souffrances physiques qu'il faut bien endurer. Cette hypothèse est celle de Julliard : nommé en 1769 à la tête de la brigade ambulante de Fontenelle, donc en première ligne face aux contrebandiers venus de la Franche-Comté, il est réputé, quatre ans plus tard, comme « *n'étant plus en état de faire le travail d'un poste aussi important que celui de Fontenelle* ». Par conséquent, pour la bonne marche du service, il est muté dans le même grade au poste moins difficile de Talmay et un autre employé est nommé pour lui succéder (1773).

Même constat pour Sauvin ; affecté dans plusieurs brigades successives, il se trouve remarqué, en 1769, comme étant « *hors d'état d'ambulance* ». Aussi Joly préconise-t-il de l'affecter « *dans un poste plus tranquille* » que celui de Pontallier (ce sera Ponsigny). Son fils, par atavisme, entrera à son tour dans la Ferme, en 1777.

Lorsqu'un employé commet une faute mais en dehors du service, la Ferme peut-elle se retourner contre lui et le sanctionner pour cela ? La question arrive rarement, mais lorsqu'elle survient, la compagnie cherche à connaitre la motivation de l'employé, et tente de vérifier si la faute remet en cause la confiance que doit offrir son personnel. Or, en l'espèce, il s'agissait d'un garde de 46 ans qui avait perdu sa femme et qui, chargé de famille (le registre mentionne l'existence de « *trois enfants* »), se livre à la boisson, « *perd la raison, il maltraitoit ses enfants* » et entre en querelle avec ses voisins. En outre, cet employé avait une bonne dizaine d'années de service et avait une expérience de garde des bois, ce qui rendait ses connaissances particulièrement utiles en territoire boisé. Il était considéré comme « *bien constitué... on avoit été content de ses services* ». En définitive, il semble que sa faute soit à demi reconnue, et qu'en raison des circonstances précises, la compagnie considère que Clerc était bien coupable mais qu'il devait être simplement déplacé d'un poste à un autre. D'ailleurs, après son déplacement de poste à Pagny, il ne fait plus parler de lui (1778).

En dehors de toute faute, l'employé peut être absorbé par son changement d'état ; ainsi Jean Petit, bien noté jusque-là, devient l'objet de l'acrimonie de la Ferme après s'être marié ; ce changement de statut matrimonial induit des effets qui peuvent être négatifs sur le comportement de l'employé :

- avec une fille domiciliée à proximité de la brigade de Châtillon, ce qui pose problème pour son absentéisme (« *ledit Fournier ayant pris femme à un quart de lieue de Chatillon ou il fait de fréquents voyages, ce qui le dérange de son service* »). La Ferme réagit en stipendiant ce travers et elle lui ordonne de passer dans la brigade de Saulieu, tout en conservant sa fonction de sous-brigadier (1770)[482]. Même exemple pour Bernard qui, établi dans la brigade d'Auxonne, y épouse une jeune femme des environs. Aussitôt la nouvelle connue par ses supérieurs, il doit changer d'affectation et passe plus au nord, à Renève (1768)[483].

- il épouse la fille d'un de ses confrères mal noté (Tirequi). On lui reproche alors ses absences et son inconduite : « *il y étoit journellement et se dérange totalement de son service* » (à Lamarche, domicile du confrère, 1776). Pour cette raison, il est affecté à La Perrière (dép. Saône-et-Loire, en Charolais).

Quand l'humanitaire convainc la compagnie

Si la Ferme fonctionne sur un schéma rationnel, elle peut aussi admettre des dérogations qui le sont moins lorsque des considérations humanitaires le justifient. Par voie de conséquence, des déplacements ne sont pas comptabilisés parmi les sanctions infligées par la Ferme à ses employés.

Cet aspect intervient lorsque l'employé lui-même est reconnu pour être de santé fragile. Au moment où Cagnant attire l'attention bienveillante du contrôleur-général par sa santé fragile, ce dernier considère qu'il convient de le déplacer afin qu'il se trouve aux côtés de sa famille (1769)[484]. Cette grâce se justifie, indique le registre, parce que Cagnant « *étoit un bon sujet très attaché à ses devoirs qui méritoit d'être conservé* ». Le même motif s'applique pour Belot ; mais le directeur le soupçonne, au besoin, d'exagérer ses problèmes de santé « *pour s'exempter du service*[485] » et cette fois-ci, son déplacement est compté comme une sanction au regard du motif qui le justifie.

Une telle dérogation est également admise quand la santé touche non plus l'employé lui-même, mais l'un de ses proches, ainsi pour le conjoint qui souffre de difficultés de santé, ce qui altère l'efficacité de la brigade toute entière, le contrôleur-général Joly indique qu'il change l'employé d'affectation, « *sans aucun sujet de mécontentement, mais parce que sa femme étoit toujours malade* » (Copin, 1774)[486]. Ce changement ne fait pas guérir son épouse, dont on sait, en septembre 1775, qu'elle est décédée. Un de ses successeurs représente qu'il souffre de la même mésaventure ; il est lui aussi déplacé pour cette raison d'une brigade à une autre (Gérard, novembre 1776)[487]. Pontallier est-il un poste exposé en terme sanitaire ? Est-ce l'humidité de la Saône qui fragilise ainsi la santé des épouses des gardes ?

C'est un véritable drame qui touche François Bresillet, sous-brigadier actif et dont la Ferme loue les qualités professionnelles (« *bon sujet pour rester dans les Brigades* »). Le registre évoque de dramatiques soucis de santé de son épouse, de sorte que tant la femme que les enfants de cet employé doivent être placés à côté de leur famille. Par conséquent, la Ferme accepte de déplacer Bresillet sur ce fondement, avec maintien du grade (1776)[488].

Dans la brigade de Labergement, le sous-brigadier Jacques Clerc devient veuf avec quatre enfants ; aussi sollicite-t-il auprès de la compagnie d'être déplacé sur Auxonne où habite sa sœur, qui pourrait bien à propos se charger de l'éducation des enfants (1767)[489].

Si l'on sort de Pontallier, Dachuron obtient d'être muté sur Dijon en qualité de garde et de quitter ainsi Semur-en-Auxois, prétextant « *pour pouvoir donner des secours à sa femme et la faire venir avec lui ce qu'il ne pouvoit faire étant à Semur* » (1771).

Comme on le voit, la compagnie accorde assez facilement la faveur d'être déplacé dans un but familial, à la condition que l'agent soit bien noté, qu'il dispose d'une ancienneté minimale (trois ans acquis dans le cas de Dachuron) et qu'il existe un poste vacant à pourvoir.

Même satisfaction d'ordre humanitaire pour Levotre qui, lorsqu'il perd sa femme, demande et obtient de se rapprocher de ses enfants à Auxonne (septembre 1775)[490]. Mais son état de santé est tel qu'il est déplacé sur Laperrière, la compagnie prenant comme raison qu'il « *n'est plus en état de faire les détachements, ny les veiller, et qu'il ne peut convenir dans une ville au service des portes* »[491].

Dans cette idée de grâce, plaçons aussi Mignot, alors affecté comme garde à Renève. Il obtient d'être placé dans la brigade de Champagne et spécifiquement placé à la garde du pont qui traverse la Vingeanne et constitue la frontière avec la Comté. En fait, cette faveur s'explique par l'état de santé délicat autant que par l'âge de l'impétrant. En effet, Mignot est célibataire et âgé de 55 ans, il n'aurait pas encore les années de service nécessaires pour prétendre solliciter sa retraite. Aussi, après enquête, le contrôleur général obtient confirmation que nul autre poste ne peut lui convenir, parce qu'« *accablé de rumatismes* » (1777).

Dans un autre sens humanitaire, une sanction prononcée peut voir son exécution différée sur intervention d'un supérieur hiérarchique de l'agent concerné. Ainsi, Gerber, qui avait été muté d'office de Jancigny à Talmay pour s'être disputé, voit sa sanction suspendue sur l'intervention de Devaux, son capitaine-général : celui-ci indique que ce garde est chargé de cinq enfants et que son épouse est malade ; par grâce, la Ferme décide de le maintenir provisoirement dans son ancienne affectation (1775)[492].

Pour raisons de famille et parce qu'il n'est pas en mesure de trouver un logement pour la loger, le sous-brigadier Debonnaire est muté à Pagny ; c'est le motif officiel de son déplacement, qui n'est donc pas motivé par une sanction (1776)[493]. Même affaire pour le garde Crevoisier, déplacé de Labergement à Saint-Seine-sur-Vingeanne (1778)[494].

Le déplacement pour le bien du service

Ces déplacements sont aussi justifiés par la recherche d'une meilleure efficacité du dispositif de la Ferme, en particulier dans l'organisation des lignes. On sait que les bureaux étaient disposés en trois lignes distinctes, chacune d'entre elles étant chargée d'une mission spécifique et de périls plus ou moins élevés. Dans cette perspective, en novembre 1773, la compagnie procède à un réaménagement du personnel : dans la première ligne, la brigade de Talmay voit reléguer en troisième ligne un garde âgé, qui se voit gratifié d'une somme pour ses services, mais qui continue à servir dans un lieu moins exposé (Semur-en-Auxois). Lui succède un garde jeune, « *de bonne complexion* » et ancien militaire que la raison aurait commandée de placer bien plus tôt à cet endroit, n'eut été les relations étroites qu'il avait nouées avec le brigadier de Saulieu, qui était sa ville natale. Hormis l'organisation des lignes, la Ferme peut affecter un employé qu'elle considère comme indispensable ailleurs ; ainsi pour Crochet, déplacé d'Auxonne à Saint-Jean-de-Losne en raison des qualités liées à ses capacités rédactionnelles[495].

Autre élément susceptible de faire déplacer un employé, sa fragilité financière. Telle est la situation de Verrey, qui contracte des dettes auprès de connaissances et pour cette raison, la compagnie considère qu'il doit être déplacé : serait-il plus à portée d'être corrompu (1772) ?

Dans un sens un peu voisin, Mugnier est déplacé de Champagne à Saint-Symphorien pour deux raisons : d'abord, la Ferme le notait favorablement comme étant en état de verbaliser – donc de progresser ; ensuite, son ancien état de perruquier lui vaut d'être très recherché par les habitants des environs, ce qui le distrait de son activité (1775)[496]. Idem pour Pernet ; prétendu dissipé, la Ferme voit en son déplacement à Saint-Jean-de-Losne un moyen sûr où « *il fera un meilleur service* », mesure salutaire qui ne résout rien puisqu'il démissionne, prévenant ainsi sa révocation (1777)[497].

A contrario, la compagnie peut considérer qu'un employé célibataire et soutenu par sa famille pourrait être placé dans un poste « *plus dispendieux* » qu'un autre. C'est l'argument un peu léger qu'expose la Ferme pour déplacer Jourdain, alors garde à Pontallier qui passe à Lamarche (1773)[498]. Par cette manœuvre, la Ferme prend donc en considération, officieusement, les charges de famille comme la fortune privée des agents pour décider de leur affectation. Au besoin, elle les change d'endroit pour tenir compte de ces critères qui restent, répétons-le, officieux.

Enfin, la Ferme peut contraindre ses employés à changer d'affectation pour le bien du service, à la suite d'une réorganisation. En effet, les implantations de la Ferme sont, en principe, fixées pour six ans, c'est-à-dire pour la durée du bail conclu entre elle et les pouvoirs publics. Mais chaque renouvellement de bail s'accompagne d'une réorganisation et des effectifs, et des implantations, en fonction du cahier des charges que les pouvoirs publics ont imposé. Ce cahier s'intitule l'*État des frais de régie* ; il contient les frais que les pouvoirs publics acceptent de supporter pour la collecte de l'impôt (en déduction des recettes encaissées par la Ferme), et rien dans la situation des agents de la Ferme n'est donc définitivement acquis. Aussi les agents sont-ils tributaires des créations ou des suppressions de poste. En 1774, Bouveret, garde ambulant à Semur-en-Auxois (dont on a parlé plus haut), en fait l'amère expérience. À la suite du changement de bail, il est décidé de conserver la brigade de Semur mais de réduire ses effectifs, qui passent ainsi de 10 à 6 agents. De fait, les agents en surplus sont sur le départ. Bouveret est révoqué sans autre affectation « *par arrangement de brigade* », mais ce terme de révocation est impropre. En effet, il est prévu de le « *réemployer lorsque l'occasion s'en présentera, sa place de garde restera supprimée*[499] ». Effectivement, quelque temps plus tard, Bouveret retrouve une situation dans la Ferme avec un poste identique mais ailleurs (à Auxerre d'abord, puis à Saint-Seine-sur-Vingeanne en novembre 1776). Il se sera retrouvé sans emploi entre le 1er octobre 1774 et le 1er janvier 1775, soit trois mois.

Dès lors, les effectifs budgétaires sont fixes et ne peuvent pas varier d'un iota ; la Ferme doit donc pourvoir les postes vacants qui se libèrent par suite de démission, retraite, révocation… La gestion des effectifs repose donc sur un certain nombre de départs naturels qu'il n'est pas possible d'envisager à l'avance.

Dans cette idée du bien du service, un jeune garde, ex-militaire très en forme (Minochet), est déplacé sur sa demande de Dijon à Pontallier ; le prétexte en est que ce garde aime faire de l'exercice et qu'être placé aux portes ne lui convient pas ; aussi est-il affecté à la campagne (1779[500]).

Rares sont les causes de changement imposés par une connivence locale ; c'est la situation de Chenillet qui, placé comme garde à Talmay, a le malheur d'épouser une fille de cette localité ; l'apprenant, le contrôleur-général de la direction de Dijon, considère que le jeune marié serait fragilisé dans l'exercice de ses fonctions : il n'aurait plus la neutralité nécessaire et serait constamment perturbé par sa belle-famille. Pour ces raisons, il lui est donné ordre « *de passer dans la brigade d'Auxonne* », où il obtient peu après un débit de tabac au titre de la retraite (1773)[501]. L'éloignement qui lui est imposé n'est pas disproportionné au regard du bien du service, pour éviter toute indélicatesse.

Cela dénote que la Ferme, en dépit du silence protecteur de certains subordonnés, savait jeter les yeux sur l'emplacement plus ou moins justifié de ses agents à un endroit précis et, en cas de besoin procéder au changement nécessaire.

Pour clore ce développement, il faut aussi évoquer le cas tragique de Languedey. Ce garde avait été déplacé d'office de Perrigny à Pontallier, afin qu'il parfasse sa formation, dans la perspective de son avancement ; c'est la stratégie qu'avait décidée le contrôleur-général, voyant en cet élément l'un des futurs cadres de la compagnie (1773)[502]. Mais, six ans plus tard, Languedey décédera subitement.

Le changement d'affectation

Il résulte d'un compromis passé entre la compagnie et l'un de ses employés, lorsque ce dernier sollicite d'être déplacé dans un autre poste pour des raisons de convenance personnelle. Telle est la situation de Cauvet qui, en 1777, feint d'avancer des raisons de service pour échapper à ses anciens camarades de garnison. Mais l'administration, si elle accepte la sollicitation et lui fait parcourir près de cent-vingt kilomètres, croit savoir que s'il cherche à échapper à ses anciens chefs, c'est parce qu'il est en réalité déserteur « *du rgt de Grenoble* » (un des régiments d'artillerie de l'armée, en garnison à Grenoble), indique le *Registre*[503]. Or, il aurait juré avoir obtenu un « *congé absolu* », mais l'avait-il présenté matériellement lors du recrutement ?

Dans un sens voisin, Quantin sert de garde à Auxonne jusqu'à ce qu'en 1775, son capitaine-général s'aperçoive qu'il y a retrouvé ses anciens « *camarades avec lesquels il avait servi le roi* » (Quantin était lui-même un ancien sergent). Pour ce motif, il est aussitôt déplacé à Saint-Jean-de-Losne, la Ferme se fondant sur ce que ces soldats « *ayant déjà cherché à l'insulter* ». Son déplacement est donc une question d'impartialité du service public ainsi qu'une protection de l'honneur de l'agent. Mais c'était la Ferme qui l'avait déplacé de Labergement à Auxonne, du fait qu'il ne trouvait pas de logement suffisant pour son jeune couple et, autre raison, parce qu'il était « *de belle figure* ».

Lorsque la Ferme n'est pas parvenue à confirmer les soupçons qu'elle a à l'encontre d'un employé, elle se base sur les liens de famille, l'ancienneté et les charges de famille pour agir en conséquence. En tout cas, c'est la réputation d'intégrité de l'employé qui fait agir la compagnie : elle ne saurait admettre, en effet, que la neutralité d'un de ses agents soit mise en doute par les contribuables eux-mêmes, dans la zone où il exerce. C'est la situation délicate dans laquelle se trouve Champy, « *soupçonné de s'être approprié une redingote qui ne luy appartenoit pas* et *ces soupçons le faisant regarder de mauvais œil dans le pays* » (1773). Dès lors, soit l'agent est sanctionné par la révocation, soit c'est une demi-sanction et il est alors déplacé d'office lorsqu'il existe une atténuation de sa faute, tel Champy qui passe de la brigade de Perrigny à celle de Saint-Jean-de-Losne. Cela ne préjuge pas de l'avenir, car Champy sera promu deux fois dans les années qui suivent.

Le déplacement d'office : le soupçon d'indélicatesse

À défaut de faute évidente et caractérisée, la Ferme peut enjoindre à l'un de ses agents de changer d'affectation si elle craint que le service fonctionne mal. Il s'agit d'empêcher un agent que l'on soupçonne d'être soit à portée de commettre une faute, soit d'en avoir commis une mais dont la compagnie ne peut étayer avec certitude l'existence. Il manquerait donc la preuve formelle d'un acte répréhensif de la part de l'employeur ; la simple capacité de pouvoir commettre une indélicatesse conduit la société à prendre les devants.

Cette sanction, intermédiaire si l'on considère la grille dont la Ferme dispose, peut découler d'une faute lourde (de la corruption) mais commuée par des circonstances atténuantes, telle que l'existence d'un lien familial avec un autre employé des Fermes qui lui, réussit bien et auquel on n'a rien à reprocher[504]. En tout cas, le déplacement d'office doit rétablir la confiance du public envers le personnel de la Ferme, à savoir que la compagnie doit placer de manière rationnelle des employés à la fois neutres et capables. Par conséquent, lorsqu'un employé est soupçonné d'excès de zèle sans que cela soit conforme à l'esprit de la Ferme, il est sanctionné par un déplacement.

Million est ainsi déplacé d'office de Pontallier vers l'extrémité nord de la direction, à Châtillon, à la suite d'un vif incident qui l'a opposé à un notable d'Auxonne. Cet incident est révélateur des agissements de certains agents du fisc, qui profitent de leurs fonctions dans ce qui apparaît comme une sorte de croisade, mais sans respecter toutes les procédures formelles (mars 1776)[505]. Dans la même veine, le jeune Delpire, deux mois à peine après son recrutement, est subitement déplacé de la ligne frontière de la Franche-Comté vers Semur-en-Auxois, après que le contrôleur général ait soupçonné cet employé de conserver des connivences familiales et l'ait jugé peu propre à la ligne. Pour ces deux raisons, il est déplacé dans l'intérieur des lignes (mai 1774).

Comtois originaire de Chevigny, Jean-François Pasquier est déplacé en 1769, au motif qu'il « *etoit trop proche des connaissances qu'il avoit en Comté* ».

Après huit années passées dans la brigade d'Athée, le garde Jacques Mugnier doit changer ; la compagnie l'enjoint de passer dans celle de Saint-Seine ; elle considère, en effet, qu'« *y ayant trop longtems quil est aud. Athiée ce qui l'a forcé a contracter des liaisons particulières avec les habitans qui le dérangent quelque fois de son travail* » (1777).

Pour Mougeot, le déplacement d'office et la dégradation dans une affaire de faux témoignage reposent sur une grâce, puisque son directeur exigeait sa révocation pure et simple (il avait couvert les propos d'un subordonné). Si la compagnie n'a pas suivi cet avis sévère, c'est parce que l'employé concerné faisait état d'une bonne conduite et qu'il était instruit ; il aurait donc, en quelque sorte, commis une simple erreur de parcours qui ne remettait pas en cause toute la confiance que la Ferme plaçait en lui (1778). Mais, l'année suivante, le même Mougeot refait de nouveau parler de lui : son supérieur estimant qu'il est constamment ivre, il ne peut plus voir le bien du service. Il est logiquement révoqué mais la mesure est suspendue en droit et aucun remplaçant n'est alors nommé : la compagnie estime, en effet, qu'il « *estoit un bon sujet* » et s'efforce de lui procurer « *une petite revente pour l'aider a subsister* ». En conséquence de quoi il obtient une recette à Salivet (1779[506]).

Le poids des mauvaises habitudes

C'est un reproche très répandu que ces « *habitudes* » que la compagnie émet à l'encontre de ses agents. Qu'entend-t-on par cette notion d'« *habitudes* », que le registre ne définit pas ? Ce sont des relations professionnelles dépouillés de leur neutralité originelle ; donc, des relations fondées sur des liens d'amitié, sinon de connivence entre un employé de la Ferme et des particuliers. Comme on peut le penser, de telles relations sont préjudiciables au bon exercice des relations de travail, telle que la Ferme les conçoit. D'où sa volonté sans faille d'en être informée et de sévir en conséquence, sitôt qu'elle est informée des dérives d'un agent.

Ainsi pour Clerc fils qui, célibataire et entré à Talmay en 1770, se fait remarquer cinq ans plus tard par des soupçons de connivence avec des contrebandières d'opérette. Celles-ci, « *deux filles de Saint-Jean-de-Losne* », « *vont continuellement à Dole* » ; or Clerc a été soupçonné de les favoriser ; en clair de les informer sur les horaires des patrouilles que font les brigades attenantes. Quant au trafic incriminé, rien ne transparaît, mais la cité comtoise étant une plaque tournante du trafic de tabac, c'est certainement ce produit que les deux jeunes femmes importaient frauduleusement dans le duché de Bourgogne. Au surplus, la Ferme considère que Clerc est victime de la routine ; il faut donc le « *sortir des postes qu'il n'a presque pas quitté* ». En conséquence de quoi Clerc fils est déplacé d'office plus au nord (à Saint-Seine-en-Bâche).

Quant à Jourdain, il donne satisfaction jusqu'à ce que sa hiérarchie se rende compte qu'il dévie ; en effet, « *ayant formé à Labergement des habitudes qui pouvoir le détourner de son devoir* » pour fréquenter un garde qui venait de quitter son emploi ; en conséquence de quoi il est déplacé de Labergement vers Vielverge (1772)[507]. L'employé doit donc soigner ses fréquentations, éviter celles qui pourraient le divertir de son travail et amoindrir son efficacité.

Le même reproche est formulé à l'encontre de Brésillet ; mais ce sous-brigadier de Pagny étant le fils d'un employé, l'administration recourt d'abord à l'avertissement avant d'envisager une sanction plus formelle. Aussi la hiérarchie s'attend-t-elle à ce que l'employé réagisse positivement au signal sans frais qui lui est ainsi adressé. Dans le cas contraire, Brésillet, qui ne s'est pas tout à fait amendé comme s'y attendait le contrôleur-général Joly (« *ne s'étant pas totalement corrigé* »), est déplacé d'office à Coulmier, sans perdre son grade. Les relations paternelles dont il fait état ont certainement joué en sa faveur, parce que sa hiérarchie plaidait pour sa révocation pure et simple (décembre 1770)[508]. Cela étant, la sanction est sévère, puisque Brésillet passe de l'extrémité sud de la Direction à son extrémité nord, soit une mutation de cent-dix kilomètres !

Quand un employé contracte des « *habitudes* », la Ferme s'efforce d'en connaître l'explication ; lorsqu'elle est convaincue que ce sont sa femme et sa fille qui agissent en ce sens, et que l'employé demande de lui-même son changement, la compagnie accepte son déplacement d'office comme le moyen le plus sûr de le remettre « *dans le droit chemin* ». Ainsi Tirequit est-il déplacé d'un poste à un autre (juillet 1774)[509].

Dans un autre sens, le déplacement laisse à l'employé le moyen de se racheter s'il possède un haut potentiel de carrière quand il fait preuve de « *dissipation* » dans son travail (Finot)[510]. Le déplacement d'office lui offre ainsi le moyen de se ressaisir ; il passe ainsi de la petite brigade de Labergement à Auxonne ; ce dernier, chef-lieu de capitainerie-générale, est un lieu plus adéquat qu'un autre pour exercer une surveillance bienveillante à son égard.

La même attitude est observée à l'égard de Mougin, qui, après six ans de présence dans son poste, semble être dissipé (alcoolisme ?) ; le contrôleur-général le fait alors déplacer d'une trentaine de kilomètres vers le nord (1770)[511].

Telle est la sanction légère que reçoit Balthasard Roux, garde ambulant à Pagny. D'après son dossier individuel, la Ferme, par le canal du capitaine-général, est convaincue que Roux est au bord de la faute. En effet, on sait qu'il « *a fait à Pagny des connaissances et contracté des habitudes qui pouvaient le détourner de son service et qu'il étoit convenable de le changer de postes* » (janvier 1772). Déplacé d'office dans son grade dans la brigade de Pagny, Roux ne se tient pas tranquille et continue de faire des vagues ; il commet deux impairs véniels : le premier consiste à prendre femme à Pagny, de sorte qu'il se trouve dans la situation d'un conflit d'intérêt avec sa belle-famille. Il ne dispose donc plus de la neutralité et de la distance nécessaires à sa fonction. Second défaut, l'existence de relations conflictuelles avec certains des administrés de Pagny (il « *avoit eû des difficultés avec des habitants de Pagny* »). En conséquence de quoi Roux est déplacé d'office une seconde fois dans la brigade de Perrigny, en 1773, en lieu et place d'un garde révoqué (Menuisier).

La même sanction légère frappe Devenet qui, nommé à Athée, est suspecté « *par les connaissances qu'il y a* » ; il est alors nommé sur ordre à Labergement où il décède peu après (1771). C'est le capitaine-général qui exige son changement ; le supérieur a donc bien compris le danger qu'il y a de maintenir en fonction un employé, dont on pouvait douter de la délicatesse.

La même brigade semble, au même moment, poser problème par son inefficacité ; un autre garde, Mugnier, originaire du Comté – il est né à Dole – fait également l'objet d'une mutation d'office ; le directeur écrit platement que « *y ayant trop longtems qu'il est aud. Athée* » (1773). Il est alors affecté à Saint-Seine et Naudal lui succède ; les deux hommes permutent leurs postes.

Pour le garde Liottet, c'est le contrôleur-général qui impose son déplacement de Renève à Pontallier ; le dossier montre nettement que ce garde n'a pas été déplacé comme il aurait dû car il rendait service au capitaine-général de la penthière en dépit du poids des habitudes qu'il avait contractées dans cette affectation (1779)[512].

Quand la hiérarchie a toujours raison

Conçue comme une belle machine bureaucratique, la Ferme fonctionne selon des principes fixes et immuables, dans lesquelles l'efficacité, la rapidité des décisions et la rigueur d'exécution occupent une place fondamentale. Ainsi considérée, cette machine se veut infaillible et persuadée de sa bonne foi ; elle rejette donc ceux qui seraient broyés pour éviter de désavouer la hiérarchie. Toutefois, lorsqu'un cadre reconnait avoir manqué de rigueur dans la conduite d'une affaire administrative, la Ferme peut tenter de parer à l'injustice qu'elle a commise envers l'un de ses employés.

En novembre 1770, le garde Maillot est ainsi victime d'une cabale d'habitants : affecté à la brigade de Coulmier, il a été révoqué à la suite de plaintes portées contre lui. Or, en se rendant sur place, après les défenses de Maillot, le contrôleur-général Joly s'est rendu compte que les plaintes reposaient sur des fables et que le capitaine-général avait été plutôt léger lors de l'instruction qu'il avait menée. Joly reconnait donc que la sanction est injuste car elle frappe un agent innocent (« *il n'avoit pas été dans le cas d'être destitué* »). Mais comme l'agent a été, entre temps, révoqué, il faut réparer l'erreur qui vient d'être commise. Pour ce faire, Joly propose un pis-aller : Maillot est réintégré dans la compagnie mais affecté dans une autre brigade, solution moyenne qu'entérine la compagnie (la procédure disciplinaire aura duré cinq mois). Il est vrai que Maillot possède trois qualités, « *sachant écrire et étant en état de verbaliser... de tenir registre*[513] ». S'il ne peut demeurer sur les lieux de sa première affectation, il sera toujours utile ailleurs. Il succède, dans cette fonction à Auxonne, à un garde déplacé d'office pour avoir été trop proche des habitants de sa résidence d'affectation (Roux, 1er mai 1771).

Mais pour Petit-Jean, le reproche qui lui est fait repose sur des quolibets échangés entre lui et son supérieur, duquel ce garde critiquait publiquement sa conduite (« *avoit donné du scandale en reprochant trop vivement et publiquement au sous brigadier les torts qu'il lui imputait* »)[514]. Pareille mésentente, qui remettait en cause le système de hiérarchie, ne pouvait rester impunie ; après enquête, le capitaine-général, dépêché sur place par le contrôleur-général, établit les faits et proposa une sanction en conséquence. Mais l'affaire n'est reste pas là ; la Ferme estime que ses sanctions doivent être exemplaires en vue d'obtenir la rémission de l'auteur de l'erreur. Mais tel n'est pas le cas ; peu après, Petit-Jean réitère une faute et est de nouveau déplacé. En définitive, deux ans plus tard, un troisième incident provoque son exclusion de la compagnie... Cette fois-ci, c'est sa moralité et celle de son épouse qui en sont l'élément déclencheur.

Quand la moralité s'en mêle

Le laxisme d'un employé à l'égard du comportement adultérin de son épouse incite la compagnie à réagir ; tout agent de la Ferme ne saurait être la source de troubles à l'ordre public, particulièrement lorsqu'est en cause la famille et la moralité. La compagnie cherche, dans ce domaine comme dans d'autres, l'exemplarité : c'est à la fois une grande famille aux mœurs pures et un service institutionnel qui prône l'exemple à la société. Au besoin, l'arme de la sanction est présente pour maintenir cet aspect des choses.

Aussi Dufour, qui laisse sa femme vaquer à ses occupations avec un artisan, est-il déplacé d'office dans un autre poste, où on espère qu'il saura faire rentrer sa moitié dans le devoir (1777)[515].

Dans un sens assez voisin, la compagnie a appris que Renaud s'est trouvé dans une situation difficile qui met en cause sa hiérarchie. En effet, « *le mary a surpris dans les mains de sa femme* » son chef de brigade, ce qui conduit à son déplacement depuis Châtillon à Pontallier (soit 120 kilomètres, 1778). *A priori*, le brigadier compromis n'est pas sanctionné. Cependant, il ne s'agit pas vraiment d'une sanction mais d'une précaution pour éviter tout affrontement entre les deux collègues.

Dans le même ordre d'idée, un employé qui a séduit la femme d'autrui – et dont le public est informé – est déplacé d'office, si l'enquête discrète conduite par la Ferme étaye l'accusation. C'est pourquoi Colotte, qui avait quitté son poste de garde à Dijon pour prendre celui de sous-brigadier à Laperrière, est déplacé à Saint-Jean-de-Losne pour « *raison d'habitude qu'il avoit contracté avec la femme du nommé Arbre, ce qui a donné lieu à des plaintes* » (1780). Il est alors prévenu de cesser son comportement, faute de quoi il serait alors dégradé. L'employé adultère fait, en effet, ombre sur la moralité que l'agent des Fermes doit présenter aux yeux du public ; il s'agit donc d'éviter tout objet de scandale public mais aussi d'éviter que l'état de santé déficient de l'employé ne provoque une chute de l'efficacité de la brigade à laquelle il est rattaché. Cinq ans plus tôt, en effet, Colotte avait été médicalement traité pour la vérole qu'il avait attrapée et qui l'avait mis « *dans un état affreux*[516] ». « *Par pitié* », le directeur lui avait adressé une lettre de recommandation afin qu'il soit soigné à l'hôpital militaire de Besançon (mai 1778). Son traitement semble réussir, puisqu'il revient en poste dans la direction quelque temps plus tard.

Quand Simon Petit-Jean se fait étriller par ses supérieurs, en 1777, voilà la troisième fois que ce garde de Laperrière est pris en faute. Deux déplacements n'ont pas suffi à le calmer. Cette fois-ci, deux choses lui sont reprochées : c'est d'abord une

« cause d'inconduite la plus marquée et contractant journellement des dettes qu'il ne peut acquitter ; mais encore son peu d'attachement pour son état et son intention à veiller a la conduite de sa femme reprochable en tout genre même pour vol, ce qui faisait un tort infini à la brigade[517] ».

Le terme « *reprochable* » est ici plein de sous-entendus…

Par conséquent, en raison de ses conséquences, le comportement privé d'un employé n'est pas totalement en dehors des préoccupations de la compagnie. Le même Colotte (François) avait, en août 1774, été déplacé de

Dijon à Semur pour « *éloigner Colotte d'une habitude qu'il avait contractée avec une femme à Dijon* ». Mais il refuse et rend sa commission, trois mois seulement après avoir été recruté. Après s'être marié entre temps, il reprend du service comme garde à Auxerre et prend du galon… Mais on le revoit peu après…

Ici encore, le comportement privé est librement apprécié par l'employeur qui peut recourir à des sanctions s'il l'estime nécessaire. Cela étant, la faible distance qui sépare les deux postes (huit kilomètres) permettra-t-il de faire cesser ce commerce immoral ? Comme on le voit, la sanction retenue ici n'est pas d'une extrême rigueur.

La moralité est aussi en cause lorsqu'un employé, célibataire, contracte « *une habitude avec la nièce du curé* ». Lorsque cette autorité s'en plaint auprès de la Ferme, celle-ci choisit d'éloigner le jeune séducteur, Perrier (1775).

Si femme veut… la compagnie n'en veut pas

Comme on l'a vu, la faute professionnelle occupe plus d'importance que celle qui naît dans un cadre privé ; cependant, il est des occasions dans lesquelles la famille de l'employé perturbe la carrière d'un agent et peut même agir sur une organisation toute entière. C'est fonction de caractère, de tolérance et de la réactivité de la hiérarchie qui peut et doit tout entreprendre pour éviter une atmosphère déplorable. En effet, qu'une unité soit envahie de trouble nuit à son efficacité comme à la chaîne de commandement à laquelle la Ferme tient par-dessus tout.

En 1778, un agent est déplacé d'office parce que sa femme est reconnue comme la seule source des troubles qui agitent la brigade de Saint-Seine-en-Bâche : le contrôleur-général lui fait le reproche par ses « *mauvais propos* » et par ses habitudes d'avoir semé « *le trouble et la division dans la brigade* » (Josset). D'ailleurs, pour minimiser la faute de cette furie, l'épouse d'un autre garde, Sionnet, déplacé lui aussi, échauffait également les esprits. En conséquence de quoi la brigade est entièrement renouvelée, tant les esprits y étaient chauffés ; Josset, quant à lui, est affecté à la brigade de Tréchâteau. Cela étant, ce remède ne porte pas solution au mal qui continue d'empirer ; la compagnie ira donc plus loin pour ramener le calme et la quiétude dans cette affectation comme on le verra plus loin (« Quand toute la brigade… »).

Quand la proximité nuit à l'emploi

En dépit de l'interdiction légale d'affecter un agent des Fermes dans la proximité de son lieu de naissance, une dérogation est accordée à Bouveret, originaire de Poncey[518]. Affecté dans la brigade ambulante d'Athée, il se fait remarquer, deux ans après son recrutement, par des résultats inférieurs à ses objectifs et est soupçonné par ses supérieurs de partialité ou d'inefficacité à l'égard des fraudeurs (« *les fraudeurs qui y habitent et n'ayant fait aucune découverte* »)[519]. Mais comme aucune faute matérielle ne peut lui être reprochée, il est simplement déplacé d'office et affecté à la brigade de Champagne –

située à une dizaine de kilomètres plus au nord -, dont l'un des gardes échange son poste avec lui : c'est encore la permutation pour le bien du service (1773, Bernard).

La même aventure arrive à un fils d'employé, lui-même garde à Saint-Symphorien[520], et dont les habitants semblent avoir dénoncé la proximité avec deux jeunes femmes de Saint-Jean-de-Losne. Après une brève enquête, la Ferme soupçonne ces personnes de bénéficier d'informations illicites et de se rendre « *continuellement à Dole* » ; or, on sait que la Franche-Comté était alors une terre propice au faux-saunage, de sorte qu'acheté moins cher en Comté, le sel gemme était vendu dans le duché bien moins cher que le sel marin qui était offert aux habitants. Cependant, l'absence de preuve formelle joue favorablement pour le maintien de l'employé ; en second lieu, la Ferme a certainement pensé que son employé avait été soudoyé et qu'il était tombé sous le charme de ces jeunes femmes – étant célibataire, la tentation était possible. Dès lors, Clerc est déplacé d'office vers la brigade septentrionale de Saint-Seine (1775).

Quand toute la brigade s'emballe…

La sanction se veut individuelle dans l'organisation de la Ferme, c'est-à-dire que toute faute n'engage que celui à qui elle peut être imputée ; il paraîtrait injuste de sanctionner collectivement l'organisation pour une faute commise par un seul de ses agents. En cela, il n'existe pas de réelle solidarité collective, ce qui protège les agents et les responsabilise. Mais quand la faute est collective et non pas individuelle, alors la compagnie peut sanctionner l'intégralité de l'organisation du fait du comportement fautif de l'ensemble de ses agents.

En août 1780, la compagnie sanctionne de manière radicale les agents de la brigade de Saint-Seine-en-Bâche ; cas unique, ces agents ont contribué à un mauvais esprit général et étaient devenus des ivrognes. En outre, deux ans plus tôt, la Ferme avait déplacé d'office l'un des employés qu'elle suspectait – lui et son épouse – de semer la division par des propos absurdes et excessifs. Force est de constater que ce déplacement n'avait pas été suffisant. En 1780, la situation difficile découlait du comportement notoirement alcoolique du sous-brigadier qui avait fait de l'ivresse le point commun de ses relations entre ses subordonnés et lui (Trouillard)[521]. Les notions de hiérarchie et de discipline semblaient avoir totalement disparu. Une telle attitude, on s'en doute, nuisait au bien du service et déconsidérait la Ferme toute entière. En sanctionnant tout le monde, la Ferme est convaincue que pas un seul de ses agents n'avait échappé à la faute, et qu'ils méritent donc tous d'être punis (sous la forme d'un déplacement d'office de tous les employés).

Cela étant, il existe la possibilité, pour tout employé sanctionné, de contester la sanction soit par la voie gracieuse, soit par la voie judiciaire.

Les rétrogradations : la souplesse du système

Il s'agit d'une des sanctions que la Ferme peut utiliser à l'encontre d'un employé qui n'aurait pas donné satisfaction et qui aurait commis une faute d'une gravité moyenne. En effet, cette faute, après enquête, est avérée mais elle ne remet pas en cause la confiance que la Ferme peut avoir envers son employé. Dès lors, si la révocation apparaît comme une sanction excessive, la compagnie peut recourir à une sanction moins grave qui serait d'annuler la dernière promotion de grade qu'aurait connu l'employé fautif et de le faire changer d'affectation.

Mais encore, la rétrogradation touche aussi l'employé qui ne répond pas à la confiance que la compagnie a en lui ; dans cet esprit, elle permet de revenir sur une promotion qui, après enquête, apparaît comme prématurée. Dans ces sanctions, la raison l'emporte sur toute considération budgétaire ; la Ferme exige, en effet, que l'organisation qu'elle a mise en place apporte des résultats satisfaisants, faute de quoi elle remet en cause les avancements qu'elle aurait accordés.

Pour Georges, ancien soldat, la promotion au rang de sous-brigadier est remise en cause lorsque la Ferme est convaincue qu'il est indolent dans son travail parce qu'il ne s'applique plus comme il le faisait. Par conséquent, il est dégradé et déplacé, une double sanction qui démontre l'exigence de la compagnie à l'égard de ses cadres (1770, Georges)[522].

Dans le même ordre d'idée, Rouget, alors sous-brigadier, est « dégradé » du poste de Lamarche « *attendu qu'il n'est point assés actif ni intelligent à la tête d'une brigade, en conséquence il a été fait sous-brigadier et on l'a fait passer en cette qualité... à Champagne* » (1774). La même sanction frappe Prieur, rétrogradé du poste de sous-brigadier à celui de garde à Champagne (1774). De toute évidence, le fait que ces deux sanctions touchent la même brigade indique la volonté sans faille de la compagnie de remédier au manque d'efficacité qui caractérise alors cette unité.

Fréquentes sont les sanctions de ce type ; nous en avons trouvé trace de six sur des centaines d'employés. La première est celle de Chaignet qui, lui-même fils d'employé et qui était entré fort jeune dans la Ferme (1760, à l'âge de 19 ans), avait jusque-là donné toute satisfaction. Après une activité marquée par une mobilité professionnelle et par la reconnaissance de sa capacité à verbaliser[523], la Ferme lui accorde une sous-brigade (après huit ans d'ancienneté). Mais en mars 1770, une enquête menée par le contrôleur-général confirme que Chaignet est « *toujours pris de vin* » : cette situation, on l'imagine, n'est pas admissible pour un employé d'un certain rang. Cela étant, la sanction encourue n'est pas la plus lourde, mais elle constitue une forme d'ultime avertissement et un retour en arrière du point de vue de la carrière[524]. Cette rétrogradation n'est pas unique dans l'histoire de la Ferme, mais exceptionnelle en Bourgogne où l'on préfère soit une sanction plus lourde, soit une plus légère. Ce faisant, deux éléments ont évité à cet ivrogne la révocation honteuse : d'abord, le fait qu'il est le fils d'un employé mort en fonction (en 1761, époque où Chaignet a dû vivre chez sa famille pour la secourir). Ensuite, le fait qu'il soit cadre dans une brigade peu exposée (celle de Talmay) conduit à diminuer l'ampleur de la faute commise. Après tout, il pouvait s'agir d'une période difficile et Chaignet était assez jeune pour s'amender (mais il décède peu après). Lui succède un garde qui lui était subordonné et qui est ainsi promu (Bregand).

La seconde sanction est l'œuvre d'un ancien soldat qui s'est absenté sans autorisation pendant neuf jours (1770). Or, cette absence (dont on ignore la cause), outre la faute, est également plus forte en ce que Gueille fait état d'une faible ancienneté (trois ans) et qu'il est sous-brigadier dans un poste assez exposé. Pour ces raisons, la sanction est double ; il redevient garde et change d'affectation[525].

Quant à la troisième, elle est consécutive d'une méfiance émanant du contrôleur-général envers un brigadier du poste de Pontallier. Or, cette brigade occupe une place importante puisqu'elle est chargée de contrôler les bateaux qui descendent la Saône. Aussi, cinq ans après sa promotion, Joly est informé de trois difficultés survenues dans cette brigade : d'abord, il existe une mésintelligence entre le chef et ses hommes ; ensuite, le brigadier se voit reprocher d'avoir « *trop de connaissances avec les marchands sur la Saône* » ; enfin, il ne maîtrise pas assez le procès-verbal, de sorte qu'il devrait encore s'exercer avant d'être maintenu dans ses fonctions (1772). Pour ces deux motifs, Jobard est déplacé d'office dans une autre brigade (celle de Dijon, dont il était issu) et rétrogradé dans le grade immédiatement inférieur. Ici, la greffe qui consistait à promouvoir un sous-brigadier au grade supérieur, s'est révélée un échec. Jobard illustre aussi la dissimulation des motifs des sanctions : c'est le seul exemple où la Ferme dévoile officiellement le reproche qu'elle lui fait, à savoir être un peu juste sur la rédaction des procès-verbaux (c'est un peu tard pour se rendre compte qu'un brigadier rencontre des difficultés dans ce domaine : trois ans ont été nécessaires pour cette prise de conscience) ; consigne lui est alors donnée de se perfectionner dans ce domaine, sous la houlette de deux supérieurs expérimentés[526]. Cependant, cette rétrogradation reste insuffisante, parce que le remplaçant de Jobard (Prieur) n'a pas ses qualités intellectuelles ; très peu de temps après sa prise de fonction, Joly lui reproche, en effet, de n'être « *point assés intelligent* » dans ses fonctions, ce qui conduit à le changer d'affectation tout en lui conservant son grade (il passe dans la brigade moins stratégique de Talmay).

La quatrième sanction de ce type frappe Menuisier ; il est alors sous-brigadier lorsqu'il est accusé de « *mauvaise conduite* ». Déplacé et rétrogradé dans une autre brigade (celle de Perrigny), Menuisier se voit offrir une seconde chance ; mais quelques mois plus tard, une nouvelle accusation est portée contre lui : c'est cette fois plus grave, car l'accusation initiale de vol simple se transforme ensuite en vol aggravé. La Ferme découvre, en effet, que son employé se livrait à un véritable trafic de tissu volé[527]. Le préjudice est donc double : il touche et l'un de ses collègues et la Ferme. Cette fois-ci, la sanction est la révocation (1773).

Dans la cinquième affaire, Pechenoz : alors sous-brigadier, il était complice d'un garde dans la commission de fautes lourdes, fautes qui conduisent à la révocation du second et à une double sanction infligée à Pechenoz. Il perd son commandement et se voit affecté comme simple garde dans une brigade peu exposée (1775).

Il faut relever que des raisons budgétaires, en l'absence de toute faute, peuvent conduire la Ferme à rétrograder autoritairement des agents auxquels elle n'a pourtant rien à reprocher. Dans ce sens, les bouleversements (tant celui de 1769 que celui intervenu en 1774), marqués par la suppression de plusieurs brigades, révèlent d'un coup des sureffectifs que la Ferme a du mal à enrayer. Pour ce faire, elle use alors de la rétrogradation, tel Meunier, qui passe ainsi de la fonction de sous-brigadier à celle de garde dans le poste de Labergement (1er octobre 1774) ; Aubert subit lui aussi la même rétrogradation[528]. André, jusque-là brigadier à Coulmier (brigade supprimée), est lui aussi rétrogradé au rang de sous-brigadier. Mais, trois ans plus tard, la Ferme, peut-être dans un souci de grâce, lui offre une gratification (100 livres) et un bureau de recette de sel et de tabacs à Genlis au titre de son retrait (1777). Dufour, brigadier à Montbard, écope de la même disgrâce et descend sous-brigadier tout en changeant d'affectation (Laperrière, 1773). Quatre ans plus tard, il change de nouveau, mais cette fois-ci, c'est à la suite de son comportement privé qui fait scandale.

Hélas pour Janneney, ce brigadier perd deux grades d'un coup et redevient simple garde ; la Ferme souhaitait le conserver en fonction en attendant qu'il puisse avoir droit à la pension de retraite qu'il sollicitait, hypothèse qui se vérifie peu après (1771).

Quant à Belot, son état de santé est tel qu'il est dans l'incapacité de supporter les épreuves physiques de l'ambulatoire ; aussi la Ferme, à défaut de retraite, le rétrograde-t-elle dans la fonction de garde (pour cette raison, nous ne le comptabilisons pas parmi les agents sanctionnés). Si elle lui laisse un rôle assez tranquille dans la brigade de Laperrière (octobre 1773), elle s'en lasse vite et le rapatrie ailleurs, jugeant en effet qu'il « *se livroit à des occupations presque aussy fatigantes mais étrangères à son devoir* »[529]. La même circonstance touche Carré, hors d'état de conserver des fonctions de chef de brigade. Pour ce motif, il devient garde et est affecté dans un endroit considéré comme tranquille (à Talmay, 1774).

La difficulté réside dans l'absence d'un régime d'invalidité qui permettait aux employés hors d'état de travailler de se retirer du marché du travail. Mais comme on l'imagine, une telle mesure était alors illusoire, en raison de son coût notamment.

La rétrogradation et le déplacement : la double sanction

La Ferme peut aussi prononcer une double sanction, en dégradant et en déplaçant d'office un employé fautif. Cette double sanction apparaît comme suffisante pour ramener l'employé à la raison parce qu'elle se place, dans l'échelle des sanctions, juste en dessous de la révocation. Il s'agit donc d'un ultime avertissement de la compagnie à l'impétrant. Plusieurs cas l'illustrent, dont celui de Lorrain. Ce sous-brigadier affecté à Tréchâteau avait été convaincu d'avoir fomenté un duel et d'avoir distrait l'un de ses collègues de ses obligations à la foire de Selongey, dans laquelle se montrait quantité de bestiaux. Isolé, le receveur des traites n'avait pu faire correctement son travail, de sorte que la Ferme avait souffert de moindres recettes. En conséquence de quoi Lorrain est dégradé ; il s'agit là d'une récidive puisqu'il avait déjà été dégradé quelques années plus tôt, passant ainsi de la fonction de brigadier à celle de sous-brigadier. Il redevient donc simple garde et doit changer de poste. Toutefois, le capitaine-général a demandé sa révocation ; la compagnie a donc préféré temporiser.

Lorsque l'agissement d'un employé repose sur deux fautes, la Ferme peut associer deux sanctions : mélanger rétrogradation et déplacement, comme pour Jean Limonnot. Celui-ci, sous-brigadier, a d'abord traîné dans une opération déterminée en étant en retard de deux jours sur l'horaire qui lui avait été assigné ce qui conduit son capitaine-général, Devaux, à en faire rapport auprès de sa hiérarchie. Ensuite, on lui reproche d'avoir eu une mauvaise affaire avec le domestique d'un ecclésiastique, et « *il paroit n'être pas sans tord* », ce qui conduit la Ferme à user de cette double sanction. Quant à la cause, elle reposerait sur la boisson (« *s'étoit pris de vin* »). Limonnot passe comme garde dans la brigade et quitte Châtillon (1771)[530].

Autre exemple de cette sanction, celle qui frappe le sous-brigadier Limonnot. En octobre 1771, à la suite d'une rixe qui l'oppose au domestique d'un éminent particulier (le commandeur Etienne), Limonnot est soutenu par sa hiérarchie mais, n'étant « *pas sans torts* », la Ferme juge plus à propos de le déplacer et de le descendre d'un échelon ; en conséquence de quoi il est affecté comme garde dans la brigade de Semur.

La révocation

Elle est réputée telle lorsqu'elle s'accompagne d'une décision écrite de la Ferme en ce sens, ainsi que du retrait de la commission qui avait été délivrée à l'agent fautif. C'est donc l'acte unilatéral par lequel l'employeur dénonce le contrat de travail qui le liait à un agent placé sous sa direction.

Les effets en sont, d'abord, la fin du lien de droit qui liait la Ferme à un agent (celui-ci retrouve sa liberté d'emploi) ; ensuite, c'est la fin des privilèges qui bénéficiaient à l'agent ; enfin, c'est la fin d'une rémunération fixe ainsi que des primes qui en découlaient. Deux conséquences financières s'ensuivent : d'une part, l'agent cesse d'être rémunéré en tenant compte de séquences bimensuelles. Ainsi, un agent qui perd son emploi au 5 novembre se verra payé seulement jusqu'au 15 de ce mois (décision du Conseil, 25 mai 1735[531]).

D'autre part, la jurisprudence considère que dès que l'agent cesse ses fonctions, il perd tout droit aux accessoires, notamment à la portion des amendes qu'il avait infligées antérieurement à la perte de sa fonction. Ainsi en a décidé un arrêt du Conseil du 10 novembre 1731[532].

D'après les décisions qui sont notées dans le registre, il en découle que la révocation est la sanction qui intervient en ultime ressort, c'est-à-dire quand une sanction plus douce n'est pas possible, ou quand la Ferme considère que l'agent fautif n'a guère plus de chance de faire carrière dans la compagnie. En cela, la sanction révèle la fin de la relation de confiance qui lie la Ferme à un particulier. En outre, cette sanction, parce qu'elle est la plus élevée, permet d'étouffer des menaces de procès qui risqueraient d'éclabousser la Ferme et son organisation[533]. Lorsque l'employé est révoqué, les jours dûs le mois précédant sa révocation sont payés à l'ex-employé, sauf en cas de faute caractérisée et de faute commise au préjudice d'un particulier. Auquel cas le traitement concerné est versé au propriétaire à titre de dédommagement[534].

Néanmoins, la Ferme reconnaît sans difficulté qu'elle a pu se tromper ; elle peut donc soit annuler purement et simplement sa décision de révocation (qualifiée « *d'ordre* »), soit transformer cette révocation en un ordre de déplacement. Ainsi agit-elle à l'égard du garde Sonnet, qui a été sanctionné après une cabale menée par ses supérieurs qui l'accusaient d'insubordination. Mais, courageusement, plusieurs de ses camarades établissent un procès-verbal et l'adressent à la Ferme pour rappeler la vérité. Sur la fois de cette explication, la compagnie transforme son précédent ordre de révocation et conserve Sonnet, tout en le déplaçant ailleurs (1772)[535].

Quand un employé, ancien recteur d'école à Dijon fraîchement recruté s'absente sans raison déclarée, cela conduit la compagnie à diligenter une enquête pour en connaitre les motifs. D'abord, il se fait remarquer pour son « *défaut d'assiduité aux portes* » et prend à la légère « *les menaces de destitution qui lui ont été faites* » ; la compagnie a donc bien tenté de faire prendre conscience à l'agent fautif qu'il devait changer d'attitude, faute de quoi il subirait des sanctions. Si la compagnie lui a laissé une chance, c'est parce que l'agent possédait deux atouts en sa faveur : d'abord, il avait des charges de famille ; ensuite, il était lettré et « *savait écrire* » ; c'était donc un sujet potentiellement bon pour la Ferme. *A contrario*, son peu d'ancienneté (quelques mois) jouait contre lui. En définitive, la Ferme en tire les conséquences et considère qu'il ne « *convient pas à l'employ* » : elle connait ses motivations cachées, « *s'appliquant plus à jouer de la musique* [plus] *qu'à ses devoirs* », d'où sa décision de le révoquer (Plantagenet, 1770)[536].

Dans un sens différent, Lucot est autorisé à s'absenter pour un jour ; mais passé ce laps de temps, le capitaine-général dont il dépend n'a plus de nouvelles. Celui-ci écrit donc au contrôleur-général afin de le remplacer au bout de neuf jours. Il y a donc une décision de révocation sans que la Ferme juge utile d'ouvrir une enquête sur les raisons de cette absence, parce que l'employé en question avait très peu d'ancienneté. Ici encore, la Ferme admet que les premiers mois du recrutement sont les plus difficiles (1771)[537].

Pour Rozes, la révocation repose sur une sorte d'excès de pouvoir ; il aurait « *donné des sujets de plainte aux habitants de Labergement à qui luy et sa femme… ainsi que s'en est plaint le… dud. lieu* » (1771).

La révocation, mode d'ajustement des effectifs

Dans de très rares cas, la révocation constitue un moyen de gestion du personnel en surplus ; en 1774, lorsque la brigade de Saulieu est supprimée à la suite du début du nouveau bail des Fermes, la Ferme parvient à reclasser certains de ses membres, mais l'un d'eux, Pagnel, qui a peu d'ancienneté et qui n'a pas de charge de famille, est révoqué purement et simplement « *à cause de la suppression de cette brigade* ». C'est un cas qui n'est pas unique, en dépit des qualités professionnelles et intellectuelles de cet employé (il était en effet reconnu comme « *sait bien écrire* »). Ce phénomène d'adaptation des effectifs par suppression d'emploi n'est pas propre à cette brigade, car elle touche aussi d'autres postes comme ceux de Montbard et de Semur-en-Auxois. À Mussy, les révocations mises en application par la suppression de quatre des six brigades de l'ex-capitainerie-générale de Montbard touche Picard ; cet ancien chapelier, pauvre mais très actif dans la Ferme, est loué par le directeur pour ses éminentes qualités professionnelles. En dépit de ses bons états de service, il est révoqué en attendant qu'une place vacante permette de le réadmettre dans la compagnie.

Dans la brigade de Semur-en-Auxois, une sévère réduction des effectifs – la brigade est alors amputée de quatre postes sur les dix qu'elle contient – s'accompagne de plusieurs révocations, dont celle de Millerand. Ce jeune garde, âgé de 36 ans, est bien jugé mais sa révocation s'appuie sur la nécessité de réduire les postes et par l'absence de vacance qui aurait permis à Millerand de trouver un point de chute. Cela étant, la direction ne perd pas espoir de le replacer lorsque le moment se présentera… et il se présentera peu après, puisque le registre fait état d'une lettre adressée à Millerand et qui l'invite à prendre contact avec le Directeur de la Ferme à Langres pour y être réadmis dans la compagnie dans le ressort de la direction voisine de celle de Dijon (1774)[538]. Son collègue Bouveret, qui se trouve dans la même situation, est également réemployé dans la brigade d'Auxerre lorsqu'elle connaît la vacance d'un de ses postes. Il aura été en perte d'emploi durant trois mois. Dans les deux cas, la Ferme avait indiqué qu'elle réemploierait les gardes dès qu'elle le pourrait[539].

Dans le poste de Montbard, c'est au même moment la brigade toute entière qui disparaît d'un seul coup ; la compagnie doit alors s'échiner à trouver un point de chute aux agents en surnombre. Pour Chaudron, on lui trouve une place de garde à Saint-Seine-en-Bâche et, peu après, il passe à Auxonne : cette mutation s'explique par l'intérêt du contrôleur-général pour lui ; il considère ainsi qu'il sera plus à portée de « *parfaire son instruction* » sous l'œil attentif du capitaine-général, qui doit se charger de le conduire jusqu'à son complet apprentissage de l'art de la verbalisation 1773). À cet égard, comme fils d'un brigadier des Fermes, retraité – ce qui est un signe de distinction, car la retraite est une grâce qui n'est pas attribuée à tout le monde –, la compagnie entendait inciter le fils à se glisser dans les traces de son père.

Le capitaine-général est certainement celui qui connait le mieux les agents d'un poste déterminé ; c'est dans cette perspective qu'il peut intervenir pour ou contre leur maintien ; au besoin, il peut inciter la compagnie à annuler un ordre de révocation. Ainsi Guyard conserve-t-il *in extremis* son poste de garde, après avoir frôlé la révocation pure et simple pour cause « *d'arrangement de brigade* » à Fontenelle (1774)[540]. Il doit ce geste à l'intervention décisive de son capitaine-général, qui « *regrettoit ce sujet, qui etoit zelé et actif* ».

En tout cas, les employés qui sont victimes de cette méthode moderne d'ajustement de l'emploi ne savent à quel saint se vouer : Henry Garnier, révoqué pour laisser une place à Jean Simon, chargé de famille et très ancien dans la maison, est réintégré dans son poste parce que Simon, auquel on avait laissé miroiter la retraite, l'a refusé...[541]

Néanmoins, le système juridique de l'époque offre la possibilité pour les agents de contester les sanctions dont ils font alors l'objet.

L'existence de voies de recours

Dans l'ancien droit, il était en règle générale possible de contester une décision par la voie judiciaire : en effet, l'apparition du droit à l'appel, le recours auprès du Conseil du roi, créations médiévales, permettaient à tout particulier de recourir à l'autorité supérieure. Pour les employés des Fermes, cette possibilité de contester une décision qui leur fait grief existe ; elle repose sur un organe majeur qui est le Conseil du roi (dans l'une de ses deux branches, celle du Conseil des Finances : celui-ci était spécialisé dans le droit public).

Aussi lorsqu'un employé était victime d'une sanction de la Ferme – quelle que soit sa nature –, il pouvait la contester par un pourvoi contentieux formé auprès du Conseil contre la décision[542]. Néanmoins, le registre que nous avons consulté ne mentionne aucune décision en ce sens.

En second lieu, l'agent pouvait également contester sa sanction par voie gracieuse ; à plusieurs reprises, cette solution réussit et aboutit à l'annulation de la décision de révocation qui, dans ce cas, se transforme en une simple sanction de déplacement. Plusieurs exemples illustrent tout l'intérêt de cet acte gracieux, mais on se limitera à un seul exemple, qui nous apparaît comme exemplaire. Là, en octobre 1770, deux agents sont révoqués ; la compagnie leur reproche d'avoir rédigé un faux procès-verbal. La réputation de la Ferme étant entachée, elle considère en effet que ces agents ont commis une faute grave. Mais ces agents réagissent et portent leurs plaintes auprès des services centraux. Rapidement, une enquête est menée par le contrôleur-général Joly. Celui-ci, s'étant rendu sur place (poste de Coulmier), admet que la sanction est disproportionnée au regard des circonstances, car

« le capitaine-général avait été légèrement informé des sujets de plainte portés contre led. Dominot et qu'il n'avait pas été dans le cas d'être destitué, ainsi qu'il en a rendu compte à la compagnie, qui en conséquence a consenti à son rétablissement » (novembre 1770). Aussi le garde Dominot retrouve-t-il un emploi à Semur-en-Auxois. À l'âge de 43 ans, il avait bien raison de contester sa perte d'emploi.

Vient ensuite la circonstance tragique du décès de l'employé.

Les décès en fonction

Des quatre facteurs de cessation des fonctions des employés, le décès constitue la moins importante de tous, ce qui est surprenant quand on connait la dangerosité du métier d'employé des Fermes dans une frontière parcourue par des contrebandiers parfois très dangereux, notamment ceux qui sont des contrebandiers récidivistes et qui n'ont rien à perdre s'ils sont repris par des gabelous (ils encourent la peine des galères perpétuelles). En face, les employés disposaient, on l'a vu, d'armes portatives parfois très dangereuses : sabres briquets, fusils de guerre ; de sorte que pour ceux qui étaient d'anciens militaires, le maniement de telles armes ne posaient pas de grands soucis et pour les fusils, causaient des dégâts souvent mortels[543].

Aussi doit-on retenir le chiffre d'une dizaine de décès subits parmi la globalité des employés de la direction de Dijon, chiffre qui reste faible au regard du nombre d'employés en poste. De manière évidente, ces décès soudains sont, le plus souvent, liés à des problèmes cardiaques, si l'on excepte le duel avec un soldat qui provoque le décès de Pierre Moreau (mars 1770)[544].

Ailleurs, dans la direction du Hainaut, des heurts violents opposent les employés à des bandes de contrebandiers ; dans l'un de ces affrontements, ces derniers ont le dessous et déplorent trois morts. Tel n'est pas le cas en Bourgogne, ce qui laisse à penser que comme partout ailleurs, la contrebande la plus dangereuse, celle qui est formée de dizaines de cavaliers, avait abandonné les armes pour échapper aux très sévères sanctions infligées par les Commissions extraordinaires. En outre, la délinquance bourguignonne était très certainement le fait de petites gens, c'est-à-dire d'individus faisant du trafic en lots isolés.

Lorsqu'il y a un décès, sa cause est rarement mentionnée et quand Collin décède à 44 ans en 1774, on en ignore les raisons (mais on sait qu'il laisse une veuve et un enfant). *Idem* pour Languedey, jeune garde (il était alors âgé de 35 ans) et père de deux enfants, est déclaré « *décédé* », sans autre précision que l'information sèche qui a été transmise par le capitaine-général au directeur

(1779). Il avait été pressenti pour une promotion, à la condition qu'il soit encadré dans sa formation afin de pouvoir verbaliser. Même chose pour Lorel, ex-chapelier qui avait été repéré par la compagnie pour être « *un bon brigadier* » ; mais peu après son recrutement (neuf mois), il décède sans motif (1778).

Etienne Jolyot décède, lui aussi de manière subite en mars 1773 et c'est son chef hiérarchique, le capitaine-général Devaux, qui diffuse l'information auprès de la direction.

Décédé subitement en novembre 1772, Guyon laisse une veuve et quatre orphelins (41 ans).

En revanche, quand Antoine Chaignet est déclaré décédé, moins d'un mois après avoir été muté et rétrogradé pour raison d'ivrognerie, on peut présumer que sa disparition repose sur des problèmes liés à son addiction connue à l'alcool (avril 1770). Pour Devenet, âgé de 59 ans, la cause du décès est inconnue ; il venait d'être déplacé pour faute sur Labergement (mai 1772-février 1772).

Pour le jeune Etienne Fourot, ancien militaire, célibataire, le décès est mentionné sans cause apparente ; il sera resté très peu de temps dans sa fonction de garde (1773)[545].

De même, quand le receveur des traites Riboulet décède en fonction, en 1774, on peut présumer que c'est pour une raison liée à son âge (57 ans). Même situation pour Noirot, ancien brigadier et qui avait reçu un contrôle des traites en récompense de ses bons services ; il décède en 1772, âgé de 62 ans, après avoir joui de 9 années de retraite.

Brachet « *dit Latour* », brigadier à Lamarche, « *étoit décédé le 31 août 1772* »[546].

Après la survenance d'un décès, le poste est déclaré vacant et la Ferme doit procéder à son remplacement. Deux jours seulement suffisent pour pourvoir à une vacance, comme lorsque le garde Collin disparaît à Champagne, il est remplacé par l'un de ses collègues venu d'un autre poste (février 1774)[547].

On ignore aussi les circonstances exactes du décès de Perron « *mort à l'hôpital* » de Dijon (1775)[548]. Idem pour Pierre Carbillet, décrit comme intelligent mais un peu indolent, sous-brigadier qui a été balloté entre les directions de Langres et de Dijon, qui décède en septembre 1776 à 33 ans. Il laisse une veuve et trois enfants.

Le décès le plus disert est celui de Bocquillon ; ce receveur des gabelles, protégé en haut lieu par un secrétaire d'État (le duc de La Vrillière, 1700-1778, en charge de la Maison du roi pendant un demi-siècle, et frère du comte de Maurepas), était bien noté par la Ferme qui voyait en lui l'archétype du bon commis, sérieux et exact dans sa comptabilité. Mais, en 1778, ce père de famille nombreuse (six enfants) est victime d'un revers de fortune ; pour élargir ses recettes, étant dépourvu de tout bien, il se lance dans un commerce interlope de négoce de vin. Or, le registre semble indiquer qu'une partie des recettes de sel aurait été utilisée pour financer ce commerce. Mais, cette année-là, la Ferme s'inquiète du montant élevé du débet (50.000 livres) de ce receveur envers elle et elle l'engage à rectifier sa position comptable. Après un voyage à Paris, où il avait convenu d'un rendez-vous mystérieux, son corps est repêché dans la Seine.

Pour Levotre, on sait qu'il était de santé précaire ; à cette fin, il avait obtenu d'être déplacé dans des endroits moins fatigants où sa santé était moins exposée. Il décède à l'hôpital d'Auxonne (1778).

Dernier élément possible de fin de l'emploi, ce qui relève de la retraite.

La retraite : une grâce

Il s'agissait alors d'une grâce et non d'un droit (elle le sera dans la fonction publique par les réformes entreprises par Napoléon III, et dans le secteur privé par la réforme entérinée par la loi de 1910).

Toutefois, la Ferme est l'une des premières entreprises (avec la Compagnie des Indes) à mettre sur pied un pseudo-régime de retraite par répartition. Son apparition est plutôt tardive : elle repose sur une délibération adoptée par la compagnie en 1768 (du 13 février) qui créé un comité des pensions[549]. Elle entérine une initiative émanant des employés qui cotisaient dans une bourse commune, laquelle profitait aux cotisants qui, pour des motifs d'âge, de blessure ou d'infirmités en service, se retiraient alors du service actif avec une rémunération fixe viagère.

Durant le bail en cours d'exécution, cette nouveauté fonctionna plus ou moins bien et c'est en 1774 que la Ferme adopta une seconde délibération, afin de rendre son fonctionnement pérenne. En résumé, était constituée une caisse de retraite qui était alimentée par une double cotisation : d'abord par une retenue de 2,5% sur le traitement fixe des employés ; ensuite, par l'abondement des appointements fixés dans les frais de régie et impayés pour vacance, absence. Cette double cotisation devait servir à financer les pensions de ceux qui sollicitaient leur départ du service actif. Or, deux conditions étaient posées : l'une de durée (vingt ans d'ancienneté, portée ultérieurement à trente ans) et l'autre physique et/ou psychique (était vérifié si « *l'âge ou les infirmités ne leur permettent plus de suffire au travail* »). Une dérogation d'ancienneté était prévue en faveur de ceux qui avaient été blessés ou qui avaient contracté des maladies dans l'exercice de leur fonction. Comme on le verra, ces dérogations étaient accordées sur l'avis des instances locales après approbation par l'instance nationale.

Le système d'ouverture de la retraite est le suivant : c'est le directeur provincial qui propose chaque année des noms d'employés pour lesquels la retraite serait bien à propos : pour ce faire, il justifie sa proposition ; nature et durée des états de services,… . Il complète cette proposition en précisant les contours de cette retraite : versement en argent sous forme de pension viagère, ou bien en nature avec la commission d'un débit plus ou moins important de sel et/ou de tabac, l'octroi d'une gratification unique ou viagère[550]. Pour ce faire, le directeur évoque leurs états de service (ancienneté, qualité des services, état de santé,…) et tous autres éléments susceptibles de permettre aux bureaux parisiens de choisir l'employé idoine.

Cependant, cette grâce vaut pour la strate subalterne : les autres strates, réputées plus favorisées, ne bénéficient pas de ce système. Aussi, le receveur des gabelles de Chatillon, Viesse, travaille-t-il dans ses fonctions jusqu'à ses 76 ans. Pour la Ferme, le grand âge de ce receveur ne posait nul problème : il jouissait d'une excellente réputation professionnelle (« *est très bon comptable et très exact* ») et on le disait fort aisé. C'est en 1776 qu'il est remplacé par un avocat de 42 ans, Mariotte.

Une fois la retraite confirmée par les bureaux parisiens dans une séance du bureau compétent dans ce domaine, le directeur reçoit l'accord écrit de la Ferme ainsi qu'une lettre de commission que doit recevoir le jeune retraité si on lui accorde un débit ; une lettre d'accord pour engager une dépense s'il s'agit d'une gratification (c'est parfois les deux). Cette lettre détermine ses droits et obligations et lui permet de se faire reconnaître ès-qualités. Alors, l'employé est retiré du service actif. Les bureaux centraux se déterminent en fonction des places disponibles, des candidatures sélectionnées par les directeurs, de l'état de santé de l'employé, … parfois, les bureaux centraux interpellent le directeur lorsque celui-ci n'a pas donné le nom d'employés très âgés : il est en effet anormal que des employés qui ont largement dépassé leur temps de service soient encore en service actif à 73 ans (ex. Chanvry, né en 1706 et qui sert depuis 36 ans dans la compagnie)[551].

Quant au système de financement, il est paritaire, c'est-à-dire que tant les employés que la compagnie cotisent à parité dans un fonds destiné à financer les retraités. Cela étant, ce système est imparfait car en théorie, quelques conditions suffisent pour y prétendre : avoir vingt ans de services ininterrompus et avoir servi loyalement et fidèlement la Ferme. Pour ceux qui ne remplissent pas ces conditions, la situation est difficile car la compagnie, n'est pas en mesure de leur accorder une pension. Alors, elle trouve une voie médiane en leur offrant une gratification unique[552], c'est-à-dire un petit capital ou bien un regrat[553]. Est donc distinguée la retraite du droit à pension, puisque la seconde s'accompagne du versement viager d'une somme annuelle. Celle-ci est calculée en fonction du rang qu'occupait le retraité, son traitement annuel. En général, la pension de retraite équivaut à la moitié du dernier traitement : un garde touchera 150 livres, un brigadier 200[554].

En second lieu, la retraite s'accompagne – mais sans être systématique – du versement d'une unique gratification (les gratifications s'élèvent de 100 à 600 livres) et d'un débit de tabac ou bien de sel ; quelques départs en retraites l'envisagent[555]. C'est le directeur qui sollicite le versement d'une gratification en faveur d'un employé méritant[556]. À défaut de gratification ou de pension, la Ferme peut accorder un simple débit de sel ou de tabac. Cela étant, le versement en capital est si faible qu'il équivaut en moyenne à la moitié d'une année de traitement. Par conséquent, pour tous ceux qui n'étaient pas susceptibles de recevoir un débit ou une pension annuelle, il était obligatoire de poursuivre leur activité. Jusqu'au milieu du XIXe siècle, il n'était pas rare de rencontrer dans les administrations publiques des vieillards.

Pour éviter de trop grands frais, la Ferme refusait d'admettre la réversibilité de la pension de retraite aux enfants ou à la veuve de l'intéressé. Cependant, dans de rares cas, des motifs d'humanité peuvent conduire la compagnie à offrir une gratification.

Pour les plus chanceux, la Ferme accorde un poste de receveur : sel, tabac, regrat, traites, tout est possible et la vacance des postes, par suite de décès, permet d'accorder des fausses retraites sans pension mais avec des débits ou des recettes. De toute évidence, la Ferme a le plus grand mal à financer les retraites sollicitées par ses agents. Il lui faut donc choisir parmi cette masse de demandes en fonction de critères plus ou moins objectifs ; la vacance des différents débits dont elle est chargée y contribue. Ainsi pour Bouquinet, qui était entré dans la compagnie en 1752 : lorsque le regrat de Vitteaux est déclaré vacant par cause de mort et que la compagnie appelle à ce qu'il soit pourvu, le directeur propose spontanément son nom pour « *luy tenir de lieu de retraite qu'il meritoit* » (1774)[557]. En quelques jours, la Ferme accepte et expédie une commission au receveur de Vitteaux, Pioret, afin qu'il reçoive Bouquinet dans ses nouvelles fonctions. Une fois le procès-verbal d'installation dans le regrat signé, il est envoyé à Paris et prend aussitôt effet.

Le plus âgé à bénéficier de la retraite est Dartigues ; originaire du sud-ouest, il est entré tardivement dans la compagnie (à 40 ans) mais y a servi dans discontinuer pendant 39 ans. Entré comme garde, il parvient, après 30 ans de service, à devenir capitaine-général sédentaire à Dijon. Il est admis en retraite lorsque la Ferme se convainc qu'il n'est « *plus en état de faire aucune fonction attendu son grand âge et ses infirmités cumulées* », il obtient une pension annuelle de 300 livres, ce qui représente le tiers de son dernier traitement d'activité (1773)[558].

De manière formelle, quelques gardes méritants obtiennent une telle récompense, ainsi Boitard qui, ancien garde à Dijon, se voit attribué « *pour retraite le débit de tabac rue de la Ste Chapelle à Dijon* » (1778).

En Bourgogne, les gardes qui sont âgés et qui sollicitent leur retraite voient rarement leurs vœux exaucés ; leur demande fait bien l'objet d'une enquête mais, à défaut d'agrément, la compagnie les relègue en seconde ou troisième ligne, c'est-à-dire dans des lieux où leur santé sera moins altérée. Cette position s'explique par les difficultés financières du régime de retraite : il ne peut accueillir tous les employés qui remplissent les deux conditions exigées. Déjà en 1774, le registre évoque les difficultés financières du régime de retraite ; en 1780, ensuite, ces mêmes soucis restent d'actualité ; on sait ainsi que la caisse n'a « *point de fonds pour pouvoir accorder la pension aux sujets qui l'ont méritée par l'ancienneté de leurs services et hors d'état de travailler par leurs infirmités*[559] ».

Dès lors, la Ferme doit maintenir en activité forcée des employés forcément hors d'état de remplir leurs fonctions.

Des demandes sont néanmoins acceptées, ainsi pour celle présentée par Jeanneney qui, en qualité de brigadier, est admis en retraite avec une pension de « *200 livres* » annuelles (1771).

Autre demande qui reçoit, un accueil favorable, celle de François qui, âgé de 56 ans, sollicite sa retraite après trente ans de service dans la brigade de Renève ; sa demande est appuyée par un dossier exemplaire et des propos élogieux de ses supérieurs à son égard ; en effet, François est qualifié de bon sujet, n'a jamais donné lieu à aucune plainte, est sans cesse dévoué au service – poursuivant en cela la tradition paternelle[560]. En juillet 1774, « *la compagnie a annoncé qu'elle l'admettait à la pension de retraite* ». En définitive, cette mise en retraite permet de récompenser un employé modèle. De façon plus réaliste, cela permet de déclarer son poste vacant et de réduire la taille de la brigade de Renève[561]. Peu après, le poste vacant est définitivement supprimé pour diminuer les frais de régie, comme l'indique le registre. Et l'affaire n'est pas close, puisque le registre mentionne qu'en 1775 (mai), François « *a été réadmis garde à la brigade de Champagne… attendu qu'il ne peut être admis à la pension de retraite* ». On ignore les motifs de cette grâce d'abord acceptée, puis rejetée. La même déconvenue touche Demartinecourt qui est d'abord admis à la retraite, puis reprend du service dans le même emploi et dans la même affectation (1774-1775)… de tels cas ne sont pas isolés, et Blandin est certainement le plus à même de partir : père de 7 enfants, il a 67 ans en septembre 1774 lorsque la compagnie l'admet à la pension de retraite ; ici encore son poste de sous-brigadier commandant est supprimé à la suite d'une réorganisation du service, et la sous-brigade est elle-même déplacée. Mais, quelques mois plus tard (mai 1775), il est réadmis dans la brigade de Pontailler, dans la fonction de garde, « *en attendant qu'il soit admis à la pension de retraite* ».

La mésaventure qui arrive à ces trois retraités découle-t-elle du durcissement des règles d'admission à la retraite de la compagnie ? De la volonté des pouvoirs publics d'éviter de trop hauts frais de retraite et d'économiser ainsi sur les frais de régie ? En tout cas, la Ferme a rendu plus difficiles les départs entre la fin 1774 et la première moitié de 1775 : l'idée consistait à économiser sur les frais qui s'imputaient sur les recettes ; le moyen retenu était de réduire le nombre d'agents admis en retraite mais de leur réserver les places vacantes en retraite, dès que ces droits seraient libérés par leurs titulaires[562].

En revanche, pour d'autres employés, la retraite est assurée sans être remise en cause, comme pour Nicolas qui, à 45 ans, a servi loyalement durant 25 ans la compagnie. Dans ce cas, la sortie du service actif repose sur une « *santé délabrée* » ; ses raisons sont prises en considération par la compagnie mais si l'employé dispose du temps de service, il reste encore bien jeune. Cela veut dire qu'il était hors d'état de poursuivre le service actif ; la société ne disposant pas d'un débit de tabac à lui offrir et Nicolas étant célibataire, elle recourt à la retraite.

Dans le même esprit, l'exemple le plus abouti consiste dans celui de Quantin : ancien militaire, il entre dans la Ferme à 36 ans et y reste jusqu'en 1770 ; là, la Ferme indique qu'elle lui offre une pension de retraite, après 29 ans de services ininterrompus ; il est vrai que l'heureux employé est alors âgé de 65 ans et qu'il a vaillamment changé à plusieurs reprises de poste[563]. Mobilité professionnelle et longs services justifient bien cette grâce.

L'état de santé

Dernier élément, la prise en considération de l'état de santé. Lorsque l'employé est inapte au travail - sauf à mettre en danger sa santé –, la Ferme lui trouve un biais, en lui offrant un moyen commode de continuer à travailler, sans les souffrances physiques que doit supporter un garde ambulant. En 1771, après neuf ans d'ancienneté, la compagnie accorde à Bigot, garde à Lamarche, « *un débit de tabac au Pont de Pagny* », assorti d'une gratification de 100 livres. Ainsi, cela satisfaisait un employé chargé de famille, son débit permet à cet ancien garde d'améliorer sa pension de retraite[564]. La compagnie agit de même à l'égard du garde Dubourg, ancien militaire puis cavalier de maréchaussée. Entré à 40 ans dans la Ferme (1757), on apprend qu'en 1770, avec 13 ans d'ancienneté seulement, il pose problème : son état de santé est très mauvais (Dubourg « *n'étoit plus en état d'ambulance, qu'il n'avoit pas le tems de service nécessaire pour être admis à la pension de retraite* »). En définitive, comme son collègue Bigot, Dubourg obtient une mesure très favorable : un « *débit de tabac à Saulieu* » assorti d'une gratification de 150 livres.

En 1773, la Ferme est informée du grave état de santé du garde Baudry, de la brigade de Champagne/Vingeanne. En effet, d'une part, il souffre d'une baisse de sa vue ; d'autre part, il est sujet « *à une descente qui l'expose à de violentes coliques, ce qui l'empêche de soutenir les fatigues de l'employ*[565] ». La compagnie rejoint alors la suggestion du contrôleur-général et l'admet à la retraite.

Une quatrième occasion illustre toute l'importance du contrôleur-général dans la gestion des brigades : proche des agents, il connaît bien leurs besoins comme leurs peines et possède le recul nécessaire pour prendre en considération l'évolution ou la dégradation, sur le long terme, de la carrière d'un agent. En 1775, le brigadier Claude Marguillier n'a que 7 ans de services et à peine 40 ans, quand le contrôleur-général Joly s'aperçoit qu'il devient moins efficace au travail dans la brigade d'Auxonne. Il faut donc prendre une décision à son égard ; les excellents – mais courts – états de services de ce cadre sont une occasion pour la Ferme de faire œuvre utile. En accordant un départ anticipé à Marguillier, elle fait un geste exemplaire. Pour Joly,

« sa vüe bessait et luy rendait le travail fatiguant sans espérance d'ailleurs de pouvoir obtenir la pension de rettraite. Jay sollicité pour luy un débit à Auxonne attendu que c'étoit un excellent sujet qui méritait récompense ; la compagnie a agrée ma demande et par sa lettre… luy a accordé le débit que je sollicitais et je luy en ai fait donner l'exercice le 15 janvier suivant » (1776).

Chenillet est encore mieux loti, il perçoit en effet une somme de 60 livres à titre de gratification et, « *une fois payée* », il reçoit un débit de tabac « *à Talmay* » en guise de retraite (1774). Mais deux considérations sont à porter sur cette décision : d'une part, il n'a que peu d'années de services (dix) et n'a que 30 ans ; de l'autre part, ses états de service sont corrects sans être extraordinaires. La Ferme aurait-elle voulu se séparer de lui à l'amiable ?

Toujours sous l'angle des soucis de santé, Nicolas, qui a 25 ans de service et est brigadier depuis peu, n'est plus jugé propre au service de « *l'ambulance* » du fait de « *sa santé délabrée et* [de] *sa vue* ». En d'autres termes, il ne peut plus supporter les épreuves physiques qu'imposent les déplacements incessants. En conséquence de quoi il est mis à la retraite (1773). Quant à Boutonna, parti en retraite deux ans plus tôt, à 53 ans, il était dit de lui qu'il « *commençoit à n'être plus robuste* ». Parce qu'il a accompli son temps de service, il peut donc partir du service actif.

En cumulant les services qu'il a effectués successivement dans les directions de Langres puis de Dijon (22 ans), le brigadier Frerot est déjà usé à 42 ans (« *la marche commençoit à luy devenir pénible* ») ; la Ferme admet que son état de santé délicat (« *incommodé d'une rupture* ») découle d'une rixe qu'il a eue avec des contrebandiers lors d'une arrestation mouvementée (1769). Cela lui vaut un regrat et un débit de tabac à Nuits, ainsi qu'une gratification de 300 livres.

Pour Pierre Sauvin, 23 ans de service en qualité de garde lui valent une pension égale à la moitié du traitement (1771, 150 livres annuelles). Son fils Nicolas s'engage à son tour en 1777.

Hubert Viard, originaire de Saint-Sauveur, entré dans la Ferme en 1749 à 27 ans ; il est marié et a quatre enfants. Passé sous-brigadier en 1765, il fait partie des bons employés ; il est en effet présenté comme « *fort et robuste* » et de haute taille (5 pieds 7 pouces, soit 1,70m) ; son dossier ne mentionne aucun reproche. Mais, en 1773, à 51 ans, le contrôleur-général qui le supervise s'aperçoit qu'il cumule deux handicaps qui rendent son service difficile : d'une part, il a la « *vue fort basse* » ; d'autre part, « *très incommodé d'une jambe qui l'empeche de soutenir la fatigue* », il est impropre à l'emploi, sauf à l'affecter dans un poste sédentaire. Toutefois, le directeur est d'un autre avis et l'a proposé « *à la Compagnie pour estre admis à la pension de retraite* ». Consulté, le Comité des pensions l'accepte et l'admet en pension avec « *une somme de 400 livres*[566] » en guise de gratification. Notons que deux autres Viard sont en service dans la même direction.

Quant à Henriot, fidèle et actif brigadier, la Ferme lui assure une pension de retraite ainsi qu'un débit de « *revente de sel et de tabac* », là où il était chef de brigade (1776)[567]. En dessous de ce grade, Boutonna reçoit un Regrat, un débit de tabac à Selongey et une belle gratification pour ses 23 ans de services (300 livres en 1771).

Pour le garde Wersax, il sollicite sa retraite avec un débit afin de pouvoir se marier ; la compagnie la lui accorde à Flammerans, ainsi qu'une « *revente en sel et en tabac* » (1780)[568]. Cela étant, la faiblesse de ses années de service a certainement dû inciter la compagnie à ne pas lui accorder de pension : la seule activité commerciale du regrat dont il est responsable tiendra lieu de pension. Même statut pour Pierre Naudin qui, à 44 ans et seulement 12 années de service, obtient pour retraite « *le débit de tabac à Auxerre n° 4 rue de Paris* ». Est-ce sa famille de trois enfants et ses bonnes relations avec l'entreposeur de tabac Lebel qui poussent la Ferme à le lui octroyer ?

Dans le grade au dessus mais dans une situation un peu identique, la Ferme accorde une retraite, une gratification forfaitaire (600 livres) et débit de sel et de tabac (à Auxerre) à un ancien capitaine-général, Chamoin. Celui-ci est le plus jeune retraité : 39 ans lorsqu'il part, après 21 ans de services (1780). Dans ce cas de figure, Chamoin est un privilégié, puisque les conditions de son départ sont bien plus favorables qu'elles ne le sont pour ses collègues. Pourtant, il ne fait état d'aucune protection. La Ferme a-t-elle voulu remercier un employé qui, entré comme garde en 1759, a gravi les uns après les autres les échelons pour parvenir jusqu'aux plus hautes fonctions des brigades à 23 ans ? A-t-elle voulu aussi remercier l'employé qui a accepté de changer de direction, passant de celle de Troyes à celle de Langres, enfin à celle de Dijon ?

En revanche, la situation de son confrère Mennetrier, est moins favorable. Pourtant, ses états de services sont tout aussi bons et plus longs que ceux du précédent. En effet, Mennetrier quitte les brigades – mais reste dans la Ferme – en 1772 à 57 ans, après 39 de service actif ; on lui confie alors une fonction vacante par le décès de son titulaire, Noirot, celle de contrôleur des traites à Renève, assortie d'une gratification annuelle de 200 livres « *sur la Caisse des Retraites* » (1772).

Louis Belot finit garde à Dijon en 1779. Le directeur lui apprend « *qu'il a eu pour retraite les reventes en sel et en tabac de Champdetre grenier et entrepot d'Auxonne* », ainsi qu'une somme de 150 livres.

Chenillet, garde à Auxonne, reçoit « *un des deux débits de tabac à Talmay* » (1774). Le registre indique que la gratification qui lui est versée, 60 livres, doit avoir pour objet exclusif d'« *aider aux approvisionnements* », c'est-à-dire d'acheter un stock de tabac pour servir à alimenter le circuit commercial.

Demartinecourt, après avoir été admis à la retraite, doit continuer à travailler puisque cet ordre de pension avait été révoqué par une importante décision de la Ferme, décision qui annulait un certain nombre d'admissions à la retraite (9 mai 1775, n° 209). Consigne est donc donnée de réadmettre au service actif un certain nombre d'employés, le temps qu'une place vacante leur soit offerte. Il part enfin, comme pensionné, en 1779 ; sa pension est alors fixée à 150 livres.

Simon Boirin part en retraite en janvier 1779, avec une gratification de 200 livres et « *la revente en sel et en tabac de Maligny grenier de Seigneley et entrepot de Tonnerre* ».

Après 16 ans de services, Jean André dispose d'une revente de sel et de tabac à Genlis, ainsi que d'une gratification de cent livres (1777).

En revanche, Jacques Dufour, sous-brigadier à Labergement dont la conduite a été entachée du scandale causé par la conduite de sa femme (le *Registre* évoque un « *intense libertinage…ce qui luy otait toute confiance de la part des employés et le faisait mépriser du public* »), est menacé d'être déplacé dans la direction de Chalon (janvier 1778). Etant intervenu auprès de la Ferme pour obtenir sa retraite avec un débit de tabac et une gratification de 100 livres, la réponse de la direction parisienne arrive exactement trente jours plus tard plus tard (« *25 février 1778* ») : il obtient un débit de tabac à Tréchâteau, mais sans gratification. C'est, sans nul doute, les 14 années de services et son grade de sous-brigadier qui lui doivent cette « *retraite* ».

En 1780, une indication précise la pension de retraite annuelle qui sera servi à Blandin : « *175 livres* ».

Pour récompenser de très bons états de service, la Ferme dispose d'une recette des traites, qu'elle accorde à deux personnages qui ont été admis à la retraite, et qui font état de très longs services : 35 ans pour l'un, 39 pour l'autre. L'un est Noirot, ancien brigadier, il bénéficie durant 9 ans de cette fonction qui lui vaut 400 livres annuelles de revenu (1763-1772) ; on présume que ce revenu se cumule avec la retraite (le registre n'en précise pas davantage). Nous n'insérons pas dans ce tableau Jobard qui, après 8 ans de services, a été blessé dans une tournée et s'est retiré pour vivre de ses biens. Peu après, il reçoit la fonction de receveur des traites à Saint-Seine (1764).

Un autre Jobard est brigadier à Dijon, puis déplacé en 1775 à Chatillon à la suite d'un procès criminel qu'il a perdu en appel.

Tableau 14 Retraites agréées par années dans la direction de Dijon (1769-1780)

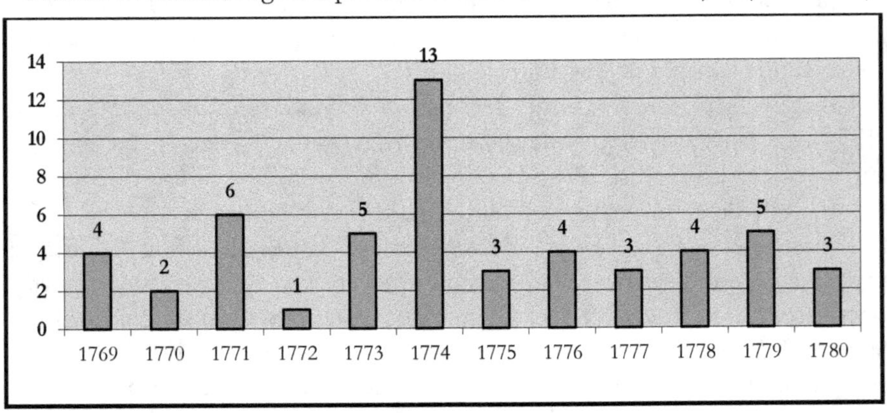

En définitive, on dispose d'un échantillon de 55 employés et cadres qui ont été admis à avoir leurs droits à la retraite agréés. Depuis la première fois, survenue en 1763, le système se rôde ensuite mais il est erratique : on sait qu'il connaît rapidement des difficultés de financement ; nombre de retraites promises ne peuvent être honorées et, provisoirement, les titulaires de ces promesses continuent à travailler. Le système repart par la suite.

Cependant, le point culminant des bénéfices de la retraite est atteint en 1774, année où 13 employés sont récompensés. Mais c'est aussi une année où les frais de régie sont renégociés et où, conséquence de ce qui précède, des brigades sont supprimées. La Ferme trouve là un moyen de recycler les employés de ces brigades, âgés ou physiquement trop mal en point pour rester dans la compagnie. Toujours cette idée d'efficacité du personnel.

Mais à quel âge en moyenne les cadres et employés peuvent-ils solliciter leur retraite ? Combien d'années de services sont-elles nécessaires pour voir une telle demande acceptée ? Pour y répondre, nous disposons de détails précis sur 54 des 55 départs en retraite qu'on connaît grâce au *Registre* conservé à Dijon : nos recherches aux Archives nationales ont constaté que les dossiers de retraite ne s'y trouvaient pas pour la période qui nous intéresse.

En moyenne, tous emplois confondus, l'âge moyen de départ à la retraite s'effectue à 51 ans, et 24 années d'ancienneté forment la moyenne des services requis. Reste, néanmoins, qu'il s'agit d'une moyenne et des variantes existent: des cadres montrent l'exemple en travaillant jusqu'à 79 ans (deux occurrences). À l'inverse, on voit que des gardes partent en retraite dès l'âge de 30 ans (tel le garde Chenillet, qui a seulement dix ans de services). Le plus souvent, ces départs précoces peuvent s'expliquer. Ces jeunes retraités, d'abord, ne perçoivent pas de retraite rémunérée en tant que telle, mais ils bénéficient d'une échoppe où ils peuvent vendre du tabac et/ou du sel (les deux sont possibles) pour laquelle ils sont rémunérés au pourcentage des ventes réalisées. Ensuite, ils sont très souvent dans l'incapacité de travailler ; la Ferme les prend donc en main et s'occupe de leur trouver une occupation : elle semble admettre que l'état de santé de ces personnes est l'effet des services accomplis à son bénéfice, services sans doute excessifs par rapport à leur constitution physique.

Quant aux services d'ancienneté acquis, si la moyenne s'établit à 24 ans, elle dissimule des disparités importantes : d'un côté, des cadres présentent 39 ans de service (deux capitaines généraux), tandis qu'un garde en compte seulement 8 (Garnier, qui part à 36 ans). L'inégalité de l'ancienneté conduit à ce que les capitaines-généraux partent en retraite le plus tardivement (58 ans). Bizarrement, les brigadiers sont avantagés par rapport à leurs collègues : leur moyenne d'âge de départ s'établit à 44 ans. Quant aux gardes, ils sont presque dans la moyenne (52 ans).

Tableau 15 Demandes en retraite agréées

Fonction	Capit.	Brigadier	Sous-brigadier	Garde	Total ou moyenne
Ancienneté	33	19	22	20	24
Âge	58	44	48	52	51
Nombre	**4**	**11**	**7**	**33**	**55**
Débit sel/tabac	1	4	1	12	18
Débit+gratification	1	3	2	10	16
Gratification seule	1	1	-	3	5

Pour susciter l'exemplarité et encourager le zèle de ses employés comme de ses cadres, la Ferme accorde la retraite avec pension et avec des compléments que nous ventilons entre trois catégories : l'octroi d'un débit de sel/de tabac, un débit et une gratification, enfin une gratification unique. On trouve, sur 51 bénéficiaires connus dans la direction de Dijon, 38 retraités qui ont l'un de ces trois compléments. Ceux-ci ne sont en rien systématiques : en effet, un retraité mal noté ne peut espérer un bonus. Pour décider de ces compléments, des renseignements sur les retraités concernés sont adressés à Paris où le service central compétent de la société prend la décision définitive : c'est le Comité des pensions où siègent des fermiers généraux.

Pour le service minimal de la retraite avec un débit, 18 retraités l'obtiennent. Quand les services accomplis sont remarquables ou bons, la Ferme peut accorder une sorte de bonus aux partants : elle leur délivre un débit de tabac et/ou de sel et, pour les mieux notés, un débit et une gratification (16 se trouvent dans cette situation favorable). En moyenne, la gratification accordée s'élève à 200 livres, avec un plus bas de cent livres (Mignot) et un maximum de six cents (capitaine-général Chamoin). Mais en cas de réticence de la compagnie à faire preuve de générosité, aucune gratification n'est accordée (comme le garde Dufour, qui obtient certes un débit sans gratification : son dossier était médiocre). Certains, enfin, ne touchent qu'une simple gratification (cinq sont dans ce cas).

Lorsque le départ en retraite n'est pas possible par défaut des années de services requises, l'employé peut solliciter un débit de tabac auprès de la régie. Cette technique est assez rare, mais lorsqu'elle est essayée, elle réussit souvent, notamment lorsque l'employé possède de bons états de service avec une notation positive : la demande présentée par Garnier, ancien militaire et fort de huit petites années de service, est acceptée : il reçoit une commission pour un débit de tabac à Auxerre, ville où il a longtemps exercé comme garde ambulant (1774). De toute évidence, il était usé dans son travail et ne se voyait pas rester garde de longues années durant (il lui manquait au moins douze ans de service). D'ailleurs, il ne disposait pas des connaissances théoriques pour cela (il est mentionné comme ne sachant « *que signer* »).

L'admission après éviction d'une autre direction des Fermes

La souplesse du fonctionnement de la Ferme est une constante ; elle joue aussi pour conserver les talents qu'elle est parvenue à intéresser et grâce auxquels la compagnie fonctionne. Dans cette perspective, lorsqu'un cadre prometteur est victime d'un accident de parcours, la compagnie met tout en œuvre pour éviter que l'agent qui l'a servie soit jeté sans défense à la rue. Cette problématique est celle du cas Merlin : parvenu en quelques années à la fonction de brigadier dans la direction des Fermes de Langres (1760-1769), Merlin est dégradé et perd *ex abrupto* deux grades. Le motif découle de sa baisse d'activité au regard des exigences de sa qualité de cadre : la vraie raison proviendrait du comportement de son épouse[569]. Toutefois, la compagnie est soucieuse de son sort ; elle désire lui offrir une seconde chance du fait de ses qualités, en espérant que sa séparation de fait d'avec son épouse mettra un terme à ses errements passés. Pour ce faire, elle l'incite à quitter la direction de Langres pour offrir ses services dans celle de Dijon ; il y rentre en redémarrant depuis le début, comme garde à Saint-Jean-de-Losne (janvier 1772). Là, il va réussir à revenir à de plus hautes fonctions, en étant rapidement promu à la fonction de brigadier (à Lamarche), neuf mois plus tard. Néanmoins, ses fonctions à Lamarche lui attirent l'ire du contrôleur-général ; celui-ci, qui suit de près Merlin, critique son peu d'activité et il considère que Merlin n'est pas fait pour être chef de poste à cet endroit précis. Plutôt que de le révoquer, il préfère de nouveau lui laisser la chance de se ressaisir et, tout en le changeant de poste, le place sous la surveillance étroite du capitaine-général (1774)[570].

La chance qui lui avait été offerte a en partie été saisie. Cela dénote aussi combien l'ambiance familiale peut jouer – négativement comme positivement – sur l'activité d'un agent.

Tableau 16 La gestion du personnel de la direction des Fermes de Dijon (1760-1780)

Facteur	recrutement	démission	promotion	sanction	révocation	retraite	décès
Dijon	457	164 (34%)	120 (2[illegible]%)	362 (76%)	134 (27%)	56(11%)	10 2%
Hainaut	486	44 (9%)	n.d	n.d.	30 (6%)	35 (7% : décès et retraites)	

Source : ADCO C 11.418, CLINQUART, *Les services*, p. 171 n.d. : non disponible

Un autre tableau illustre les va-et-vient effectués entre la Ferme et la société civile par ses employés.

Tableau 17 Entrées et sorties d'agents dans la direction de Dijon (1760-1780)

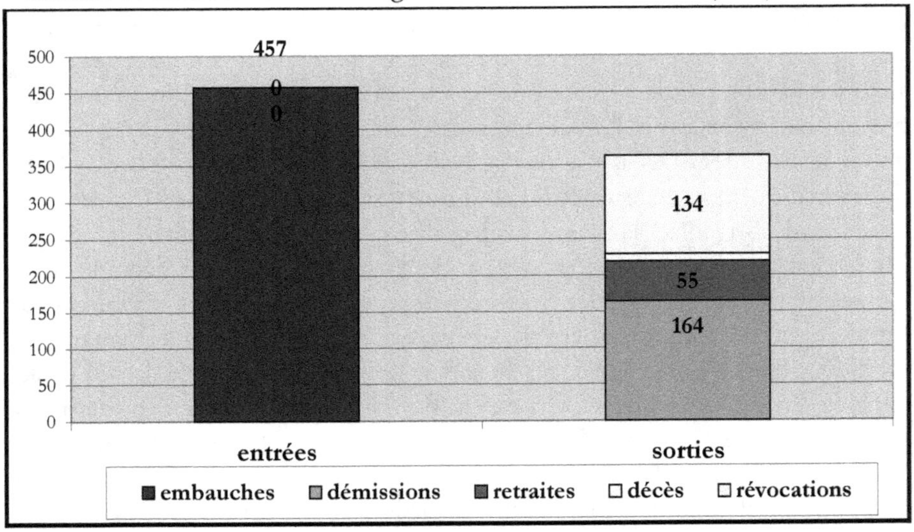

[457] Pour la Régie, des domaines, la situation est similaire : d'après Guyot, *Répertoire*, t. IV, p. 83, « *la régie se faisant pour le compte des fermiers, il est juste qu'ils puissent disposer des emplois ; aussi ont-il toujours joui de ce droit, & il leur a été confirmé pour tous les emplois des fermes par une lettre de M. le contrôleur général du premier Décembre 1752* ».

[458] Le litige en question concernait un inspecteur en poste à Metz, révoqué pour insuffisance professionnelle : GUYOT, *Répertoire*, t. IV, p. 83.

[459] GUYOT, *Répertoire*, t. IV, p. 84.

[460] Dans ce sens, cf. Merlin qui, en 1774, est trouvé inapte à diriger la brigade de Lamarche: la Ferme relève que la cause est à rechercher « *à un manque de zèle et une indolence de sa part* », *ibidem*, fol. 164. Le contrôleur-général insiste sur le fait que cela « *mérite punition* ». En définitive, Merlin sera changé d'affectation sans être dégradé.

[461] Pour le garde Noirot, qui s'était querellé avec son supérieur : il est simplement déplacé : *ibidem*, fol. 59.

[462] *Ibidem*, fol. 137 v°, après l'entrée frauduleuse de contrebande par les portes d'Auxonne. Il est dit : « *on a cru devoir le réadmettre sur ce que M. Thierrial Contrôleur-général en a mandé plusieurs fois que cet employé n'avoit pas les torts qu'on s'étoit cru en droit de luy reprocher* ».

[463] L'affaire Maillot est révélatrice d'un travail rapide et mal conduit (22 novembre 1770): voir *infra*.

[464] « *ce qui l'aurait fait renvoyer si d'ailleurs il n'était assés bon employé* », *ibidem*, fol. 73. Le fait que son épouse soit bourguignonne aurait-il également joué ?

[465] « *La Compagnie avoit décidé la révocation dud. Jourdain… mais M. Joly ayant représenté que d'après les reproches qu'il lui avoit fait, il s'étoit appliqué et avoit donné sujet de contentement, et qu'il manderoit à la Compagnie qu'il étoit convenable de ne luy donner qu'un changement* », *Ibidem*, fol. 134 (novembre 1769).

466 D'après « *un courrier de M. Thimon qui me demandoit son changement, je luy ai fait une lettre de réprimande en luy prévenant d'avoir une conduite plus reguliere et de veiller à ce que sa femme ne s'éloigne plus de ce village* », *Ibidem*, fol. 115.

467 Il « paroit actif et assés intelligent » : *Ibidem*, fol. 139.

468 Druoton, garde à Auxonne en février 1775, s'était en effet absenté quatre jours sans autorisation : *ibidem*, fol. 129 v°.

469 *Ibidem*, fol. 198. Descosses préfère partir et démissionne de sa place de garde.

470 Dans ce sens, telle est la volonté du directeur de retenir deux jours d'appointements pour les gardes fautifs d'avoir laissé sortir une malle de la ville d'Auxonne, probablement chargée de tabac : « *il a été répondu que le travail devait être fort exactement fait, par tous les employés de garde qu'il fallait interdire de deux jours d'app*[ment] » (1778), *ibidem*, fol. 131 v°.

471 « *attendu qu'il avoit trop de connaissance sur la ligne et que d'ailleurs il y a donné le mauvais exemple en passant le 31 janvier et le 1*[er] *fevrier dernier au cabaret* », *Ibidem*, fol. 164. Il est déplacé de cent kilomètres.

472 *Ibidem*, fol. 159 (« *il a été interdit de deux jours d'app*[ts] *à imputer sur le mois d*[er] »).

473 *Ibidem*, fol. 44 : « *pour le punir d'avoir chassé et le corriger de cette dissipation* ».

474 *Ibidem*, fol. 161 v°. Sonnet voit son traitement suspendu deux jours.

475 *Ibidem*, fol. 55. À raison de 4 livres 2 sols par mois, la retenue doit donc durer un an ; elle ampute d'autant le traitement des agents concernés.

476 « *c'est un bon sujet, susceptible d'obtenir un avancement et qu'il a d'ailleurs de belle représentation* », *Ibidem*, fol. 132 v°.

477 *Ibidem*, fol. 159. Trois ans plus tard (1775), Pavillon sera de nouveau destitué pour prévarication.

478 Pingeon est révoqué en novembre 1773 : *ibidem*, fol. 37.

479 Par exemple pour Nicolas Champy, un garde plusieurs fois sanctionné, et qui l'est de nouveau en 1775 pour ivresse et absence ; le directeur note, dans le registre, « *ce changement* [déplacement forcé dans un autre poste] *annonce sa révocation s'il récidive* » (*ibidem*, fol. 159).

480 Mémoire de Caze, inspection d'Auxonne : AN, G^1 20.

481 Ainsi pour Josset, garde à Tréchâteau, « *ayant représenté qu'il luy seroit trop dispendieux de faire transporter son menage* » : *ibidem*, fol. 37 v°.

482 *Ibidem*, fol. 201. Piqué au vif, Fournier démissionne en 1771 ; il est réadmis dans la compagnie en 1772 (fol. 204).

483 En 1768, lorsqu'il a 28 ans : « *il en a été changé* [de brigade] *parce qu'il s'y est marié* », *Ibidem*, fol. 73.

484 « *il convenoit de le rapprocher de sa famille pour luy faciliter des secours* », *Ibidem*, fol. 107.

485 « *ayant toujours manqué d'activité au point qu'il fait le malade pour s'exempter du service* » : *Ibidem*, fol. 150 (septembre 1778).

486 *Ibidem*, fol. 100. Copin passe alors dans la brigade de Renève et quitte Pontallier.

487 « *a représenté que sa femme étoit toujours malade à Pontallier* », *Ibidem*, fol. 100. Il est affecté à Labergement.

488 *Ibidem*, fol. 168 : « *sa femme accablée de maladies presque incurables et hors d'état d'espérer guérison y sera secourue par sa mère* [à Laperrière, nouvelle affectation de ce cadre] *qui y réside depuis quelque temps et qui aura également soin des enfants dud. Brésillet* ».

489 *Ibidem*, fol. 132. Clerc est alors âgé de 51 ans.

490 « *il a demandé un changement depuis la mort de sa femme afin d'être rapproché d'Auxonne* » : *Ibidem*, fol. 100. Il quitte la brigade de Pontallier pour celle de Labergement.

491 *Ibidem*, fol. 147. Il est déplacé en septembre 1778, et « *détaché au bacq de Mailly* [Mailly-le-Port] », et décède peu après à l'hôpital d'Auxonne.

492 *Ibidem*, fol. 82 (« *ce changement* [de brigade] *n'ayant pas eu lieu* »).

493 « *étant marié et ayant des enfants il n'a pu trouver à se loger aud. Athée ou l'on fera passer un garçon* », *Ibidem*, fol. 120.

494 « *ne luy ayant pas été possible de pouvoir se loger luy et sa femme à Labergement* », *ibidem*, fol. 147.

495 *Ibidem*, fol. 133 : « *ledit Mongeot seroit nécessaire... parce qu'il savoit bien écrire* ».

496 *Ibidem*, fol. 64. Ce déplacement n'est pas compté parmi les sanctions.

497 *Ibidem*, fol. 64 et 159 v° : « *8 juillet 1777... à cause de sa débauche* ».

498 « *led. Jourdan ayant des secours de sa famille pourroit plus facilement se soutenir qu'un homme marié dans un poste plus dispendieux* », *Ibidem*, fol. 107.

499 « *attendu que cette brigade* [de Semur-en-Auxois] *qui était composée de 10 hommes ne le doit plus être que de 6 à compter dudit jour 1*[er] *8*[bre] [octobre 1774] *suiv*[t] *l'État des frais de régie réglé pour avoir lieu pendant le bail de Laurent David* » : *Ibidem*, fol. 225.

500 *Ibidem*, fol. 178, « *habitué à beaucoup d'énergie, il n'a pu se faire au service des portes et a demandé à passer à la campagne ou on espère qu'il conviendra mieux* ».

501 *Ibidem*, fol. 85 et 128. La compagnie a été informée du mariage de son employé ; elle relève « *qu'il y avoit des habitants qui le dérangeoient entièrement de son service* ».

502 « *il étoit convenable de placer led. Languedey sous les yeux de supérieurs qui puissent l'instruire étant en état d'apprendre* », *Ibidem*, fol. 91.

503 *Ibidem*, fol. 166. Il passe ainsi du poste de Pagny à celui de Châtillon-sur-Seine, à l'extrémité nord de la direction, soit 120 kilomètres.

504 Par exemple Bouvier, qui a son « *beau frère... qui est devenu brigadier* » : *Ibidem*, fol. 139. Or, Bouvier avait commis une faute lourde ; on le soupçonnait, en effet, de « *prévarication* » et d'être « *convaincu* [d'] *avoir reçu de l'argent de Humbert* ». Dès lors, la sanction qui le frappe se borne « *à l'éloigner d'Auxonne* » ; il est alors affecté à la brigade de Saint-Seine (1780).

505 « *pour le punir de la... qu'il eu de rompre la clôture du jardin du S. Marin de Pontallier a l'effet d'aller prendre des bois de toutes espèces... et d'avoir eu une difficulté avec le S. Marin en vertu de laquelle un employé le S. Chanvy... verbalisa très mal à propos... pour rébellion et que le D*[eur] *désapprouva en les chargeant de faire des excuses aud. S. Marin... sur quoy ne s'étant point exécuté* » : *Ibidem*, fol. 100.

506 1er février 1779 : *ibidem*, fol. 112 v°.

507 Cela représente un déplacement de 16 kilomètres, *ibidem*, fol. 146.

508 « *que s'il ne changeoit de conduite ayant à Pagny des habitudes qui le détournoient de son devoir il falloit le révoquer* » : *Ibidem*, fol. 165. Coulmier se trouve à mi-chemin entre Montbard et Châtillon-sur-Seine. En 1774, lorsque les brigades sont réorganisées, Coulmier disparaît et Brésillet est rétrogradé comme garde à Pagny (fol. 208).

509 « *il y avoit des plaintes.... tant sur sa conduite que relativement à son travail, ait répondu que cet employé n'étoit dérangé de son service que par des habitudes que lui font contracter sa femme ou sa fille et qu'il demande lui même son changement* ». Il passe ainsi de la brigade de Vielverge à celle de Saint-Jean-de-Losne, soit un éloignement de trente kilomètres : *Ibidem*, fol. 108.

[510] La Ferme le reconnait comme « *un sujet intelligent et fort actif mais qui ayant un peu de dissipation avoit besoin d'être suivi de près* », *ibidem*, fol. 142 (1773).

[511] « *Le S. Mougin s'adonnoit à Semur à toute autre chose qu'a son instruction* » : *Ibidem*, fol. 226.

[512] « *auquel a donné lieu des habitudes qu'il a eu le tems de contracter dans le pays, ce en quoi il étoit favorisé par le cap*^{e} *g*^{al} *a qui il se rendoit utile le plus possible* », *Ibidem*, fol. 77.

[513] « *d'après les vérifications faites par M. Joly, étant sur les lieux, desquelles il a résulté que le cap*^{ne} *g*^{al} *avoit été légèrement informé des sujets de plaintes portées contre led. Maillot et qu'il n'avoit pas été dans le cas d'être destitué ainsi qu'il en a rendu compte à la Compagnie, qui en conséquence a consenti à son rétablissement* », *Ibidem*, fol. 166.

[514] *Ibidem*, fol. 37. Petit-Jean est alors déplacé d'office sur une autre brigade.

[515] « *ce changement a lieu relativement aux plaintes portées contre la conduite scandaleuse qu'il permet à sa femme et qui ayant été vérifiée exige qu'il soit éloigné afin de faire cesser son commerce avec le S. Tiroche plâtrier* », *ibidem*, fol. 149. Dufour passe dans la brigade Labergement tout en conservant son grade de sous-brigadier.

[516] Le registre indique (fol. 240) que Colotte avait pris un congé, le 20 mai 1778, « *pour se faire guérir de la verolle* ».

[517] *Ibidem*, fol. 153. Lors de son recrutement, cet employé avait déclaré qu'il était célibataire… son mariage postérieur n'a donc pas été pris en considération dans le *Registre*.

[518] Aujourd'hui Poncey-lès-Athée (Côte-d'Or), à quelques kilomètres au nord d'Auxonne.

[519] *Ibidem*, fol. 122. Il sera révoqué quelques années plus tard.

[520] Aujourd'hui Saint-Symphorien-sur-Saône, entre Perrière et Saint-Jean-de-Losne (Côte-d'Or).

[521] « *ayant été obligé de changer tous les employés de ce poste pour division entre eux par l'effet du peu de liant du S. Trouillard qui y étoit sous brigadier et qui alloit au cabaret avec ses employés* », *Ibidem*, fol. 255.

[522] « *il falloit dégrader le S. Georges parce qu'il ne s'est pas appliqué à se perfectionner sur le verbal* », *Ibidem*, fol. 222. Georges redevient donc garde et est muté à Coulmier, à la place d'un garde révoqué.

[523] Dès son entrée en 1760, il était réputé « *savoir écrire* » ; « *le 1*^{er} *may 1768* », il subit des examens écrits pour tester sa capacité à aller plus loin, « *ayant été reconnu qu'il s'était appliqué à verbal* » : *ibidem*, fol. 80.

[524] Le registre indique la sanction imposée par la compagnie en 1770 : « q*u'il fallait* [le] *faire passer au simple grade... et que s'il ne se corrigeait pas il fallait le révoquer* ».

[525] Le contrôleur-général Joly indique la nécessité de « *faire un exemple* [et] *de le faire passer au simple grade d'employé ; il luy a été donné ordre de passer en lad*^{e} *qualité de garde dans la brigade de S*^{t} *Seine* » : *Ibidem*, fol. 69.

[526] « *Il n'est pas assez bien instruit sur le procès-verbal…Le s. Jobard se trouvera par cet arrangement à portée de se perfectionner à la rédaction des procès-verbaux* » : *ibidem*, fol. 93. Cela étant, Jobard retrouve son grade de brigadier en avril 1773, s'étant assez appliqué au « *verbal* » (*ibidem*, fol. 174).

[527] Le pot-aux-roses est ainsi découvert : le vol « *de deux chemises* » appartenant à un collègue (Brochon) « *et une de sa femme qu'il avoit été forcé de déménager… lequel vol ayant été découvert chez luy en sa personne et celle du dit S. Brochon et de deux employés et d'avoir aussi volé beaucoup de fil qu'il avoit vendu* ».

[528] Il passe de sous-brigadier à garde et est muté à Laperrière (*ibidem*, fol. 149).

529 « *ayant été représenté que led. Belot par la faiblesse de sa vüe et de ses jambes n'étoit plus en état d'être sous-brigadier et de soutenir les fatigues de l'ambulance* », *Ibidem*, fol. 149 et 150.

530 « *il avoit eu une affaire avec un domestique de M. le Commandeur Etiennot dans laquelle malgré ce qui a été depuis a son avantage dans une information faite par led. Devaux*», *Ibidem*, fol. 201.

531 GUYOT, *Répertoire*, t. IV, p. 84.

532 GUYOT, *Répertoire*, t. IV, p. 84.

533 Dans ce sens, Rémy Quantin, garde de Saint-Jean-de-Losne qui volait du bois appartenant à des marchands de cette ville, est révoqué : les marchands avaient posé cette condition pour ne pas porter plainte auprès de la justice (1778) ; *ibidem*, fol. 162.

534 Exemple de J. Gerbet, garde à Saint-Jean-de-Losne, convaincu de complicité de vol sur le bétail d'une propriétaire. Révoqué en mai 1778, la Ferme lui devait 12 jours de traitement : cette somme est confisquée afin que « *la compagnie puisse en disposer en faveur du propriétaire* » (*ibidem*, fol. 162 v°).

535 *Ibidem*, fol. 223. Pour cette raison, la sanction de Sonnet n'est pas comptabilisée parmi les sanctions.

536 Recruté le 1er août 1769, Plantagenet est révoqué le 8 mars 1770 : *Ibidem*, fol. 188.

537 Recruté le 16 mars 1771, Lucot obtient de s'absenter le 30 mai suivant ; il est révoqué le 9 juin : « *il n'avoit pas rejoint, ce qui le faisoit présumer qu'il a quitté l'employ* », *Ibidem*, fol. 227.

538 Sa révocation est datée du 1er octobre 1774 ; la lettre qui l'invite à se rendre à Langres – par l'intermédiaire du receveur de Semur, Brève -pour y être recruté est du 12 novembre 1774 ; sa perte d'emploi aura donc été éphémère : *ibidem*, fol. 227.

539 « *il sera réemployé lorsque l'occasion s'en présenteroit* », *ibidem*, fol. 225.

540 *Ibidem*, fol. 43. Il est alors affecté comme garde à Tréchâteau.

541 En 1775 : *ibidem*, fol. 44. Voir aussi fol. 82.

542 GUYOT, *Recueil de jurisprudence*, t. IV, p. 83-84, en livre plusieurs exemples.

543 Le fusil ordinaire de l'armée, le « *Stainville* » (devenu le modèle 1777), avait un calibre de 18mm, très supérieur à celui des armes à feu individuelles modernes. Le fusil français de la guerre de 1914-1918, le Lebel, avait un calibre de 8mm.

544 *Ibidem*, fol. 183. Moreau était de haute taille et lui-même ancien militaire, Le registre indique qu'il « *est décédé le 10 mars 1770 d'un coup d'épée qu'il a reçu d'un soldat avec lequel il s'étoit battu* ».

545 Décrit de « *bonne complexion* », il décède 32 jours après son recrutement, *Ibidem*, fol. 144.

546 « *Le S. Chamoin capne-gal ayant mandé que led. Brachet…* », *Ibidem*, fol. 112.

547 Ce délai de remplacement est même limité à un jour pour le poste vacant de Chaignet (avril 1770).

548 *Ibidem*, fol. 98. Il était âgé de 34 ans.

549 Aline Logette, « Prévoyance sociale ou charité ? Les retraites des employés de la Régie Générale (1777-1786) », *Dix-huitième siècle*, n° 16, 1984, p. 253-259.

550 Dans ce sens, le registre évoque la proposition émanant du directeur en faveur du garde Jean Garnier, qui ne remplit pas la condition des vingt ans d'ancienneté : Garnier en a 8 (fol. 243, « *conformément à la demande que j'en ay faite en sa faveur par ma lettre du 13 août précédent à laquelle la Compagnie par la séance du 16 7bre suivant a consenti à cet arrangement en me remettant la commission* »).

[551] Le registre évoque une lettre de la compagnie du 26 août 1778, par laquelle « *elle demandoit pourquoy il ne luy avoit pas encore été fourni de mémoire pour proposer led. Chanvry à la pension de retraite* » : *ibidem*, fol. 175. On ignore les effets de cet échange.

[552] Ainsi pour Nicolas Maire, ancien militaire entré à 49 ans dans la compagnie. 14 ans plus tard, étant incapable de servir (il a 63 ans), la Ferme lui offre une gratification unique et ponctuelle de 300 livres : *ibidem*, fol. 83, « *ayant été proposé pour avoir une gratification qui luy tiendroit lieu de retraite n'ayant pas assés de service pour être admis à la pension et n'étant cependant plus en état de travailler* ».

[553] Ainsi pour Carré, entré à 40 ans dans la compagnie et qui en sort à 49 comme brigadier, avec le regrat de Longeau (aujourd'hui dép. Haute-Marne, arr. Langres) en 1771 : *ibidem*, fol. 86.

[554] Si l'on compare le montant de la pension avec les pensions de retraites accordées aux fonctionnaires des administrations centrales, elles sont légèrement plus fortes puisque les pensions, dans le premier cas, équivalent à un tiers du dernier salaire.

[555] Ainsi pour François Morey, qui touche, en 1776, 400 livres et reçoit la recette d'Arnay, *Ibidem*, fol. 151.

[556] Ainsi pour Bouquinet, qui suit (« *la priant* [la compagnie] *de luy accorder une gratiffication de 150 livres* »).

[557] « *ce Regrat étant de la classe de ceux affecté à la retraite, il falloit luy indiquer un des employés dans le cas d'y être admis à qui ce Regrat conviendroit* », *ibidem*, fol. 53.

[558] *Ibidem*, fol. 32. En qualité de capitaine-général sédentaire, Dartigues perçoit 600 livres annuelles.

[559] AN, G^1 113 dossier 1 ; cité par FERRER, *Tabac, sel*, p. 79.

[560] Le registre indique, à son égard, « *François dit Neuville a passé dans l'ambulance dud. lieu ou il n'a point été changé ainsi qu'il a été observé parce qu'il y est nécessaire pour les vrais… et qu'il fait avec beaucoup d'exactitude* ».

[561] Elle passe en effet au même moment de dix employés à neuf, « *place supprimée à compter du 1er 8bre 1774* ».

[562] Le registre évoque « *un manque de fonds à la Caisse des retraites* » (*ibidem*, fol. 168). Cela contraint le garde Morey, âgé de 55 ans, à retarder son départ en pension de retraite et à continuer le service actif (1774-1775).

[563] « Ledit Quantin ayant été admis à la pension de retraite » : *Ibidem*, fol. 151.

[564] « *ayant accordé pour retraite audit Bigot…* », *Ibidem*, fol. 114. Pont de Pagny se trouve à dix kilomètres à l'ouest de Dijon.

[565] *Ibidem*, fol. 61 : Baudry obtient sa retraite après 23 ans de services.

[566] *Ibidem*, fol. 156. Décision du 25 février 1773.

[567] *Ibidem*, fol. 164. Limonnot reste donc à Pagny.

[568] *Ibidem*, fol. 130, « *la commission pour le Regrat ayant été adressée au R^eur^* [receveur] *d'Auxonne* ».

[569] « *sa femme étoit cause qu'il ne remplissoit pas ses fonctions avec toute l'activité nécessaire* », *ibidem*, fol. 161.

[570] « *Ayant reconnu que led. Merlin ne suivoit pas avec assez d'exactitude le travail du poste de Pagny ce qu'on ne peut attribuer qu'à un manque de zèle et à une indolence de sa part, ce qui mérite punition* », *Ibidem*, fol. 164.

Chapitre 8
Les traitements fixes et récompenses annexes

Société centralisée et hiérarchisée, la Ferme a construit son efficacité sur une pyramide dans laquelle chacun de ses agents perçoit un traitement en fonction de l'importance qu'il est censé occuper. Ce traitement est d'une grande importance à deux égards : d'abord, pour attirer et fidéliser le personnel – ce qui est une gageure, comme on l'a vu dans les mouvements qu'il subit ; ensuite, pour limiter les frais de régie, de façon à contenir les coûts de collecte de l'impôt. On sait que les pouvoirs publics veillent pour limiter au minimum possible ces derniers.

Les traitements de la Ferme se divisent en deux éléments : on trouve, d'une part, les traitements fixes dont les montants ont été fixés par le texte fondamental dans l'histoire de la Ferme que constitue l'ordonnance sur les Fermes (1681). Ce texte, que Colbert avait fait adopter pour inscrire l'action du fisc dans la durée, constitue une sorte de charte des droits et devoirs de la Ferme, à l'égard du roi comme des administrés. Dans ce texte, complété par des textes ultérieurs, l'action de la Ferme est bornée mais aussi facilitée : d'un côté, les agents ne peuvent faire n'importe quoi et doivent respecter un cadre d'action légal fixé par le législateur. Il n'est pas question d'abuser du droit de collecter l'impôt que le roi leur a délégué.

D'un autre côté, les contribuables disposent d'un certain nombre de droits ; ils peuvent, notamment, exercer un recours contre les sanctions fiscales auxquelles la Ferme peut avoir recours. Dans ce domaine, les plaintes se concentrent sur le montant des amendes, mais aussi sur l'imagination des commis qui inventeraient des faits irréels, de façon à couvrir les saisies opérées par ceux-ci. Il faudra attendre le milieu du XVIIIe siècle pour que le Conseil du roi agisse favorablement aux intérêts des administrés[571].

Les traitements fixes

Ils constituent la part majeure du revenu des agents employés par la Ferme et sont la conséquence d'un contrat de travail qui ouvre droit à une rémunération du salarié par l'employeur. Comme l'écrit un *Mémoire* interne à la Ferme, en 1774,

« il est dans les principes d'une administration juste et éclairée que ses préposés trouvent dans le produit de leurs emplois la récompense de leur travail et une compensation de dépenses auxquelles leurs fonctions les obligent[572] ».

Compte tenu de la grande variété des emplois offerts par la compagnie, ces traitements fixes sont d'une grande hétérogénéité d'un à dix-huit, puisque les traitements à la base (ceux des gardes) sont de 300 livres annuelles (jusqu'en 1786), tandis qu'au sommet, le directeur provincial perçoit 5,000 livres. En dessous de lui, le receveur-général Hébert perçoit, en fixe, 1.000 livres (faible somme au regard de ses larges responsabilités) tandis que son collègue de

Franche-Comté, Boyer, en perçoit 3.500 après 1756[573]. Mais si l'on se place dans la strate intermédiaire, le capitaine-général oscille entre 600 et 900 livres – selon que sa fonction est sédentaire ou ambulante –, le receveur général des traites 2.000, celui de la Ferme 1.000 (sommes auxquelles s'ajoutent des remises dont on parlera plus loin).

Pour les emplois supérieurs, ces traitements fixes se complètent d'éléments accessoires : le directeur, notamment, bénéficie d'un logement de fonction. À Dijon, lors de sa visite dans la direction en 1746, le fermier général de Caze précise les conditions de logement du directeur : il « *n'a ni cour où puissent entrer les voitures, ni magasins pour retirer et visiter les marchandises, ni même d'endroit où on puisse faire commodément les pesées nécessaires pour la vérification des déclarations des marchandises qui passent à ce bureau : à tel point que l'on est forcé de faire les visites dans la rue*[574] ».

Il indique aussi les conditions tarifaires du loyer : 740 livres, auxquelles s'ajoutent 400 livres que le directeur ajoute de lui-même. Quelques années plus tard, en 1777, le directeur Joly loge rue du faucon (aujourd'hui la rue Jeannin[575]) ; Hébert rue du Grand Potet[576].

Or, pour des emplois modestes, ces sommes sont souvent insuffisantes, ce qui incite nombre d'entre eux soit à se détourner de leur travail, soit encore à le quitter, à moins qu'ils ne disposent de pensions. Ainsi, lorsque Bigeon quitte son emploi de garde, après un an d'essai, il s'exprime sur ses motifs : « *il ne quittoit que parce qu'il ne pouvoit pas vivre avec ses appointements* » (1770)[577], motif qui explique aussi le départ des gardes Roy[578] et Bourgeois[579]. D'ailleurs, la ferme le reconnaît elle-même : la dépréciation de la monnaie, la hausse du coût de la vie rendent les fonctions d'employé de la Ferme moins intéressantes qu'elles ne l'étaient. Le traitement aurait ainsi perdu, en valeur, l'équivalent d'un tiers. C'est ce qui explique les négociations menées par la Ferme avec les pouvoirs publics pour envisager une revalorisation des traitements : celle-ci sera acceptée en 1786 seulement[580]. Néanmoins, les revenus aléatoires tirés des saisies et des arrestations de fraudeurs permettent de grossir le traitement de base. Et, pour de rares anciens soldats, l'État leur accorde une pension : Bourgeois, qui quitte l'armée après 16 ans de services dans l'artillerie, est l'un des très rares militaires à bénéficier d'une pension en qualité de sergent invalide. Tant ses belles années de services que la campagne de Corse (où il a été blessé), lui font attribuer une pension de 90 livres. Néanmoins, cette pension est bien faible : elle correspond alors au montant minimum vital pour vivre : le pensionné devait forcément compléter son maigre revenu.

Contre toute attente, les traitements les plus modiques sont ceux des juristes attachés à la Ferme : ainsi, l'avocat en parlement qui est chargé de plaider pour celle-ci, Adrien, est rémunéré 150 livres annuelles, somme faible qui est fixée certainement en considération de la masse de travail modeste qu'il doit assurer. Toutefois, il lui est attribué un complément de revenu, sous la forme d'un minot de sel (d'une valeur de 60 livres environ). Autre juriste d'exercice, l'agent de la ferme, le procureur Durande. Celui-ci perçoit un traitement équivalent à celui d'un simple garde (300 livres), assorti d'un minot de sel. Troisième juriste, l'avocat Guiard, qui reçoit 150 livres et un minot de sel. En comparaison, les juristes attachés en tant que tels aux services centraux parisiens (soit 21, dont 10 sont avocats en parlement ou au Conseil du roi) sont mieux rémunérés : trois mille livres en moyenne[581]. L'avocat de la Ferme attaché au Conseil supérieur de Bayeux est, lui aussi, mieux rémunéré : 1.200 livres[582].

D'ailleurs, certains traitements paraissent faibles – comme ceux que perçoivent les receveurs des traites, fixés à 100 ou 200 livres annuelles -, mais ils sont complétés par une part déterminée des recettes fiscales qu'ils encaissent pour le compte de la Ferme. Ainsi, des décisions particulières de la compagnie déterminent la quotité de ces avantages en nature délivrés à certains agents comptables.

Autre élément, le bénévolat : certaines fonctions attribuées dans le ressort de la direction des Fermes de Dijon sont bénévoles ; c'est-à-dire qu'elles sont sans appointements. Cela joue pour les fonctions d'entreposeur de tabac, dont les titulaires perçoivent un intéressement en fonction des ventes qu'ils ont réalisées pour le compte de la Ferme. Cet intéressement varie en fonction du bureau considéré : celui de Vitteaux (Pioret) touche « *5 £ 6On par cent sur les tabacs qu'il lève au Bau Gal de Dijon* ».

Ainsi considérés, ces traitements, très hétérogènes, sont-ils élevés au regard de ce qui existe dans l'administration et dans l'armée ?

Si l'on prend en considération la précédente fonction qu'occupait Liébault, un écart immense la sépare des nouvelles en termes de revenu fixe. En effet, un substitut au parlement de Dijon perçoit entre 180 et 315 livres annuelles, tandis que le receveur-général du tabac des Fermes perçoit 1.200 livres au titre du traitement fixe (plus des remises et des intéressements divers, soit 7.500 livres de revenu global). La distorsion de revenu entre les uns et les autres n'est pas nouvelle ; il est vrai que les offices de judicature sont socialement mieux considérés que ne le sont ceux de finance. De façon très nette, la Ferme paie assez bien : elle n'oblige pas au versement d'un capital (acquisition d'un office, mais cautionnement) et ne soumet pas la personne à de fortes impositions. Mais si l'on prend en considération les obligations inhérentes à l'emploi (le volume horaire hebdomadaire, les sorties nocturnes,…), le gain est certainement moins net et l'impopularité de l'emploi exercé constitue un élément évident à décharge.

Tableau 18 Comparaison des traitements fixes Ferme Justice Armée
(en livres 1774-1782)

Domaine d'activité	Ferme générale (grades)	Justice (emplois)	Armée (grades)
	300 (garde)	276 (conseiller au présidial Lons)	200 (sergent)
	400 (brigadier)	453 (substitut parl. Metz)	450 (lieutenant)
	600-900 (capitaine-général)	838 (conseiller parl. Dijon)	800 (capitaine)
	5 000 (directeur)	3 400 (président parl. Toulouse)	4 800 (colonel)

L'intéressement commercial

Le zèle de l'agent permet de compléter son traitement fixe par l'activité commerciale déployée au service de la compagnie. Toutefois, pour les employés les plus modestes, ces faibles traitements ne suffisent pas et certains, dans l'incapacité de s'éloigner de leur ménage, décident de ne pas rejoindre leur emploi et restent donc attachés à la profession qu'ils avaient envisagé de quitter[583].

Pour ne citer que l'un d'entre eux, le receveur général Hébert perçoit mille livres annuelles de traitement fixe, auquel s'ajoute une remise « *sur les especes qu'il envoie à Paris* », ainsi qu'une somme forfaitaire de 100 livres pour ses ports de lettres. C'est cette remise qui lui permet d'accroître son traitement fixe et de faire ainsi fructifier les fonds qu'il possède[584]. D'où l'incise de Roux, selon lequel « *ces places de receveurs généraux étaient de bonnes prébendes, ne nécessitant presque aucun travail*[585] ».

Si nous ne connaissons pas exactement le chiffre de ses recettes (qu'A. Ferrer évalue à 6-7.000 livres annuelles au titre de la remise), on sait que dans le Hainaut, le receveur général percevait une remise de six pour mille, d'où des recettes sur remises évaluées entre 1.500 et 4.000 livres annuelles[586]. Cela étant, un dossier conservé à Paris évoque un chiffre d'affaires annuel global de 1.400.000 livres au titre de la gabelle et des traites. La remise d'Hébert sur cette somme lui offrirait, selon un document écrit de la Ferme, « *6 ou 7,000 livres* » ; certainement plus proche de 8.500 livres, « *déduction faite des gages des cours souveraines*[587] ». Ainsi conçu, ce système offrait de confortables émoluments – certes aléatoires – au receveur général qui pouvait ainsi démultiplier son traitement fixe. Pour Hébert, si l'on additionne traitements fixes et traitements variables, le total atteint douze mille livres annuelles, soit des revenus similaires au traitement d'un conseiller d'État annuel (10.400 livres/an).

Semblable système de remise est également appliqué à d'autres receveurs[588]. Mais le plus choyé de tous est sans conteste le receveur principal des traites d'Auxonne, Poulletier de Perrigny. Celui-ci représente la seconde génération d'affilée dans cet emploi ; il perçoit 800 livres au titre du traitement fixe, auquel s'ajoutent 300 à titre de gratification, 375 pour ses frais de bureau,

100 pour la vérification de la compatibilité des recettes qui dépendant de lui, 40 pour le « *bois et la chandelle* ». Autre élément accessoire de sa rémunération, la remise : celle-ci s'élève à 20 sols pour chaque millier de livres de recette transférée à la Ferme à Paris. Au final, Poulletier perçoit donc 1.675 livres ainsi que la remise, soit environ 2.000 livres annuelles. C'est évidemment beaucoup en soi, mais c'est la contrepartie des lourdes responsabilités assumées et des garanties qui ont été apportées à la compagnie. S'ajoutent, en sus, ses fonctions d'entreposeur du tabac à Auxonne, fonction certes gratuite – elle est attribuée sans appointements - mais qui apporte des remises importantes à son titulaire[589]. En tout cas, Poulletier reçoit des compliments flatteurs du directeur, qui le voit avec « *beaucoup d'intelligence, connoit très bien la partie des traites et est de la plus grande exactitude*». D'ailleurs, le directeur subodore que si Poulletier est resté célibataire, c'est en raison de son dévouement sans borne à la compagnie (il se mariera peu après, à 52 ans).

Tableau 19 Importance des accessoires au traitement : les receveurs (1761)

Nom	Affectation	Traitement	Annexes
Contet	Pontallier	400	Logement + remise (20 sols/mille)
Demartinecourt	Selongey	60	Remise (2 sols/mille)
Duboy	Trechâteau	50	Remise (2 sols/mille jusqu'à 400 £)
Feignet	Talmay	400	Logement + remise (20 sols/mille)
Flagand	Champagne	460	Remise (30 sols/mille)
Fleury	Laperrière	100	Remise (2 sols/mille)
Guillaume	Renève	500	Logement
Hébert	Dijon	1000	150 pour ports de lettres + remise
Lambert	Saint-Jean-de-L.	200	Logement, remise (20 sols/mille)
Viesse	Chatillon	400	Un minot+7/mille des recettes
Laquerie	Mirebeau	Aucun	Le produit de sa recette jusqu'à 30 £
Marilly	Dijon	700	Logement + 100 £ pour les comptes des receveurs
Myon	Foucherans	100	Remise (2 sols/mille)
Poulletier	Auxonne	700	Logement + 1000 £ pour le cautionnement
Riboulet	Is-sur-Tille	Aucun	Remise (30 sols/mille)
Simonnet	Saint-Seine	460	Logement + remise (30 sols/mille)

Source : AN, G^1 73.

Ce système de rémunération est complété par l'octroi de gratifications à destination des employés.

Les gratifications

Société privée, la ferme octroyait des rémunérations fixes à ses employés. Mais, pour encourager au zèle et à l'activité de ces derniers, il était aussi prévu un système d'intéressement au mérite. Il reposait sur un comité des saisies, qui décidait du montant exact des sommes à redistribuer aux employés qui avaient été directement liés à des faits positifs : arrestation de contrebandiers, découverte de cache de tabac,... Les produits saisis étaient soit revendus, soit détruits et les valeurs concernées étaient remontées à Paris au comité, qui prenait les décisions à leur égard[590]. Ce comité statuait aussi sur les intéressements à offrir aux informateurs, aux espions

Ce système règlementaire de gratifications était fondé, d'une part, sur le chiffre d'affaires des ventes de tabac, d'autre part sur les saisies, il offrait l'avantage d'accroître très sensiblement les revenus fixes. L'avantage qui en résultait permettait augmentait la rémunération globale des employés, donc d'attiser leur zèle et de limiter autant que possible la démotivation ou la corruption. En revanche, cette rémunération variable était erratique et incertaine, puisqu'elle dépendait d'évènements futurs que l'on ne connaissait pas encore.

Si nous ne connaissons pas le détail des gratifications provenant des ventes de tabac (le seuil de vente minimum était appelé « *la fixation* »), on sait que dans le Hainaut, elles s'élevaient à des montants très importants. Ainsi, le directeur en 1786 percevait, à ce seul titre, 4.439 livres, le contrôleur général 2.200, les capitaines-généraux et le receveur général 1.100 livres chacun[591]. En Franche-Comté, la part du directeur s'élevait à 3.900 livres en 1788 ; auquel s'ajoutent des remises pour 3.735 livres et 1.273 livres encore sur l'intéressement découlant des saisies réalisées[592]. Pour le contrôleur-général Joly, la gratification sur la vente de tabac lui rapportait 603 livres les bonnes années, indique le document que nous avons consulté à Paris (1764-1768)[593] ; pour le capitaine-général d'Auxonne, Pannetier, 260 livres pour des émoluments fixes de 1.000 livres. Ces sommes sont donc très nettement inférieures à celles que percevaient leurs homologues du Hainaut ou de Comté. Mais dans ces deux provinces, les saisies étaient quantitativement plus importantes qu'elles ne l'étaient dans le département de Bourgogne. Elles étaient en effet en première ligne par rapport aux importations de contrebande étrangères. La Bourgogne, étant en seconde ligne, était moins intéressante quant aux saisies.

Ensuite, des gratifications étaient également versées au titre des saisies réalisées dans la direction, ce système était règlementé par une délibération de la Compagnie de 1752. Il offrait d'intéressantes participations à tous ceux qui avaient concouru à la prise de marchandises prohibées, contrefaites ou à des fraudeurs. Pour résumer, après chaque saisie était constituée une masse provenant de la vente des biens saisis et des amendes perçues. Une fois déduites les sommes consacrées à la rémunération éventuelle de l'indicateur (un tiers du total). Le solde était alors ventilé en 24 parts : 12 revenaient aux verbalisants et à leurs chefs, 4 à la compagnie, 3 au directeur, 2 au contrôleur-général et enfin 3 au « *Commis à la stipulation duquel le procès-verbal a été rédigé*[594] ». En règle générale, les recettes les plus lucratives étaient réalisées soit sur les tissus importés en fraude, soit sur les amendes perçues des fraudeurs emprisonnés.

De nouveau, si on ignore exactement la ventilation précise de ces gratifications dans la direction de Dijon (elles sont liées à deux éléments : le nombre annuel de saisies réalisées ; la présence de grandes saisies, évidemment plus avantageuses que les petites). J. Clinquart a évalué celles qui ont été versées aux hommes de la direction du Hainaut : pour le directeur, 3.000 livres annuelles ; 2.000 pour le contrôleur-général ; 1.000 pour le receveur général pour environ 270 saisies annuelles[595]. En Comté, auraient été opérées une moyenne de 400 saisies annuelles, soit le double[596].

Quant au directeur de Besançon, A. Ferrer évoque 4.000 livres annuelles pour cet élément (en 1781, 7.000 l'année suivante) ; la même somme lui revient au titre de l'intéressement provenant des captures de fraudeurs et pour les amendes versées[597]. S'y ajoutent une part des transactions conclues entre la Ferme et les contrebandiers arrêtés, qui échappent ainsi à un procès en dédommageant la société. Pour le seul directeur de Besançon, sa part est évaluée à plusieurs milliers de livres.

Pour les employés d'un rang moins élevé, cette prime de résultat est très forte pour les brigades très actives et bien placées ; elle permet, à elle seul, de doubler – voire plus – les traitements fixes.

En définitive, si l'on prend l'exemple du contrôleur-général Joly, ses revenus accumulés pouvaient s'élever à des sommes importantes : 2.500 livres au titre du traitement, 603 de gratification pour la vente de tabac, 2.000 au titre de l'intéressement dans les saisies soit approximativement 5.103 livres : c'est le presque le traitement d'un conseiller d'État semestre, au sommet de l'administration française de cette époque[598]. La part variable du revenu dépasse les 50%.

Mais n'oublions pas que les receveurs sont obligés de fournir un cautionnement plus ou moins élevé et que leurs revenus fixes sont souvent tributaires de recettes fiscales aléatoires.

L'exigence du cautionnement

Il s'explique par l'ampleur des sommes qui transitent dans les mains des cadres, sommes dont la ferme générale est responsable à l'égard de l'État. Tout sol perdu doit être payé dans les caisses de l'État, déduction faite de certains frais. Dès lors, la Ferme met en place un système de responsabilité individuelle qui repose sur la consignation de sommes par des cadres, en fonction des encaisses qui transitent entre leurs mains. Ce système est légal : à partir de l'arrêt du Conseil du 30 avril 1758, le cautionnement se transforme : autrefois fourni en immeubles, il l'est désormais en espèces pour tous les receveurs et entreposeurs. Les cautions apportées par des personnalités sont acceptées, après enquête de la Ferme sur leur solvabilité[599].

Ainsi, les cadres postés aux endroits les plus fréquentés par les voyageurs et les marchandises, sont évidemment ceux dont les cautions sont les plus élevés, tels, pour la direction de Besançon, le receveur des traites de Pontarlier (10.000 livres) ou celui de Besançon (6.000 livres).

Dans la direction de Dijon, certaines informations nous sont inconnues, comme le montant du cautionnement délivré par le receveur-général Hébert qui devait être très important. En revanche, on connaît les cautionnements versés par cinq des receveurs – dont ceux des traites. Le tableau ci-dessous indique ceux des cadres de la direction de Dijon pour lesquels un cautionnement a été exigé par la Ferme : les sommes mises en sûreté dans les mains de la Ferme correspondent, en droit au quart des fonds maniés : ainsi, quand Jacquin, receveur de Dijon verse 6.500 livres, cela veut dire qu'il manie régulièrement des fonds s'élevant à 26.000 livres (c'est la valeur d'un office de conseiller au parlement de Bourgogne au milieu du XVIIIe siècle). En comparaison, un dossier des Archives nationales évoque les sommes concernées par ces cautionnements versés en espèces, avec un plus haut et un plus bas :

- le directeur des Fermes doit cautionner en argent 30.000 livres ;
- un receveur-général doit cautionner, au moins 6.000, au plus 150.000 livres ;
- contrôleur-général : 10.000 livres ;
- inspecteur général : 10.000 ;
- receveur général du tabac : entre 6 et 100.000 livres ;
- entreposeur au tabac : de 2 à 12.000 livres ;
- receveur au grenier à sel : de 2 à 90.000 livres ;
- receveur des traites : de 1 à 50.000 livres[600].

Tableau 20 Les cautionnements exigés des receveurs en Bourgogne (1774)

Nom	**Affectation**	**Cautionnement (£)**	**Fonction**	**Appoint.**	**Gratif.**
Convert	Saint-Jean-de-L.	3.000 (gabelles et traites)	receveur	200	
Fayard	Talmay	1.200 (immeubles)		400	1 pour 1000
Jacquin	Dijon	6.500 (argent)		800	
Poulletier	Auxonne	7.000 (traites, argent) 3.000 (tabac, argent)			

Source : AN, G^{1} 73.

Le cumul des fonctions

Autre élément assez rare, l'existence d'un cumul des rémunérations. Si le cumul était autorisé dans les fonctions judiciaires – parce que les offices de juge étaient mal rémunérés -, en revanche il était moins fréquent dans le monde des Fermes. On voyait en effet mal comment un simple employé pouvait disposer du temps nécessaire pour occuper deux fonctions de manière simultanée. Pire encore, il existait un danger évident de confier deux fonctions fiscales au même agent, avec une concentration des missions.

En tout cas, le cumul existe aussi bien en Bourgogne qu'en Franche-Comté ; dans cette dernière, avant de devenir directeur à Besançon, Boutin de Diencourt exerce concomitamment les fonctions de contrôleur-général et de receveur-général des Fermes ; Duplessis est receveur des Fermes, contrôleur du sel, contrôleur des actes et procureur fiscal. En Bourgogne, Lambert est l'un des rares employés des Fermes dans la direction de Dijon à cumuler deux fonctions dans la même ville : il est à la fois receveur des gabelles et des traites à Saint-Jean-de-Losne. Le cumul des deux places entraîne un revenu fixe de 600 livres annuelles, complété par les habituelles remises et gratifications. Quant à la source juridique de l'autorisation de cumul, elle repose sur la délivrance par la compagnie des « *deux commissions en même temps* ». Ce cumul est effectif durant de longues années et n'est pas contesté, jusqu'à ce que Lambert décide de démissionner des deux places et demande à la compagnie d'agréer son petit-fils comme son successeur. Après enquête, la Ferme accepte la démission de Lambert et octroie les deux commissions à Convers, qui perpétue ainsi la tradition familiale du cumul (mars 1774). Il est vrai que le petit-fils avait fait des études théoriques, accompagnées d'un certain nombre d'années de service dans le bureau d'un agent supérieur des Fermes à Paris, M. de Verdun. Toutefois, ce cumul, qui résulte de revenus insuffisants, laisse aussi entrevoir un doute sur le sérieux de Lambert dans ses fonctions de receveur des traites. Il avait été reproché à ce personnage sa négligence : des marchandises de contrebande, découvertes à Dijon, avaient été dissimulées dans des établis de contrebande issus de la Comté et qui avaient transité par le bureau des traites de Saint-Jean-de-Losne, qu'il tenait.

Legrand est certainement celui qui cumule le plus de fonctions dans et hors la Ferme ; cette pluralité de cumuls (il exerce concomitamment six fonctions[601]) serait considérée comme excessive si les relations du personnage ne lui valaient l'impunité. D'ailleurs, la Ferme s'inquiète du retard systématique qu'il met dans l'envoi de sa comptabilité.

Autre cumul, celui qu'exerce Hébert, le receveur général des Fermes avec la recette du grenier à sel de Dijon. Cumulées, ces fonctions lui procurent 1.900 livres annuelles (1.000 pour la recette générale, 900 pour le grenier à sel), sans oublier les avantages annexes (minots de sel et remise)[1].

Un autre cumul, plus modeste, est exercé par Riboulet qui est compétent pour les recettes des greniers à sel d'Is-sur-Tille et de Saulx-le-Duc ; il est vrai qu'elles n'étaient guère éloignées l'une de l'autre (neuf kilomètres). Il exerce, en outre, la recette des traites d'Is-sur-Tille. Cela permet d'améliorer les revenus d'un receveur des gabelles mais soulève le risque de confier ces fonctions à un incapable.

---

[1] Le minot de sel contient 72 litres et pèse 49 kg.

Dans la même veine, un ancien intendant de la noblesse, Locquin, cumule la fonction de contrôleur des actes avec celle de receveur des traites à Mirebeau (1771).

Enfin, la Ferme accorde un contrôle des traites (à Renève) à d'anciens employés valeureux avec d'excellents états de service ; cela leur permet de cumuler le revenu d'activité (400 livres) avec la pension de retraite.

Avant de livrer les traitements fixes que nous avons relevés dans la direction de Dijon, rappelons qu'il existe un éventail très large des traitements, et qu'au sommet, le revenu net d'un fermier général s'élèverait à 52.000 livres annuelles. C'est exactement la somme annuelle que coûte, à la régie, la direction des Fermes de Dijon (non compris les receveurs, contrôleurs et autres fonctions supérieures) en 1774[602].

Tableau 21 Traitements fixes dans la direction des Fermes de Dijon (1774)

Fonction	Traitement	Ancienneté	Affectation	Nom
Capitaine-général	900		Auxonne, Montbard, Champagne	
	1000		Pannetier (Auxonne)	
	600		Auxerre, Dijon	
Receveur général des Fermes	1000		Dijon	Hébert
Receveur général (tabac)	1400		Dijon	Liébault
Receveur principal (traites)	800	1746	Auxonne	Poulletier
	2000		Dijon	Jacquin
Receveur (traites)	200	1740 (34)	Auxonne	Lambert
	400	1766	Pontallier	Legrand
	500	1762	Renève	Guillaume
Receveur (gabelles)	600	1767	Auxonne	Bocquillon
	900	1752	Auxerre	Chopin
	400	1776	Chatillon	Vesse, Mariotte
	600	1761	Auxonne	Legrand
Contrôleur (traites)	400	1772	Renève	Noirot
	500	1767	Dijon	Mallet, Garnier
Visiteur au bureau des traites	300	1769	Dijon	Gibassier
Emballeur au bureau des traites	400			
Brigadier	350			
Sous-brigadier	300		Auxonne	Gibassier Lavrue
Garde emballeur (traites)	300	1766	Dijon	Guiard
Procureur de la Ferme	100	1745	Sombernon	Myon
Receveur (traites)	300		Dijon	Moreau
Homme de peine (B^au^ g^al^ tabac)	150	1762	Dijon	G.-P. Adrien
Avocat de la Ferme				

Source : ADCO, C 11.418

D'autre part, les traitements fixes, non réévalués depuis 1681, ont évidemment perdu de leur importance du fait de la hausse du coût de la vie, des dévaluations monétaires successives. Dès lors, ces traitements fixes, s'ils restent très honnêtes, font perdre de l'attrait aux métiers offerts par la Ferme.

D'où l'apparition de gratifications et autres annexes au traitement, destinés à compléter celui-ci et à favoriser l'action des employés, c'est-à-dire activer et récompenser leur zèle.
Quand interviennent ces gratifications et quelle importance occupent-elles ?

Quelques exemples découlent du registre sur lequel nous nous appuyons. L'un d'eux relève que ces gratifications sont, avant tout, des récompenses pour de longs états de service sans reproches. Aussi Mennetrieu se voit-il accorder 200 livres annuelles de gratifications, après 39 ans de service. Outre un poste de receveur des traites (situé à Renève) à titre de « *retraite* », il complète ses revenus par cette gratification qui, à ce moment, représente le traitement fixe annuel d'un garde, ou bien le revenu d'un capital placé de 5.000 livres.

Quant à un autre, garde ambulant, lorsqu'il atteint un âge jugé raisonnable, la Ferme décide de l'affecter en troisième ligne et de lui donner pour successeur un ancien soldat qui, par hasard avait été mal placé : jeune, il avait en effet été affecté à une position peu exposée : en 1774, la direction supérieure décide d'intervertir les affectations de ces deux gardes : le plus jeune (Laurent) s'exposera davantage et passe de la brigade de Semur-en-Auxois à celle de Talmay, sur la Saône, tandis que l'autre (Maire) fait l'inverse et bénéficie d'une gratification de 300 livres (novembre 1773). Semblable idée que celle qui permet à Naudin, ancien garde ambulant, de prendre un peu de retrait en se voyant offrir la tenue d'un débit de tabac « *rue de Paris* » à Auxerre, après douze années de services (décembre 1779). Cette demi-retraite était-elle due aux excès de sa vie de garde ? Rien dans le registre ne le laisser supposer, d'autant qu'il était décrit comme un employé « *fort et robuste* » (mais de petite taille)[603]. En revanche, cette offre est surprenante dans la mesure où l'impétrant « *ne sait que signer* », d'où des difficultés quant à la tenue exacte d'une comptabilité du débit qui lui est confié.

La fortune personnelle

Au regard de l'ensemble de leurs revenus issus de leur travail, que pèse la fortune personnelle des employés de la Ferme ? Est-elle satisfaisante et complète-t-elle leurs traitements ? Sur ce point, les réponses sont lacunaires et c'est incidemment que l'on est renseigné par le *Registre* sur les employés de la direction de Dijon. Dans son étude sur le modèle de la Ferme et de la Régie des aides, V. Azimi livre quelques éléments qu'elle a trouvés dans les tableaux de situation individuels, établis pour quelques directions extérieures à celles de la Bourgogne[604].

Toutefois, quelques employés apparaissent mieux lotis que les autres ; ce sont tous des receveurs des gabelles, fonction peu lucrative du point de vue du traitement, mais qui permet, avec les exemptions et les remises accordées, d'engranger des traitements variables conséquents. Contrepartie normale de cette fonction, c'est l'obligation de présenter des garanties financières et patrimoniales à la Ferme : celle-ci ne veut prendre aucun risque financier avec ceux qui manipulent des deniers qui lui appartiennent. Aussi, les informations recueillies permettent à la compagnie de mieux cerner la solvabilité des cadres et des employés auxquels elle confie des recettes. A priori, les éléments sont fournis par les agents eux-mêmes, sans que la Ferme prenne la peine de les vérifier.

On doit se fier, pour cela, aux renseignements que nous donne le *Registre* des archives de Côte-d'Or. On doit relever que la plupart des particuliers aisés exercent la profession de receveur des gabelles. Ce sont, en effet, les personnes les plus aisées de tout notre échantillon (si l'on excepte la strate supérieure, mal connue). En Comté, le directeur de la Ferme (Boutin) avait investi une part notable de ses biens dans des rentes, ce qui lui assurait de forts revenus réguliers[605].

Le plus aisé de ces personnages de rang intermédiaire est sans conteste Personne, receveur à Saulieu qui avait exercé quelque temps en qualité de médecin. Le directeur des Fermes ne tarit pas d'éloges à son égard et le présente comme disposant d'une belle fortune[606].

Suit Montfils, receveur des gabelles à Pouilly, sans conteste l'un des plus aisés. Son revenu fixe est faible (420 livres annuelles) mais il est complété par les revenus issus de ses placements. D'où viennent-ils et sont-ils importants ? Ils découlent « *de ses économies et* [de] *la dot de sa femme lui font accessoirement un objet de près de 50,000 livres* ». Si l'on raisonne sur un placement à 4% de rendement annuel, alors Montfils devrait percevoir 1.600 livres annuelles de ses épargnes, soit le quadruple de son seul revenu d'activité. Comme on le voit, ce stock considérable d'épargne fait de lui un personnage apte à répondre de ses fautes éventuelles, d'autant qu'il possède deux autres qualités : sa protection et son lieu de résidence. En outre, il est fait état d'une puissante protection, celle de la comtesse de Brionne.

Autre exemple significatif, celui de Bresse (encore un receveur des gabelles) qui, fort aisé (« *sa fortune est en valeur de près de 100 000 livres* »), se permet de laisser le détail de son travail à un commis[607]. Si la Ferme le sait et l'admet, c'est parce que sa belle fortune constitue une garantie en cas de fausse ou mauvaise comptabilité ; accessoirement, il conserve un œil averti sur ses comptes. Ici encore, l'ampleur de la fortune personnelle est telle que Bresse doit considérer son emploi comme une sorte de service qu'il rend à la Ferme et un moyen de poursuivre la tradition familiale, voire de conserver le bénéfice de privilèges très recherchés.

Enfin, un troisième receveur des gabelles (Bizot) fait également état d'un patrimoine conséquent ; le registre mentionne en effet que « *sa fortune est au moins de 120,000 livres* ».

Quatrième personne, Trullier, aussi receveur des gabelles, il vit honnêtement grâce à l'argent de son épouse ; le registre mentionne l'existence « *d'une dot de sa femme 24 à 25,000 livres* ».

Cinquième exemple : Nogent ; pour ce receveur du grenier à sel d'Avallon, dont le fils succède au père en 1772, il est précisé « *qu'il a père et mere qui jouissent d'a peu près 50,000 livres mais il a une sœur* ».

Sixième employé, le receveur du grenier à sel Pioret ; sa fortune, honnête sans être importante (« *il peut avoir pour tout bien 18 à 20,000 livres* »), suffit à peine à répondre à son goût du luxe (n'était-il pas né à Versailles ?)[608]. Or, son traitement fixe est faible (400 livres annuelles), de sorte qu'avec le placement de ses épargnes, il peut, au mieux, tripler son revenu global et élever ses trois enfants. Dans ses conditions, le directeur s'interroge sur sa capacité à être exact dans ses affaires ; il se rassure en évoquant l'intervention bienveillante de la famille, qui maintient Pioret dans le droit chemin.

Enfin, Reynaud, receveur à Seignelay, est un ancien des aides, originaire du Languedoc. D'après les informations recueillies par le directeur, il dispose, lui aussi, d'une belle épargne[609].

Mais souvent, soit la fortune personnelle n'est pas indiquée, soit elle se borne à indiquer son origine sans mention exacte des sommes concernées (ex. pour Couvers, le registre indiquant « *a la fortune de son père* »).

Notes du chapitre 8.

571 C'est d'ailleurs l'intendant de Bourgogne auquel il revient d'avoir su modérer les amendes infligées par le fisc dans les saisies de vin pratiquées par ses agents. Cf. notre article « Vin, fraudeurs et justice administrative en Bourgogne sous l'Ancien Régime : l'action répressive de l'intendant Saint-Contest (1742-1748) », *La vigne et le vin, Colloque de Beaune, octobre 2001, Mémoires de la Société pour l'Histoire du droit et des Institutions des anciens pays bourguignons, comtois et romands (M.S.H.D.B.)*, t. 62, 2004, p. 93-122

572 Papiers Lavoisier : AN, AP 129 – 4 « *Observations sur le traitement actuel des préposés de la Ferme générale dans les provinces* », 1774.

573 FERRER, *La contrebande*, ch. 3, p. 4. Boyer, avant 1756, percevait 2.400 livres annuelles ; il est augmenté après.

574 AN, G^1 20.

575 Vivait-il dans l'hôtel Bénigne Le Compasseur ?

576 *Almanach de la province de Bourgogne et principalement de la ville de Dijon*. Dijon, Frantin, 1777, p. 135.

577 Garde à Auxerre, Bigeon était père de cinq enfants : *Ibidem*, fol. 244.

578 *Ibidem*, fol. 232 : « *avoit quitté l'employ sous prétexte qu'il ne luy seroit pas possible d'y vivre* ».

579 Bénéficiaire d'une pension annuelle de 90 livres, Bourgeois explique à son supérieur qu'il démissionne parce que « *avec ses appointements il ne pouvoit subvenir à sa simple nourriture* » (*ibidem*, fol. 246, novembre 1770).

580 En 1786, en prenant en considération la modicité des traitements alloués par la Ferme, le nouveau bail autorise une augmentation des traitements, augmentation variable en fonction du grade : si les gardes voient leur traitement revalorisé de 20%, celui des brigadiers l'est de 15%. Dans les deux cas, l'accroissement est de 60 livres annuelles, ce qui est loin d'être négligeable.

581 BNF, ms. Fr. 11.141 fol. 10.

[582] AN, G[1] 72, dossier 1, 1772.

[583] Tel Grand Perrin, jardinier de haute taille et de belle allure, qui se voit proposer, sans protection d'aucune sorte – ce qui est assez rare -, un poste de garde ambulant à Semur-en-Auxois. Mais, originaire de Saint-Hilaire (près de Baume-les-Dames en Comté), il répugne à s'éloigner de son épouse et de son enfant, de sorte qu'il est remplacé par un autre employé dans la place qui lui était proposée. Grand Perrin apporte bien sa lettre de commission, mais il a refusé de s'installer à Semur « *sous prétexte que le poste de Semur étoit trop éloigné pour y transporter sa femme et son ménage* », *ibidem*, fol. 223. Dans un cas voisin, Girard ne présente pas sa commission au moment de son installation et il laisse entendre qu'« *ayant réfléchi il pouvait faire mieux* » : Recruté le 1er juillet 1774 en qualité de garde ambulant à Saint-Seine-sous-Vingeanne, « *ne s'est pas fait installer dans sa commission* » : *ibidem*, fol. 53.

[584] Ce dispositif d'intéressement permet d'éviter que le receveur n'agisse comme banquier, activité qui plongera certains receveurs dans une grande difficulté financière.

[585] P. ROUX, *Les fermes d'impôts sous l'Ancien Régime*. Paris, Thèse droit, 1916, p. 481.

[586] CLINQUART, *Les services*, p. 202.

[587] AN, G[1] 73.

[588] Nogent, receveur au grenier à sel d'Avallon, reçoit un traitement fixe de 600 livres, complété par un minot de sel et une remise de sept pour mille des recettes encaissées, *Ibidem*, fol. 3 v°.

[589] « *il jouit de 4 livres 4[on] par cent de tabac qu'il lève au Bureau G[al]* », *ibidem*, fol. 25.

[590] Sur ces points, AN, G[1] 18, G[1] 71 et G[1] 115.

[591] CLINQUART, *Les services*, p. 203.

[592] FERRER, *Tabac, sel*, p. 59.

[593] AN, G[1] 73 et AN, G[2] 149 dossier 29.

[594] AN G[1] 13, délibération du 7 octobre 1752 relative au partage des captures, confiscations et amendes pour les différentes parties des fermes ; cité par CLINQUART, *Les services*, p. 204.

[595] CLINQUART, *Les services*, p. 205. Dans cette direction frontalière, plus de 270 saisies étaient effectuées chaque année.

[596] FERRER, *Tabac, sel*, p. 151, évoque 1 200 saisies annuelles réalisées entre 1781 et 1783 ; les 4/5e d'entre elles concernent le tabac. .

[597] FERRER, *Tabac, sel*, p. 58, ainsi que p. 76-77.

[598] Qui perçoit 5.400 livres annuelles. Mais la fonction est soumise à la capitation et à d'autres impositions.

[599] Cf. Y. DURAND, Un placement sûr au XVIIIe siècle : les cautionnements des employés de la Ferme générale, *Mélanges Victor Tapié*, études europénnes, Publications de la Sorbonne, 1973, p. 330-343.

[600] AN, G[1] 64 dossier 3 : liste des cautionnements (1758).

[601] Ces fonctions sont, outre celle de receveur des traites : contrôleur des actes, châtelain de la châtellenie royale de Pontallier, juge de la seigneurie de La Marche, receveur de la marque des fers, lieutenant de la terre de Saint-Léger.

[602] L'*État des frais de régie « de ce Département »* indique, en 1774, que les 159 gardes, sous-brigadiers, brigadiers et capitaines-généraux forment une masse de 52,350 livres annuelles.

[603] *Ibidem*, fol. 242. Naudin mesure en effet 1,57 mètre (« *5 pieds 2 p.* »).

[604] AZIMI, *Un modèle*, p. 87-89.

[605] FERRER, *Tabac, sel*, p. 67, évoque le chiffre de 17.876 livres annuelles de revenus issus des rentes qu'il avait constituées.

[606] « *Ledit S. personne a beaucoup de probité d'exactitude et d'intelligence… sa fortune est a peu près de 120 000 livres... en un mot un parfait honnête homme* », *ibidem*, fol. 7.

[607] « *Compte fort régulièrement de ses recettes : c'est ce qu'il a de mieux… n'ayant d'ailleurs que peu de consistance et ne s'occupant que le moins qu'il peut de son emploi dont il laisse le soin à un commis* », *ibidem*, fol. 10.

[608] « *Élevé dans la dépense avec les choses de luxe, mais sa famille aujourd'hui le retient, en sorte qu'il s'en occupe davantage et la gestion de ses emplois qu'il fait avec distinction* », *Ibidem*, fol. 11.

[609] « *Il jouit tant de la dot de sa femme que de son coté d'a peu près 30 000 livres* », *Ibidem*, fol. 10.

Conclusion

Au terme de cette enquête consacrée au personnel de la direction des Fermes de Dijon, on s'aperçoit que ces hommes au service du Trésor sont au centre de l'activité du fisc. Ils reçoivent des joies, d'abord quand ils sont recrutés et bénéficient ainsi d'un emploi qui leur donne accès à un statut privilégié ; ensuite, quand ils sont promus à une fonction supérieure ; enfin, quand ils sont admis à la retraite. Toutefois, leur situation peut aussi être plus difficile : la Ferme dispose, on l'a vu, de tout un arsenal de sanctions qu'elle utilise en fonction de la faute et du dossier individuel de l'agent. Néanmoins, on peine à distinguer de façon très nette les fautes professionnelles de celles plus privées que la compagnie peut, le cas échéant, leur reprocher.

Quant aux circonstances d'exercice des fonctions, elles dépendent souvent du lien d'affectation (le poste d'Auxonne apparaît comme l'un des plus exposés qui soient) ou du supérieur hiérarchique en place dans une brigade déterminée. Si le *Registre* nous renseigne sur les évolutions de carrière, en revanche, on reste sur notre faim quant aux revenus accessoires perçus par les agents : aucune information n'est livrée. Or, c'est certainement là où se trouve l'une des sources du malaise qui frappe la direction de Dijon : des agents mal rémunérés se démotivent rapidement et ne prennent plus leur travail à cœur. D'où soit des démissions, soit des sanctions qui, souvent, ne conduisent pas à la rédemption de l'agent que l'on souhaiterait voir guérir de son indolence.

Les conclusions : de bons agents zélés au service d'une administration détestée ?

Enfin, après trois générations de bons et loyaux services, la Ferme générale disparaît en 1789, lorsque l'État décrète la réforme radicale de la fiscalité française : désormais, les recettes fiscales reposeront quelques temps sur quatre taxes uniques, dont la principale, la contribution foncière, présente l'avantage d'être assise sur les immeubles et donc aisée à percevoir. Quant aux autres, la patente, la mobilière, elles complètent la précédente. Dans ce nouveau schéma, les droits indirects si imposants ne disparaissent pas tous, hormis la gabelle et les traites intérieures. Mais, en 1806, les pouvoirs publics réintroduiront les péages urbains, afin de conforter les recettes fiscales des villes.

S'agissant, ensuite, des salariés du fisc, ils sont désormais dotés d'un statut d'agents de l'État pour ceux qui sont recrutés par la nouvelle administration d'État avec la création des douanes nationales, en mars 1791[610]. Cela étant, de nombreux ex-agents de la Ferme rencontrent de singulières difficultés en perdant leur emploi dans la compagnie. Le parlement français s'efforcera d'adoucir – autant qu'il le pourra – leur sort. Pour nos hommes du Trésor, cela nécessite une autre enquête…

Mais, pour les fermiers généraux, la disparition de la société et le changement du mode de perception des taxes leur sont fatals : ils sont poursuivis en grand nombre sous la Terreur et, le 19 floréal an II (8 mai 1794), vingt-huit d'entre eux sont condamnés à mort et guillotinés.

SOURCES

BIBLIOGRAPHIE

Encyclopédie méthodique, Finances, t. III.

J. Necker, *De l'administration des finances de la France*. Paris, 1784.

V. Azimi. *Un modèle administratif de l'Ancien Régime. Les commis de la Ferme générale et de la régie générale des aides*. Paris, éditions du CNRS, 1987.

G. Béaur, *Fraude, contrefaçon et contrebande de l'Antiquité à nos jours*. Droz, 2006.

T. Claeys, *Institutions financières en France au XVIIIe siècle*. SPM, 2012.

J. Clinquart, *Les services extérieurs de la Ferme générale*. Paris, 1987.

Y. Durand, *Les fermiers généraux au XVIIIe siècle*. Paris, PUF, 1971.

A. Ferrer, Tabac, sel, indiennes. La contrebande en Franche-Comté au XVIIIe siècle. *Annales littéraires de l'université de Besançon*, 2002.

E. Gondolff, *Le tabac sous l'ancienne monarchie*. Paris, 1914.

E. Hepp, *La Ferme du tabac*. Paris, thèse droit, 1963.

A.-L. Lavoisier, *Œuvres de Lavoisier*. Paris, Imprimerie nationale, 1898, vol. 6.

A. Logette, La Régie générale au temps de Necker et de ses successeurs (1777-1786), *Revue Historique de Droit français et étranger*, t. 59, 1982, p. 415-445.

M. Marion, *Histoire financière de la France depuis 1715*. Paris, 1914-1931, 6 vol.

J.-G. Petit, *Histoire des galères, bagnes et prisons (XIIIe-XXe siècles)*. Paris, 1991.

J. Pasquier, *L'impôt des gabelles en France au XVIIIe siècle*. Paris, 1905.

G. Pitre, *La Ferme générale en Bourgogne et l'inspection de M. de Caze (1745-1746)*. Dijon, Thèse droit, 1908.

R. Teulet, *Archives de l'administration des fermes. Inventaires des sous-séries G1 et G2*. Paris, 1894.

M. et M. Vigié, *L'Herbe à Nicot : amateurs de tabac, fermiers généraux et contrebandiers sous l'Ancien Régime*. Paris, Fayard, 1989.

ARCHIVES

- Archives départentales du Doubs
  - 1 C 1305.
  - 1 C 1318.
  - 1 C 1324.

- Archives départementales de Côte-d'Or
  - C 11.418.
  - 65 J.

- Archives nationales

- G^1 20 Rapport du fermier général Caze en Bourgogne (1745-46).
- G^1 54, frais de régie pour les directions de Besançon, Chalon-sur-Saône, Dijon, Langres (1774-1784)
- G^1 63 Seconde année du bail Salzard (1787) : rapport sur le département de Bourgogne et Instruction de La Motte (1751).
- G^1 68-69 Recueils par ordre alphabétique de fiches individuelles de renseignements sur les employés des Fermes (1782).
- G^1 73, tableaux des frais de régie à Dijon (1761, 1768, 1787).
- G^2 6-7 mémoire/ACE et décisions du comité pour droits de régie/personnel 1770-1792
- G^2 20 distribution des bureaux de la régie
- G^2 149 retraites, frais de régie
- G^2 158 personnel de la régie
- G^2 201 intendant
- NN 39/12 : carte des gabelles
- NN 40, 1-7, 10 : carte des traites dans le royaume

---

[610] J. CLINQUART, *L'administration des douanes en France sous la Révolution*. Neuilly, 1978.

Index des noms propres

Adam (garde ambulant) 38.

Adrien (Georges-Philibert, avocat) 35, 99, 102, 110, 238, 246.

Aimé (garde ambulant) 64, 142, 150, 172, 181, 185.

André 92, 212, 226.

Arnolles (contrôleur des traites) 60, 75, 95, 102.

Aubert (Pierre, brigadier ou Nicolas, sous-brigadier) 90, 117, 169.

Aubert-Babelin (garde ambulant) 55.

Balthasard Roux 205.

Bataille (garde ambulant) 74.

Batille 176.

Baudry (garde ambulant) 172, 223, 235.

Beaumont (garde ambulant) 185.

Belot (sous-brigadier) 78, 86, 198, 212, 234.

Beneck (garde ambulant) 76, 103, 168, 184.

Berger (garde ambulant) 139.

Berget (garde ambulant) 140.

Bernard (gardes ambulants) 140, 144, 198, 209.

Berthon (sous-brigadier) 165, 184.

Bertot (garde ambulant) 73, 125

Beuchon (brigadier) 117, 123.

Beulin 116.

Bigeon (garde ambulant) 84, 238, 249.

Bigot (garde ambulant) 71, 223, 235.

Billaud-Varenne (homme politique) 38.

Bize (garde ambulant) 137.

Bizot (receveur au grenier à sel) 248.

Blanchard (garde ambulant) 130, 133.

Blandin (Antoine, sous-brigadier ou Claude, Pierre et Seine, gardes ambulants) 141, 180, 222, 226.

Bochetet (garde ambulant) 170, 185.

Bocquillon (Louis, receveur au grenier à sel) 218.

Bœuf (garde ambulant) 81, 150, 182.

Boirin (Cyprien capitaine-général ou François, garde ambulant ou Jean, sous-brigadier ou Simon, sous-brigadier) 50, 79, 88, 110, 121, 125, 127, 168, 182, 226.

Boitard (garde ambulant) 221.

Boiteux (garde ambulant) 148.

Bonnet (capitaine-général de Chalon) 92.

Bonvalet (sous-brigadier) 147, 181.

Boquillon- 102.

Bornel (garde ambulant) 73, 106.

Bornet (garde ambulant) 154, 182.

Bosset (garde ambulant) 170, 184.

Bossu (garde ambulant) 64, 170,-172.

Boucher (garde ambulant) 62.

Bouchon 119, 120.

Boudot (Jean-Claude et Nicolas, sous-brigadier, garde ambulant)101, 118, 192.

Bougley 103.

Boullier (sous-brigadier) 70, 96, 177.

Boullongne (intendant des finances) 76, 103.

Bouquinet (garde ambulant) 221, 235.

Bourgeois (garde ambulant) 108, 238, 249.

Bourgoin (garde ambulant) 88.

Boutien de Diencourt 36.

Boutiller 101.

Boutin ....245, 248.

Boutonna (garde ambulant) ....224.

Bouverel (garde ambulant)..... 180, 215.

Bouveret (garde ambulant) 82, 166, 196, 201, 208.

Bouvier (garde ambulant) 75, 106, 162, 190, 232.

Boyer............................45, 51, 238, 249.

Brachet (brigadier)..124, 177, 218, 234.

Bregand (sous-brigadier) .... 92, 211.

Bresillet (sous-brigadier) 80, 198, 204, 231-232..

Bresse (receveur au grenier à sel) 21, 27, 73, 88, 103, 248.

Bresson (régisseur des aides)57, 80, 139.

Brey (brigadier).......................... 82, 123.

Bruchard (gardes ambulants). 149, 181.

Brule.. 103, 111..

Buffon... 45, 103.

Buzard...................................... 136, 180.

Cagnant (garde ambulant) ....198.

Carré (Jean, garde ambulant ou Pierre-François, brigadier) 56, 111, 153, 212, 235.

Castille (garde ambulant) .... 84, 171.

Cauvet.........................96, 108, 110, 202.

Caze (fermier-général) 14, 22, 27, 31, 48, 52, 72, 128, 156, 196, 231, 238, 255-256.

Chaffotet (garde ambulant)............189.

Chaignet (sous-brigadier) 100, 210, 218, 234.

Chamoin (capitaine-général) 130, 225, 228, 234.

Champy (Jean-Baptiste, brigadier ou Nicolas, garde ambulant) 79, 131, 158, 188, 191, 202, 231.

Chanvry (garde ambulant)...... 220, 235.

Charton (sous-brigadier) .... 91.

Chatelain (garde ambulant) .... 157.

Chaudron (Jean, brigadier ou Joseph, garde ambulant) ....44, 79, 87, 100, 215.

Chauvelin .... 87.

Chauvenel (garde ambulant).. 144, 147.

Chauvey (garde ambulant) .... 130.

Chauvin .... 124.

Chavant.... 60-61, 63, 84, 165, 184, 196.

Chenillet (garde ambulant) 111, 201, 224, 225, 227.

Chevillard (garde ambulant) .... 172.

Chicotet de Corbigny (contrôleur-général) 41, 51.

Chopin de La Tour (receveur au grenier à sel) 246.

Clemendot (garde ambulant) .... 133.

Clerc (gardes ambulants) 79, 163, 190, 197, 204, 209, 232.

Clerget (garde ambulant) .... 108.

Cloget... 149.

Clopin (receveur au bureau des traites) .... 52, 80, 101-102, 107.

Coillot (garde ambulant)................... 84.

Coirier (garde ambulant) 142, 161, 183.

Colas (gardes ambulants).......... 55, 151.

Collin (garde ambulant) 82, 101, 217, 218.

Colotte (sous-brigadier)...62, 207, 233.

comte d'Artois (prince du sang).38, 50.

Contenel (garde ambulant)73, 106, 167.

Convers (receveur au grenier à sel) 60, 79, 100, 139, 245.

Copin (sous-brigadier) 70, 96, 180, 198, 231.

Coquelet ....42, 51.

Coquelibus (gardes ambulants) 75, 79, 85, 101, 108.

Cornesse (brigadier) ....75, 110, 118.

Coudry (garde ambulant)................143.

Coupey (garde ambulant) .... 188, 193.

Courteilles (intendant des finances) 76.

Courtier (sous-brigadier) .... 134, 144.

Crevoisier (garde ambulant)95, 166, 199.

Crochet (garde ambulant)...............137.

Croichet ....200.

Cromot (conseiller d'État)................87.

Dachuron (garde ambulant)...........199.

Dacier..134

Darnay.....................................35, 49-50.

Dartigues (capitaine-général) 84, 221, 235.

Daubenton (receveur au grenier à sel) 64, 76.

Dautel (garde ambulant)...80, 107, 143.

Dauveulet..131.

David..............................31, 51, 95, 232.

de La Chaise......................................102.

de La Marche (président du parlement de Bourgogne) .... 99, 250.

de Rosières ....117.

Deaizey .... 108, 179.

Debonnaire (sous-brigadier) 110, 123, 199.

Deforêt (garde ambulant)...............139.

Delahalle (garde ambulant) ....92.

Delpire (garde ambulant) 71, 105, 133, 179, 203.

Demartinecourt (Isaac, garde ambulant ou Nicolas, receveur au bureau des traites) 222, 225, 241.

Demesjean..35.

Demontigny .... 9, 41, 50, 107.

Dery..57

Desbois ....87, 163, 176.

Desclaires (garde ambulant)..... 99, 168.

Descosses (garde ambulant) .. 191, 231.

Desgranges (garde ambulant) 174, 185.

Desif (garde ambulant) ....159.

Desmazures ....82, 91.

Despalles ....156.

Dessaint (garde ambulant) ....162.

Devaux 55, 91-93, 155, 165, 168, 176, 199, 213, 218, 234.

Devenet .... 205, 218.

Deverdun .... 37, 92, 115, 118, 166.

Didier ....169.

Dominique Masson ....93.

Dominot (garde ambulant) ....152.

Dorquoy (garde ambulant)...............92.

Doucet (garde ambulant) .... 82, 103.

Druet (garde ambulant) .... 149, 191.

Druoton (garde ambulant) 71, 105, 133, 231.

Dubard (receveur au grenier à sel) 46, 99, 101, 118.

Dubourg (garde ambulant) ....223.

Dubuy ....103.

Ducanda ....157.

Dufour (sous-brigadier puis garde) 207, 212, 226, 228, 233.

Dujeu (garde ambulant)........... 93, 109.

Dumagny (garde ambulant) ....142.

Duplessis ....245.

Durand...............................34, 155, 255.

Durande..35.

Duriviel...100.

Duval..64, 91.

Duvaulet (garde ambulant) ....132.

Duvivier (François, garde ambulant ou

Jean, brigadier) 88, 117, 137.
Duvollet .... 141.
Faillard (garde ambulant) .... 169, 184.
Filiolé (garde ambulant) .... 61, 64.
Filsjean .... 103.
Finet (sous-brigadier) .... 167.
Finot (sous-brigadier) 84, 123, 127, 128, 137, 149, 205.
Flamand (garde ambulant) .... 84.
Flamerians (garde ambulant) . 111, 132.
Fournage (garde ambulant) .... 185.
Fournier (garde ambulant)141, 198, 231.
Franchot (garde ambulant) 73, 83, 100, 165, 184.
Francieves (brigadier) .... 119, 120.
Frerot (brigadier) .... 55, 91, 224.
Froux (garde ambulant) 15, 96, 161, 164, 183.
Gagé (gardes ambulants) .... 54, 88.
Gallemard .... 20.
Galliot (garde ambulant) .... 157.
Garnier (gardes ambulants) 62, 86, 125, 128, 191, 216, 227, 228, 234, 246.
Gaulard (garde ambulant) .... 99, 107.
Gauvin (brigadier) .... 192.
Gayet (garde ambulant) . 101, 103, 104.
Gayot (garde ambulant)61, 64, 170, 184.
Gelin (garde ambulant) .... 160.
Gellez (garde ambulant) .... 157, 191.
Gemeaux (garde ambulant) .... 164.
Gentilhomme (garde ambulant) ..... 164.
Georges (sous-brigadier) 110, 210, 233.
Gérard (garde ambulant) 85, 138, 168, 198.
Gerber (garde ambulant) .... 199.
Gerbet (gardes ambulants) 56, 63, 98, 110, 185, 234.
Gibassier (emballeur au bureau des traites) 246.
Girard (gardes ambulants) 93, 104, 109-110, 143, 157, 188, 250.
Girardot (garde ambulant) ..... 147, 181.
Glaize (sous-brigadier) .... 91, 120.
Govin (sous-brigadier) .... 123, 134.
Grand Perrin .... 140, 180, 250.
Grey (gardes ambulants) .... 160.
Grignon (garde ambulant) 71, 105, 165, 184.
Grosbois (garde ambulant) .... 108.
Gueille (sous-brigadier) 101, 117, 174, 211.
Gueritte (sous-brigadier) .... 173, 182.
Guiard ((François, procureur de la Ferme) 35, 99, 239, 246.
Guillaume (receveur des traites) 82, 95, 100, 130, 241, 246.
Guilliet (garde ambulant) .... 80.
Guyard (garde ambulant) 64, 131, 191, 216.
Guyon (garde ambulant) .. 85, 103, 218.
Hacquart de Couberon (fermier-général) 100.
Hébert (Pierre-Denis, receveur-général à Dijon ou Pierre), receveur au grenier à sel) 45, 51, 96, 99, 103, 237-238, 240-241, 244-246.
Helvétius (fermier-général) .... 35.
Henriot (brigadier) .... 224.
Hudelot (garde ambulant) .. 52, 70, 163.
Jacquin (receveur principal des traites) .... 244, 246.
Jaillou (garde ambulant) .... 176.
Janneney (garde ambulant) .... 212.
Japiot (garde ambulant) .... 174.
Jeannel (garde ambulant) .... 85, 108.

Jeannelle (garde ambulant)143, 174, 185.

Jobard (Jean, brigadier ou Charles, brigadier puis receveur des traites) 47, 55, 63, 95, 104, 161, 211, 226, 233.

Joly (François, contrôleur-général puis directeur, ou Jean, receveur des traites) 9, 41, 50, 60, 70, 91, 95, 100-101, 103, 118, 120, 122, 127, 135, 164, 167-168, 174, 177, 181-183, 185, 189, 197, 198, 204, 206, 211, 217, 223, 230, 233, 238, 242-243.

Jolyot (gardes ambulants) ....218.

Josset (garde ambulant) 170, 184, 208, 231.

Jourdain (garde ambulant) 189, 200, 204, 230.

Judrin (garde ambulant) ......86, 97, 159.

Julliard (brigadier) ....197.

La Baume (garde ambulant) 95, 110, 189.

La Borde ....30.

La Salmonie...92.

Lacombe (garde ambulant) ....93.

Lahaye fils..30.

Lallemant (sous-brigadier)92, 162, 183.

Lalouette (sous-brigadier)....... 116, 153.

Laloy (garde ambulant) ....185.

Lambert (Claude, receveur au grenier à sel ou Etienne, garde ambulant) 62-63, 67, 79, 139, 241, 245-246.

Langlois (brigadier)................. 168, 184.

Languedey (garde ambulant) 201, 217, 232.

Lanson (garde ambulant)................183.

Laurent...........31, 82, 83, 103, 232, 247.

Lavoisier (fermier-général) 32, 34, 39, 41, 62, 106-107, 111, 127, 179, 249, 255.

Lavrue (Jean, garde ambulant ou Pierre, garde emballeur des traites) 61, 246.

Law (contrôleur-général des finances) 25, 33.

Le Saché (capitaine-général) 91, 122, 127, 167.

Lebeau (garde ambulant).................155.

Lebel (receveur général du tabac) 225, 234.

Leclerc..41.

Lefet (sous-brigadiers) ......86, 125, 140.

Legrand............... 79, 87, 103, 245, 246.

Levêque (garde ambulant)...............138.

Levotre (garde ambulant)....... 199, 219.

Liébault (receveur-général du tabac) 88, 102, 109, 239, 246.

Limonnot (Balthazard, brigadier ou François, garde ambulant ou Jean, sous-brigadier puis garde) 79, 83, 98, 115, 136, 138, 167, 172, 191-192, 213, 235.

Liotte..101.

Liottet (garde ambulant).......... 85, 205.

Locquin (receveur des traites) . 89, 246.

Loichot (garde ambulant)...............111.

Longchamp (garde ambulant) .... 88.

Loreau (garde ambulant) 107, 143, 159, 182.

Lorel (garde ambulant) .... 85, 218.

Lormet (garde ambulant) .... 94, 138.

Lorrain (sous-brigadier) 92, 155, 171-172, 213.

Louvet (garde ambulant) ....61.

Lucot (garde ambulant)87, 109, 214, 234.

Mager ....60.

Maillot (garde ambulant) 152, 177, 206, 230, 233.

Maire (Nicolas, garde ambulant) 125, 128, 235, 247.

Malardot (sous-brigadier) 106, 117, 132, 151, 176, 182.

Mallet (visiteur des traites) ..... 132, 246.

Mandoule ....138.

Mandrin (contrebandier) .... 56, 182.
Marcaire (garde ambulant) ..... 161, 192.
Marceau (garde ambulant)........ 85, 108.
Mareschal (garde ambulant)............134.
Marguillier (Claude, sous-brigadier ou Jean, brigadier ambulant) 100, 223.
Marion.................................33, 123, 255.
Mariotte (gardes ambulants) 79, 86, 143, 158, 181-182, 220, 246.
Marquet..76.
Massey (garde ambulant)..74, 106, 162.
Mathieu (garde ambulant) 92, 143, 159.
Mauroy (garde ambulant) .... 92, 141.
Mauvaizet .... 41, 87.
Mazade...100.
Mennetret .... 124, 155.
Mennetrier (Jean, garde ambulant) 79, 121-122, 126, 171, 225.
Mennetrieu .... 43, 75, 101, 128, 247.
Menuisier (sous-brigadier)163, 205, 211.
Mercier (garde ambulant) .29, 138, 149.
Merlin 91, 106, 123-124, 128, 229-230, 235.
Mestrallet (brigadier) .... 103, 119.
Mielle (gardes ambulants)...............166.
Mignardot (garde ambulant) ....140.
Mignot (garde ambulant) 83, 101, 199, 228.
Millerand (garde ambulant).............215.
Million (garde ambulant) ....203.
Minard (garde ambulant)..84, 110, 164.
Minochet (garde ambulant).............201.
Moichine (garde ambulant) 83, 115, 127, 149.
Moiron ....122.
Mongeot (sous-brigadier)......... 89, 232.
Mongin (sous-brigadier) .... 123, 150.
Monniot (garde ambulant) ....151.
Montfils .... 102, 248.
Monvoisin (garde ambulant).............92.
Morel (gardes ambulants)....... 169, 172.
Morey (gardes ambulants) ....235.
Morot (gardes ambulants) ....172.
Mougeot (sous-brigadier) .... 152, 203.
Mougin (Antoine, sous-brigadier ou Jean et Pierre, gardes ambulants) 85, 123, 140, 205, 233.
Moussard (capitaine-général)64, 87, 122.
Moutandon (garde ambulant).........101.
Mugnier (Claude et Jacques, gardes ambulants, ou Daniel, brigadier) 70, 79, 105, 148-149, 184, 200, 203, 205.
Myon (receveur au bureau des traites) .... 241, 246.
Nageotte (garde ambulant) ...... 85, 132.
Naudal (garde ambulant).................205.
Naudin (garde ambulant)101, 247, 251.
Necker (directeur-général des finances) 11, 31, 53, 154, 255.
Nicé ....138.
Nicolas (Jean-Baptiste, garde ambulant puis brigadier) 51, 63, 90, 109, 149, 158, 180, 191, 222, 224, 231, 235.
Nobelot (receveur au grenier à sel) 100, 110, 140.
Nogaret ....55.
Nogent (garde ambulant) ....249.
Noirot (Charles, contrôleur des traites ou Claude, garde ambulant) 218, 225-226, 230, 246.
Nyon ....104.
Ormancey (brigadier)52, 123, 172, 184.
Orry de Fulvy (contrôleur-général des finances) 104.
Pagnel (garde ambulant)...59, 107, 215.

Pajeot (garde ambulant) 148, 161, 168, 183.

Pannetier.................................242, 246.

Patouillet (garde ambulant) 57, 59, 157, 182.

Pavillon (brigadier) 73, 133, 160, 174, 193, 231.

Pechenoz (garde ambulant)167, 192, 212.

Pernet (garde ambulant) ....200.

Perreault (garde ambulant).............163.

Perret (garde ambulant) ....56.

Perrier (garde ambulant)........ 197, 208.

Perron (garde ambulant)........ 105, 218.

Perrot (garde ambulant) 74, 106, 157, 182.

Personne..................................... 87, 248.

Pescheur (garde ambulant)...............93.

Petit (Jean, garde ambulant ou Philippe, sous-brigadier)73, 106, 138, 159, 183, 191, 197, 206, 207, 233, 255.

Piageon (garde ambulant)...............135.

Picard (garde ambulant)..................215.

Pidard (garde ambulant) ....70.

Pingeon (garde ambulant) 140, 148, 194, 231.

Pioret (Jacques, receveur au grenier à sel et entreposeur du tabac)102, 221, 239, 249.

Plantagenet (garde ambulant) 86, 108, 214, 234.

Plissard (garde ambulant)143, 181, 193.

Poirot (entreposeur du tabac).... 49, 82.

Ponsard (gardes ambulants)... 133, 179.

Portier ....52.

Pothier (garde ambulant)..82, 131, 132.

Poulletier .... 87, 240, 241, 244, 246.

Poulletier de Perrigny (receveur principal des traites) 87, 240.

Poupon (gardes ambulants) ..... 64, 182.

Prieur (brigadier puis garde)59, 210, 211.

Prince de Condé (prince du sang)17, 103.

Prost (garde ambulant) ....76, 83.

Quantin (gardes ambulants) 96, 102, 162, 202, 223, 234-235.

Quarré de Quentin (procureur-général) 99, 109.

Quirot (garde ambulant)........ 141, 180.

Raclet (garde ambulant)...................82.

Radix de Sainte-Foy ....38.

Ravier...60, 64.

Raviot..103.

Renaud (Antoine, garde ambulant ou Jean, sous-brigadier)71, 96, 105, 127, 176, 207.

René Petit-Jean................................138.

Renevey (garde ambulant)........ 55, 141.

Reynaud (receveur au grenier à sel) 249.

Riboulet (receveur au grenier à sel) 89, 100, 131, 147, 181, 218, 241, 245.

Richard de Rosy (fermier-général) 86, 99.

Rivière (sous-brigadier).......... 137, 180.

Rocagel (gardes ambulants) ... 135, 138.

Roslin (fermier-général)........... 99, 103.

Rosset (Jean-Louis, brigadier puis sous-brigadier ou Louis-Gaspard, capitaine-général)..118.

Rouget (brigadier).............59, 175, 210.

Rougetet (garde ambulant).............139.

Roux (garde ambulant) 134, 142, 169, 181, 205, 206, 240.

Royer (garde ambulant) ....139.

Rozes (garde ambulant) ....215.

Saint-Julien............................. 104, 110.

Sauvin (gardes ambulants) ....197.

Seguin (garde ambulant)...................83.

Seuguenot (garde ambulant) .... 59, 139.

Simon (gardes ambulants) 20, 50, 59, 64, 86, 88, 102, 106, 191, 207, 216, 226.

Simonnot (gardes ambulants) 121, 166.

Sonnet (garde ambulant) 106, 148, 161, 170, 181, 184, 192, 214, 231, 234.

Sousselier (garde ambulant)89, 137, 171.

Souverain (brigadier puis receveur des traites) 136.

Taffonneau (sous-brigadier ambulant) 116, 145.

Tardy (contrôleur-général surnuméraire....) 41, 50.

Tavannes (commandant en chef en Bourgogne).............................. 75, 102.

Thibaut (garde ambulant)......... 81, 183.

Thierrial (contrôleur-général) 41, 94, 110, 230.

Tiquet (garde ambulant)........... 83, 137.

Tirequit (gardes ambulants) 167, 190-191, 198 205.

Tomache (garde ambulant)..............92.

Tramier (contrôleur-général) 100, 190.

Trapet (garde ambulant).................139.

Trecourt (garde ambulant).............139.

Trouillard (Félix, sous-brigadier ou Jean-Pierre, garde ambulant) 52, 64, 123-124, 171, 209, 233.

Truchetet (garde ambulant).............95.

Trullier (receveur au grenier à sel) 60, 76, 248.

Tumerers (garde ambulant)83, 108, 166.

Vallier..153.

Vanolles (ntendant de Franche-Comté) 56.

Vaulthier (garde ambulant)78, 171, 185.

Verrey (garde ambulant)...83, 175, 200.

Vesse (receveur au grenier à sel)95, 246.

Viesse................................127, 220, 241.

Vigée-Lebrun (peintre).....................38.

Villemot (garde ambulant).............162.

Wersax (garde ambulant)..79, 138, 225.

Index des tableaux, graphiques et cartes

Tableau 1 Revenus des trois taxes : sel, tabac, traites 31
Tableau 2 Capitaineries-générales de la direction de Dijon 43
Tableau 3 Alphabétisation des employés (a) 74
Tableau 4 Alphabétisation des employés (b) 74
Tableau 5 Temps de service des anciens militaires 81
Tableau 6 Origine sociale des employés 90
Tableau 7 L'âge de l'employé au moment du recutement 94
Tableau 8 Structure familiale des employés 96
Tableau 9 Fécondité des couples mariés 98
Tableau 10 Les démissions dans les brigades ambulantes 144
Tableau 11 Total et nature des fautes retenues contre les employés 179
Tableau 12 Gravités des sanctions 193
Tableau 13 Fautes et sanctions des agents 195
Tableau 14 Retraites agréées par années 226
Tableau 15 Demandes en retraites agréées (par emplois) 228
Tableau 16 Gestion du personnel : récapitulation 229
Tableau 17 Entrées et sorties des agents 230
Tableau 18 Comparaison traitements Ferme Armée Justice 240
Tableau 19 Importance des accessoires aux traitements 241
Tableau 20 Les cautionnements exigés 244
Tableau 21 Traitements fixes des agents de la Direction de Dijon 246
Tableau 22 Organigramme de la direction de Dijon (1775) 267

Graphique 1 Les recrutements effectués par années (1760-1780) 69
Graphique 2 Origine géographique des employés 77
Graphique 3 La fréquence des démissions dans les brigades 145

Carte 1 La France et ses traites (1778) 23
Carte 2 La direction des Fermes de Dijon (1780) 266

Image 1 Fiche du capitaine-général Mennetrier 126

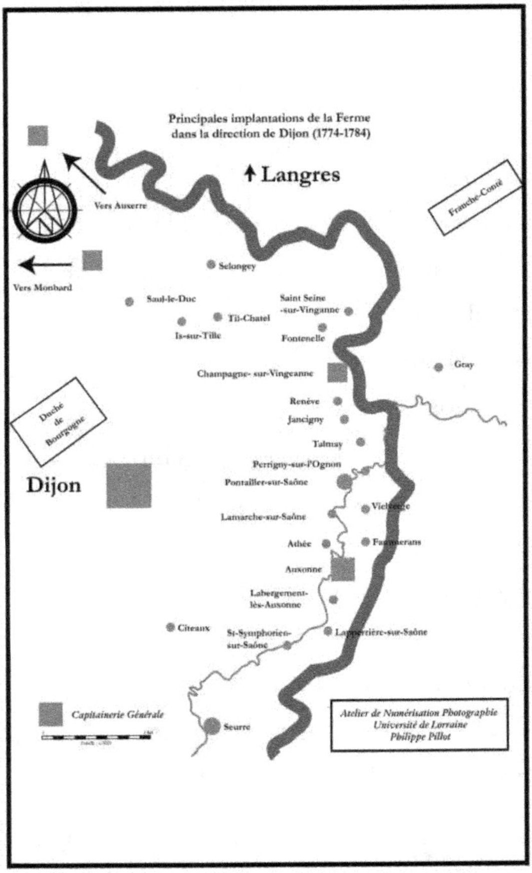

Principales implantations de la Ferme
dans la direction de Dijon (1774-1784)
Langres
Vers Auxerre
Franche-Conté
Vers Monbard
Selongey
Saul-le-Duc
Saint Seine
-sur-Vinganne
Til-Chatel
Is-sur-Tille
Fontenelle
Gray
Champagne- sur-Vingeanne
Duché
de
Bourgogne
Renève
Jancigny
Talmay
Perrigny-sur-l'Ognon
Dijon
Pontailler-sur-Saône
Lamarche-sur-Saône
Athée
Auxonne
Labergement-
lès-Auxonne
Cîteaux
St-Symphorien-
sur-Saône
Capitainerie Générale
Seurre
Atelier de Numérisation Photographie
Université de Lorraine
Philippe Pillot

Les brigades implantées dans la direction des fermes de Dijon (1775)

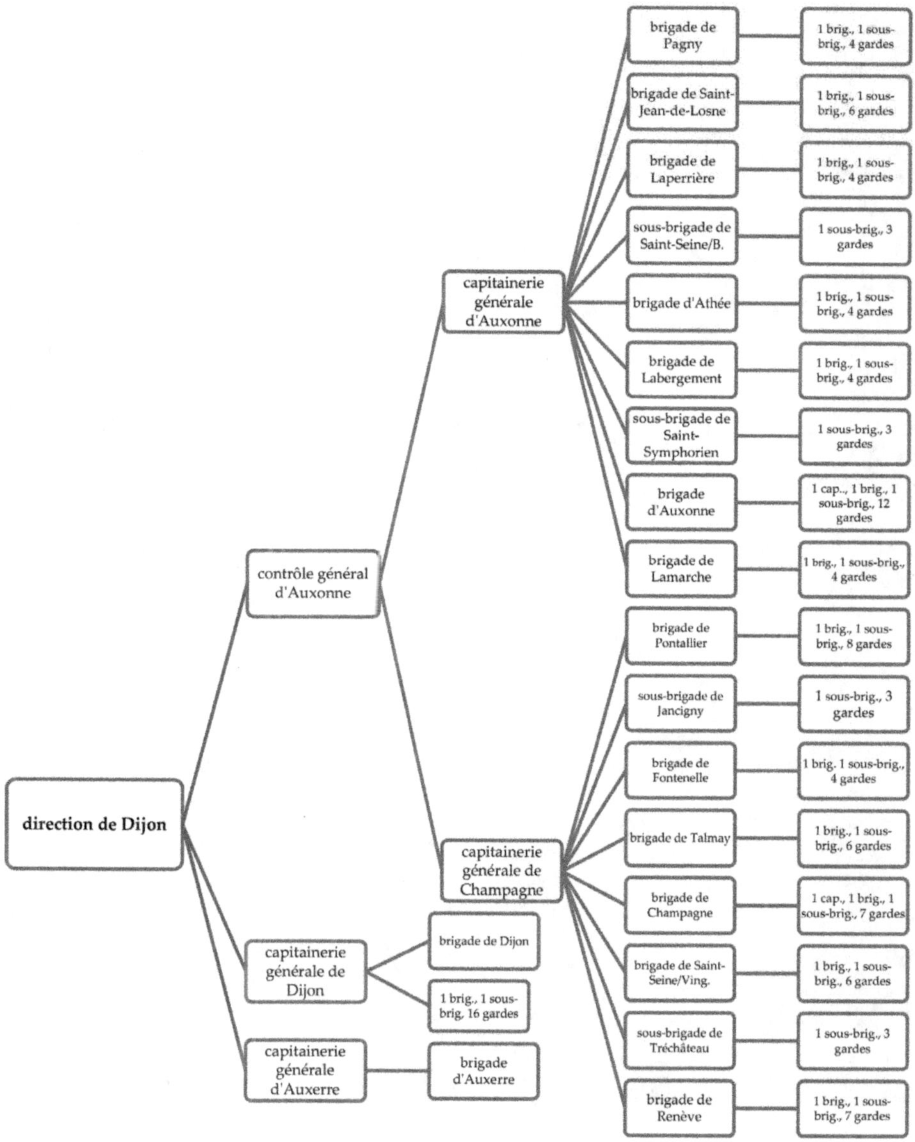

Table des matières

Avant-propos 9
Introduction.. 11

Première Partie
Le Trésor en Bourgogne 17

CHAPITRE 1 19
Les impositions concernées
Les gabelles 19
Les traites 21
Le tabac 23
Traits communs de ces trois impositions 28
La fraude 30
Les frais de régie 31

CHAPITRE 2
La structure administrative globale des Fermes 35
Strate supérieure (directeur, contr.-général, capitaine-général) 36
Le directeur 36
Le contrôleur-général 40
Le capitaine-général 41
Le receveur général 45
Strate intermédiaire (receveurs) 45
Strate de base (employés) 47

CHAPITRE 3
Ses méthodes de travail 53
L'organisation de tournées 53
La dangerosité des opérations de rebat 54
Les indicateurs de la Ferme – ses espions 55
La création/suppression de postes 57
Les évaluations individuelles 60
Les postes difficiles- le placement adéquat du personnel 61

Seconde Partie
Les Hommes de la Ferme en Bourgogne 65

CHAPITRE 4 67
Les critères du recrutement
La procédure de recrutement 67
L'ampleur des recrutements réalisés 68
Les qualités théoriques requises 69
L'âge 70
L'alphabétisation 71
L'origine géographique 75
L'origine professionnelle 77
L'endogamie 78
Les professions militaires 80

Les professions agricoles, manuelles et commerciales 84
Les professions intellectuelles 86
Le prêt de main-d'œuvre 90
Les arrivées d'employés issus de directions 90
Les départs vers des directions extérieures 93
Âge d'entrée dans l'emploi 94
Nuptialité et démographie 95
La fécondité 97
Les protections ou recommandations 99
Celles qui émanent de l'intérieur de la société 99
Celles qui émanent de l'extérieur de la Ferme 101

CHAPITRE 5 113
L'activité des agents
Les privilèges 113
L'avancement 114
Le *cursus honorum* 118
Une carrière brisée net : Francieves 119
Une carrière virevoltante (Bouchon) 120
L'accès aux fonctions supérieures : cinq capitaines généraux 121
Boirin : un pur produit de la Ferme 121
Mennetrier 121
Moussard 122
La Roche Tarpéienne est proche du Capitole : Le Saché 122
La décrépitude : Trouillard 123
Le phénix : Merlin 124
Les déplacements : un élément d'efficacité 125

CHAPITRE 6
Le changement d'emploi ou la fin des fonctions 129
La démission : ses explications 130
L'agent au bord du gouffre 133
L'expression d'un regret 134
Le refus d'une mutation imposée 136
Convenances personnelles 137
L'attirance de la fonction militaire 137
La menace de la justice 140
La prévention d'une sanction administrative 143
Fautes et sanctions : la Ferme, une machine à sanctionner 146
Les fautes relevées 146
Les fautes privées 147
Quand Vénus nous prend 147
N'est pas clown qui veut 148
Quand la cynégétique nous prend 149
La fraude au recrutement militaire 150
Le démon des dettes 150
Les fautes professionnelles 151
Le faux en écritures 152
La sottise du procès-verbal 153
Les originalités d'une ville douanière : Auxonne 155

La bande du fourgon à double fond 156
Le recours excessif à la force envers les fraudeurs 160
Les agents voleurs 161
L'insubordination ou le refus de la hiérarchie 163
L'hymne à Bacchus ou l'ivresse 163
Le cumul d'activités 164
Les incompatibilités de caractère 166
L'inaptitude physique à l'emploi 167
La faute multiple 167
Les employés peu discrets-les commérages 170
La défense de l'honneur : le duel 171
Le pugilat 172
L'absence ou le défaut de motivation de l'employé 173
L'absence de faute matérielle 175
De l'importance des fautes : synthèse 177

CHAPITRE 7 187
Les sanctions
Les principes 188
La réprimande 190
La suspension 190
La retenue sur salaire 191
La récidive 194
La mutation d'office 195
Le déplacement pour le bien du service 200
Le changement d'affectation 202
Le déplacement d'office : le soupçon d'indélicatesse 202
La rétrogradation : la souplesse du système 210
Rétrogradation et déplacement : la double sanction 213
La révocation 213
La révocation, mode d'ajustement des effectifs 215
L'existence de voies de recours 216
Les décès en fonction 217
La retraite : une grâce 219

CHAPITRE 8 237
Les traitements fixes et les récompenses annexes
Traitements fixes 237
L'intéressement commercial 240
Gratifications 241
L'exigence du cautionnement 243
Le cumul des fonctions 244
La fortune personnelle 247

Conclusion 253
Sources 255
Bibliographie 255
Archives consultées 255
Index des noms propres 257
Index des tableaux et des graphiques 265

L'Histoire aux éditions L'Harmattan

Dernières parutions

POURQUOI ? LES LUMIÈRES À L'ORIGINE DE L'HOLOCAUSTE
Valdman Edouard
Et si la grande tentation pour les Juifs était d'oublier leur identité ? Et si l'assimilation faisait le lit de l'antisémitisme ? Et si la laïcité exacerbait les antagonismes religieux ? Et si les origines de l'Holocauste étaient à chercher aussi du côté des Lumières ? La réflexion de l'auteur, loin des préjugés bien pensants, est une contribution essentielle dans un contexte de résurgence de l'antisémitisme en Europe et dans le monde.
(10.50 euros, 78 p.)
ISBN : 978-2-343-04928-1, ISBN EBOOK : 978-2-336-36942-6

LES TONDUES – Un carnaval moche
Brossat Alain - Préface de Geneviève Fraisse
La tonte de milliers de femmes soupçonnées de «collaboration horizontale» avec l'ennemi est un phénomène qui a longtemps filé entre les doigts des historiens professionnels. Partant de cet embarras, l'auteur tente de saisir ces violences comme un phénomène «total» dont chaque facette ne s'éclaire qu'au prix de la mobilisation des savoirs et d'hypothèses infiniment variées. Le développement tardif, mais désormais bien ancré, en France, des études de genre souligne l'intérêt de la réédition de ce livre paru la première fois en 1992.
(Téraèdre, Coll. [Ré]édition, 36.00 euros, 348 p.)
ISBN : 978-2-36085-060-0, ISBN EBOOK : 978-2-336-37022-4

UN «MALGRÉ-NOUS» DANS L'ENGRENAGE NAZI
Les sacrifiés de l'Histoire
Cantinho Pereira Pedro
Ce livre constitue un humble hommage aux Alsaciens et Mosellans incorporés de force dans les armées allemandes lors de la Seconde Guerre mondiale et qui vivent dans l'ambiguïté de leur destin. Dans ce cataclysme, les agresseurs ont souvent été victimes de leurs propres actes. En racontant l'histoire vraie de Paul Freundlich, jeune Alsacien dont la vie a été bouleversée par la Seconde Guerre mondiale, le narrateur revient sur son propre passé.
(Coll. Mémoires du XXe siècle, série Seconde Guerre mondiale, 21.50 euros, 216 p.)
ISBN : 978-2-343-05059-1, ISBN EBOOK : 978-2-336-36992-1

TROUPES (LES) COLONIALES D'ANCIEN RÉGIME
Fidelitate per Mare et Terras
Lesueur Boris - Préface de Michel Vergé-Franceschi
«Le désavantage des colonies qui perdent la liberté de commerce est visiblement compensé par la protection de la Métropole qui les défend par ses armes ou les maintient par ses lois». Cette phrase de Montesquieu résume les liens compliqués entre une métropole et ses colonies sous l'Ancien Régime. La prospérité apportée par les colonies devait être souvent défendue avec acharnement. Des compagnies détachées aux régiments coloniaux, l'aventure des soldats au temps de la Nouvelle-France et des Îles demeure singulière et mal connue.
(SPM, Coll. Kronos, 45.00 euros, 524 p.)
ISBN : 978-2-917232-28-6, ISBN EBOOK : 978-2-336-36549-7

DROIT (LE) DES NOIRS EN FRANCE AU TEMPS DE L'ESCLAVAGE
Textes choisis et commentés
Boulle Pierre H., Peabody Sue
En France entre le XVIe siècle et le XIXe siècle, la vision de l'individu doté d'une liberté formelle fut confrontée à l'existence de l'esclavage aux colonies, en particulier lorsqu'à partir de 1716 une exception au principe du sol libre fut octroyée aux planteurs qui souhaitaient amener en métropole leurs esclaves domestiques. Tout un appareil juridique dut être créé pour accommoder cette exception. Le présent ouvrage cherche à illustrer les différentes étapes que prit cette recherche d'un équilibre entre liberté et esclavage.
(Coll. Autrement Mêmes, 29.00 euros, 291 p.)
ISBN : 978-2-343-04823-9, ISBN EBOOK : 978-2-336-36295-3

ÂGES (LES) DE L'HUMANITÉ
Essai sur l'histoire du monde et la fin des temps
Bolton Robert
Comment, quand et pourquoi le monde a-t-il commencé ? Et quand touchera-t-il à son terme ? Les deux mille dernières années sont analysées en termes de cosmologie traditionnelle, à l'aide de la science des nombres afin de permettre le calcul de la position de notre époque dans l'ère à laquelle elle appartient. L'auteur arrive à la conclusion qu'il y a de fortes probabilités pour que son terme coïncide avec la fin des temps.
(Coll. Théôria, 28.00 euros, 272 p.)
ISBN : 978-2-343-03921-3, ISBN EBOOK : 978-2-336-36288-5

DIVINATION (LA) DANS LA ROME ANTIQUE
Études lexicales
François Guillaumont et Sophie Roesch (éds.)
Les Romains vivaient dans un monde peuplé de signes de la volonté des dieux. Savoir lire ces signes, par le biais de la divination, permettait aux hommes de s'assurer le succès de leurs entreprises. L'objet de ce recueil est de compléter par une approche lexicale les nombreuses publications déjà consacrées à ce domaine de la religion antique, afin de mieux définir les croyances et les pratiques divinatoires des Romains.
(Coll. Kubaba, 15.50 euros, 150 p.)
ISBN : 978-2-343-04273-2, ISBN EBOOK : 978-2-336-36431-5

DISPARITION (LA) DU DIEU DANS LA BIBLE ET LES MYTHES HITTITES
Essai anthropologique
Nutkowicz Hélène, Mazoyer Michel
Drames et tragédies se succèdent qui voient les destructions de la nature, de l'homme et du cosmos dans les royaumes tant hatti que judéen, témoins de la rupture entre le monde terrestre et le monde divin. Quelles explications les peuples touchés par ces situations de crises apportent-ils ? Quels sont les points partagés et les divergences développées par ces deux peuples ?
(Coll. Kubaba, série Antiquité, 22.00 euros, 214 p.)
ISBN : 978-2-343-04876-5, ISBN EBOOK : 978-2-336-36434-6

ÉCHANGES (LES) MARITIMES ET COMMERCIAUX DE L'ANTIQUITÉ À NOS JOURS (2 volumes)
Sous la direction de Philippe Sturmel
Tous les peuples, ou presque, ont voulu faire de la mer et des océans leur terrain de jeu, de chasse, d'échanges ou d'aventures. A l'aube de l'époque moderne, la navigation commerciale connaît un essor spectaculaire et les terres apparaissent comme un obstacle à son développement. La mer, enfin, comme lieu de toutes les spéculations, intellectuelles, philosophiques ou utopiques. C'est cette grande histoire que les communications rassemblées dans cet ouvrage ont l'ambition de raconter.
(Volume 1, Coll. Méditerranées, 31.00 euros, 300 p.)
ISBN : 978-2-343-03509-3, ISBN EBOOK : 978-2-336-36383-7
(Volume 2, Coll. Méditerranées, 30.00 euros, 294 p.)
ISBN : 978-2-336-30724-4, ISBN EBOOK : 978-2-336-36382-0

MENSONGES DE L'HISTOIRE (Tome 2)
Monteil Pierre
Avec simplicité, esprit critique et objectivité, l'auteur s'attaque, dans ce second tome, à de nouveaux «mensonges de l'Histoire» : ainsi, saviez-vous que l'Enfer est une conception médiévale ? Que les chiffres arabes sont en réalité indiens ? Que Gutenberg n'a pas inventé l'imprimerie ? Qu'Abraham Lincoln était raciste ? Que l'Allemagne nazie fut le premier pays dans l'espace ?
(Coll. Rue des écoles, 30.00 euros, 300 p.)
ISBN : 978-2-343-04362-3, ISBN EBOOK : 978-2-336-36119-2

VOYAGEUSES (LES) D'ALBERT KAHN (1905-1930)
Vingt-sept femmes à la découverte du monde
Arasa Yaelle
Entre 1905 et 1930, Albert Kahn, riche banquier autodidacte, crée en France, une bourse féminine Autour du monde, octroyée aux plus brillantes des jeunes femmes titulaires de l'agrégation. Les lauréates se nourrissent, durant une année, d'un quotidien nomade, se frottant aux traditions les plus anciennes et à la modernité la plus échevelée. Courriers, rapports et carnets de bord narrent les changements de paysage, du monde, de la société, de l'enseignement féminin et de la vie des femmes durant un quart de siècle.
(38.00 euros, 382 p.)
ISBN : 978-2-343-04419-4, ISBN EBOOK : 978-2-336-36174-1

MYTHE (LE) INDO-EUROPÉEN DU GUERRIER IMPIE
Blaive Frédéric, Sterckx Claude
Cet ouvrage s'appuie sur les travaux de comparatisme indo-européen initié par Georges Dumézil et plus particulièrement d'un mythème de «guerrier impie» s'attaquant obstinément à tous les niveaux du sacré, du droit et du juste, repoussant dédaigneusement les avertissements divins et s'obstinant dans sa démesure jusqu'à succomber. Ces enquêtes rendent compte des formes et des motivations propres à chaque culture du guerrier impie (tels que les Grecs Achille et Bellérophon, les Romains César et Julien l'Apostat, l'Irlandais Cuchulainn, le Scandinave Harald l'impitoyable, voire l'Anglais Richard III).
(Coll. Kubaba, série Antiquité, 22.00 euros, 224 p.)
ISBN : 978-2-336-30260-7, ISBN EBOOK : 978-2-336-35479-8

FIGURES ROYALES DES MONDES ANCIENS
Sous la direction de Michel Mazoyer, Alain Meurant et Barbara Sébastien
Dans les mondes indo-européen et méditerranéen, la royauté apparaît comme la forme naturelle et privilégiée de la souveraineté. Son souvenir est particulièrement bien conservé, nos sociétés modernes en ont largement hérité. Dix variations sur la royauté dans l'Antiquité, du monde celtique au domaine gréco-romain en passant par celui des Scythes et des Hittites sont ici proposées.
(Coll. Kubaba, 23.00 euros, 230 p.)
ISBN : 978-2-343-00291-0, ISBN EBOOK : 978-2-296-53505-3

ESSAIS D'HISTOIRE GLOBALE
Sous la direction de Chloé Maurel – Préface de Christophe Charle
L'histoire globale est une approche novatrice qui transcende les cloisonnements étatiques et les barrières temporelles et promeut un va-et-vient entre le local et le global. Développé depuis plusieurs années aux États-Unis, ce courant connaît un essor récent en France. Voici un tour d'horizon varié des travaux récents en histoire globale (concernant l'abolition de l'esclavage, l'histoire du livre et de l'édition, des revues et celle des organisations internationales).
(23.00 euros, 226 p.)
ISBN : 978-2-336-29213-7, ISBN EBOOK : 978-2-296-53077-5

VERS UN NOUVEL ARCHIVISTE NUMÉRIQUE
Ouvrage collectif coordonné par Valentine Frey et Matteo Treleani
La réinvention permanente apportée par le numérique suscite de nombreux débats. Notre rapport à la mémoire et à l'histoire, longtemps basé sur l'objet matériel et sa conservation physique, est à

présent bouleversé. Les techniques ont beaucoup évolué, apportant de nouvelles problématiques, dans le domaine de l'informatique comme celui des sciences humaines. Quelles tensions entre technique et mémoire ? Comment se souvenir du passé à travers ses vestiges ? Que change le numérique ?
(Coll. Les médias en actes, 22.00 euros, 224 p.)
ISBN : 978-2-336-00174-6, ISBN EBOOK : 978-2-296-53103-1

MENSONGES (LES) DE L'HISTOIRE
Monteil Pierre
Chaque génération hérite des *a priori* et des idées reçues de la génération précédente. Ainsi, nombreux sont les mensonges de l'Histoire qui ont survécu jusqu'à nos jours. Nos ancêtres les Gaulois ? Napoléon était petit ? Au Moyen Age, les gens ne se lavaient pas ? Christophe Colomb a découvert l'Amérique ? Ce livre revient sur 80 poncifs considérés par beaucoup comme une réalité...
(Coll. Rue des écoles, 28.00 euros, 282 p.)
ISBN : 978-2-336-29074-4, ISBN EBOOK : 978-2-296-51351-8

FLAVIUS JOSÈPHE
Les ambitions d'un homme
Cohen-Matlofsky Claude
Quelles furent les ambitions cachées de Flavius Josèphe, historien Juif de l'Antiquité ? Il prône, à travers ses écrits, le retour à la monarchie de type hasmonéen, à savoir d'un roi-grand prêtre, comme réponse à tous les maux de la Judée. La question fondamentale est la suivante : comment les élites locales ont-elles géré leurs relations avec la puissance romaine et quel rôle les membres de l'élite ont-ils assigné à leurs traditions et constitution politique dans cet environnement d'acculturation ?
(Coll. Historiques, série Travaux, 15.50 euros, 152 p.)
ISBN : 978-2-336-00528-7, ISBN EBOOK : 978-2-296-51387-7

MER (LA), SES VALEURS
Groupe «Mer et valeurs» Sous la direction de Chantal Reynier – Préface de Francis Vallat
La mer, plus que jamais, est la chance des hommes et la clef de leur avenir. Elle leur apprend la responsabilité, suscite l'esprit d'initiative, mais elle oblige tout autant à rester humble devant ses forces naturelles. Le groupe de réflexion «Mer et Valeurs», réunissant navigants et universitaires, examine l'influence de ces valeurs rapportées à toutes les activités humaines. Des références historiques et géographiques illustrent le développement intellectuel et économique des pays qui se sont tournés vers la mer.
(21.00 euros, 188 p.)
ISBN : 978-2-336-00836-3, ISBN EBOOK : 978-2-296-51412-6

MÉTAMORPHOSES RURALES
Philippe Schar : itinéraire géographique de 1984 à 2010
Sous la direction de Dominique Soulancé et Frédéric Bourdier
Philippe Schar était convaincu que la géographie ne saurait exister sans la dimension du temps et la profondeur de l'histoire, seules capables de mettre pleinement en lumière le présent et de le restituer dans toutes ses dimensions. On retrouve en filigrane dans ses recherches concises et pointues la volonté de replacer les opérations de développement à l'interface des logiques promues par les décideurs d'un côté et par les populations de l'autre. Cet ouvrage présente une sélection de ses écrits.
(33.00 euros, 320 p.)
ISBN : 978-2-296-99748-6, ISBN EBOOK : 978-2-296-51501-7

L'HARMATTAN ITALIA
Via Degli Artisti 15; 10124 Torino

L'HARMATTAN HONGRIE
Könyvesbolt ; Kossuth L. u. 14-16
1053 Budapest

L'HARMATTAN KINSHASA
185, avenue Nyangwe
Commune de Lingwala
Kinshasa, R.D. Congo
(00243) 998697603 ou (00243) 999229662

L'HARMATTAN CONGO
67, av. E. P. Lumumba
Bât. – Congo Pharmacie (Bib. Nat.)
BP2874 Brazzaville
harmattan.congo@yahoo.fr

L'HARMATTAN GUINÉE
Almamya Rue KA 028, en face
du restaurant Le Cèdre
OKB agency BP 3470 Conakry
(00224) 657 20 85 08 / 664 28 91 96
harmattanguinee@yahoo.fr

L'HARMATTAN MALI
Rue 73, Porte 536, Niamakoro,
Cité Unicef, Bamako
Tél. 00 (223) 20205724 / +(223) 76378082
poudiougopaul@yahoo.fr
pp.harmattan@gmail.com

L'HARMATTAN CAMEROUN
BP 11486
Face à la SNI, immeuble Don Bosco
Yaoundé
(00237) 99 76 61 66
harmattancam@yahoo.fr

L'HARMATTAN CÔTE D'IVOIRE
Résidence Karl / cité des arts
Abidjan-Cocody 03 BP 1588 Abidjan 03
(00225) 05 77 87 31
etien_nda@yahoo.fr

L'HARMATTAN BURKINA
Penou Achille Some
Ouagadougou
(+226) 70 26 88 27

L'HARMATTAN SÉNÉGAL
10 VDN en face Mermoz, après le pont de Fann
BP 45034 Dakar Fann
33 825 98 58 / 33 860 9858
senharmattan@gmail.com / senlibraire@gmail.com
www.harmattansenegal.com

L'HARMATTAN BÉNIN
ISOR-BENIN
01 BP 359 COTONOU-RP
Quartier Gbèdjromèdé,
Rue Agbélenco, Lot 1247 I
Tél : 00 229 21 32 53 79
christian_dablaka123@yahoo.fr

656543 - Mai 2016
Achevé d'imprimer par
1livre.com
du rêve à la réalité !

www.ingramcontent.com/pod-product-compliance
Lightning Source LLC
LaVergne TN
LVHW011305061026
849535LV00005B/1411